U0765724

校企合作双元开发新形态信息化教材
高等职业教育轨道交通类技能型人才培养实用教材

城市轨道交通
车辆电气系统及其检修

（活页式）

主　编　彭　晶　张庆玲　王新铭
副主编　韩　冰　王　迪　潘宣伊　王一卉

新形态信息化教材　校企合作双元开发　课程思政

动画　微课　课件

西南交通大学出版社
·成　都·

内容简介

《城市轨道交通车辆电气系统及其检修》主要介绍城市轨道交通车辆电气系统的基础知识，包括列车电气系统检修概论、列车牵引系统主要电气设备及其检修、列车牵引系统其他设备及其检修、列车辅助系统主要设备及其检修、列车辅助系统其他设备及其检修、列车典型控制电路的识读与检验等六个项目。

本教材在编写过程中，力求突出高等职业教育应用型和实用型的特点，注重对学生创新能力和实践能力的开发。该教材文字简明扼要、通俗易懂，力求做到图文并茂，方便自学。为便于学习和考核，本书每个任务都设计了任务工单，工单中包含了理论知识习题和实践操作任务表，将理论和实践结合在一起，实现了理实一体化。该教材可作为高等职业教育城市轨道交通车辆相关专业学生的专业课程教材，也可作为普通高校城市轨道交通车辆相关专业学生及企业车辆运营维修人员的参考资料。

图书在版编目（CIP）数据

城市轨道交通车辆电气系统及其检修：活页式 / 彭晶，张庆玲，王新铭主编. —成都：西南交通大学出版社，2024.1

校企合作双元开发新形态信息化教材　高等职业教育轨道交通类技能型人才培养实用教材

ISBN 978-7-5643-9572-8

Ⅰ. ①城… Ⅱ. ①彭… ②张… ③王… Ⅲ. ①城市铁路－铁路车辆－电气设备－检修－高等职业教育－教材 Ⅳ. ①U239.5

中国国家版本馆 CIP 数据核字（2023）第 227175 号

校企合作双元开发新形态信息化教材
高等职业教育轨道交通类技能型人才培养实用教材

Chengshi Guidao Jiaotong Cheliang Dianqi Xitong ji Qi Jianxiu（Huoye Shi）

城市轨道交通车辆电气系统及其检修（活页式）

主编　彭　晶　张庆玲　王新铭

责任编辑　穆　丰
封面设计　GT 工作室

出版发行　西南交通大学出版社
（四川省成都市金牛区二环路北一段 111 号
西南交通大学创新大厦 21 楼）
邮政编码　610031
发行部电话　028-87600564　028-87600533
网址　http://www.xnjdcbs.com
印刷　四川玖艺呈现印刷有限公司

成品尺寸　185 mm × 260 mm
印张　23.75
字数　592 千
版次　2024 年 1 月第 1 版
印次　2024 年 1 月第 1 次
定价　68.00 元
书号　ISBN 978-7-5643-9572-8

课件咨询电话：028-81435775

图书如有印装质量问题　本社负责退换
版权所有　盗版必究　举报电话：028-87600562

前言

PREFACE

城市轨道交通作为具有公益性质的公共交通，在城市公共交通系统中具有骨干和主导地位，在缓解城市拥堵和方便市民出行方面有着不可替代的优势。截至 2022 年 12 月 31 日，全国共有 53 个城市开通运营城市轨道交通线路 290 条，运营里程 9 584 千米。随着城市轨道交通行业的蓬勃发展，各种新技术、新工艺、新方法也被不断地应用到城市轨道交通车辆上，从事城市轨道交通运输行业的相关技术人员需要不断学习新知识，因此，本书不断追踪产业的技术发展，及时将最新的技术、工艺、方法补充进来。

本书依据城市轨道交通类相关专业教学标准编写，内容涵盖了列车电气系统检修概论、列车牵引系统主要电气设备及其检修、列车牵引系统其他设备及其检修、列车辅助系统主要设备及其检修、列车辅助系统其他设备及其检修、列车典型控制电路的识读与检验等六个方面，是服务于专业核心课程的教材和参考资料，旨在培养具备城市轨道交通车辆电气设备认知和检修技能的人才。

本书作为面向高等职业教育及城市轨道交通职工专业技能培养的教材，主要以上海地铁、北京地铁、广州地铁、长春地铁为例，介绍城市轨道交通车辆电气设备的作用、结构、原理、维修等知识与技能，注重实际操作技能以及自学能力的培养，层次分明，深入浅出，便于读者掌握和实际应用。

本书由长春职业技术学院学院彭晶、张庆玲、王新铭任主编，长春职业技术学院韩冰、王迪、潘宣伊、王一卉任副主编。其中，项目一由韩冰编写、项目二由彭晶编写，项目三由王迪编写，项目四由潘宣伊编写，项目五由王一卉编写，项目六由王新铭编写，张庆玲负责全书的审稿工作。

本书在编写和修订过程中充分考虑了城市轨道交通企业相关岗位的实际工作特点，得到了长春市轨道交通集团有关专家和技术人员的指导与帮助，其中长春市轨道交通集团有限公司刘吉、王野为各个任务工单的编写提供了素材，在此表示由衷的感谢。

由于编者水平有限，书中难免存在疏漏和不当之处，敬请广大读者不吝赐教，以臻完善。

编 者

二维码目录

LIST OF QR CODE

目 录

CONTENTS

项目一 列车电气系统检修概论

知识目标

（1）熟悉城市轨道交通车辆检修方式、检修生产组织以及检修调度。
（2）掌握城市轨道交通车辆检修基础设施的作用。
（3）了解城市轨道交通车辆电气系统检修人员素质要求及劳动保护用品。
（4）掌握城市轨道交通车辆电气系统检修人员电气安全管理。
（5）掌握常用电气检修工具及仪表的使用方法与保养要求。
（6）理解车辆电器的散热冷却方式。
（7）掌握车辆电器执行机构及灭弧装置的结构形式与工作原理。
（8）掌握城市轨道交通车辆电路图识读方法。
（9）理解城市轨道车辆布线操作。

能力目标

（1）能分辨本地城市轨道交通运营企业的检修方式、生产组织模式。
（2）能辨别城市轨道交通运营企业的车辆检修基础设施。
（3）能正确使用劳动保护用品。
（4）能正确运用常用电气检修工具及仪表。
（5）能识别车辆电器的基本结构。
（6）能够识读城市轨道交通车辆电路图、布线图。

重点难点

（1）车辆检修方式及其优缺点比较。
（2）触电急救方法。
（3）万用表、兆欧表、钳形电流表的使用方法。
（4）触点的工作情况。
（5）车辆电路图标注识读。

案例引入

案例叙述：

2018年7月28日，中车××有限公司一列车出现电气故障，由3名工人进行电气维修工作，其中王某、颜某负责维修，李某负责看守电闸。检修前李某建议用手电筒灯光作为送断电示意，灯光亮就表示送电，但另两人未同意，约定以手机打电话的方式作为送电信号。检修过程中，王某穿过检修吊笼，一只脚踩在电缆线槽板上，另一只脚跨过最下面的角铁，面朝检修吊笼操作。由于检修吊笼中光线较暗，颜某打开手机电筒辅助操作。李某看到亮光后立即推闸送电，致使王某触电身亡。

案例分析：

这是一起因严重违反检修作业操作规程、生产作业现场安全管理混乱而造成的生产安全责任事故。李某严重违反检修送电的安全操作规程，未待全体工作人员撤离现场，就办理工作终结手续或进行送电试验，负事故主要责任；王某（死者）检修过程中违章作业，安全意识薄弱，自我保护意识差，严重违反操作规定，在没有防护的情况下，私自穿过检修吊笼作业，对该起事故负有直接责任。

技能训练

任务 1　城市轨道交通车辆检修的基本认知

【实施工单】

1. 任务要求

（1）掌握城市轨道交通车辆检修方式。

（2）熟悉车辆检修单位（部门）的工作范围及管理模式。

（3）了解车辆检修调度的基本要求、工作职责和工作内容。

（4）掌握城市轨道交通车辆检修各基础设施功能。

2. 任务准备

（1）场地准备：城市轨道交通车辆检修现场。

（2）物品准备：相机、记事本、笔。

（3）建议课时：4 课时。

“城市轨道交通车辆检修的基本认知”任务工单

<table>
<tr><td>姓名</td><td></td><td>班级</td><td></td><td>学号</td><td></td></tr>
<tr><td>时间</td><td></td><td>地点</td><td></td><td>组别</td><td></td></tr>
<tr><td>指导教师</td><td></td><td>专业</td><td colspan="3"></td></tr>
<tr><td>小组成员</td><td colspan="5"></td></tr>
<tr><td>任务</td><td colspan="5"></td></tr>
<tr><td colspan="3">一、知识储备</td><td colspan="3">成绩：</td></tr>
<tr><td colspan="6">（一）单选题
1. 以下选项不属于预防性检修的是（　　）。
A. 临修　　B. 定修　　C. 架修　　D. 大修</td></tr>
</table>

2. 以下修程需要对列车进行分解的是（　　）。
　A. 临修　　B. 定修　　C. 架修　　D. 大修

（二）多选题

1. 城市轨道交通车辆检修单位（部门）的主要工作范围包括（　　）。
　A. 地铁车辆及车辆检修工艺设备日常运用、维护、维修和突发事件的抢险
　B. 制订地铁车辆各修程检修计划
　C. 车辆检修基地轨道机动车辆的维护保养
　D. 对新到车辆及检修设备的调试验收

2. 车辆的检修和运用工作由车辆检修单位（部门）统一管理模式的缺点有（　　）。
　A. 生产作业工作量不均衡
　B. 管理项目多，涉及专业多，要求人员有较高的综合素质
　C. 削弱中间监督力度
　D. 车辆部安全生产方面压力大，缺少分担责任单位（部门）

（三）填空题

1. 预防性检修可以分为＿＿＿＿＿和＿＿＿＿＿两种形式。
2. 检修调度工作的基本要求是＿＿＿＿＿和＿＿＿＿＿。

（四）判断题

1. 故障性检修平时维护工作量最少，但维护成本较高。（　　）
2. 检修调度工作必须以生产进度计划为依据，这是生产调度工作的基本原则。（　　）
3. 车辆检修基地是一个具有车辆维修能力的停车场或车辆段。（　　）

（五）简答题

1. 预防性检修规程制定的依据主要有哪些？

2. 计划修与状态修各有什么优缺点？

3. 轨道交通车辆检修基地有哪些主要线路？各有什么作用？

二、制订计划		成绩：
根据城市轨道交通车辆检修认知要求制订企业调研计划。		
序号	调研内容	调研结果
1	企业所采用的车辆检修方式及修程安排	
2	企业的车辆检修生产管理模式	
3	企业的车辆检修调度的基本要求、工作职责和工作内容	
4	企业的车辆检修基础设施种类及功能	

三、操作准备工作		成绩：	
准备事项		已完成	未完成
1. 作业人员必须穿戴工装、安全帽，做好安全防护。			
2. 作业前确认安全帽处于检定有效使用期内。			
3. 小组成员根据自身状况和组长安排做好合理分工。			
四、调研结果评价		成绩：	
序号	评价标准	评价结果	
1	是否制定了合理的调研计划。		
2	能够正确认知城市轨道交通车辆检修方式。		
3	能够正确认知城市轨道交通车辆检修生产组织。		
4	能够正确认知城市轨道交通车辆检修调度。		
5	能够正确认知城市轨道交通车辆检修基础设施。		
五、调研总结			

【知识导航】

一、城市轨道交通车辆检修方式

车辆检修主要是对车辆各子系统进行检测、检修和维护，保证车辆质量，实现列车的安全、可靠、高品质运行。根据目的不同，检修方式分为预防性检修和故障性检修两大类。

（一）预防性检修

1. 预防性检修规程制定的依据

预防性检修是在故障率没有超过事先确定的指标之前，为了限制故障的产生而对设备采取的检修措施。预防性检修规程制定的依据主要有以下几点：

（1）车辆运行时间。

（2）车辆走行千米数。

（3）车辆制造者所提供的基础信息及建议。

（4）设备当时的运行情况。如果系统的可靠性比较高，那么检修的周期可以相对延长，检修的内容增加；反之则要相对缩短检修周期。

（5）系统运行的可靠性或故障率要求。

2. 预防性检修的分类

预防性检修具体可以分为以下两种形式：

1）计划修

计划修是根据事先制定的计划，当达到一个事先确定的时间或者车辆运行千米数时，对相关设备进行的检查和处理。对故障发生与工作时间有密切关系且无法监控的零部件，可以采用计划修方式。各种车型的计划修要求内容不大相同，下面以广州地铁二号线 A 型车辆为例进行介绍，该车辆计划修主要包括日检、双周检、三月检、年检、架修、大修等修程，相关指标如表 1-1-1 所示。

表 1-1-1　广州地铁二号线 A 型车辆计划修

修程	检修周期		检修停时	检修地点
	里程/万千米	时间		
日检	—	1 天	1.5 小时	各线车厂或停车场
双周检	0.4	2 周	3～4 小时	同上
三月检	3	3 月	3 天	同上
年检	12	1 年	5 天	车厂
架修	60	约 5 年	约 30 天	维修基地
大修	120	约 10 年	约 40 天	综合维修基地

根据列车的实际运行情况，综合考虑检修停时，提高车辆利用率。车辆维修人员可合理编制相关修程的内容，各修程具体内容如下：

（1）日检：对与列车行车安全相关的部件进行外观检查和车辆有电功能检查。这种检查一般是在列车运营结束回车库后进行。

（2）双周检：对车辆走行部进行检查；对主逆变器相关接触器进行检查和清洁；对受电弓、空调系统进行检查并更换空调滤网等。为了提高车辆利用率，可安排在运营早晚高峰之间的时间段进行。

（3）三月检：对车辆主要部件及系统进行清洁和功能检查，特别是对车门、车钩的清洁、润滑等。

（4）年检（定修）：对车辆的各系统进行状态检查、检测和功能调整；对各部件进行全面检查、清洁、润滑，对部分部件如空调机组、继电器进行清洁、测试和修理，以及完成列车的全面调试。为了减少检修停时和保证周末上线用车，可合理安排在 5 天内完成。

（5）架修：目的是恢复车辆的性能，对转向架、轮对、通道、车钩、制动装置、牵引电机、牵引逆变器、辅助逆变器、蓄电池等主要部件解体后进行全面和仔细的检修，转向架及轮对还需探伤；更换一些密封橡胶件、磨耗件、一次性使用件和工作寿命到期的零部件；最后对车辆各系统进行全面检测、调试及试验。为了缩短车辆架修的停时，提高车辆上线利用率，架修尽可能采用部件互换的修理方式，即从车辆上拆下待修部件整件，用地面上预先修理好的备件装车，使整车能在较短时间内完成修程，重新投入运营，专业班组再对拆下的系统部件进行分解维修，作为下一列车架修的更换备件。

（6）大修：目的是全面恢复车辆的尺寸和性能，是实现车辆设计寿命周期内保持车辆表现稳定的重要的检修形式；在架修的基础上，需要对整列车进行分解、检查、修复，同时进行全面清洗（包括部件、空气管道等），压力密封检测，车体重新油漆等等；结合技术改造对部分系统进行全面升级或更换；对车辆各系统进行全面检测、调试及试验。此类检修需在综合维修基地进行。

除以上修程外，对一些进行过特殊检修的列车，如镟轮后，更换过轮对和转向架或进行过试验的列车，还可按照特殊检修的要求安排特殊的检查，主要是对列车走行部等进行外观检查，以保证列车安全运行。另外，节假日到来前，还可安排对列车的一些重要零部件，如车底紧固件、车门、牵引/制动回路继电器等进行普查，以保证假日期间列车性能稳定。

各地铁公司可根据所选的不同车型和车辆利用率的不同要求，灵活制定各种修程，如表1-1-2所示。另外，有些地铁还采用均衡修的方式，即将架修、大修内容分解到年检各修程中去，以减少列车的停时，提高车辆利用率。

表 1-1-2　西安地铁二号线车辆计划修

修程	检修周期		检修停时	主要检修内容和要求
	里程/万千米	时间		
日检	0.04～0.05	1天	40分钟	系统功能检查，保证车辆运行安全
双周检	0.6～0.8	2周	1天	系统功能检查，易损件检查更换，保持车辆状态
月检	1.2～1.6	1月	1天	系统功能检查，主要部件状态检查测试
年检	14～18	1年	11天	大型部件细致检查、测试、修理、镟轮，保持车辆整体主要性能
架修	70～90	5～6年	23天	大型部件细致检查、测试、修理、换件、镟轮，保持车辆整体主要性能
大修	140～180	10～12年	35天	对车辆包括车体在内进行全面的分解、检查及整修，结合技术改造对部分系统进行全面的更换

2）状态修

借助于先进的检测与技术诊断设备，在车辆或部件不解体的情况下，检查和测量各主要零部件的技术参数，从而掌握车辆的技术状态，并根据事先掌握的车辆的实际状态，有计划地适时安排适度维修，即在应该进行修理的时机修理，在应该进行修理的部位进行恰到好处的修理，从而快速、经济、有效地达到消除隐患与故障，确保车辆良好技术状态的目的。

从一定程度上来说，状态修是对计划修的一种探索和尝试，当对状态修的尝试达到一定程度积累之后，经过总结归纳，可将其列为计划修的一部分，以此循序渐进，优化维护检修体系。一个好的维护检修模式既能保持和修复列车的工作能力和状态，又能使总费用减至最低。实施灵活的计划修和状态修相结合的方式，能有效克服状态修带来的“维修不足”，减少计划修引起的“过剩维修”，保证城轨车辆的检修质量，同时减少车辆检修停时，从而提高车辆利用率。

（二）故障性检修

故障性检修是在某个部件出现故障之后所采取的检修方式，即人们所说的临修（临时检修）。故障性检修的工作负荷一般是无法预计和评价的，总是由使用者（运营者）发现故障之后报告，检修就此展开。故障性检修可以是彻底的检修，也可以是临时性的检修，设备在临时检修之后仍然可以投入运营，并等待彻底检修。在这些不同的检修程序结束之后，可以认为设备恢复了可使用状态，可以投入正常的运营。在故障性检修中，目前一般是通过换件来快速处理故障。对于故障发生不危及安全，且通过连续监控推定可以在故障发生后进行维修，或者发生事故后再修理的零部件，可以采用故障性检修方式进行故障处理。这种检修一般是在各线车辆段或停车场进行。

（三）各类检修方式的优缺点（见表 1-1-3）

表 1-1-3　车辆检修方式优缺点比较

检修方式		优点	缺点	适用对象
预防性检修	计划修	管理相对简单，计划性强，能保证车辆运行状态良好，能确保车辆满足运营要求	检修成本极高，检修周期与深度的合理性一时难以掌握	无备份且运营要求非常严格的系统和设备
	状态修	对症下药，故障设备修复周期短，能保证运营要求；设备故障在发生之前就被消除，能确保运营要求，检修成本最少	检测工作量大，要求的检测装备和水平最高，技术管理难度最大；检测周期和深度难确定	具有自动检测功能的与运营安全密切关联的系统设备
故障性检修		平时维护工作量最少，维护成本最低	要考虑备用设备，故初期投资较大，检修周期较长	对与行车无直接联系，设备运行未定且已考虑了足够备份的系统或设备

已运营稳定的线路，从人力成本以及设备类型而言，最佳的检修方式推荐为状态修，自动化程度高，检修成本最低，设备性能保持最好。对于一些目前条件还达不到状态修的运营单位，可先采取计划修的形式，对具有自动检测功能的系统要积累数据及经验，向状态修过渡。目前大多数国内轨道交通运营单位采用计划修的方式进行检修。

二、城市轨道交通车辆检修生产组织

车辆检修单位（部门）的生产调度（生产室）根据不同的检修方式结合车辆检修日常的生产任务及车辆运用的状态编写当日生产计划并向车辆检修单位（部门）的维修班组下达车辆维修计划。

（一）城市轨道交通车辆检修单位（部门）的主要工作范围

（1）负责地铁车辆及车辆检修工艺设备日常运用、维护、维修和突发事件的抢险，工程车辆车体及走行部定期检修等工作。

（2）组织制订地铁车辆各修程检修计划、车辆检修工艺设备各修程维修计划和工程车辆检修计划，为地铁运营提供质量良好的运用车辆。

（3）负责车辆检修基地轨道机动车辆的维护保养，提供安全、可靠的地铁运营车辆和工程车辆，以满足运营客运服务和线路维修的总体要求，同时负责对新到车辆及检修设备的调试验收工作。

（二）城市轨道交通车辆的检修生产管理模式

目前，国内城市轨道交通车辆的检修工作的生产管理模式有两种：一种是车辆的检修工作由车辆检修单位（部门）进行管理，车辆的运用工作由运用单位（部门）管理；另一种是车辆的检修和运用工作由车辆检修单位（部门）统一管理。

1. 模式一

车辆检修生产管理由车辆段控制室（车辆控制中心，DCC）负责，主要由车辆检修单位（部门）的生产调度与运用单位（部门）运用调度联署办公。车辆检修单位（部门）的检修任务统一由生产调度根据列车运营的情况组织各维修班组进行计划性、故障性检修。车辆的运用及车辆段内的动车计划的审批统一由运用调度负责。

列车越过出段信号机进入正线运营线路后，统一由运营公司的调度控制中心（OCC）指挥，列车按照运行图运行。

1）该管理模式的优点

（1）车辆技术专一，人员要求相对简单。

（2）工作性质单一，涉及其他专业较少。

（3）联署办公信息传递通畅。

（4）统一办公地点，作业审批单传递迅速。

2）该管理模式的不足

（1）人员管理部门多，协调沟通不便。

（2）生产作业工作量不均衡。

（3）临时性的出收车计划变更响应时间较长。

（4）车场内列车转轨计划需多部门审批，接口过多。

2. 模式二

车辆检修、运用生产管理直接由车辆检修单位（部门）的生产调度组织完成（运用调度及信号楼作业人员统一由生产调度负责管理），包括车辆的检修、车辆运用、动车计划、施工计划等。列车越过出段信号机进入正线运营线路后，统一由运营公司的调度控制中心（OCC）指挥，列车按照运行图运行。

1）该管理模式的优点

（1）生产调度层级少，中间环节少，信息传递畅通。

（2）一体化办公优化工作流程，提高工作效率。

（3）人员统一管理，合理安排，均衡工作量。

（4）为司机提供“一站式服务”，故障报修反应迅速，及时准确传递故障信息。

（5）工作协调中减少部门与部门的中间环节，提高工作进度。

2）该管理模式的缺点

（1）管理项目多，涉及专业多，要求人员有较高的综合素质。

（2）削弱中间监督力度。

（3）车辆部安全生产方面压力大，缺少分担责任单位（部门）。

关于城市轨道交通车辆的检修生产管理模式，目前国内应用最多的是模式一，模式二是根据城市轨道交通的发展，车辆检修生产管理模式进入了新的时期后产生的，车辆检修、车辆运用生产管理单位（部门）为一线生产员工、司机提供了“一站式服务”，解决了在实际生产中的层级问题，信息传递畅通，减少了单位（部门）之间的沟通环节，加快了检修、运用的工作进度。

三、城市轨道交通车辆检修调度

（一）检修调度基本要求

检修调度工作的基本要求是快速和准确。所谓快速，是指对各种生产的异常表现发现快，采取措施处理快，向车辆检修单位（部门）上级管理人员和有关单位（部门）反映情况快。所谓准确，是指对情况的判断准确，查找原因准确，采取对策准确。为此，就必须建立健全生产调度机构，明确生产调度工作分工，建立一套切合实际和行之有效的调度工作制度，掌握一套迅速查明异常产生的原因并能采取有效对策的调度工作方法。对生产调度工作的其他一些要求如下：

（1）检修调度工作必须以生产进度计划为依据，这是生产调度工作的基本原则。生产调度工作的灵活性必须服从计划的原则性，要围绕完成计划任务来开展调度业务。同时，调度人员还应不断地总结经验，协助计划人员提高生产进度计划的编制质量。

（2）检修调度工作必须高度集中和统一。生产情况千变万化，讲管理就必须讲统一，统一指挥，建立一个强有力的生产体系。各生产调度应根据同级领导人员的指示，按照作业计划和临时生产任务的要求，行使调度权力，发布调度命令。各级领导人员应充分发挥调度部门的作用，维护调度的权威。

（3）检修调度工作要以预防为主。调度人员的基本任务是预防生产活动中可能发生的一切脱节现象。贯彻预防为主的原则，就是要抓好生产前的准备工作，避免各种不协调的现象产生。在组织生产的过程中，不仅要抓生产计划的落实，还要抓生产过程中的环节，防止“只抓后不抓前”的做法。只有做到“以前保后”，才能取得调度工作的主动权。

（4）检修调度工作要从实际出发，要经常深入生产现场，掌握第一手资料，及时了解和准确地掌握生产活动中千变万化的情况，摸清客观规律，深入细致地分析研究所出现的问题，动员生产人员自觉地克服和防止生产中的脱节现象，出主意想办法，克服困难，积极完成生产任务。只有这样，才能防止瞎指挥，使调度工作达到抓早、抓准、抓狠、抓关键、一抓到底的要求。

（二）车辆检修调度的工作职责

（1）车辆检修调度负责车辆检修单位（部门）的周生产计划和日生产计划制定、生产指标统计、运输生产对外协调工作。

（2）车辆检修调度负责落实车辆检修单位（部门）颁布的各项规章制度。根据车辆部下达的生产任务和现场实际，合理制订车间生产计划并督促实施。

（3）车辆检修调度负责组织安排车辆的计划性检修及故障性检修的生产，并监督其进度和质量。

（4）车辆检修调度负责组织车辆突发事件的救援组织工作。

（5）车辆检修调度负责专用办公用品的管理工作。

（6）车辆检修调度负责车辆配属电客车钥匙及办公、设施设备的钥匙管理工作。

（7）车辆检修调度负责对车辆出现的疑难故障，配合车辆检修单位（部门）技术人员分析故障原因，提出整改措施。

（8）车辆检修调度负责地铁车辆计划性检修的作业控制及进度。

（9）车辆检修调度负责地铁车辆故障性检修和技术改造的作业控制及进度。

（10）车辆检修调度负责根据行车调度（简称行调）命令，及时组织地铁列车满足正线运营服务。

（11）车辆检修调度负责车辆维修基地内所有车辆的调车作业制订。

（12）车辆检修调度负责地铁车辆登车作业及安全防护的监控。

（13）车辆检修调度负责车辆部管辖范围各库相关施工作业请点与销点的核查、批准。

（14）车辆检修调度负责日常生产信息的收集、统计，定期对生产指标完成情况统计分析，积累各项运用工作资料，为车辆检修单位（部门）生产安排提供依据。建立完善的检修台账，做好各种有关记录。

（15）车辆检修单位（部门）负责处理好与其他单位（部门）调度之间的工作关系，及时协调、处理生产中出现的问题，搞好联劳协作。

（16）车辆检修调度完成车辆检修单位（部门）各项临时性工作。

（三）车辆检修调度的工作内容

（1）检修调度实行 24 h 不间断轮值工作制，按照四班两运转模式进行。

（2）检修调度到岗后进行工作交接，以保证工作的连续性和严密性。交接时，交班检修调度应尽量详细记录和传达交班内容。接班检修调度应在相应的日志上签名，对不清楚的情况应主动询问了解，交接完毕后，交班检修调度才能退勤。

（3）检修调度负责组织车辆检修单位（部门）日交班会。

（4）交班后当值检修调度认真核对检修计划及交班日志，根据检修计划安排班组进行相关工作。

（5）检修调度接到运营调度通报运营车辆故障时，应详细记录事件过程，向司机提供技术支持。需救援时，按救援程序执行。

（6）检修调度接到运营调度发出的事故救援命令后，检修调度要快速组织救援队伍赶赴现场救援。

（7）对于车辆上存在其他专业性故障时，检修调度根据故障信息通知其他专业单位（部门）生产调度。

（8）夜班当值检修调度原则上在首列车出库前 2 h 将符合运营的车辆交付给运用调度。

（9）当值检修调度应全面负责其他生产相关的调度、协调等生产及现场管理职能。负责当值班次作业的安全防护监督工作，特别是涉及隔离开关和静调电源柜等被列入危险源的作业，必须严格按相关操作规程执行，对操作过程进行卡控并做好记录。

（10）当值检修调度负责车辆清洁计划的具体实施。

（11）当值检修调度积极跟进各项车辆维修作业进度，合理安排班组完成生产任务。

（12）当值检修调度接到设备、设施故障信息，应及时向相关部门报修。

四、城市轨道交通车辆检修基础设施

（一）城市轨道交通车辆检修基地的功能

城市轨道交通车辆检修基地是城市轨道交通车辆停放、检查、维修、保养和检修的场所，是保证城市轨道交通车辆良好的技术状态和城市轨道交通正常运营的重要基础，也是车辆检修人员工作的主要场所。简单地说，车辆检修基地是一个具有车辆维修能力的停车场或车辆段。

停车场主要负责城市轨道交通车辆的停放、清洁、日检等工作。各城市的轨道交通按其线路长度和配属车辆的多少，合理设置停车场满足全线车辆的停放及检修。停车场一般配备车辆运用和日常检修的基础配套设置，主要有停车列检库、洗车库、镟轮线、架车线、出入段线、试车线、牵出线、存车线等。

车辆段主要承担所属线路的车辆停放、清洁、一般性日常检修、架大修及车辆部件的检测和修理工作。与停车场相比，车辆段内的基础设施更加完备，主要有停车列检库、运用库、静调库、架大修库房、洗车库、油漆库及各种辅助线路。

车辆段还具备综合检修基地的功能，除车辆各专业的检修工作外，通信、信号、机电设备等专业的维修基础设施设备也配置在车辆段内，有利于协调各专业的衔接关系，对各专业检修工作进行有效的协调管理，满足城市轨道交通系统管理的需要。

（二）轨道交通车辆检修基地的主要线路

1. 停车线

停车线应为平直线路，一般设成车库，主要用于停放车辆，在大多数城市称其为停车列检库。停车线还兼具着车辆检修功能，有尽端式和贯通式两种，贯通式便于列车的灵活调度，但考虑到停车列检库作业环境温度、检修基地的地理位置等因素，仍有很多城市采用尽端式设计。

2. 出入段线

出入段线是供车辆出、入车辆检修基地的线路，一般设置成双线，并避免切割正线，根据行车和信号的要求留有必要的段（场）线路与运营正线的转换长度。

3. 牵出线

牵出线适应段（场）内调车，牵出线的长度和数量根据列车的编组长度和调车作业的方式和工作量确定。

4. 静态调试线

静态调试线一般设置在静态调试库内，刚入段的新车或经过高级修程需要静态调试的车辆须在静态调试线上，等待检测各系统部件的技术状态。静态调试线必须设置有地沟、检修平台和车间牵引电力电源。因为要对车辆进行标准尺寸、水平度等测量，要求静态调试线必须是经过认证的水平零轨（轨道高差精度等标准较高的线路）。

5. 试车线

试车线是提供通过年检、架修、大修等高级修程或需要对列车牵引制动进行试验的列车进行动态调试的线路。设置长度应满足列车正线运营最高运行速度。试车线上设置有检查坑，便于列车在试车线上进行临时车底检查。试车线还设置有信号的地面装置，可进行列车载信号装置的试验。试车线旁设置试车线调试用房，内设信号控制和试车需要的有关设备、设施和仪器。因试车线上列车运行速度较高，一般试车线采用隔离措施。

6. 洗车线

洗车线供列车停运后的洗车作业，因北方城市天气寒冷，其设置有洗车库。洗车线设置为贯通式，尽量与停车线相近，可以减少列车行走时间。洗车线在安装洗车机位置必须保证至少一列车长度的直线段，以保证列车平顺进行洗车作业。

7. 检修线

检修线为平直线路，一般均设置有地沟（采用第三轨受电方式的线路除外），布置在检修、定修、架修、大修库内。在架修、大修库内设置的检修线间距较大，便于布置架车机等检修设备。

8. 镟轮线

镟轮线一般设置在停车列检库内，为平直线路。镟轮线长度为正常停放列车线路的两倍，中间基坑内安装有镟床。镟轮线不设置接触网或接触轨，镟轮过程通过公铁两用车进行牵引。

（三）城市轨道交通车辆检修各库房

1. 停车列检库

图片　镟床线

停车列检库负责车辆的停放、整备、清扫、日检、司机出乘等功能，因此停车列检库除设置有停车线外，还设有运用工班（负责车辆日常检修的工班，部分城市轨道交通企业称为轮值工班）、调度室、乘务待班室以及车载信号工班。库内还设置有架空接触网或接触轨，接触轨加装有防护措施。每条库线两端和库外线之间均设置有隔离开关，可以为每条停车线的接触网（接触轨）独立断、送电。在停车列检库内应有一段平直硬化地面，作为消防、运输通道，通道两端设置卷闸门，平时封锁，必要时使用。

2. 检修库

为提高检修效率、节约用地，目前大多数城市轨道交通企业将检修库与停车列检库修建成同一库房。检修库内设置有双周检、月检、静态调试线路。消防、运输通道与停车列检库相连。

双周、月检、静态调试线路均设置有三层检修平台，可供车顶、车体两侧、车底的检修作业，如图 1-1-1 所示。

图 1-1-1　检修库

3. 定修库

定修库房主要负责车辆的年检工作，设置有地沟，两侧设置三层检修平台，车间牵引电力电源，不设置接触网或接触轨。部分城市轨道交通企业在定修库房内设置有起重机。

4. 架修、大修库

架修、大修库房主要负责车辆的架、大修作业。具体布置根据车辆检修工艺流程确定。一般设置有地下式架车机（见图 1-1-2）、移车台、桥式起重机、移动式架车机（图 1-1-3）、公铁两用车（图 1-1-4）以及各种工作平台等。地铁车辆分解的各部件检修均在架修、大修库房内的辅助检修车间进行，一般设置有转向架及轮对工班、电机工班、空调工班、电器和电子工班、车门工班、受电弓工班等。

图 1-1-2　地下式架车机

图 1-1-3　移动式架车机

图 1-1-4　公铁两用车

5. 其他库房

1）蓄电池间

蓄电池间主要负责对地铁车辆或其他运输车辆的酸性或碱性蓄电池进行充放电及维修工作。蓄电池间配置相应的试验、充电设备和通风、给排水与防腐设施。碱性和酸性蓄电池操作间要分开设置，防止酸气进入碱性蓄电池，酸、碱发生中和作用，影响蓄电池的质量。蓄电池间要单独设置，布置在长年主导风向的下风侧，有防爆措施。

2）洗车库

洗车库负责列车清洗工作，如图 1-1-5 所示。洗车线通过洗车库，库内设置有自动洗车机，可对列车端部和侧面进行化学洗涤剂和清水洗刷。库内设置有接触网或接触轨，列车通过自身动力通过洗车机。

图 1-1-5　洗车库

【学习随笔】

任务 2　城市轨道交通车辆电气检修人员要求及安全认知

【实施工单】

1. 任务要求

（1）了解车辆检修生产人员各级别的素质要求。

（2）掌握劳动保护用品的使用方法。

（3）掌握电气安全管理相关知识。

2. 任务准备

（1）场地准备：城市轨道交通车辆检修实训中心（配备多媒体）。

（2）工具准备：验电器、接地线。

（3）物品准备：电子钥匙。

（4）建议课时：4 课时。

"城市轨道交通车辆电气检修人员要求及安全认知"任务工单

姓名		班级		学号	
时间		地点		组别	
指导教师		专业			
小组成员					
任务					

一、知识储备　　　　成绩：

（一）单选题

1. 以下劳动保护用品使用正确的是（　　）。
   A. 安全帽使用前要调整好帽衬尺寸
   B. 安全鞋应定期用溶剂清洁
   C. 安全带绳子不能打结使用
   D. 不管做什么操作，都要戴好手套
2. 以下让触电者脱离高压电源的措施错误的是（　　）。
   A. 立即电话通知有关部门拉闸停电
   B. 戴上绝缘手套，穿上绝缘靴，拉开高压断路器
   C. 往架空线路抛挂裸金属软导线，人为造成线路短路
   D. 救护人可戴上手套或在手上包缠干燥的衣服等绝缘物品拖拽触电者，使之脱离电源
3. 若触电者无知觉、无呼吸，但有心跳，应该采用哪种现场救护？（　　）。
   A. 心肺复苏法　　B. 人工呼吸
   C. 胸外心脏按压法　　D. 让触电者静卧休息，并严密观察
4. 心肺复苏急救法中胸外按压多少次加人工呼吸吹气多少次为一个周期？（　　）。
   A. 30，2　　B. 2，30　　C. 20，3　　D. 3，20

（二）填空题

1. 城市轨道交通车辆检修工分__________、__________、__________、__________4 个等级。
2. 目前国内城市轨道交通企业通常采用____________作为作业人员头部的防护用品。

（三）判断题

1. 梯上作业时，严禁站立在梯子的最上方。（　　）
2. 进行检修作业时，应按照经验操作，不必完全遵照作业指导书。（　　）
3. 电流频率越高，电击对人体的伤害越大。（　　）

（四）简答题

1. 城市轨道交通车辆检修劳动保护用品按照防护部位不同有哪些分类？请举例说明。

2. 简述胸外按压法的操作方法。

3. 简述人工呼吸法的操作方法。

<table>
<tr><td colspan="3">二、制订计划</td><td>成绩：</td></tr>
<tr><td colspan="4">根据接触网送断电作业规程制订接触网送断电作业计划。</td></tr>
<tr><td>序号</td><td>操作项目</td><td>操作工具</td><td>操作要点</td></tr>
<tr><td>1</td><td>作业申请</td><td></td><td></td></tr>
<tr><td>2</td><td>作业准备</td><td></td><td></td></tr>
<tr><td>3</td><td>隔离开关分闸</td><td></td><td></td></tr>
<tr><td>4</td><td>验电</td><td></td><td></td></tr>
<tr><td>5</td><td>挂接地线</td><td></td><td></td></tr>
<tr><td>6</td><td>取验电器</td><td></td><td></td></tr>
<tr><td>7</td><td>三层平台确认</td><td></td><td></td></tr>
<tr><td>8</td><td>拆除接地线</td><td></td><td></td></tr>
<tr><td>9</td><td>隔离开关合闸</td><td></td><td></td></tr>
<tr><td>10</td><td>操作汇报</td><td></td><td></td></tr>
</table>

<table>
<tr><td>三、操作准备工作</td><td colspan="2">成绩：</td></tr>
<tr><td>准备事项</td><td>已完成</td><td>未完成</td></tr>
<tr><td>1. 作业人员必须穿戴安全帽、高压绝缘靴、高压绝缘手套，做好安全防护。</td><td></td><td></td></tr>
<tr><td>2. 作业前确认所有的工具和使用材料都处于检定有效使用期内。</td><td></td><td></td></tr>
<tr><td>3. 小组成员根据自身状况和组长安排做好合理分工。</td><td></td><td></td></tr>
</table>

<table>
<tr><td colspan="2">四、操作及质量检查</td><td>成绩：</td></tr>
<tr><td>序号</td><td>评价标准</td><td>评价结果</td></tr>
<tr><td>1</td><td>操作前工具选用合理、安全防护到位。</td><td></td></tr>
<tr><td>2</td><td>使用前按照要求对验电器和接地线进行外观检查。</td><td></td></tr>
<tr><td>3</td><td>正确进行隔离开关操作。</td><td></td></tr>
<tr><td>4</td><td>正确使用验电器及接地线。</td><td></td></tr>
<tr><td>5</td><td>熟悉接触网断送电流程及要求。</td><td></td></tr>
<tr><td>6</td><td>能正确进行操作汇报。</td><td></td></tr>
<tr><td>7</td><td>作业后整理好工器具；作业记录表填写及时、准确。</td><td></td></tr>
</table>

<table>
<tr><td>五、操作总结</td></tr>
<tr><td></td></tr>
</table>

【知识导航】

一、城市轨道交通车辆电气系统检修人员素质要求

城市轨道交通车辆检修工负责车辆的接收、检修及调试工作，分初级工、中级工、高级工、技师 4 个等级，技能要求依次递进，高级别涵盖低级别内容。车辆检修人员应在工作中不断提升个人专业素质，合理规划职业发展。一般在运营企业中具有初级工级别以上素质要求的检修人员方可上岗作业，部分工作内容对检修人员的素质级别也有相应的要求。

（一）城市轨道交通车辆检修初级工素质要求

1. 专业知识

（1）了解城轨车辆的分类和特点。

（2）了解城轨车辆的编组及连挂方式。

（3）了解城轨车辆运行的各种模式。

（4）熟悉车体、车门、车钩、贯通道、转向架、受电弓、牵引系统、制动系统、空调系统、辅助系统、控制系统及乘客信息系统的基本组成、所在位置及系统参数。

（5）熟悉电、气制动力的分配原则。

（6）熟悉再生制动、电阻制动的工作原理。

（7）掌握电路图基本知识。

（8）掌握气路图基本知识。

2. 专业技能

（1）能使用 PTU（地铁检修专用笔记本式计算机）对牵引系统、制动系统、空调系统、辅助系统、控制系统及乘客信息系统的数据进行读取和存储，并进行简单分析。

（2）能按照技术规范对车门系统进行测量及调整。

（3）能按照技术规范对列车走行部进行测量。

（4）能够正确判断走行部的故障现象。

（5）熟练掌握各系统易损易耗件的更换方法。

（6）能够处理牵引系统、制动系统、空调系统、辅助系统的简单故障。

（7）掌握列车控制电路故障查找及处理方法，能够处理简单故障。

（8）熟练掌握车辆高压回路、牵引系统、辅助系统、走行部等检修生产过程中的安全防护方法，正确做好相关防护。

（二）城市轨道交通车辆检修中级工素质要求

1. 专业知识

（1）熟练掌握车体、车门、车钩、贯通道、转向架、受电弓、牵引系统、制动系统、空调系统、辅助系统、控制系统及乘客信息系统各部件的位置名称、工作原理、系统参数和作用。

（2）掌握车辆限界、设备限界和建筑限界之间的关系。

（3）掌握车辆牵引理论基本知识。

（4）熟练掌握车辆空气压缩机、干燥器、模拟转换阀、称重阀、中继阀、紧急制动电磁铁、防滑电磁阀、基础制动单元的结构和工作原理。

（5）掌握空调制冷回路、制冷剂在制冷系统中的各种状态。

（6）熟练掌握列车电路图及气路图。

（7）掌握各系统中电子板的功能。

（8）掌握列车高压回路各元器件的工作原理以及各系统之间线路的连接原理。

（9）掌握列车的网络控制及故障诊断的功能逻辑。

2. 专业技能

（1）能合理运用各种检修工具（如轮缘轮径尺、万用表、示波器等）对牵引系统、制动系统、空调系统、辅助系统、控制系统及乘客信息系统进行故障处理。

（2）熟练使用 PTU 对牵引系统、制动系统、空调系统、辅助系统、控制系统及乘客信息系统的记录数据进行读取和存储，并进行故障分析，确定系统故障原因。

（3）能综合运用列车电路图进行故障分析及查找。

（4）掌握车门的拆装及各部件的分解与组装。

（5）会使用车钩等各种专用测量和拆装工具。

（6）掌握转向架重要部件的拆卸及安装要求。

（7）掌握制动系统各种压力的测量和调整方法。

（8）掌握空气压缩机、基础制动单元的拆装工艺及专用工具的使用方法。

（9）能按照技术规范对列车走行部进行测量，能准确判断和分析列车走行部的故障现象及原因。

（10）掌握空调试验设备、真空泵的使用方法。

（11）掌握制冷剂添加的方法，压缩机保护单元功能的测试方法，冷凝风机、送风机的维修方法。

（12）能够熟练使用专用工具对列车高压系统电路进行测量。

（三）城市轨道交通车辆检修高级工素质要求

1. 专业知识

（1）能根据原理图、逻辑图进行板块的测量和分析。

（2）对简单的电子板块，能根据板块的元件绘制出原理图，并能进行原理分析。

（3）掌握列车控制软件基本逻辑，并初步了解列车网络控制标准。

（4）掌握各种制动模式下集中状态的制动力的特性及分配。

（5）熟悉车辆所用的各种润滑油、润滑脂的基本使用常识，并能对状态进行分析。

2. 专业技能

（1）掌握车体、车门、车钩、贯通道、转向架、受电弓、牵引系统、制动系统、空调系统、辅助系统、控制系统及乘客信息系统的拆装方法、疑难故障查找及处理方法。

（2）熟悉车体、车门、车钩、贯通道、转向架、受电弓、牵引系统、制动系统、空调系统、辅助系统、控制系统及乘客信息系统的相关试验设备的操作方法。

（3）熟练掌握构架检测方法。
（4）熟悉轮对的压装原理与压装要求。
（5）熟悉轴承清洗、质量检查、检测、选配的方法。
（6）熟练掌握联轴节、轴承的拆卸和安装及其简单工装的设计方法。
（7）熟悉减震器试验及其可能的故障判别。
（8）熟悉一系弹簧的更换和选配静态沉降的要求。
（9）熟练掌握空气压缩机、基础制动单元和各种阀类元件的分解、组装及测试方法。
（10）熟练掌握受电弓的分解与组装及部件测试方法。
（11）熟练掌握车门各部件的分解与组装及部件测试方法。
（12）熟练掌握车钩部件的各种测试方法。
（13）熟练使用专用工具及工装完成通道装置的分解与组装。
（14）掌握空调膨胀阀的调节方法。
（15）掌握空调机组压缩机冷冻油的更换方法。
（16）能对牵引电机、高速断路器进行分解，更换牵引电机轴承等损耗件、损坏件，能在相关人员指导下进行空载试验、堵转试验等。
（17）掌握牵引辅助、控制和信息系统各模块的拆装、维修、测试方法。
（18）熟练掌握列车上各电子电路、电力电子等板块上元器件的疑难故障查找及处理方法。

（四）城市轨道交通车辆检修技师素质要求

1. 专业知识

（1）能编写部件检修工艺（如接触器、高速断路器、部分电路板、阀类、基础制动单元、空气压缩机、空气干燥器等）。

（2）熟练掌握列车的高压系统技术、诊断测试技术，能独立设计列车的测试工艺方案，能对测试数据的准确性及误差进行判断。

（3）熟悉牵引系统各板块之间内部的逻辑关系。
（4）熟悉制动控制单元各板块、各种阀类之间内部的逻辑关系。
（5）熟悉空调各部件之间的逻辑关系。
（6）掌握电空联合制动的计算方法。
（7）能结合检修，对各系统中各部件寿命进行初步分析。

2. 专业技能

（1）熟练掌握列车车体、车门、车钩、贯通道、转向架、受电弓、牵引系统、制动系统、空调系统、辅助系统、控制系统及乘客信息系统疑难惯性故障的查找及处理方法，针对故障原因，制订改进方案。

（2）掌握对列车车体车门、车钩、贯通道、转向架、受电弓、牵引系统、制动系统、空调系统、辅助系统、控制系统及乘客信息系统进行各部件的分解以及重新装配的方法，针对生产实际，设计相关辅助工装。

（3）掌握车辆系统质量关键点，对于常发性或周期性故障懂得制订预防性维护方案。
（4）熟悉各系统检修规程、检修工艺和车辆验收标准，能结合检修工作实际及系统故障率对检修规程、检修工艺提出改进意见。

（5）能指导高级工、中级工、初级工开展相关检修工作，完成列车故障处理、部件维修等工作。

二、城市轨道交通车辆电气系统检修人员劳动保护

（一）城市轨道交通车辆检修劳动保护用品

劳动保护用品是劳动者在生产过程中为免遭或减轻事故伤害和职业危害，个人随身穿（佩）戴的用品，国际上称为 PPE（Personal Protective Equipment），即个人防护器具。城市轨道交通车辆检修劳动保护用品按照防护部位不同，分类如下：

（1）头部防护，如安全帽等。

（2）眼面部防护，如护目镜等。

（3）听力防护，如耳塞等。

（4）呼吸防护，如口罩、防毒面罩等。

（5）手部防护，如防酸碱手套等。

（6）足部防护，如防砸安全鞋等。

（7）躯体防护，如各种防护服等。

（8）坠落防护，如安全带等。

（9）皮肤防护，如皮肤防护膜等。

本任务主要讲述安全帽、安全鞋、安全带这类具有特种防护性能的劳动保护用品在检修生产作业中的用途。

1. 安全帽

安全帽是防止冲击物伤害头部的防护用品，由帽壳、帽衬、下颏带和后箍组成。帽壳一般呈半球形，坚固、光滑并有一定弹性，打击物的冲击和穿刺动能主要由帽壳承受。帽壳和帽衬之间留有一定空间，可缓冲、分散瞬时冲击力，从而避免或减轻对头部的直接伤害。冲击吸收性能、耐穿刺性能、侧向刚性、电绝缘性、阻燃性是对安全帽的基本技术性能的要求。目前国内城市轨道交通企业通常采用轻质安全帽（见图 1-2-1）作为作业人员头部的防护用品，主要防止在车辆下部检修作业时头部磕碰到转向架等部位，以及高空坠物的伤害。

图 1-2-1 轻质安全帽

安全帽的使用维护要求：

（1）严禁私自在安全帽上打孔，私自拆卸帽子部件和调整帽衬尺寸，随意改变安全帽任何结构；严禁在帽衬上放任何物品，严禁随意碰撞安全帽，严禁将安全帽充当器皿使用，严禁将安全帽当板凳坐，以免影响其强度。

（2）严禁将安全帽放置在有酸、碱、高温、日晒、潮湿或化学试剂的场所，以免其老化、变质。

（3）对热塑料制的安全帽，虽可用清水冲洗，但不得用热水浸泡，更不能放入浴池内洗涤，也不能在暖气片、火炉上烘烤，以防止帽体变形。

2. 安全鞋

安全鞋是安全类鞋和防护类鞋的统称，一般指在不同工作场合穿用的具有保护脚部及腿部免受可预见的伤害的鞋类。安全防护鞋属于高技术含量及高附加值的鞋类产品，如图 1-2-2 所示。

图 1-2-2　安全鞋

安全鞋需要正确地使用和保养，才能确保发挥应有效能及维持使用者的足部健康，因此应注意下列事项：

（1）不得擅自修改安全鞋的构造。

（2）穿着合适尺码的安全鞋有助于保持穿者的足部健康及鞋具的耐用期。

（3）注意个人卫生，使用者应保持脚部及鞋履清洁干爽。

（4）定期清理安全鞋，但不应采用溶剂作清洁剂。此外，鞋底亦须经常清扫，避免积聚污垢物，因鞋底的导电性或防静电性能会受黏附污垢物多少和褶曲情况影响。

（5）贮存安全鞋于阴凉、干爽和通风良好的地方。

3. 安全带

检修生产中使用的安全带主要是防止高处作业人员发生坠落或发生坠落后将作业人员安全悬挂的个体防护装备，由带子、绳子和金属配件组成，总称为安全带，如图 1-2-3 所示。检修生产中车顶受电弓检查、空调检查时必须佩戴安全带防止高空坠落。

图 1-2-3　安全带

安全带的使用维护要求：

（1）使用前要检查。

（2）高挂低用，注意防止摆动碰撞。

（3）不准将绳打结使用，也不准将钩直接挂在安全绳上使用，应挂在连接环上用。

（4）安全带上的各种部件不得任意拆掉。更换新绳时要注意加绳套。

（5）安全带使用两年后，按批量购入情况抽验一次。

（6）使用频繁的绳，要经常做外观检查，发现异常时，应立即更换新绳。带子使用期为 3 ~ 5 年，发现异常应提前报废。

（7）使用时避免触碰有钩刺的工具。

（8）安全带应储存在干燥、通风的仓库内，不准接触高温、明火、强酸和尖锐的坚硬物体，也不准长期暴晒、雨淋。

4. 劳动防护用品使用注意事项

正确使用劳动防护用品，是保障从业人员人身安全与健康的重要措施。为此要注意以下几点：

（1）生产经营单位应当建立健全有关劳动防护用品的管理制度。要加强劳动防护用品的购买、验收、保管、发放、更新、报废等环节的管理，监督并教育从业人员按照使用要求佩戴和使用。

（2）提供的防护用品必须符合国家标准或者行业标准。不得以货币或者其他物品替代劳动防护用品，也不得购买、使用超过使用期限或者质量低劣的产品，确保防护用品在紧急情况下能发挥其特有的效能。

（3）在佩戴和使用劳动防护用品中，要防止发生以下情况：

① 从事高空作业的人员，不系好安全带发生坠落。

② 从事电工作业（或手持电动工具）的人员不穿绝缘鞋发生触电。

③ 在车间或工地不按要求穿裙子或休闲衣服；或虽穿工作服但穿着不整，敞着前襟，不系袖口等，造成机械缠绕。

④ 长发不盘入工作帽中，造成长发被机械卷入。

⑤ 不正确戴手套。有的该戴不戴，造成手的烫伤、刺破等伤害；有的不该戴而戴，造成卷住手套带进手去，甚至连胳膊也带进去的伤害事故。

⑥ 不及时佩戴适当的护目镜和面罩，使面部和眼睛受到飞溅物伤害或灼伤，或受强光刺激，造成视力伤害。

⑦ 不正确戴安全帽。当发生物体坠落或头部受撞击时，造成伤害事故。

⑧ 在工作场所不按规定穿用劳保皮鞋，造成脚部伤害。

⑨ 不能正确选择和使用各类口罩面具，不会熟练使用防毒护品造成中毒伤害。

在其他需要进行防护的场所，如噪声、振动、辐射等，也要正确佩戴和使用劳动防护用品，从而保护自己的人身安全和健康。

（二）城市轨道交通车辆电气系统检修人员电气安全管理

1. 上岗前的基本要求

（1）必须参加公司级、车间级以及班组级的三级安全教育培训，并经考核合格。

（2）特种作业人员必须经国家有关单位培训，并考试合格，取得相应专业操作证。

（3）熟悉施工作业流程、作业内容、作业安全要点。

（4）熟悉相关作业指导书、作业操作规程，避免疲劳或身体健康状况不佳时作业。

2. 安全规定

（1）技术交底，工完场清。作业施工负责人对作业进行技术交底，参与作业的每个人都应该熟知作业的安全要点及作业要领，并做好相关记录。

（2）任何作业必须遵守运营分公司的清、销点制度，且必须在确定人员、工器具及材料全部出清后方可办理销点手续。

（3）检查劳保穿戴。作业时必须穿戴好安全帽、荧光衣、长袖工作服、手套、绝缘鞋，使用绝缘工具。

（4）严禁站立在梯子的最上方，梯子上及作业人员口袋内、身上不得有容易掉落的物品，在梯上作业时严禁抛接任何物品。

（5）严禁擅自触动非本人操作的设备、开关、阀门等各种按钮。

（6）保持充分休息，作业时精神必须高度集中，严禁酒后作业，避免精神状况不良作业。

（7）进行检修、施工作业时，必须严格执行作业指导书及操作规程，电气操作人员必须持有效电工证上岗。

（8）电气设备设施检修维护必须遵守停电、验电、装设接地线及悬挂标识牌等安全措施，一人作业一人监护。

（9）带电操作必须有相应电压等级的绝缘工具，如绝缘操作杆、绝缘手套、绝缘绳索等。

（10）高空作业时要使用专门的用具传递工具、零部件和材料等，不得抛掷传递，起吊较重的部件时，要把物体捆绑牢固。

（11）高压设备检修维护必须严格执行工作票、操作票制度。

（12）区间作业使用梯子时，人员和梯子等工具、材料均应与接触网等区间设施保持安全距离。梯子必须横向携带，严禁直立挪位。使用竖梯时应双人配合。高空作业时必须系安全带、戴安全帽。

（13）检修、施工时不得奔跑作业，避免因此被绊倒或被其他物件击伤。尤其区间运输物资时，应避开道岔，保护钢轨、轨底电缆，并注意保护区间设施。

（14）配电箱柜检修维保作业完毕送电前，必须检查配电柜各项技术状态及是否在柜内有遗留物，确认无误后，恢复供电。

3. 电工作业安全要点

（1）线路及设备作业安全要点：一停、二验、三地、四挂、五防。

（2）照明作业维护安全要点：一防电、二挂牌、三防摔、四防扎、五监护。

（3）应急电源装置维护作业安全要点：防高温、防高湿、防短路、防积灰、勤通风、重防护（停电、验电、接地、挂牌、一人操作一人监护）。

（4）用电设备巡查作业要点：定期巡、劳保全、防触电、保安全、限距离、看警示、有监护。

（5）降压所、低压配电室作业安全要点：熟悉规程、查阅图纸、工具合格、执行审批、正确操作、防止触电（停电、验电、接地、挂牌）、保证安全（遵守警示标志，保持安全距离，穿戴劳保用品，防气体误喷，一人操作一人监护）。

（6）电加热设备使用安全要点：专人专用，人走停电；使用时远离易燃和可燃物；设备绝缘损坏和无过电流保护时不得使用；电源线安全载流量必须大于设备容量；定期巡检、定期维护、定期试验。

（7）区间用电设备维修作业安全要点：遵规定、请销点、须停电（接触网及维修设备均要停电，并验电、接地及挂牌）、防护全、防摔伤、通信畅、记清场（清理工具及材料、检查有无侵界、清点人数统一撤出）。

（8）临时用电安全要点：先申请、定时间、定地点、定人员、定接口、定时检、有监护。

4. 触电急救

触电急救必须分秒必争，据有关资料，触电后 1 min 内抢救，有 90%的概率能救活；1 ~ 4 min 抢救，有 60%的概率能救活。用科学有效的方法，有可能挽救一条生命。

1）发生触电的主要原因

发生触电，一方面是设备、线路的问题，如接线错误，特别是插头、插座接线错误造成过很多触电事故；由于电气设备运行管理不当，使绝缘损坏而漏电，又没有采取切实有效的安全措施，也会造成触电事故。另一方面是人的因素，大量触电事故的统计资料表明，有 90%以上的事故是由于“三违”造成的，其主要原因是由于安全教育不够、安全制度不严和安全措施不完善、操作者素质不高等。

2）影响触电的因素

（1）触电者的身体状况。

电流作用人体时，女性较男性敏感；小孩遭受电击较成人更危险，同时与体重有关。人体电阻因人而异，与人的体质、皮肤的潮湿程度、触电电压的高低、年龄、性别以及工种职业都有关系，通常为 1 000 ~ 20 000 Ω；当角质外层被破坏时，则降到 800 ~ 10 000 Ω。人体电阻除人的自身电阻外，还应附加上人体以外的衣服、鞋、裤等电阻。影响人体电阻的因素很多，如带有导电性粉尘等情况，均能使人体电阻降低。

（2）通过人体的电流强度。

人们通过大量试验证明，通过人体的电流越大，对人体的损伤越严重。

（3）电流作用的持续时间。

触电电流越大，触电时间越长，电击能量越大，对人体的伤害越严重。

（4）电流通过人体的途径。

电流通过心脏时，最容易导致死亡，因此电流从右手到左脚的危险性最大。

（5）电流的频率。

实践证明，40 ~ 60 Hz 的交流电对人体最危险；随着频率的增高，触电危险程度将降低。

3）让触电者脱离电源应该采取的紧急措施

（1）低压电源。

可用“拉”“切”“挑”“拽”“垫”五字来概括。

拉：指就近拉开电源开关、拔出插头或瓷插熔断器。

切：指的是当电源开关、插座或瓷插熔断器距离触电现场较远时，可用带有绝缘柄利器切断电源线。切断时应防止带电导线断落触及周围人体。

挑：如果导线搭落在触电者身上或压在身下，这时可用干燥的木棒、竹竿等挑开导线，或用干燥的绝缘绳套拉导线或触电者，使触电者脱离电源。

拽：救护人可戴上手套或在手上包缠干燥的衣服等绝缘物品拖拽触电者，使之脱离电源。如果触电者的衣服是干燥的，又没有紧缠在身上，救护人可以直接用一只手抓住触电者不贴身的衣裤，将其拉脱电源，但要注意切勿触及触电者的皮肤。也可站在干燥的木板、橡胶垫等绝缘物品上，用一只手将触电者拖拽开来。注意施救者一定要单手操作。

垫：如果触电者由于痉挛，手指紧握导线或导线缠绕在身上，可先用干燥的木板垫在触电者身下，使其与地绝缘，然后再采取其他办法把电源切断。

（2）高压电源。

① 立即电话通知有关部门拉闸停电。

② 如果电源开关离触电现场不太远，则可戴上绝缘手套，穿上绝缘靴，拉开高压断路器，或用绝缘棒拉开高压跌落熔断器以切断电源。

③ 往架空线路抛挂裸金属软导线，人为造成线路短路，迫使继电保护装置动作，从而使电源开关跳闸。挂抛前，将短路线的一端先固定在铁塔或接地引下线上，另一端系重物。

4）现场救护

触电者脱离电源后，应立即就近移至干燥通风处，再根据情况迅速进行现场救护，同时应通知医务人员到现场（拨打120急救热线）。

根据触电者受伤害的轻重程度，现场救护可以按以下办法进行：

（1）触电者所受伤害不太严重，如触电者神志清醒，只是有些心慌、四肢发麻、全身无力，或者一度昏迷，但未失去知觉，可让触电者静卧休息，并严密观察，同时请医生前来或送医院救治。

（2）触电者所受伤害较严重导致触电者无知觉、无呼吸，但心脏有跳动，应立即进行人工呼吸；如有呼吸，但心脏跳动停止，则应立即采用胸外心脏按压法进行救治。

（3）触电者所受伤害很严重导致触电者心脏和呼吸都已停止、瞳孔放大、失去知觉，应立即按心肺复苏法（通畅气道、人工呼吸、胸外心脏按压）正确进行就地抢救。

注意事项如下：

① 救护人员应在确认触电者已与电源隔离，且救护人员本身所涉环境安全距离内无危险电源时，方能接触伤员进行抢救。

② 在抢救过程中，不要为方便而随意移动伤员，如确需移动，应使伤员平躺在担架上并在其背部垫以平硬阔木板，不可让伤员身体蜷曲着进行搬运。移动过程中应继续抢救。

③ 任何药物都不能代替人工呼吸和胸外心脏按压，对触电者用药或注射针剂，应由有经验的医生诊断确定，慎重使用。

④ 在抢救过程中，要每隔数分钟再判定一次，每次判定时间均不得超过5～7 s。做人工呼吸要有耐心，尽可能坚持抢救4 h以上，直到把人救活，或者一直抢救到确诊死亡时为止；如需送医院抢救，在途中也不能中断急救措施。

⑤ 在医务人员未接替抢救前，现场救护人员不得放弃现场抢救，只有医生有权做出伤员死亡的诊断。

5）心肺复苏急救法

胸外按压法：救护者跪于平躺着的触电者右侧，双腿与其齐肩，上身直立，双手相叠放于触电者胸膛上方两指部位，掌根受力垂直向下挤压，压陷深度是3～5 cm（儿童和瘦弱者酌减），每分钟挤压次数为80～100次。

人工呼吸法：使触电者平躺，清理气道，压头抬颌，救护者一只手捏住触电者鼻子，另一只手放至其下颌，深吸气后口对口吹气时约2 s（注意不能漏气），即松开口、手，让其自行呼吸约3 s，每分钟吹气12次（即每5 s吹气1次）。

胸外按压 30 次（儿童 15 次）加人工呼吸吹气 2 次是一个周期，5 个周期大约 2 min 后，迅速判断病人有没有恢复呼吸和心跳，没有恢复则按此法继续抢救。如果现场有多人，5 个周期换人按压。

（三）城市轨道交通车辆检修库内接触网断送电

采用接触网供电的线路对车辆进行车顶检修或第三轨供电的线路对车辆的车顶和车底进行检修时，为保证作业安全，作业人员均要进行断电作业。尤其是对接触网进行断送电作业，其劳动保护要求极高。目前国内城市轨道交通在总结多年来变电站防误闭锁装置开发、研究生产经验的基础上，根据各地电力部门、铁路部门的要求，在确保电力运行人员、城市轨道检修人员安全操作设备的同时，切实减轻其劳动强度，运用新技术、新工艺，消化吸收国内外先进技术开发了微机防误闭锁系统。

城市轨道交通车辆检修对接触网进行断送电大多采用五防锁,其配置结构如图 1-2-4 所示。五防锁是一种高压开关设备用锁，该锁强制运行人员按照既定的安全操作程序，对电气设备进行正确的操作，从而避免了误操作事故的发生，充分满足“五防”要求：

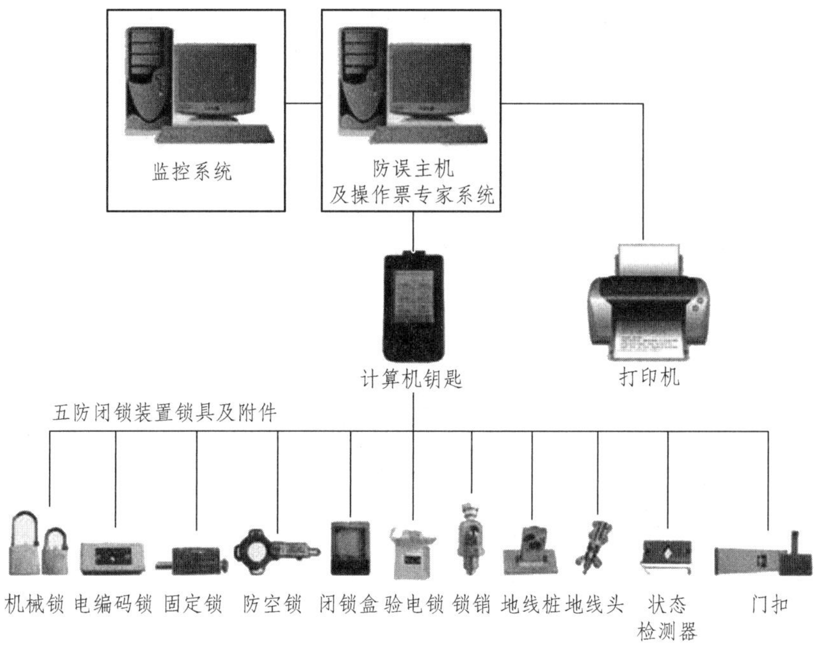

图 1-2-4　五防锁系统配置结构

（1）防止误拉合开关。
（2）防止带负荷拉合隔离刀闸。
（3）防止误入带电间隔。
（4）防止带电挂接地线。
（5）防止带地线（接地刀闸）合闸。

隔离新送电作业人员属特种作业工种，隔离开关操作要求两人进行，一人负责操作，一人负责监护。两人必须经过理论和实操培训，考试合格后获得资格证，方可进行本岗位的工作。

1. 接触网断送电作业流程

需作业时，监护人去 DCC（车辆段控制中心）检修调度提出接触网作业申请。检修调度根据检修任务在计算机上模拟作业工作票并传送到电子钥匙，同时打印作业申请单，完毕后交付给监护人。

监护人根据电子钥匙和申请单提示进行隔离开关断送电作业。

1）断电流程

（1）作业准备。

隔离开关操作人员到存放柜处取验电器、穿戴好防护用品，使用前对验电器、防护用品进行检查，确认验电器、防护用品完好。

（2）隔离开关分闸。

用电子钥匙打开隔离开关箱挂锁，确认箱内外观无异常，空气开关处于闭合位，模式开关处于当地位，操作分闸按钮进行分合闸作业，确认上部刀闸分到位后，锁闭隔离开关箱挂锁。

（3）验电。

用电子钥匙打开验电接地端电子挂锁，将验电器导流线接地端子套在接地螺栓上，旋紧蝶形螺母，锁闭电子挂锁。再将验电器端头挂接触网上进行验电。

（4）取接地线。

到存放柜处用电子钥匙打开电子挂锁，取接地线。需检查接地线导线是否破损、接地棒是否超出允许使用期限范围。

（5）挂接地线。

用电子钥匙打开接地端电子挂锁，将接地线接地端子套在接地螺栓上，旋紧蝶形螺母，锁闭电子挂锁；再将接地线挂在所需进行检修作业股道接触网上。

注：接地线挂接前必须先验电再挂接地线，接地线挂好后才能拆除验电器。

（6）取验电器。

隔离开关操作人员在挂接地线后，用电子钥匙打开验电器接地端挂锁，取下验电器。

（7）操作汇报。

隔离开关断电完毕后，操作人员将验电器和劳保防护用品放回原位，监护人向检修调度汇报，并交回电子钥匙和申请单。由检修调度将信息回传到模拟屏，并在申请单上签字确认。

2）送电作业

（1）作业准备。

隔离开关操作人员到存放柜处穿戴好防护用品，使用前需要对防护用品进行检查，确认防护用品完好。

（2）三层平台确认。

操作人上三层平台检查平台无人作业、工器具已出清、受电弓已降下，用电子钥匙到平台终端位置检测锁处进行确认，然后锁闭相应轨道电子挂锁。

（3）拆除接地线。

先取下接地棒，再用电子钥匙打开接地端电子挂锁，拆下接地棒，锁好挂锁。

（4）锁闭接地线。

打开接地线存放柜挂锁，锁闭接地线。

（5）隔离开关合闸。

用电子钥匙打开隔离开关箱挂锁，确认箱内外观无异常，空气开关处于闭合位，模式开关处于当地位，操作合闸按钮进行分合闸作业，确认上部刀闸合到位后，锁闭隔离开关箱挂锁。

（6）操作汇报。

隔离开关送电完毕后，操作人员将劳保防护用品放回原位，监护人向检修调度汇报，并交回电子钥匙和申请单。由检修调度将信息回传到模拟屏，并在申请单上签字确认。

2. 接触网断送电作业要求

1）工具及劳保要求

作业前，操作人需对高压绝缘手套和高压绝缘靴外观进行检查，查看是否破损、残缺，并要求未超出检定日期。作业中，操作人和协助人必须正确穿戴安全防护用品。

作业前，操作人需要对接触网验电器进行外观检查，查看是否超出检定日期，外观应无破损、残缺，接线头及线缆应无破损。

2）操作要求

隔离开关操作由监控人负责整个过程的监控并设置好作业现场安全防护措施。

【学习随笔】

任务3 常用电气检修工具及仪表的使用与保养

【实施工单】

1. 任务要求

（1）了解常用电器检修工具及仪表的种类与作用。

（2）掌握常用电器检修工具及仪表的检查标准与使用方法。

2. 任务准备

（1）场地准备：城市轨道交通车辆检修实训中心（配备多媒体）。

（2）工具准备：常用电工工具及仪表。

（3）物品准备：试验用电路、电动机等。

（4）建议课时：4 课时。

“电气检修工具及仪表的使用与保养”任务工单

姓名		班级		学号	
时间		地点		组别	
指导教师		专业			
小组成员					
任务					

一、知识储备　　　　成绩：

（一）单选题

1. 试电笔检测的电压范围为（　　）。

A. 0 ~ 500 V　　B. 60 ~ 500 V　　C. 60 ~ 800 V　　D. 0 ~ 800 V

2. 钢丝钳的_____可用来弯绞导线线头；_____可用来紧固螺母；_____可用来剪切导线；_____可用来铡切钢丝。（　　）。

A. 齿口，钳口，刀口，铡口　　B. 钳口，齿口，铡口，刀口

C. 钳口，齿口，刀口，铡口　　D. 齿口，钳口，铡口，刀口

（二）多选题

1. 以下关于电工工具的说法正确的有（　　）。

A. 螺丝刀可以用来撬开设备的盖子

B. 钢丝钳可以用作剥线工具

C. 尖嘴钳可以用来夹持较小的器件

D. 剥线钳可以用来剪切较细的导线

2. 以下关于扳手的说法正确的有（　　）。

A. 能用套筒扳手的地方不用梅花扳手

B. 能用开口扳手的地方不用梅花扳手

C. 尽量不用活动扳手

D. 活动扳手在扳动大螺母时可以用钢制品接长手柄加大力矩

（三）填空题

1. ________________是一种用来验证高压电气设备是不是带有运行电压的电力安全用具。

2. 兆欧表又叫________________，大多采用手摇发电机供电，故又称________________。

（四）判断题

1. 热风枪使用完毕应马上进行收存。（　　）

2. 焊接完毕时，烙铁头上的残留焊锡应该继续保留，以防止再次加热时出现氧化层。（　　）

（五）简答题

1. 新烙铁在使用前应做哪些处理？

2. 为什么绝缘电阻不能用万用表的欧姆挡测量？

3. 简述钳形电流表的使用方法。

<table>
<tr><td colspan="2">二、制订计划</td><td colspan="2">成绩：</td></tr>
<tr><td colspan="4">制订电气检修工具及仪表定期检查与试验计划。</td></tr>
<tr><td>序号</td><td>操作项目</td><td colspan="2">操作要点</td></tr>
<tr><td>1</td><td>验电器检查与试验</td><td colspan="2"></td></tr>
<tr><td>2</td><td>螺丝刀检查</td><td colspan="2"></td></tr>
<tr><td>3</td><td>钢丝钳、尖嘴钳检查</td><td colspan="2"></td></tr>
<tr><td>4</td><td>剥线钳、压线钳检查</td><td colspan="2"></td></tr>
<tr><td>5</td><td>扳手检查</td><td colspan="2"></td></tr>
<tr><td>6</td><td>热风枪检查与试验</td><td colspan="2"></td></tr>
<tr><td>7</td><td>电烙铁检查与试验</td><td colspan="2"></td></tr>
<tr><td>8</td><td>万用表检查与试验</td><td colspan="2"></td></tr>
<tr><td>9</td><td>兆欧表检查与试验</td><td colspan="2"></td></tr>
<tr><td>10</td><td>钳形电流表检查与试验</td><td colspan="2"></td></tr>
</table>

<table>
<tr><td>三、操作准备工作</td><td colspan="2">成绩：</td></tr>
<tr><td>准备事项</td><td>已完成</td><td>未完成</td></tr>
<tr><td>1. 作业人员必须穿戴劳保鞋、安全帽、绝缘手套，做好安全防护。</td><td></td><td></td></tr>
<tr><td>2. 小组成员根据自身状况和组长安排做好合理分工。</td><td></td><td></td></tr>
</table>

<table>
<tr><td colspan="2">四、操作及质量检查</td><td>成绩：</td></tr>
<tr><td>序号</td><td>评价标准</td><td>评价结果</td></tr>
<tr><td>1</td><td>操作前安全防护到位。</td><td></td></tr>
<tr><td>2</td><td>能检查出各电工工具存在的问题。</td><td></td></tr>
<tr><td>3</td><td>熟练使用万用表进行电路检测。</td><td></td></tr>
<tr><td>4</td><td>熟练使用兆欧表进行绝缘检测。</td><td></td></tr>
<tr><td>5</td><td>熟练使用钳形电流表进行电流检测。</td><td></td></tr>
<tr><td>6</td><td>作业后整理好工器具；作业记录表填写及时、准确。</td><td></td></tr>
</table>

五、操作总结

【知识导航】

一、常用电气检修工具

（一）验电器

验电器是用来检查导线和电器是否带电的工具，分为低压和高压两种。

1. 低压验电器

低压验电器又称试电笔，简称“电笔”，它有钢笔式和螺丝刀式两种结构，由氖管（俗称氖泡）、电阻、弹簧等组成，如图 1-3-1 所示。使用时，带电体通过电笔、人体与大地之间形成一个电位差，产生电场，电笔中的氖管在电场作用下就会发光。

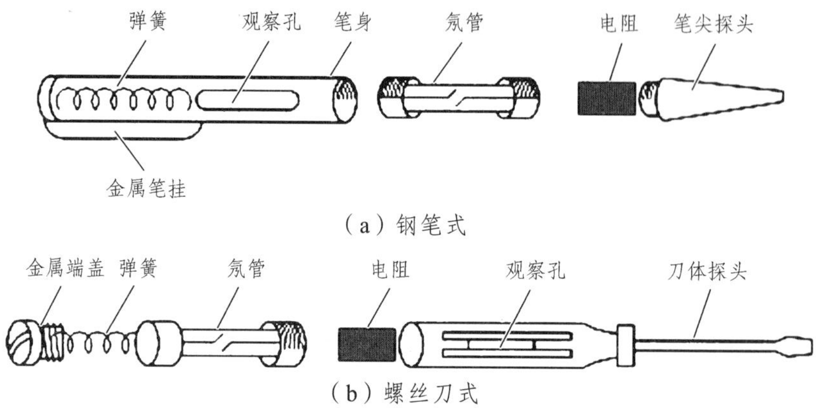

图 1-3-1　试电笔结构

使用注意：

（1）试电笔检测的电压范围为 60 ~ 500 V。超过 500 V 不可使用试电笔。

（2）使用前，必须在有电源处对验电器进行测试，以证明该验电器确实良好，方可使用。

（3）使用时，必须手指触及笔尾的金属部分，并使氖管小窗背光且朝自己，以便观测氖管的亮暗程度，防止因光线太强造成误判断，其使用方法如图 1-3-2 所示。

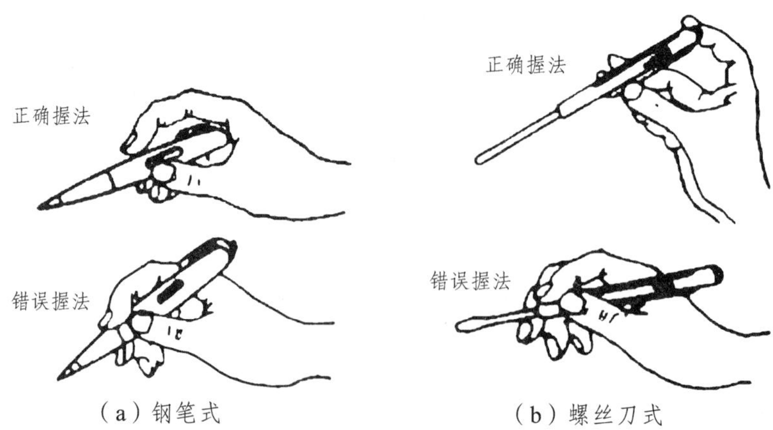

图 1-3-2　试电笔使用方法

（4）验电时，要防止手指触及笔尖的金属部分，以免造成触电事故。

2. 高压验电器

高压验电器是一种用来验证高压电气设备是不是带有运行电压的电力安全用具，如图 1-3-3 所示。高压验电器适用的电压等级包括 750 V、1 500 V、6 kV、10 kV、35 kV、66 kV、110 kV、220 kV、500 kV 等。

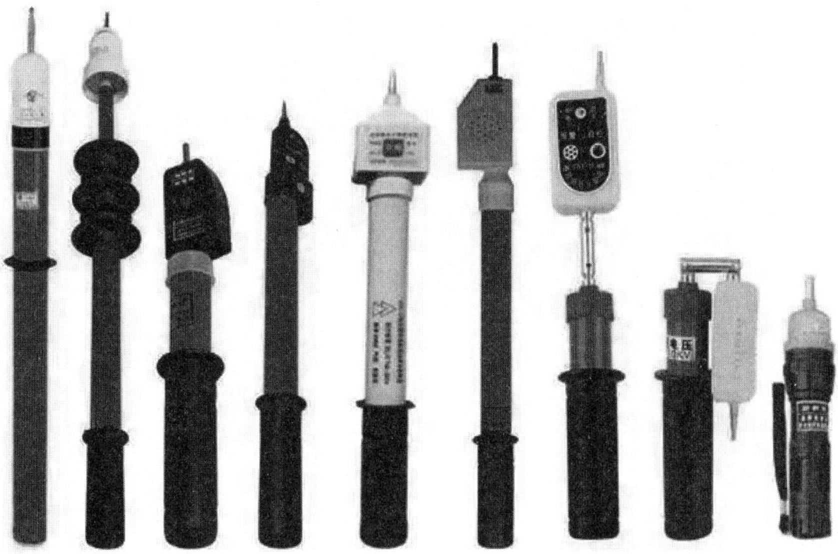

图 1-3-3　各种验电器

高压验电器按指示方式可分为发光型高压验电器、声光型高压验电器、高压电磁感应旋转验电器，其中声光型高压验电器在实际运用中最为广泛。

使用应注意：

（1）必须使用电压等级和被验设备电压等级一致的合格验电器。验电操作顺序应按照验电“三步骤”进行，即在验电前，应将验电器在带电的设备上验电，以验证验电器是否良好，然后再在已停电的设备进出线两侧逐项验电，当验明无电后再把验电器在带电设备上复核一下，看其是否良好。

（2）验电时，应戴绝缘手套，验电器应逐渐靠近带电部分，直到氖灯发亮为止，验电器不要立即直接触及带电部分。

（3）验电时，验电器不应装接地线，除非在木梯、木杆上验电，不接地不能指示者，才能装接地线。

（4）验电器用后应存放在匣内，置于干燥处，避免积灰和受潮。

（二）螺丝刀

螺丝刀是一种用来拧转螺丝以使其就位的常用工具。螺丝刀按不同的头型可以分为一字、十字、米字、星型（计算机）、方头、六角头、Y 型头部等，其中一字和十字最常用。

使用注意：

（1）在使用前应先擦净螺丝刀柄和口端的油污，以免工作时滑脱而发生意外，使用后也要擦拭干净。

（2）选用的螺丝刀口端应与螺栓或螺钉上的槽口相吻合。如口端太薄易折断，太厚则不能完全嵌入槽内，易使刀口或螺栓槽口损坏。

（3）使用时，不可用螺丝刀当撬棒或凿子使用。

（4）螺丝刀正确的持握方法：

① 螺丝刀较大时，除大拇指、食指和中指要夹住握柄外，手掌还要顶住柄的末端以防旋转时滑脱，如图 1-3-4（a）所示。

② 螺丝刀较小时，用大拇指和中指夹着握柄，同时用食指顶住柄的末端用力旋动，如图 1-3-4（b）所示。

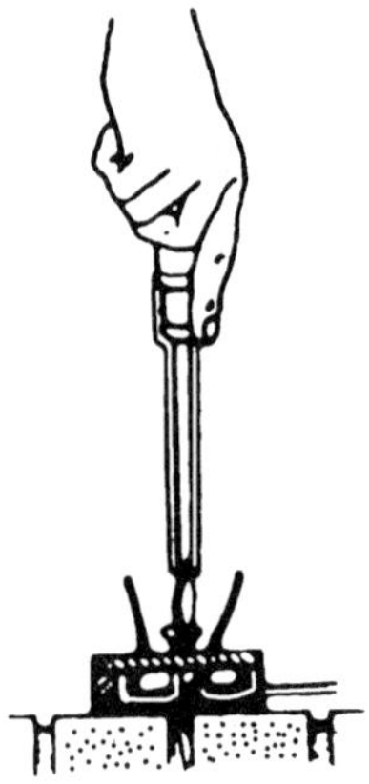

（a）大型螺丝刀

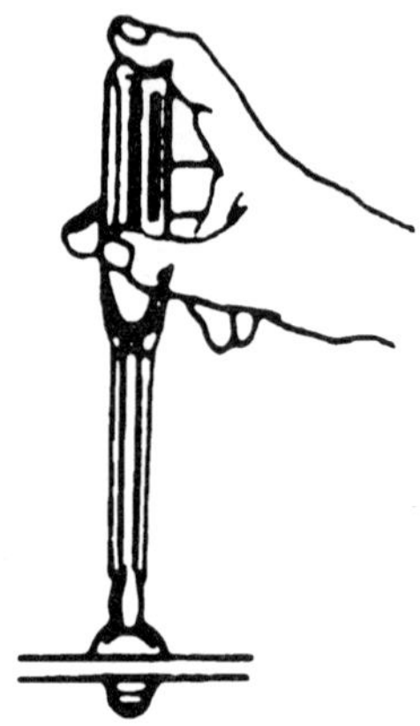

（b）小型螺丝刀

图 1-3-4　螺丝刀握法

③ 螺丝刀较长时，用右手压紧手柄并转动，同时左手握住起子的中间部分（不可放在螺钉周围，以免将手划伤），以防止滑脱。

（三）钳　子

1. 钢丝钳

钢丝钳在电工作业时用途广泛：钳口可用来弯绞或钳夹导线线头；齿口可用来紧固或起松螺母；刀口可用来剪切导线或钳削导线绝缘层；铡口可用来铡切导线线芯、钢丝等较硬线材。钢丝钳各用途的使用方法如图 1-3-5 所示。

使用注意：

（1）使用前，检查钢丝钳绝缘是否良好，以免带电作业时造成触电事故。

（2）在带电剪切导线时，不得用刀口同时剪切不同电位的两根线（如相线与零线、相线与相线等），以免发生短路事故。

（3）不能将钢丝钳作为敲击工具使用。

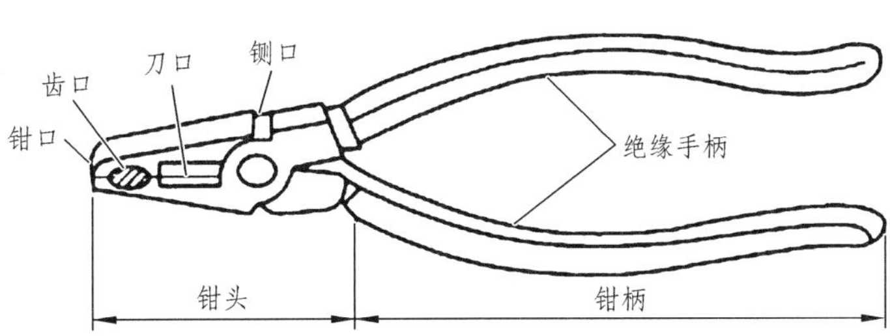

（a）结构

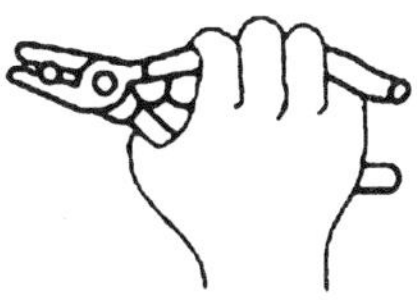

（b）齿口：紧固螺母

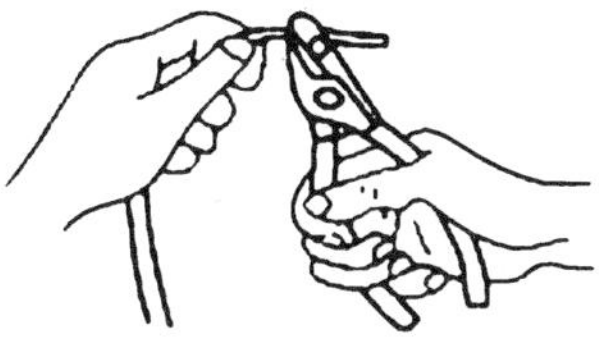

（c）钳口：弯绞导线

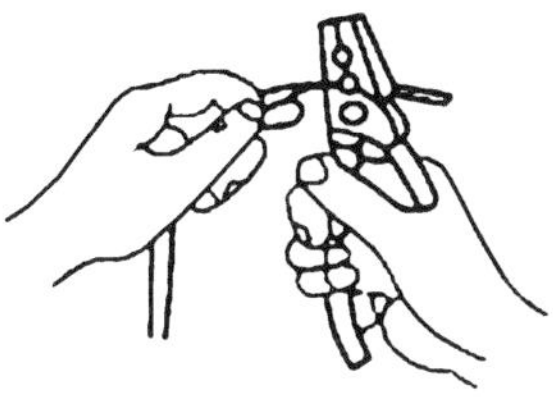

（d）刀口：剪切导线

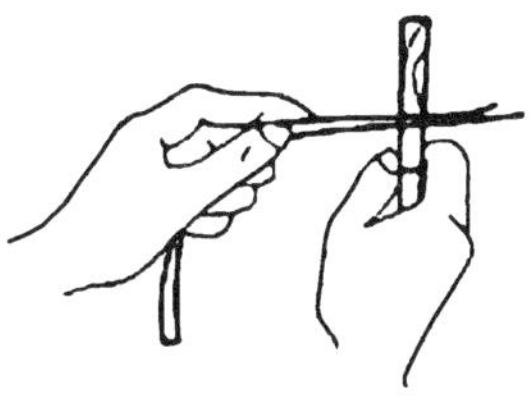

（e）侧口：铡切钢丝

图 1-3-5　钢丝钳结构及使用方法

2. 尖嘴钳

尖嘴钳因其头部尖细，适用于在狭小的工作空间操作，如图 1-3-6 所示。

尖嘴钳可用来剪断较细小的导线，可用来夹持较小的螺钉、螺帽、垫圈、导线等，也可用来对单股导线整形（如平直、弯曲等）。

使用注意：

（1）严禁带电作业。

（2）手离金属部分的距离应不小于 2 cm。

（3）钳头比较尖细，且经过热处理，所以钳夹物体不可过大，用力时不要过猛，以防损坏钳头。

3. 斜口钳

斜口钳又叫断线钳，专用于剪断各种电线电缆，如图 1-3-7 所示。

对粗细不同、硬度不同的材料，应选用大小合适的斜口钳。

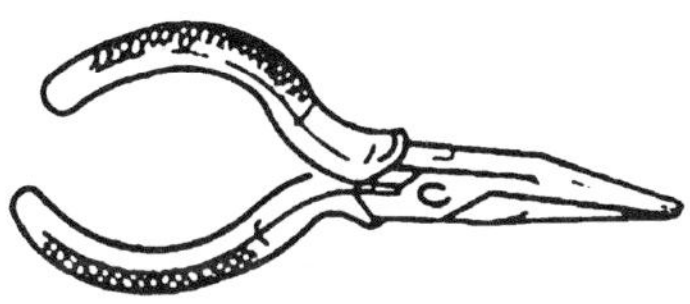

图 1-3-6　尖嘴钳

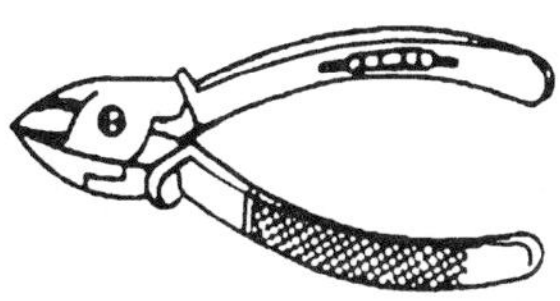

图 1-3-7　斜口钳

4. 剥线钳

剥线钳是专用于剥削较细小导线绝缘层的工具，其外形如图 1-3-8 所示。

使用注意：

（1）根据缆线的粗细型号，选择相应的剥线刀口。

（2）将准备好的电缆放在剥线工具的刀刃中间，选择好要剥线的长度。

（3）握住剥线工具手柄，将电缆夹住，缓缓用力使电缆外表皮慢慢剥落。

（4）松开工具手柄，取出电缆线，这时电缆金属部分露出外面，其余绝缘塑料完好无损。

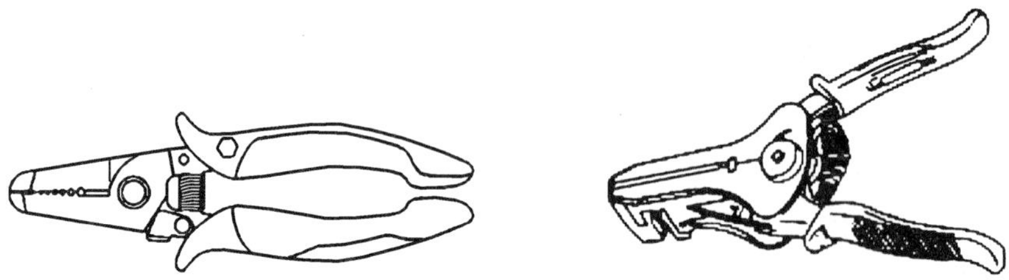

（a）手动剥线钳　　（b）自动剥线钳

图 1-3-8　剥线钳

5. 压线钳

压线钳是一种用于压接端子和连接头的专用工具。不同种类的端子需使用不同型号的压线钳，其外形如图 1-3-9 所示。

使用注意：

（1）使用前检查被压端子与导线规格是否配合。

（2）剥去导线绝缘层后，应尽快压接，避免线芯产生氧化膜或粘上油污。

（3）压接过程中注意压接位置避免压接区损坏或端子变形。

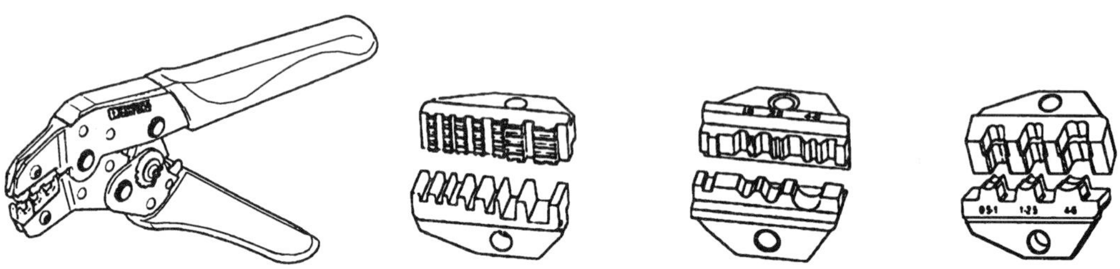

（a）外形　（b）针形端子压线钳口　（c）叉形端子压线钳口　（d）插簧端子压线钳口

图 1-3-9 压线钳

（四）扳　手

扳手是一种常用的安装与拆卸工具，是利用杠杆原理拧转螺栓、螺钉、螺母及其他套孔固件的手工工具。

1. 开口扳手

开口扳手又称呆扳手，是指在柄的一端或者两端设有固定尺寸开口的扳手，如图 1-3-10 所示。开口扳手操作方便，结构稳定，抗打击能力强，适用在空间狭小、用力不大的情况下使用。

使用注意：

（1）扳手应与螺栓或螺母的平面保持水平，以免用力时扳手滑出伤人。

（2）不能在扳手尾端加接套管延长力臂，以防损坏扳手。

（3）不能用钢锤敲击扳手，扳手在冲击载荷下极易变形或损坏。

（4）不能将公制扳手与英制扳手混用，以免造成打滑而伤及使用者。

图 1-3-10　开口扳手

2. 梅花扳手

梅花扳手是指两头为花环状的扳手，且两头花环半径大小不同，将手柄水平持拿会发现两头花环是一上一下错开的，如图 1-3-11 所示。梅花扳手主要用于装拆大型六角螺钉或螺母，不开口的设计可以防爆。

使用注意：

（1）在使用时，最好两只手同时操作，保证梅花扳手与螺栓完全配合，防止滑脱。

（2）扳转时，严禁将加长的管子套在扳手上以延伸扳手的长度增加力矩，严禁捶击扳手以增加力矩，否则会造成工具的损坏。

图 1-3-11　梅花扳手

3. 活动扳手

活动扳手是指开口宽度可在一定范围内调节的扳手，主要由活络扳唇、呆扳唇、蜗轮、轴销等构成，如图 1-3-12（a）所示。活动扳手是一种较为灵活的紧固和松卸紧固件的工具，可适应不同规格的螺栓螺母。

使用时应注意：

（1）使用前将扳口调整为合适大小，调整方法为四指紧握手柄，拇指通过滑动滚轴来调节扳手开口大小，如图 1-3-12（b）所示。

（2）使用时，活动扳手要按照图 1-3-12（c）所示方向用力，不可反用，以免损坏活络扳唇。

（3）在扳动大螺母时，常需要大的力矩及空间，手需要握在柄尾处使劲，但是不可以用钢制品接长手柄加大力矩。

（a）活动扳手组成　（b）扳口调整方法　（c）活动扳手用力方向

图 1-3-12　活动扳手组成及使用

4. 套筒扳手

套筒扳手是指手柄配有带六角孔或十二角孔的扳手，常见的有两头的、三头的，同一手柄配有多个活动套筒（见图 1-3-13），适用于拧转空间十分狭小或者凹陷很深不能直接用呆扳手和梅花扳手的螺栓螺母。其主要优势是带有活动套筒，可以根据需求灵活选择力臂。

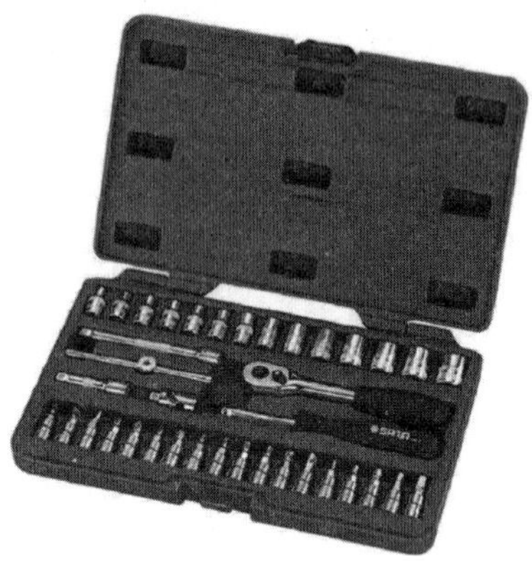

图 1-3-13　套筒扳手

套筒扳手、梅花扳手、开口扳手和活动扳手的选用遵循以下原则：

（1）能用套筒扳手的地方不用梅花扳手，但需要有足够的空间。

（2）能用梅花扳手的地方不用开口扳手，但需要套进去才能拧螺丝。

（3）尽量不用活动扳手。固定扳手的防滑性能好，力矩比较大；活动扳手比较灵活，但不能用在紧固特别重要的地方，像缸盖螺丝等。

5. 钩形扳手

钩形扳手，又称月牙扳手，俗称钩板子，用于拧转厚度受限制的扁螺母，专用于拆装车辆、机械上的圆螺母，如图 1-3-14 所示。其头部可调，适合多重圆螺母同时使用，应用范围较广。

图 1-3-14　钩形扳手

6. 内六角扳手

内六角扳手是成 L 状的六角棒状扳手，专门用来拧转内六角螺钉，可在狭小空间内活动，扭矩大、韧性好，坚固耐用，多种规格适合多种工况，如图 1-3-15 所示。

图 1-3-15　内六角扳手

7. 扭力扳手

扭力扳手又叫力矩扳手、扭矩扳手，主要特征是可以设定扭矩，并且扭矩可调。扭力扳手设定好扭矩后，在操作过程中扭矩达到设定值时会发出咯哒声提醒操作人已经紧固，无须再用力了。

使用注意：

（1）第一次或长时间未使用，先以高扭力操作 5 ~ 10 次。

（2）不使用时，请将扭力调至最低。

（3）达到预设扭力继续施压会造成工作物受到伤害。

（五）热风枪

热风枪是利用发热电阻丝的枪芯吹出的热风来进行元件焊接与摘取、材料软化及热缩处理的工具，外形如图 1-3-16 所示。

图 1-3-16　热风枪

注意事项：

（1）热风枪的管口温度可高达 650 °C，禁止用手触摸高热的枪管，或将热风枪当一般的电吹风使用。

（2）若是要在表面容易加热而受损的物品上使用，请调节合适的发热温度及注意热风枪前管口与加工物品的距离。

（3）注意防止物品堵塞热风枪的出入口，以免发生安全事故及损坏热风枪。

（4）使用完毕，须待热风枪冷却后进行收存。

（六）电烙铁

电烙铁是电子制作和电器维修的必备工具，其主要用途是焊接元件及导线，如图 1-3-17 所示。

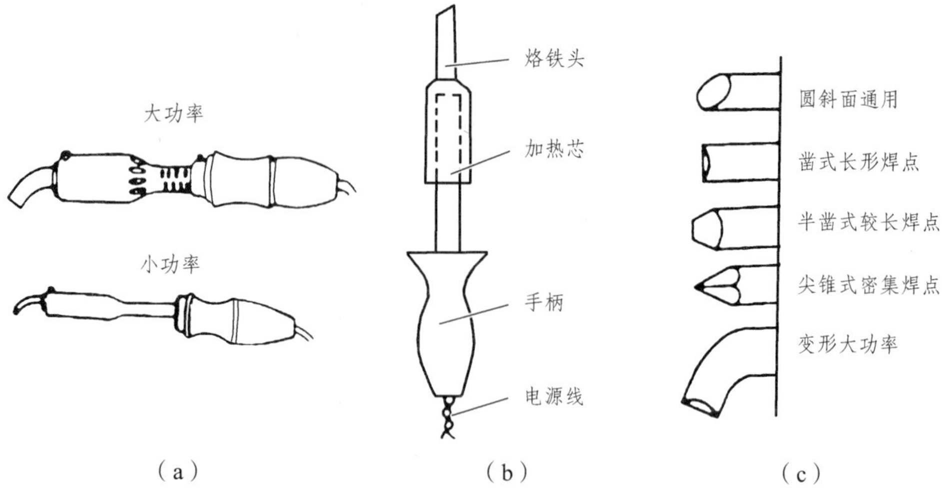

图 1-3-17　电烙铁

1. 电烙铁的使用方法

电烙铁使用前应先用万用表检查烙铁的电源线有无短路和开路，烙铁是否漏电，电源线的装接是否牢固，螺丝是否松动，在手柄上的电源线是否被螺丝钉紧，电源线的套管有无破损，等等。新买的烙铁一般不能直接使用，要先将烙铁头进行“上锡”后方能使用。

（1）电烙铁的握法。

电烙铁的握法可分为三种，如图 1-3-18 所示。图中（a）为反握法，此法适用于大功率电烙铁，焊接散热量较大的被焊件。图（b）所示为正握法，此法使用的电烙铁的功率也比较大，且多为弯形烙铁头。图中（c）为握笔法，此法适用于小功率的电烙铁，用来焊接散热量小的被焊件，如焊接收音机、电视机的印刷电路板及其维修等。

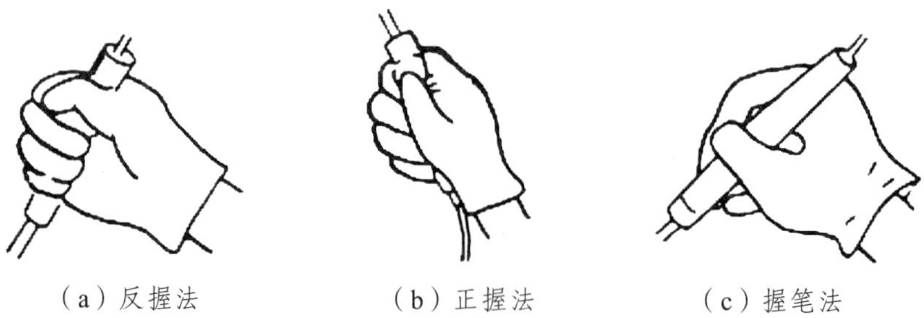

图 1-3-18　电烙铁的握法

（2）新烙铁在使用前的处理。

使用新烙铁时必须先给烙铁头镀上一层焊锡，即先将烙铁头进行“上锡”后方能使用。具体的方法是：先用锉把烙铁头按需要锉成一定的形状，然后接上电源，当烙铁头温度升至能熔锡时，将松香涂在烙铁头上，等松香冒烟后再涂上一层焊锡，如此进行 2 ~ 3 次，直至烙铁头表面被薄薄地镀上一层锡为止。

当烙铁使用一段时间后，烙铁头的刃面及其周围就要产生一层氧化层，这样便产生“吃锡”困难的现象，此时可挫去氧化层，重新镀上焊锡。

（3）烙铁头长度的调整。

经过选择电烙铁的功率大小后，已基本满足焊接温度的需要，但是仍不能完全适应印刷电路板中所装元器件的需求。如焊接集成电路与晶体管时，烙铁头的温度就不能太高，且时间不能过长，此时便可将烙铁头插在烙铁芯上的长度进行适当的调整，从而控制烙铁头的温度。

（4）电烙铁不宜长时间通电而不使用。

因为这样容易使电烙铁芯加速氧化而烧断，同时也将使烙铁头因长时间加热而氧化，甚至被烧“死”而不再“吃锡”。

（5）电烙铁在使用时，不可将电线随着柄盖扭转，以免将电源线接头部位造成短路。烙铁在使用过程中不要敲击，烙铁头上过多的焊锡不得随意乱甩，要在松香或软布上擦除。

（6）更换烙铁芯时要注意引线不要接错，因为电烙铁有三个接线柱，而其中一个是接地的，另外两个是接烙铁芯两根引线的（这两个接线柱通过电源线，直接与 220 V 交流电源相接）。如果将 220 V 交流电源线错接到接地线的接线柱上则电烙铁外壳就会带电，被焊件也要带电，这样就会发生触电事故。

（7）电烙铁在焊接时，最好选用松香焊剂以保护烙铁头不被腐蚀。氯化锌和酸性焊油对烙铁头的腐蚀性较大，使烙铁头的寿命缩短，因而不宜采用。烙铁应放在烙铁架上。应轻拿轻放，绝不要将烙铁上的锡乱抛。

2. 电烙铁保养

（1）烙铁头“不吃锡”。

烙铁头经长时间使用后，就会因氧化而不沾锡，这就是“烧死”现象，也称作“不吃锡”。

当出现“不吃锡”的情况时，可用细砂纸或锉刀将烙铁头表面的黑色氧化铜磨掉，然后重新镀上焊锡即可继续使用。

（2）烙铁头出现凹坑。

当电烙铁使用一段时间后，烙铁头就会出现凹坑，或氧化腐蚀层，使烙铁头的刃面形状发生了变化。遇到此种情况时，可用锉刀将氧化层及凹坑锉掉，并挫成原来的形状，然后镀上锡，即可重新使用。

（3）为延长烙铁头的使用寿命，必须注意以下几点：

① 经常用湿布、浸水海绵擦拭烙铁头，以保持烙铁头良好的挂锡，并可防止残留助焊剂对烙铁头的腐蚀。

② 进行焊接时，应采用松香或弱酸性助焊剂。

③ 焊接完毕时，烙铁头上的残留焊锡应该继续保留，以防止再次加热时出现氧化层。

二、常用电气检修仪表

（一）万用表

万用表又叫多用表、三用表、复用表，是一种多功能、多量程的测量仪表，一般可测量直流电流、直流电压、交流电流、交流电压、电阻和音频电平等，有的还可以测交流电流、电容量、电感量及半导体、温度等一些参数。万用表分为指针式万用表和数字万用表。目前国内城轨单位大多数采用进口多功能万用表。下面以 F17B + 型多功能万用表为例，介绍万用表的相关知识。

1. 多功能万用表的构造

多功能万用表可测量直流电流、直流电压、交流电流、交流电压、电阻、电容、频率、温度等，并且其以数字显示读数，使用起来更加方便。万用表由表头、液晶显示屏、表笔连接及转换开关等部分组成。F17B + 型多功能万用表如图 1-3-19 所示。

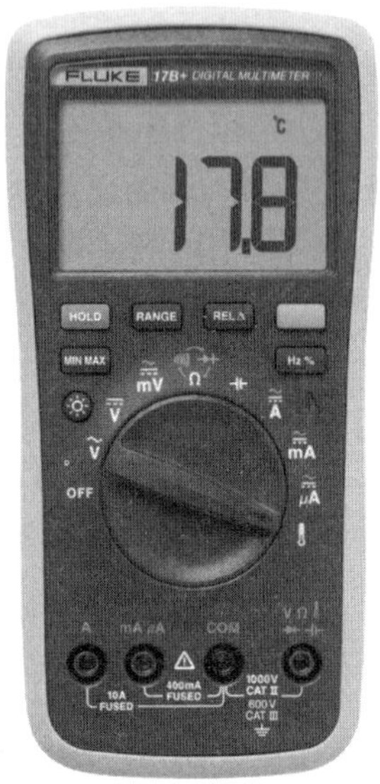

图 1-3-19　F17B + 型多功能万用表

1）万用表中常用电气符号

表 1-3-1　万用表常用电气符号含义

电气符号	含义	电气符号	含义
~	AC（交流电）	CAT II	Ⅱ类测量适用于测试和测量与低电压电源装置的用电点（插座和相似点）直接连接的电路
⎓	DC（直流电）	CAT III	Ⅲ类测量适用于测试和测量与建筑物低电压电源装置配电部分连接的电路
▶|	二极管	CAT IV	Ⅳ类测量适用于测试和测量与建筑物低电压电源装置电源连接的电路
⏚	接地	CE	符合欧盟指令
▭	保险丝	CSA	符合相关的北美安全标准
⊣⊢	电容	KC	符合相关的韩国 EMC 标准
🔋	电池	C-Tick	符合欧洲的相关标准
⚠（闪电）	危险电压，有触电危险	☒	根据 WEEE 指令附录 Ⅰ 中的设备类型，该产品被归类为第 9 类“监测和控制仪器”产品。请勿将本产品作为未分类的城市废弃物处理
⚠	危险，重要信息。请参阅手册		

2）万用表的接线端用途

表 1-3-2　万用表接线端用途

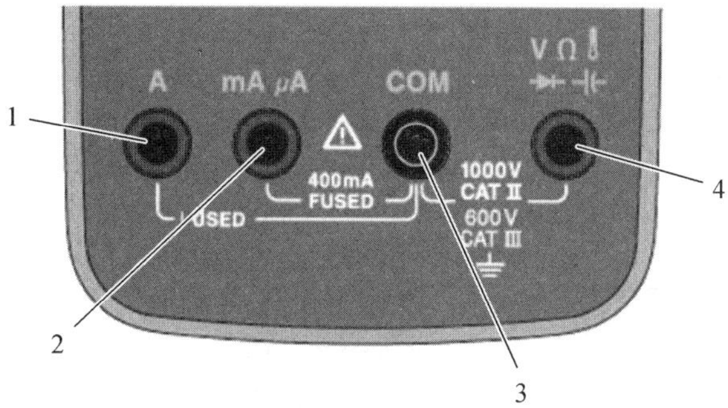

项目	说明
①	用于交流电和直流电电流测量（最高可测量 10 A）和频率测量的输入端子
②	用于交流电和直流电的微安以及毫安测量（最高可测量 400 mA）和频率测量的输入端子
③	适用于所有测量的公共（返回）接线端
④	用于电压、电阻、通断性、二极管、电容、频率、占空比、温度测量的输入端子

3）万用表的显示屏符号含义

表 1-3-3　万用表显示屏符号含义

项目	说明	项目	说明
①	已启用相对测量	⑨	已选中占空比
②	高压	⑩	已选中电阻或频率
③	已选中通断性	⑪	电容单位法拉
④	已启用“显示保持”	⑫	电压单位毫伏或伏特
⑤	已启用最小值或最大值模式	⑬	直流或交流电压或电流
⑥	已启用 LED 测试	⑭	电流单位微安、毫安或安培
⑦	已选中华氏温标或摄氏温标	⑮	已启用自动量程或手动量程
⑧	已选中二极管测试	⑯	电池电量不足，应立即更换

2. 多功能万用表的使用

1）测量交流和直流电压

为最大程度减少交流或交直流混合电压部件内的未知电压读数错误，应首先选择电表上的交流电压功能，同时留意记下产生正确测量结果所在的交流量程。然后，手动选择直流电压功能，使直流量程等于或高于前面的交流量程。该过程可最大限度降低交流瞬变所带来的影响，确保准确直流测量。测量直流和交流电压如图 1-3-20 所示。

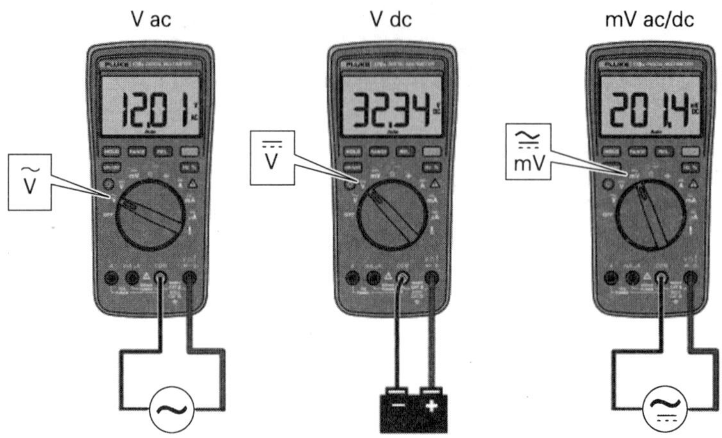

图 1-3-20　测量直流和交流电压

（1）调节旋钮至 $\tilde{V}$、$\overline{V}$ 或 mV 以选择交流或直流。

（2）按下“黄色”按钮可以在 mVAC 和 mVDC 电压测量之间进行切换。

（3）将红表笔连接至 VΩ 端子，黑表笔连接至 **COM** 端子。

（4）用探针接触想要的电路测试点，测量电压。

（5）读取显示屏上测出的电压。

2）测量交流和直流电流

测量交流和直流电流如图 1-3-21 所示。

（1）调节旋钮至 A、mA 和 μA。

（2）按下“黄色”按钮可以在交流或直流电流测量之间进行切换。

（3）根据要测量的电流将红表笔连至 **A**，**mA** 或 **μA** 端子，并将黑表笔连接至 **COM** 端子。

（4）断开待测的电路路径，然后将测试表笔衔接断口并施用电源。

（5）读取显示屏上测出的电流。

3）测量电阻

在测量电阻或电路的通断性时，为避免受到电击或损坏电表，请确保电路的电源已关闭，并将所有电容器放电，如图 1-3-22 所示。

（1）将旋转开关转至 Ω，确保已切断待测电路的电源。

（2）将红表笔连接至 VΩ 端子，黑表笔连接至 **COM** 端子。

（3）将探针接触想要的电路测试点，测量电阻。

（4）读取显示屏上测出的电阻。

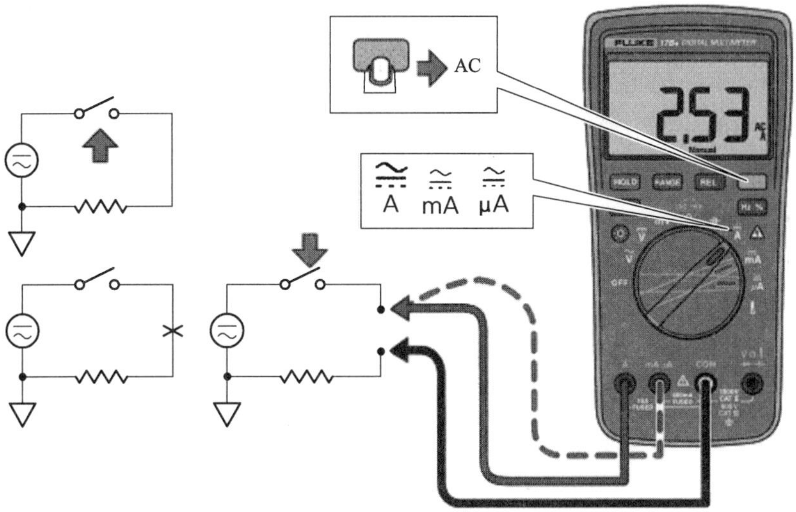

图 1-3-21　测量交流与直流电流

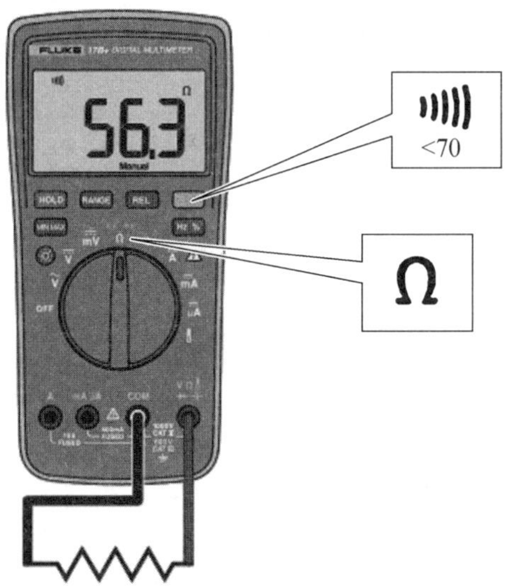

图 1-3-22　测量电阻/通断性

4）测试通断性（见图 1-3-22）

选择电阻模式，按下“黄色”按钮两次，以激活通断性蜂鸣器。如果电阻低于 70 Ω，蜂鸣器将持续响起，表明出现短路。如果电表读数为 OL，则电路断路。

5）测试二极管

在测量电路二极管时，为避免受到电击或损坏电表，请确保电路的电源已关闭，并将所有电容器放电。

（1）将旋转开关转至 ·))) Ω →+。

（2）按“黄色”功能按钮两次，启动二极管测试。

（3）将红表笔连接至 VΩ 端子，黑表笔连接至 **COM** 端子。

（4）将红色探针接到待测的二极管的阳极而黑色探针接到阴极。

（5）读取显示屏上的正向偏压。

（6）如果表笔极性与二极管极性相反，显示读数为 OL。这可以用来区分二极管的阳极和阴极。

6）测量电容

为避免损坏电表，在测量电容前，请断开电路电源并将所有高压电容器放电。

（1）将旋转开关转至 ⊣⊢。

（2）将红表笔连接至 VΩ 端子，黑表笔连接至 **COM** 端子。

（3）将探针接触电容器引脚。

（4）读数稳定后（最多 18 s），读取显示屏所显示的电容值。

7）测量温度

（1）将旋转开关转至 🌡。

（2）将热电偶插入电表的 VΩ 和 **COM** 端子，确保标记有“+”符号的热电偶塞插入电表的 VΩ 端子。

（3）读取显示屏上的温度。

（4）按“黄色”功能按钮可以在 °C（摄氏温度）和°F（华氏温度）之间切换。

8）测量频率和占空比

（1）当该产品处于所需功能（交流电压或交流电流）下时，按 Hz % 按钮。

（2）读取显示屏上的信号频率。

（3）若要进行占空比测量，则再按一次 Hz %。

（4）读取显示屏上的占空比百分数。

9）多功能万用表的维护保养

（1）定期用湿布和温和的清洁剂清洁仪表的外壳，不要使用腐蚀剂或溶剂。

（2）定期清洁端子，否则会影响读数。

（3）定期更换万用表上的电池。

3. 多功能万用表注意事项

（1）在使用电表前，应认真阅读有关的使用说明书，熟悉旋转开关按钮、插孔的作用。请检查机壳，切勿使用已损坏的电表。

（2）检查测试表笔的绝缘是否损坏或表笔金属是否裸露在外，检查测试表笔是否导通，请在使用电表之前更换已被损坏的测试表笔。

（3）用电表测量已知的电压，确定电表操作正常。请勿使用工作异常的电表，其保护措施可能已经失效。若有疑问，应将仪表送修。

（4）请勿在连接端子之间或任何端子和地之间施加高于仪表额定值的电压。

（5）对 30 V 交流电（有效值）、42 V 交流电（峰值）或 60 V 及其以上的直流电压，应格外小心，这些电压有电击危险。

（6）测量时请选择合适的接线端子、功能和量程。

（7）请勿在有爆炸性气体、蒸汽或粉尘环境中使用电表。

（8）使用测试探针时，手指应保持在保护装置的后面。

（9）进行连接时，先连接公共测试表笔，再连接带电的测试表笔；切断连接时，则先断开带电的测试表笔，再断开公共测试表笔。

（10）测试电阻、通断性、二极管或电容器之前，应先切断电路的电源并把所有高压电容器放电。

（11）对于所有功能，包括手动或自动量程，为了避免因读数不当导致电击风险，首先使用交流功能来验证是否有交流电压存在，然后选择等于或大于交流量程的直流电压。

（12）将旋转开关置于 OFF 位置即为关机。

（13）基本测量：根据需要拨到相应位置；交直流电压的测量：可直接显示混合信号的直流分量和交流分量，表笔插入相应的插孔。

（14）其他功能的测量，如温度，二极管筛选，频率，占空比，快速脉冲，dB，逻辑分析，示波，趋势绘图，谐波分析，通断性，电导，电容的测量均可以实现。

（15）电流插孔是为了测量电流用的，不用的时候禁止使用本插孔，否则万用表将可能被烧毁。

（16）万用表量程是自动量程，如果想使用规定量程，请按量程选择键。

（17）当插错插孔时，万用表有报警。使用趋势绘图、示波、逻辑分析、谐波分析等功能时，请查看量程选择和旋转开关位置。

（二）兆欧表

兆欧表又叫绝缘表，大多采用手摇发电机供电，故又称摇表，如图 1-3-23 所示。它是专供用来检测电气设备、供电线路的绝缘电阻的一种便携式仪表。

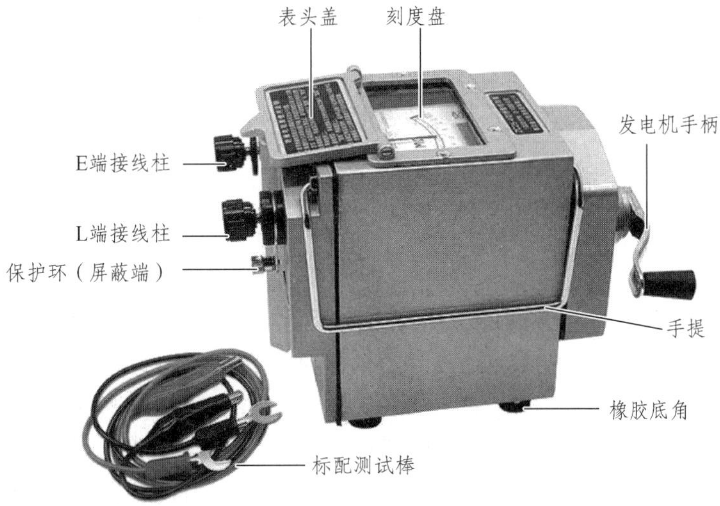

图 1-3-23　手摇式兆欧表

为什么绝缘电阻不能用万用表的欧姆挡测量呢？因为绝缘电阻的阻值比较大，一般为几十兆欧或以上，而万用表在测量电阻时的电源电压很低（9 V 以下），在低电压下呈现的电阻值，并不能反映出在高电压作用下的绝缘电阻的真正数值，因此，绝缘电阻须用备有高压电源的兆欧表进行测量。

1. 兆欧表的选用

兆欧表的常用规格有 250 V、500 V、1 000 V、2 500 V 和 5 000 V 等挡级。选用兆欧表主要应考虑它的输出电压及其测量范围。

（1）兆欧表的输出电压应与被测电气设备或线路的工作电压相适应。也就是说，兆欧表中的发电机产生的电压，应能够模拟被测绝缘电阻的工作电压。通常，额定电压在 50 V 以下的电气设备和线路选用 250 V 兆欧表；额定电压在 50 ~ 380 V 的电气设备和线路选用 500 V 兆欧表；额定电压在 500 V 以上的电气设备和线路应选 1 000 ~ 2 500 V 兆欧表；测量绝缘子时，应选用 2 500 ~ 5 000 V 兆欧表。

（2）兆欧表的测量范围（量限）应适应被测绝缘电阻的数值，否则将发生较大的测量误差。例如。有些兆欧表的读数不是从 0 MΩ开始，而是从 1 MΩ或 2 MΩ开始，故不适合于测量潮湿环境中电气设备和线路的绝缘电阻，因为这时被测电气设备和线路的绝缘电阻有可能小于 1 MΩ或 2 MΩ，容易误将它的绝缘电阻判读为 0 MΩ。通常，测量低压电气设备和线路的绝缘电阻，可选用 0 ~ 200 MΩ或 0 ~ 500 MΩ量限的兆欧表；测量高压电气设备和线路的绝缘电阻，可选用 0 ~ 2 000 MΩ量限的兆欧表。

2. 兆欧表的使用方法

（1）测量前必须将被测设备电源切断，并对地短路放电。绝不能让设备带电进行测量，以保证人身和设备的安全。对可能感应出高压电的设备，必须消除这种可能性后，才能进行测量。

（2）被测物表面要清洁，减少接触电阻，确保测量结果的正确性。

（3）测量前应将兆欧表进行一次开路和短路试验，检查兆欧表是否良好。

开路试验：将兆欧表平稳放置，接线柱“L（线）”和“E（地）”开路，摇动手摇发电机的手柄，使发电机的转速达到额定转速（120 r/min），观察指针是否指在标尺的“∞”位置。

短路试验：将接线柱“L（线）”和“E（地）”短接，缓慢摇动手柄，观察指针是否指在标尺的“0”位。

如果在开路试验和短路试验的过程中指针不能指在“∞”或“0”的刻度线上，表明兆欧表有故障，应检修后再使用。

（4）兆欧表使用时应放在平稳、牢固的地方，且远离大的外电流导体和外磁场。

（5）必须正确接线。兆欧表的接线柱有三个，分别标有 L（线）、E（地）和 G（屏），其中 L 接在被测物和大地绝缘的导体部分，E 接被测物的外壳或大地，G 接在被测物的屏蔽上或不需要测量的部分。测量绝缘电阻时，一般只用“L”和“E”端，但在测量电缆对地的绝缘电阻或被测设备的漏电流较严重时，就要使用“G”端，并将“G”端接屏蔽层或外壳。线路接好后，可按顺时针方向转动手柄。摇动的速度应由慢而快，当转速达到额定转速（120 r/min），保持匀速转动，1 min 后读数，并且要边摇边读数，不能停下来读数。

（6）摇测时将兆欧表置于水平位置，摇把转动时其端钮间不许短路。摇动手柄应由慢渐快，若发现指针指零说明被测绝缘物可能发生了短路，这时就不能继续摇动手柄，以防表内线圈发热损坏。

3. 兆欧表使用的注意事项

（1）兆欧表的指针没有阻尼弹簧，所以不测量时指针可以停在刻度标尺的任何位置而不必回到零位。

（2）保持兆欧表表面清洁，不要用干布擦拭表面玻璃，以防产生静电而影响指针偏转。

（3）不宜在通有大电流导体和铁磁性物质附近使用。

（4）测量线应选用单股导线，不可用双股导线或绞线，两根测量线也不能绞在一起，因为线间的绝缘电阻会影响测量结果。

（5）兆欧表在使用时要放平稳，以免转动摇柄时因抖动和倾斜产生测量误差。

（6）兆欧表未停止转动之前或被测设备未放电之前，严禁用手触及。拆线时，也不要触及引线的金属部分。

（7）测量结束时，对于大电容设备要放电。

（三）钳形电流表

钳形电流表简称钳形表，是一种用于测量正在运行的电气线路电流大小的仪表，可在不断电的情况下测量电流，如图 1-3-24 所示。

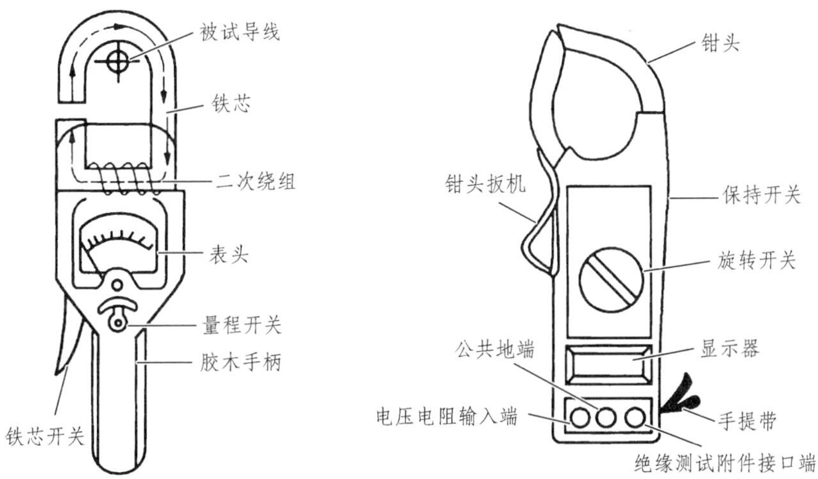

（a）指针式钳形电流表　（b）数字式钳形电流表

图 1-3-24　钳形电流表结构

1. 钳形电流表的使用方法

（1）调零。在测量电流前，表针应该指向零位，否则，应用螺钉旋具调整表头上的调零螺钉使表针指向零位，以提高读数的准确度。

（2）选择量程。使用钳形电流表时要正确选择量程。测量前应估计被测电流的大小，选择合适的量程。若无法估算电流的大小，应先选择大的量程范围，再选择合适的量程，但绝不可用小量程挡去测量大电流。

（3）测量电流。测量时，每次测量只能钳入一根导线，将被测导线钳入钳口中央位置，以提高测量的准确度；被测导线的电流在铁芯中产生交变磁力线，钳形电流表上指示感应电流的读数。测量结束后，应将量程开关扳到最大量程位置，以便下次安全使用。

（4）当被测电路电流太小，即使在最低量程挡指针偏转角都不大，为使读数准确，在条件允许的情况下，可将被测导线在钳口部分的铁芯上多绕几圈后进行测量，被测实际电流值等于电流表读数除以放入钳口内导线圈数。

2. 钳形电流表使用注意事项

（1）在使用钳形电流表前，要清楚被测线路电压为多少，是否低于钳形电流表的额定电压，这关系到测量人员的人身安全和测量设备的安全。如果测量的是高压线路的电流，就需要采取戴绝缘手套、穿绝缘鞋、垫绝缘垫等保护措施。

（2）钳形电流表原则上不测量裸线电流，如果一定要测就必须采取更严格的绝缘措施。因为钳形电流表在电源的高端进行检测时，如果绝缘不好，电压接触到人体就会与地之间形成一个回路，造成危险。

（3）要经常检测钳口上绝缘材料有无脱落、破裂等磨损现象，若有，必须修复后才能使用。

（4）如果在测量时听到钳口发出电磁噪声，或者握住钳形电流表的手有轻微振动的感觉，就说明钳口的端面结合不严密，也可能是有锈斑，或者是有污垢，应该立即清洁干净，否则就会造成测量不准确。

（5）不能在带电流测量时换量程，应该断开电流后再换量程，否则钳形电流表容易损坏，而且对测量人员也不安全。

（6）不能用钳形电流表测量带屏蔽的导线，因为带屏蔽的导线电流感应的磁场不能透过屏蔽层到被测钳形电流表铁芯，所以无法进行准确测量。

【学习随笔】

任务4 城市轨道交通车辆电器基础知识认知

【实施工单】

1. 任务要求

（1）了解车辆电器的基本结构。
（2）掌握电器执行机构（触点）的工作情况。
（3）掌握灭弧装置的结构及原理。

2. 任务准备

（1）场地准备：城市轨道交通车辆检修实训中心（配备多媒体）。
（2）工具准备：十字螺丝刀、尖嘴钳、万用表。
（3）器件准备：使用过的接触器。
（4）建议课时：2课时。

"城市轨道交通车辆电器基础知识认知"任务工单

<table>
<tr><td>姓名</td><td></td><td>班级</td><td></td><td>学号</td><td></td></tr>
<tr><td>时间</td><td></td><td>地点</td><td></td><td>组别</td><td></td></tr>
<tr><td>指导教师</td><td></td><td>专业</td><td colspan="3"></td></tr>
<tr><td>小组成员</td><td colspan="5"></td></tr>
<tr><td>任务</td><td colspan="5"></td></tr>
<tr><td colspan="3">一、知识储备</td><td colspan="3">成绩：</td></tr>
<tr><td colspan="6">（一）单选题
1. 触点是电器的（　　）。
A. 灭弧机构　B. 感应机构　C. 保护机构　D. 执行机构
2. 以下哪种方法不能加速电弧熄灭？（　　）。
A. 拉长电弧　B. 升高温度
C. 将长弧变为短弧　D. 增大电弧周围气体介质的压力
（二）多选题
1. 车辆电器的基本结构包括（　　）。
A. 灭弧机构　B. 感应机构　C. 保护机构　D. 执行机构
2. 车辆电器按所接入的电路可以分为（　　）。
A. 主电路电器　B. 辅助电路电器　C. 控制电路电器　D. 电源电路
3. 电器线圈无电时处于断开状态，电器线圈有电时处于闭合状态的触点可以叫作（　　）。
A. 常开触点　B. 常闭触点　C. 动断触点　D. 动合触点
（三）填空题
1. 电器的散热方式有＿＿＿＿＿、＿＿＿＿＿和＿＿＿＿＿。
2. 触点处于断开位置时，动、静触点之间的最小距离称为触点的＿＿＿＿＿。
3. 触点磨损包括＿＿＿＿＿、＿＿＿＿＿和＿＿＿＿＿。</td></tr>
</table>

（四）简答题

1. 简述车辆电器面临的主要问题。

2. 简述触点应满足哪些基本要求。

二、制订计划			成绩：
根据接触器的结构组成制订接触器的拆装与检修计划。			
序号	操作项目	操作工具	操作要点
1	卸下灭弧罩		
2	卸下主触头		
3	取出铁芯、线圈、弹簧和支架		
4	检查各部件是否完好		
5	检查各触头的磨损情况		
6	按照拆卸的反顺序组装接触器		
7	检测组装的接触器好坏		

三、操作准备工作	成绩：	
准备事项	已完成	未完成
1. 作业人员必须穿好工作服，做好安全防护。		
2. 作业前确认所有的工具和仪表都处于检定有效使用期内。		
3. 小组成员根据自身状况和组长安排做好合理分工。		

四、操作及质量检查		成绩：
序号	评价标准	评价结果
1	操作前工具选用合理、安全防护到位。	
2	拆卸下来的部件摆放整齐，无缺失。	
3	完整且正确记录操作过程及检测结果。	
4	组装好的接触器能正常工作。	
5	作业后整理好工器具。	

五、操作总结

【知识导航】

电器是在对电能的运用中产生的，应用非常广泛。城市轨道车辆一般是从接触网或第三轨受取电能，由牵引电动机将电能转变为机械能，从而驱动车辆运行。采用的牵引电动机有直流和交流两种。车辆要在既安全又简便的操纵下获得不同工况下的良好运行性能，就需要一系列不同性能、不同作用、不同型号的电器可靠的工作。电器部件的工作贯穿于车辆的整个操纵过程。例如，对电路实行通、断控制，对电动机实行启动、制动、正转和反转控制，对用电设备进行过载、短路、过电压等故障的保护，在电路中传递、转换、放大电的或非电的信号，自动检测电气设备的电压和电流值，以及控制车门开、关等，都需要用不同的电器来完成。

凡是根据外界特定信号，自动或手动地接通或断开电路，对电路或非电对象起开关、控制、保护与检测作用的电工设备，统称为电器。

一、车辆电器概述

（一）车辆电器的基本结构

1. 感应机构（电磁机构）

感应机构的主要任务是接收输入信号，如电压、电流、功率等电信号，也可以是压力、速度、温度等非电信号。

2. 执行机构（触点系统）

执行机构的主要任务是接收感应机构传来的信号并进行相应的动作，以实现变换、控制、保护、检测电路等功能。

3. 灭弧机构

灭弧机构主要任务是尽快熄灭电器触点在分断电路时产生的电弧，从而保护电器触点不受损伤，以延长电器的寿命。

（二）车辆电器的分类

电器产品种类繁多，应用十分广泛，由于其功能多样，工作原理各异，所以有多种不同的分类方法。为了方便了解和记忆这些电器，可按下列方法进行分类：

1. 按电器所接入的电路分

（1）主电路电器：接在动力回路中的电器，如受流器、高速断路器、避雷器等。

（2）辅助电路电器：接在辅助回路（如辅助机组、空气压缩机、通风机等）中的电器，如交流电磁接触器等。

（3）控制电路电器：用于控制和操作主、辅电路的电器，如驾驶人控制器、各种继电器及其相应的自动开关等。

2. 按电器的用途分

（1）控制电器：用于各种控制电路和控制系统的电器，如接触器、各种控制用继电器以及各种高低压隔离开关等。

（2）保护电器：用于保护电路和用电设备的电器，如熔断器、热继电器、自动开关、过载继电器、接地继电器及避雷器等。

（3）检测电器：用于监测各种电压、电流信号的电器，如传感器、互感器等。

（4）受流器：用于在接触网或第三轨上受取电流的电器，如受电弓、集电靴等。

3. 按传动方式分

（1）手动电器：各种手动开关、按钮、司机控制器等。

（2）电空传动电器：靠压缩空气推动触点动作的电器，如电控阀、电空接触器等。

（3）电磁传动电器：靠电磁铁带动触点动作的电器，如电磁接触器和电磁继电器等。

4. 按执行机构分

（1）有触点电器：利用动、静触点的接触和分离来实现电路的通、断。

（2）无触点电器：主要利用功率晶体管的开关效应，即导通或截止来控制电路的阻抗，以实现电路的通断与保护。

5. 按电压高低和工艺特点分

（1）高压开关电器：高压断路器、隔离开关、电抗器、电压互感器、电流互感器等。

（2）低压开关电器：接触器、自动开关、熔断器、继电器和驾驶人控制器等。

（3）自动电磁元件：阀用电磁铁、电磁离合器、磁放大器、磁性逻辑组件、传感器等。

（三）车辆电器的主要技术参数

（1）额定电压：在规定条件下，保证电器正常工作的电压值。

（2）额定电流：在规定条件下，保证电器正常工作的电流值。

（3）额定发热电流：在规定条件下，电器各零部件温升不超过极限值时所能承受的最大电流值。

（4）额定持续电流：在规定条件下，电器在长期工作中，各零部件温升不超过规定极限值时所能承受的最大电流值。

（5）机械寿命：在无负载操作条件下，电器各零部件无损坏的极限动作次数。

（6）电气寿命：在规定的条件下，电器带负载操作而无零部件损坏的极限动作次数。

（四）车辆电器面临的主要问题及解决方案

地铁车辆电器的工作条件和环境与一般的电器有所不同，它主要面临的问题有：受强烈振动、环境温度与湿度变化大、易受污染和腐蚀、操作频率高、工作电压高、电流波动大及安装空间有限等。

1. 振动问题

列车运行中轮对通过钢轨接缝处时，轨枕的弹性会使机车产生方向性的振动；当列车通过曲线弯道或道岔时，会产生横向的振动；当列车启动或制动时会产生纵向的振动。另外，车辆上的一些旋转设备（如牵引电动机、通风机等）也会引起一些振动。由于振动，电器各部件受到附加力的作用，严重时便不能正常工作。为此，在选用、布置、安装电器时应考虑到振动因素的影响。要注意紧固件应该有弹簧垫及防松装置，电器中弹簧的力量及电磁吸力应适当增加，以防因振动而发生误动作；连接线连接要紧固，避免因振动而产生接触不良、内部发热等事故。

2. 工作环境问题

由于地铁车辆电器工作环境的温度变化范围大，工作时车内温度很高，车底及车顶冬天温度很低，因此，要求电器允许的温度范围为 – 40 ~ 40 °C（ – 40 ~ – 25 °C 为存放温度， – 25 ~ 40 °C 为工作温度）。另外，由于大气中的粉尘及其他污染物对列车电器的腐蚀也较为严重，从而降低了电器的绝缘能力，严重时还会影响其正常工作，因此，在选择地铁车辆电器时，相应的标准要高一些，并要对电器经常清扫、保养，以保证其正常工作。

3. 操作频率问题

由于列车常有启动、制动及调速的操纵，所以地铁车辆电器的操作频率是较高的。因此，选用地铁车辆电器时要求其操作频率的等级要高一些，电器的机械寿命也应长一些。

4. 空间安装位置问题

由于安装地铁车辆电器的实际空间是有一定限制的，因此要求电器有尽量小的安装尺寸。

总之，地铁车辆电器的工作条件及环境是相当恶劣的，对其正常工作有一定的影响。为此，对地铁车辆电器的基本要求是：动作准确可靠，有足够的电气寿命和机械寿命，能忍受较高的操作频率，能量消耗少且便于检修。在生产上则要求质轻体小、经济耐用和便于生产。

二、电器的发热及冷却

电器在运行中会产生各种损耗，这些损耗转变为热能，其中一部分散发到周围介质中，另一部分会加热电器的零部件，使其温度升高。电器温度升高后，其本身温度与周围环境温度之差，称为温升。

电器的零部件主要由导电材料、导磁材料和绝缘材料等制成。温度升高、发热持续时间过长，会使导电材料的机械强度下降。导电材料的机械强度还与温度升高速度有关。迅速加热、发热时间很短时，电器零部件的发热温度极限比缓慢加热、发热持续时间很长时的要高得多。因此，通常规定短路故障时电器各零部件的发热温度极限比正常负载时要高得多。

触点温度升高会使其表面氧化加剧，氧化膜引起接触电阻增加，使工作可靠性降低，甚至使触点熔焊而不能正常工作。特别是铜触点，氧化铜膜导电性能差，使接触电阻增大，触点接触处发热加剧，而发热又导致进一步氧化，从而形成恶性循环。虽然银触点在温度升高时也形成氧化银膜，但氧化银膜导电性能好，而且容易擦除。同时，银触点的滑动摩擦力会随温度升高而迅速增加，因此银触点通常采用无滑动摩擦的结构，而铜触点则需采用滑动摩擦方式，以清除触点表面的氧化铜。

温度过高、发热持续时间过长会使导磁材料的机械强度下降，导磁性能变坏，特别是当温度超过其居里点时就会失去导磁性能。

绝缘材料的温度过高、发热持续时间过长会使其迅速老化，使用寿命缩短，甚至会使介质损耗增加，发热更厉害，导致其介电强度下降，严重时还会引起击穿而损坏。

电器各零部件长期正常工作时的温度不应该超过国家标准所规定的温度极限，否则会降低工作可靠性，缩短使用寿命，甚至会烧损而导致严重故障。各零部件的工作温度也不应过低，因为温度过低说明没有对该零部件充分利用，导致电器体积大、耗材多、成本高。保证电器的力学强度、导电性、导磁性以及介质的绝缘性不受危害的极限温度称为发热温度极限。发热温度极限与最高环境温度（我国规定为 40P）之差称为允许温升。

（一）电器的发热

电器在工作过程中，电流通过导体会产生电阻损耗，铁磁体在交变磁场作用下会产生磁滞和涡流损耗，绝缘体在交变电场作用下会产生介质损耗，触点通、断一定电流和电压的电路时会产生高温电弧（电弧电阻损耗），电磁离合器工作时会产生摩擦损耗，各种缓冲和制动装置也会产生能耗。上述损耗能量会变换为热能使电器发热。常见损耗是电阻损耗、磁滞和涡流损耗，对高压电器还应考虑介质损耗。

1. 直流电流通过导体产生的电阻损耗

根据焦耳定律，直流电流通过导体的电阻损耗 W（J）:

$$W=\int I^2R\mathrm{d}t$$

式中 I——通过导体的直流电流，A；

R——导体电阻，Ω；

t——通电时间，s。

通常导体电阻随温度的升高而增加，即

$$R=R_0(1+\alpha\theta+\beta\theta^2+\cdots)$$

式中 R_0——在 0 °C 时的导体电阻，Ω；

α、β——电阻温度因数；

θ——发热体表面温度。

2. 交流电流通过导体的电阻损耗

交流电流通过导体产生交变磁通，导体中心部分的磁通比其表面部分多，交变磁通感应电动势和电流用以阻止原电流流通，因而使导体中心部分电流密度减小，导体表面部分电流密度增大，产生所谓的集（趋）肤效应。

当两导体平行且靠得很近时，导体中的交流电流产生的交变磁通彼此耦合，使导体截面中电流分布不均匀，产生所谓的邻近效应。

（1）集肤效应。影响导体电流分布不均产生集肤效应的因素有电流频率、导体几何形状、导体的电导率与磁导率等。

交流电流通过导体时，单位长度的电阻损耗功率（单位符号为 W/m）为

$$P_{\mathrm{N}} = \int Sj^2 \rho \mathrm{d}S = I_{\mathrm{N}}^2 R_{\mathrm{N}}$$

式中 j——实际电流密度，A/m^2；

ρ——导体材料电阻率，Ω · m；

S——导体截面面积，m^2；

I_{N}——交流电流有效值，A；

R_{N}——导体单位长度交流等效电阻，Ω/m。

（2）铁磁物质载流导体的集肤效应。当交流电流（有效值为 I_{N}）通过铁磁导体时，单位长度的电阻损耗功率（单位符号为 W/m）为

$$P_{\mathrm{N}} = H^2 l_{\mathrm{c}} \sqrt{\omega \mu \rho}$$

式中 H——磁场强度的有效值，A/m；

l_{c}——磁载流导体周长，m；

ω——交流电流角频率，rad/s；

ρ——磁导体材料电阻率，Ω · m；

μ——散热系数，W/（cm^2 · °C）。

3. 磁滞、涡流损耗

载流变化的导体穿过法兰盘、螺母等铁质零部件时，在铁质零部件中产生交变磁场，引起磁滞、涡流损耗，使其温度升高。要准确计算铁损耗是非常困难的，通常进行近似估算。

交流电器中常采用硅钢片叠成导磁铁芯。铁芯中的磁滞、涡流损耗与电流频率、铁芯磁感应强度的幅值 B_{m} 等有关。通常是根据试验曲线近似计算铁芯中的铁损。

4. 电介质损耗

电介质在交变电场作用下的损耗功率（单位符号为 W）为

$$P_{\mathrm{N}} = 2\pi f C U^2 \tan\delta$$

式中 C——电介质的电容，F；

δ——电介质的介质损耗角，rad。

在低压电器中，电压 U 很低，电介质中的电场强度不大，电介质损耗很小，通常可以不考虑。在高压电器中，电压 U 很高，电介质中的电场强度很大，必须考虑电介质损耗及其产生的热量，以免引起过热而使绝缘材料加速老化，甚至引起热击穿而损坏器件。

（二）电器的散热冷却

发热和散热同时存在于电器的工作过程中，在使用电器时，既要减少损耗和发热，又要增强散热。电器的散热方式有热传导、对流和辐射。

1. 热传导

热传导是指发热体的热量由较热部分向较冷部分传播，或由发热体向与它接触的温度较低的物体传播。热传导是通过物体分子的热运动传播热量的，它是固体传热的主要方式，特

别是金属内自由电子的扩散，加速了热量的传播。热传导也可在气体和液体中进行，此时热量是借助于原子和分子的扩散以及弹性波的作用进行传播的。

根据傅里叶定律，dt 时间沿等温面 S 的法向经热传导传播的热量 dQ（J）与该面积 S 及温度梯度 $\partial t/\partial n$ 成正比，即

$$\mathrm{d}Q = -\lambda S\frac{\partial t}{\partial n}$$

式中　λ——导热因数，表示材料的导热性能，W/（m·°C）；

S——等温面的面积，m^2。

“–”号表示热流方向总与温度梯度方向相反。

2. 对　流

对流是指借流体（气体或液体）的运动而传递热量，热量的转移和流体本身转移结合在一起。根据流体流动的原因，对流分为自然对流和强迫对流。自然对流指的是靠近发热体的流体被加热而温度升高，密度减小，流体的热质点与冷质点的密度差使热质点上升，冷质点填充热质点的位置，此过程不断进行，形成流体自下而上运动，带走发热体的热量。强迫对流是在外力作用下（如通风机、液力泵等）强迫流体运动，带走发热体的热量。机车电动机、电器因受安装位置的限制，广泛采用强迫对流，达到加强散热、减小体积、减轻质量、节约材料、降低成本的目的。

对流散热与流体的物理参数有关（如流体的热容量、热导率、密度、黏度等），还与流体通道的形状、尺寸、流速以及发热体的温度、几何形状、尺寸、布置方式等有关。

载流导体、线圈等的内部热量主要由热传导传递到表面，表面的热量主要由对流和辐射散发到周围介质中。强迫对流是发热体表面散热的主要方式。对流散热量通常按以下经验公式计算：

$$\mathrm{d}Q = a(\theta-\theta_0)S\mathrm{d}t = atS\mathrm{d}t$$

式中　Q——对流散出的热量，J；

θ——发热体表面温度，°C；

θ_0——周围介质温度，°C；

S——面散热面积，m^2；

a——对流散热系数，W/（m·°C），通常由试验给出经验数据。

3. 辐　射

热辐射是发热体的热量以电磁波的形式转移的过程。热辐射能在真空或气体中传递热量，但不能在固体和液体物质中传递。热辐射以波长为 0.8 ~ 40 μm 的电磁波（红外线）传递的热量为最大，以波长为 0.4 ~ 0.8 μm 的电磁波（可见光）传递的热量为最小。

当发热体辐射表面面积比吸收辐射热的受热体表面面积小得多时，发热体单位表面面积的热辐射功率（单位符号为 W/m^2）为

$$P_{\mathrm{N}} = 5.67\times10^{-8}\varepsilon(\theta^4 - 4\theta_0^4)$$

式中 θ——发热体表面绝对温度，K；

θ_0——受热体表面绝对温度，K；

ε——热辐射因数，它与发热体表面状态和颜色有关。

完全吸收辐射热量的物体称为绝对黑体。绝对黑体被加热时，热辐射的本领也最强。

（三）电器的发热工作制

国家标准规定电器的额定工作制分为八小时工作制、不间断工作制、短时工作制、断续周期工作制和周期工作制五种。

电器的温升和冷却基本上按照指数规律变化，即

温升：

$$\tau = \tau_w(1-e^{-t/T}) + \tau_0 e^{-t/T}$$

冷却：

$$\tau = \tau_w e^{-t/T}$$

式中 T——时间常数。

τ——电器的温度，°C；

τ_0——环境温度，°C。

τ_w——稳定温度，°C。

从电器发热与冷却的观点可将发热工作制分为长期工作制（通电时间 $t \geqslant 5T$）、短时工作制（通电时间 $t_1<5T$，断电时间 $t_2 \geqslant 5T$）和反复短时工作制（通电和断电时间都小于 $5T$）。

1. 长期工作制

八小时工作制、不间断工作制都属于长期工作制。它们的通电时间大于 $5T$，温升能达到稳定值，特点是电器损耗所产生的热量全部散发到周围介质中。

八小时工作制电器经八小时工作而断电后，可以有时间专门清扫触点表面的氧化膜和尘埃膜；不间断工作制没有清扫触点的机会，由于连续通电，触点发热使氧化膜加厚，接触电阻增大，发热更甚，造成恶性循环。因此，电器触点工作于八小时工作制的极限允许温升可以比不间断工作制取得稍高一些。

2. 短时工作制

电器的短时工作是指通电时间很短，温升达不到稳定值，而断电时间很长，冷却可达到周围介质温度。例如，主断路器的合闸操作电磁铁工作于短时工作制，它仅在合闸时短时通电，合闸结束时就断电。

为了充分利用电器，在长期工作制下通以额定电流的稳定温升应达到极限允许温升；若此电器用在短时工作制下，在通电时间内通以短时制电流也应达到极限允许温升。很明显，工作于短时工作制的电器的电流、功率将比工作于长期工作制的电器的电流、功率大得多。

3. 反复短时工作制

反复短时工作制是指通电和断电周期性的循环的工作制。在通电时间 t_1 内电器温度上升，在断电时间 t_2 内温度下降。最初，每经一个循环时间 t_1+t_2，其温升比前一个循环高，经多次循环后，电器在通电期间升高的温度与在断电期间下降的温度基本相同，于是电器的温升就在一定范围内摆动。

在保证不超过电器极限允许温升的条件下，电器在反复短时工作制下的功率较长时工作制下的可取得大一些。

三、电器的执行机构

触点是电器的执行机构，用来直接接通或断开被控电路。

在电路中通过触点相互接触的地方称为电接触。电接触用以使电流由一个导体流到另一个导体上，完成电路接通任务，因此又叫作接触连接。触点是接触连接的一种形式。

（一）触点的定义及其工作特点

在有触点电器中，直接接通和断开电路的零件称为触点。

触点是有触点电器完成其职能的执行机构。触点是成对出现的，固定不动的叫静触点，可以活动的叫动触点。电路是依靠动触点的动作来实现接通和断开的。

触点性能的好坏将直接影响电器工作的可靠性，甚至会影响电动车辆的安全运行。由于电动车辆在运行过程中，特别是机车通过道岔和起动、加速、制动时会引起较大的振动和冲击，从而引起对电器的振动和冲击，可能导致紧固螺栓松动或触点误动作，造成电器工作时的误动作。触点的工作频率比较高，长期工作后触点本身温度上升，造成触点表面的氧化程度加剧，使接触电阻增加，从而使功率损耗增加，又使表面温升增加，形成恶性循环，最终使触点由于温度太高发生熔焊，动、静触点熔化成一体而失去作用。由于空气中的尘埃、水分与油污会使触点表面锈蚀，加之发热及电弧等的有害作用，触点极易损坏。另外，触点通、断电路时存在着电弧燃烧现象，易被烧伤表面，出现凹凸不平的毛刺，最后又易产生熔焊现象，使其不能断开而失去触点的作用。由于上述各种原因，触点是有触点电器的薄弱环节。

（二）触点的分类

1. 按触点的工作情况分

（1）有载开闭触点：触点的分断、闭合过程中允许有电流通过。

（2）无载开闭触点：触点分断电路的过程中不允许有电流通过，在接通后才允许有电流通过。因为无电分断不产生电弧，所以其有利于触点的工作，可延长触点的使用寿命。

2. 按触点在电路中的用途分

（1）主触点：用来接通或断开主要工作电路，如地铁车辆的主电路和辅助电路。

（2）辅助触点：通常用在小电流的控制电路中，用以控制其他分支电路，实现地铁车辆所要求的某种电气联锁作用。辅助触点又称为联锁触点，有常开联锁触点和常闭联锁触点两种。

3. 按工作状态分

（1）常开触点：又叫动合触点，电器线圈无电时，触点处于断开状态；电器线圈有电时，触点处于闭合状态。

（2）常闭触点：又叫动断触点，电器线圈无电时，触点处于闭合状态；电器线圈有电时，触点处于断开状态。

4. 按结构形式分（见图 1-4-1）

（1）指形触点：形状像大拇指。

（2）桥式触点：形状像桥。

（a）桥式触点　　（b）指形触点

图 1-4-1　触点的结构形式

5. 按接触形式分（见图 1-4-2）

（1）点接触：两个导体只在一点或者很小的面积上发生接触的触点（如球面对球面，球面对平面）。它用于 20 A 以下的小电流电器，如继电器的触点，接触器和自动开关的联锁触点等。由于接触面积小，保证其工作可靠性所需的接触互压力也较小。

（2）线接触：线接触是指两个导体沿着线或较窄的面积发生接触的触点（如圆柱对圆柱、圆柱对平面）。其接触面积和接触压力均适中，常用于几十安至几百安电流的中等容量的电器，如接触器、自动开关及高压开关电器的触点。

（3）面接触：面接触点是指两个导体有着较广表面发生接触的触点（如平面对平面）。其接触面积和触点压力均较大，多用于大电流的电器，例如大容量的接触器和断路器的主触点。

（a）点接触　　（b）线接触　　（c）面接触

图 1-4-2　触点的接触形式

（三）对触点的基本要求

根据触点的工作特点，为确保电器可靠工作并有足够的使用寿命，对触点必须有一定的要求。

（1）动、静触点要可靠接触，接触电阻要小。

（2）有足够的电动稳定性与热稳定性。

电动稳定性是指当大电流通过电器时，在其产生的电动力（载流导体处在磁场中会受力的作用，载流导体间相互作用也会受到力的作用，这种力就称为电动力）作用下，电器有关部件不产生损坏或永久变形的能力。热稳定性是指电器部件在一定时间内能承受短路电流的热作用而不发生热损坏的能力。

（3）导电性好。

（4）结构简单、紧凑，动作灵敏准确。

（5）耐磨损。

（6）连续工作时，不应超过规定的允许温升。

总之，触点要能经受周围介质的影响，具有良好的工作性能，满足电路对它的要求。

（四）触点的主要参数

触点的参数主要有开距、超程、压力和研距。下面以线接触触点为例说明触点的主要参数。

1. 开距 S

触点处于断开位置时，动、静触点之间的最小距离称为触点的开距，如图 1-4-3（a）所示。

开距是触点的一个重要参数。它不仅要保证在分断正常电流时能很快灭弧，而且要使触点间具有一定的绝缘能力，经得起过电压的冲击。它不仅影响触点与灭弧系统的尺寸，而且影响到电磁传动机构的尺寸。

2. 超程 r

触点的超程是指触点闭合后，如果将静触点移出，动触点能继续向前移动的一段距离，如图 1-4-3 中（b）、（c）所示。触点的超程用来保证触点有一定的压力，并在允许磨损范围内仍然能可靠地工作。一般触点在磨损 1/3 或 1/2 厚度之前仍能工作，因此设计制造上必须要有一定的超程。

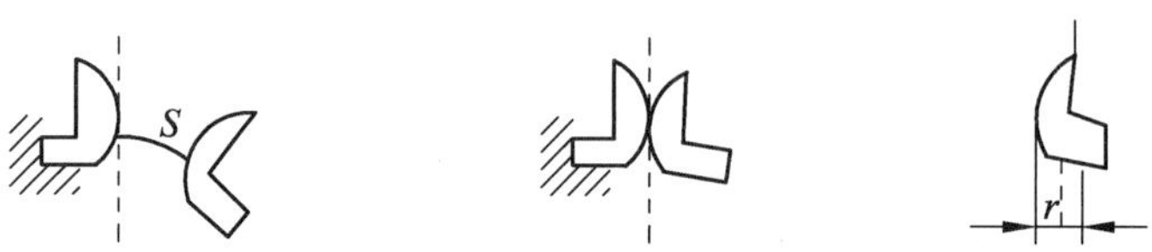

（a）断开状态　　（b）刚接触时　　（c）闭合状态

图 1-4-3　触点的开距及超程

3. 压力 F

触点压力是指两触点闭合后，其接触处所具有的压力。触点压力主要是由触点弹簧产生的。触点弹簧有一预压缩量，使得动触点和静触点刚开始接触瞬间就有互压力，称为触点的初压力。触点的初压力可以防止刚开始接触时的碰撞振动及电动斥力使两触点弹开。初压力的大小取决于触点弹簧的预压缩量的大小。动触点与静触点接触终了时的压力称为终压力，其作用是使动、静触点实际接触面积增加，以减小接触电阻。

4. 研磨过程及研距

如图 1-4-4 所示，一般线接触触点的动、静触点开始接触时，其接触线在 a 点处。在触点闭合过程中，接触线逐渐移动，最后停在 b 点处，以导通工作电流。由于动触点上 ab 和静触点上 $a'b'$ 长度不一样，因此，在动、静触点接触过程中，不仅有相对滚动，而且有相对滑动，整个接触过程称为触点的研磨过程。由研磨所产生的距离称为研距。

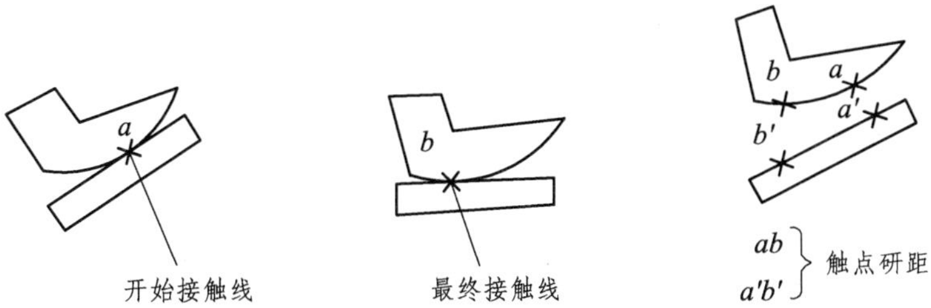

图 1-4-4　触点的研磨过程及研距

研磨过程的作用是可以擦除触点表面的氧化层及脏污，减小接触电阻。通过研磨过程所产生的研距，可使正常工作的接触线与开始接触线错开，从而避免电弧烧损正常工作的接触线，保证正常工作接触线接触良好。

触点的开距、超程和压力在检修中都是必须进行检测的重要参数。在电器的使用和维修中常用这些参数来反映触点的工作情况及检验电器的工作状态。

（五）触点的工作情况

1. 触点的闭合过程

触点在闭合过程中会因碰撞而产生机械振动，这个过程需要解决的主要问题是减小机械振动，从而减小触点的磨损，避免触点熔焊。

2. 触点处于闭合状态

触点处于闭合状态时的主要任务是保证规定的电流能通过，且触点温升不超过允许值。此时需解决的主要问题是控制触点的发热，提高热稳定性和电动稳定性。触点的发热是由接触电阻引起的，所以应设法减小接触电阻。

3. 触点的分断过程

触点的分断过程是触点最复杂的工作过程。当触点分断电路时，一般会在触点间产生电弧，这个过程需要解决的主要问题是熄灭电弧，减小由电弧而产生的触点电磨损。

4. 触点处于断开状态

触点处于断开状态时，必须有足够的开距，以保证可靠地熄灭电弧和分断电路。

（六）触点的振动

1. 产生振动的原因

触点在闭合过程中，触点间的碰撞、触点间的电动斥力和衔铁与铁芯的碰撞都可能引起触点的机械振动，如图 1-4-5 所示。

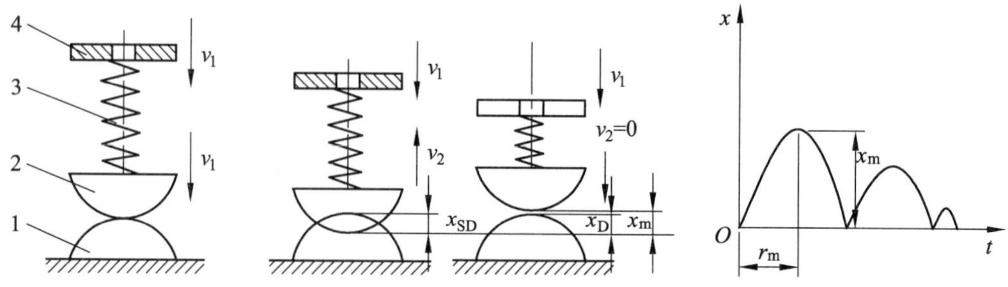

（a）碰撞开始瞬间　（b）碰撞后瞬间　（c）振动变化过程　（d）触点振动波形

1—静触点；2—动触点；3—触点弹簧；4—动触点支架；
x_{SD}—塑性和弹性变形量；x_D—弹性变形量；x_m—最大振幅。

图 1-4-5　触点振动过程示意图

当触点闭合时，电器传动机构的力直接作用在动触点支架上，使得质量为 m 的动触点以速度 v_1 向静触点运动，在动、静触点相撞时，动触点具有一定的动能 $mv^2/2$，如图 1-4-5（a）所示。触点发生碰撞后，触点表面将产生弹性变形，此时，一部分能量消耗在碰撞过程中（因为触点不是绝对弹性体），而大部分能量转变为触点表面材料的变形势能。当触点表面达到最大变形 x_{SD} 时，变形势能达到最大，而动触点的动能降为零，于是动触点停止向前运动，如图 1-4-5（b）所示。紧接着触点的弹性变形开始恢复，将势能释放，由于静触点固定不动，动触点应会受到反力作用，以初速度 v_2 弹回，甚至离开静触点，并把触点弹簧压缩，将动能储存在弹簧中，在触点弹簧的作用下，动触点反跳的速度逐渐减小。与此同时，传动机构继续推动触点支架将弹簧进一步压缩，当动触点反跳的速度降为零时，反跳距离达到最大值 x_m，如图 1-4-5（c）。随后，动触点在弹簧张力的作用下又开始向静触点运动，触点间发生第二次碰撞和反跳。

由于触点第一次碰撞和反跳都要消耗掉一部分能量，同时，在碰撞和反跳的过程中，传动机构使触点弹簧进一步压缩，因而动触点的振动时间和振幅一次比一次要小，直至振动停止，触点完全闭合，形成如图 1-4-5（d）所示波形。

另外，在触点带电接通时，由于实际接触的只有几个点，在接触点处便产生电流线的密集或弯曲，如图 1-4-6 所示。畸变的电流线和通过反向电流的平行导体一样，相互作用产生斥力，使触点趋于分离，该电动力称为收缩电动力。收缩电动力也能引起触点间的振动，特别是在闭合大的工作电流或短路电流时，电动斥力的作用更为显著。

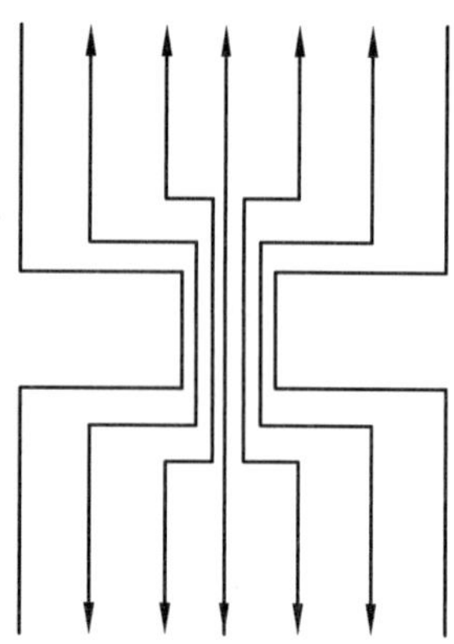

图 1-4-6　接触点电流线密集情况示意图

对于电磁传动的电器来讲，在触点闭合过程中，衔铁以一定的速度向静铁芯运动，当衔铁吸合时，同样会因碰撞而产生振动，以致触点又发生第二次振动。

在触点振动过程中（见图 1-4-5），如果 $x_m \leqslant x_D$，则碰撞后触点不会分离，这样的振动不会产生电弧，对触点无害，因而称之为无害振动。反之，若 $x_m > x_D$，则碰撞后动静触点分离形成断开电路的气隙，在触点间产生电弧，严重影响触点寿命，故称之为有害振动。两个触点在闭合时发生碰撞产生振动是不可避免的，所谓消除触点闭合过程中的振动，是指消除触点的有害振动。

2. 减小振动的方法

为了提高触点的使用寿命，必须减小触点的振动。减小触点振动有如下几种方法：

（1）使触点具有一定的初压力。增大初压力可减小触点反跳时的振幅和振动时间。但初压力增大是有限的，如果初压力超过了传动机构的作用力（例如电磁机构的吸力），则不仅触点反跳的距离增加，而且触点也不能可靠地闭合，反而造成触点磨损增加。

（2）降低动触点的闭合速度，以减小碰撞动能。由实验可知，减小触点闭合瞬间的速度可减小触点振动的振幅。这要求吸力特性和反力特性良好配合。需要指出的是，当触点回路电压高于 300 V 时，若闭合速度过小，则在动、静触点靠近时，触点间隙会击穿形成电弧，反而会引起电磨损的增加。

（3）减小动触点的质量，以减小碰撞动能，从而减小触点的振幅。但是，在减小触点质量时必须考虑触点的机械强度、散热面积等问题。

（4）对于电磁式电器，减小衔铁和静铁芯碰撞时引起的磁系统的振动，以减小触点的二次振动。其方法是吸力特性与反力特性有良好的配合及铁芯具有缓冲装置。

（七）触点的磨损

1. 触点磨损的原因

触点在多次接通和断开有载电路后，它的接触表面将逐渐产生磨耗和损坏，这种现象称为触点的磨损。触点磨损达到一定程度后，其工作性能便不能保证，此时，触点的寿命即告终结。继电器和接触器的电寿命主要取决于触点的寿命。

触点磨损包括机械磨损、化学磨损和电磨损。机械磨损是在触点闭合和打开时由研磨和机械碰撞所造成的，它使得触点接触面产生压皱、裂痕或塑性变形和磨损。化学磨损是由于周围介质中的腐蚀性气体或蒸汽对触点材料侵蚀所造成的，它使得触点表面形成非导电性薄膜，致使接触电阻变大且不稳定，甚至完全破坏了触点的导电性能。这种非导电性薄膜在触点相互碰撞及触点压力作用下，逐渐剥落，形成金属材料的损耗。机械磨损和化学磨损一般很小，约占全部磨损的 10%以下。

触点的磨损主要取决于电磨损。电磨损主要发生在触点的闭合和开断过程中，在触点闭合电流时产生的电磨损主要是由于触点碰撞引起的振动所产生的，在触点开断电流时所产生的电磨损是由高温电弧所造成的。

2. 触点电磨损的形式

触点在分断与闭合电路过程中，在触点间隙中产生金属液桥、电弧和火花放电等各种现象，引起触点材料的金属转移、喷溅和汽化，使触点材料损耗和变形，该过程称为触点的电磨损。电磨损直接影响电器的寿命。

触点的电磨损形式主要有两种，即液桥的金属转移和电弧的烧损。

（1）液桥的形成和金属转移。

触点在开断过程中，动、静头间将形成熔化的液态金属桥，简称液桥。触点开断时，在从触点完全闭合到触点刚开始分离的时间内，先是触点的接触压力和接触点数目逐渐减小，接触电阻越来越大，这样就使接触点的电流密度急剧增加，由此产生的热量促使接触处的金属熔化，形成所谓的金属液体滴。触点继续断开时，将金属液体滴拉长，形成液桥。由于温度沿液桥的长度分布不对称，且其最大值是发生在靠近阳极的地方，因此使金属熔液由阳极转移到阴极。实践证明，由于液桥的金属转移作用，经过很多次的操作后，触点的阳极因金属损耗而形成凹坑，阴极则因金属增多而形成针刺，凸出于接触表面。

在弱电流电器（如继电器）中，液桥对触点的电磨损有着重要的影响。

（2）电弧对触点的腐蚀。

电弧对触点的腐蚀十分严重，其比液桥引起的金属转移高出 5～10 倍。当电弧的温度极高，触点间距离又较大，一般都有电动力吹弧，再加上强烈的金属蒸气热浪冲击，往往把液态金属从触点表面吹出，向四周飞溅。这种磨损与小功率电弧的磨损是不同的，金属蒸气再度沉积于触点接触表面上的概率已大大减小，使触点阴、阳极都遭到严重磨损。由于阳极温度高于阴极，所以阳极磨损更为严重。

3. 减小电磨损的方法

减小触点的电磨损，提高触点的寿命，一般可从两方面着手，即减小触点在开断过程中的磨损和减小触点在闭合过程中的磨损。

（1）减小触点开断过程中的磨损，即减小触点在开断时的电弧，其方法如下：

① 合理选择灭弧系统的参数，例如磁吹的磁感应强度 B。B 值过小，吹弧电动力小，电弧在触点上停留时间较长，触点的电磨损增加；B 值过大，吹弧电动力过大，会把触点间熔化的金属液桥吹走，电磨损也增加。因此，应选一个最佳的 B 值，在该值下电磨损最小。

② 对于交流电器（如交流接触器）宜采用去离子栅灭弧系统，利用交流电流通过自然零点时不再重燃而熄弧，减小触点的电磨损。

③ 采用熄灭火花的电路，以减小触点的电磨损。这种方法就是在弱电流触点电路中，在触点上并联电阻、电容，以熄灭触点上的火花。这种火花熄灭电路对开断小功率直流电路很有效。

④ 正确选用触点材料。例如，钨、钢的熔点和气化点高，因此钨、铂及其合金具有良好的抗磨损特性，而银、铜的熔点与气化点低，其抗磨损性较差。

（2）减小触点闭合时的磨损。

触点闭合时的磨损主要是由于触点在闭合过程中的振动所引起的，因此，为了减小触点的电磨损，必须减小触点的机械振动。

四、电弧及灭弧装置

（一）电　弧

电弧是一种气体游离放电现象。在大气中开断电路时，只要电压超过 10 V，被开断的电流超过 0.5 A，在触点间隙（也称弧隙）中会产生一团温度极高、亮度极强并能导电的气体，这就是电弧。

借助一定的仪器仔细观察电弧，可以发现，除了两个极（触点）外，电弧明显地分为 3 个区域，即弧柱区、阴极区和阳极区，如图 1-4-7 所示。

1. 弧柱区

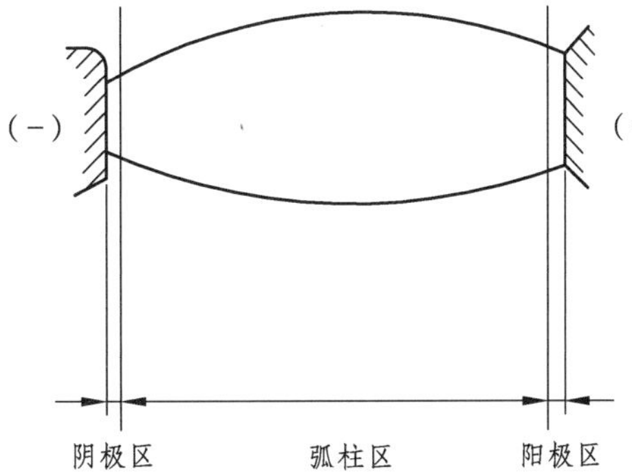

图 1-4-7　电弧组成

弧柱区的长度几乎与电极间的距离相同，它是电弧中温度最高、亮度最强的区域，因为在自由状态下近似圆柱形，故称弧柱区。弧柱区呈电中性，它是由分子、原子、受激的原子、正离子、负离子及电子所组成，其中带正电荷的离子与带负电荷的离子几乎相等，所以又称为等离子体。带电的粒子在等离子体定向移动，基本上不消耗能量，所以才能够在低电压条件下，传输大电流。传输电流的主要带电粒子是电子，大约占带电粒子总数的 99.9%，其余为正离子。弧柱区的电场强度较低，通常只有 5 ~ 10 V/cm。

2. 阴极区

阴极被认为是电子之源，它向弧柱提供 99.9%的带电粒子（电子）。阴极发射电子的能力，对电弧稳定性影响极大。阴极区的长度为 $10^{-6} \sim 10^{-5}$ cm，如果阴极压降为 10 V，则阴极区的电场强度为 $10^{6} \sim 10^{7}$ V/cm。

3. 阳极区

阳极区主要是接受电子，但还应向弧柱提供 0.1%的带电粒子（正离子）。通常阳极区的长度为 $10^{-3} \sim 10^{-2}$ cm，则阳极区的电场强度为 $10^{3} \sim 10^{4}$ V/cm。由于阳极材料和焊接电流对阳极区压降影响很大，它可以在 0 ~ 10 V 之间变化。例如当电流密度较大，阳极温度很高，使阳极材料发生蒸发时，阳极压降将降低，甚至到 0 V。

电弧按其外形分为长弧与短弧。长短之别一般取决于弧长与弧径之比，把弧长远远超过弧径的称为长弧。长弧的电压是近极压降（阴极压降与阳极压降）与弧柱压降之和。弧长小于弧径、两极距离极短（如几毫米）的电弧称为短弧。此时两极的热作用强烈，近极区的过程起主要作用。电弧的压降以近极压降为主，几乎不随电流变化。

电弧还可按其电流的性质分为直流电弧和交流电弧。

由于电弧的高温及强光，其可被广泛应用于焊接、熔炼、化学合成、强光源及空间技术等方面。但是对于有触点电器而言，由于电弧主要产生于触点断开电路时，高温将烧损触点及绝缘，严重情况下甚至引起相间短路、电器爆炸，酿成火灾，危及人员及设备的安全，所以从电器的角度来研究电弧，目的在于了解它的基本规律，找出相应的办法，让电弧在电器中尽快熄灭。

（二）灭弧方法及装置

加速电弧熄灭有很多方法，例如，拉长电弧，降低温度，将长弧变为短弧，将电弧放置于特殊介质中，增大电弧周围气体介质的压力等。为了减少电弧对触点的烧损和限制电弧扩展的空间，通常要将这些方法加以应用，为此而采用的装置称为灭弧装置。一个灭弧装置可以采用某一种方法进行熄弧，但在大多数情况下则是综合采用几种方法，以增加灭弧效果。例如，拉长和冷却电弧往往是一起运用的。

1. 拉长电弧

电弧拉长以后，电弧电压就增大，改变了电弧的伏安特性。在直流电弧中，其静伏安特性上移，电弧可以熄灭。在交流电弧中，由于燃弧电压的提高，电弧重燃困难。

电弧的拉长可以沿电弧的轴向（纵向）拉长，也可以沿垂直于电弧轴向（横向）拉长，如图 1-4-8 所示。

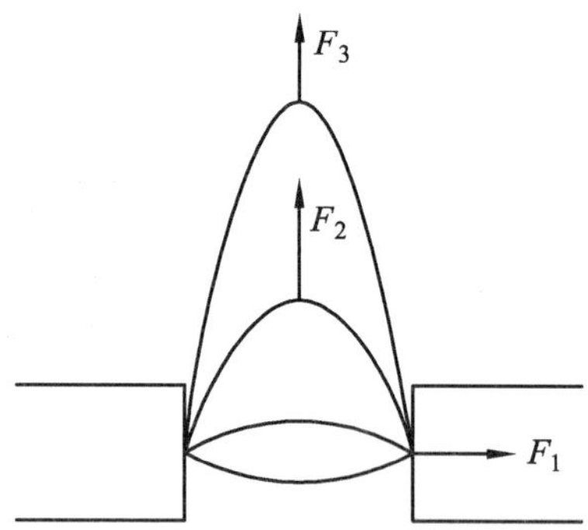

图 1-4-8　拉长电弧

1）机械力拉长

电弧沿轴向拉长的情况是很多的，电器触点分断过程实际上就是将电弧不断地拉长。刀开关中闸刀的拉开也会拉长电弧，电焊过程中将焊钳提高可使电弧拉长并熄灭。

2）回路电动力拉长

载流导体之间会产生电动力，如果把电弧看作为一根软导体，那么受到电动力它就会发生变形，即拉长。如图 1-4-9（a）所示，在一对桥式双断点结构型式的触点断开时，电弧受回路电动力 F 的作用被横向拉长。横向拉长使电弧与周围介质发生相对运动而加强了冷却，这样就加速了电弧的熄灭。有时为了使磁场集中，在触点上添加磁性片，以增大吹弧力，如图 1-4-9（b）所示。

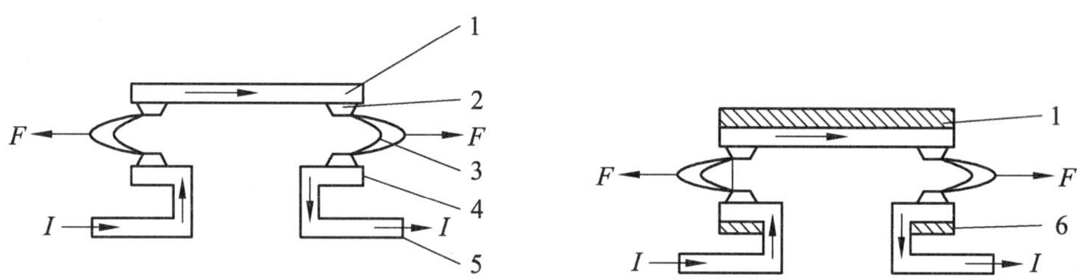

（a）常用触点回路电动力吹弧　（b）增磁型触点回路电动力吹弧

1—触点桥；2—动触点；3—电弧；4—静触点；
5—静触点座；6—磁性片。

图 1-4-9　触点回路电动力吹弧

因利用回路本身灭弧的电动力不够大，电弧拉长和运动的速度都较小，所以这种方法一般仅用于小容量的电器中。开断大电流时，为了有较大的电动力而专门设置了一个产生磁场的吹弧线圈，这种利用磁场力使电弧运动而熄灭的方法称为磁吹灭弧。如图 1-4-10 所示。由于这个磁场力比较大，其拉长电弧的效果也较好。

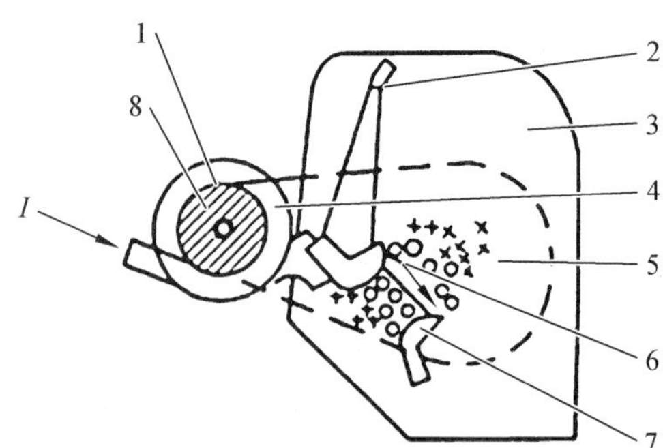

1—磁吹铁芯；2—导弧角；3—灭弧罩；4—磁吹线圈；
5—磁夹板；6—静触点；7—动触点；8—绝缘套。

图 1-4-10　磁吹灭弧装置示意图

磁吹线圈 4 是接在引出线和静触点 6 之间，通过绝缘套与磁吹铁芯绝缘，导弧角 2 和静触点 6 固装在一起。磁吹线圈 4 中的磁吹铁芯 1 两端各装有一片磁夹板 5，磁夹板 5 同时夹于灭弧室两侧，用来加强弧区磁场。设在灭弧室中的动静触点就处在磁板之间。

当触点分开有电弧燃烧时，磁吹线圈和电弧本身均在电弧周围产生磁场。由图可见，在弧柱下方一侧，磁吹线圈的磁通和电弧的磁通是相叠加的，而在弧柱上方一侧，两磁通是相削弱的，因此就产生磁吹力。电弧在磁吹力的作用下发生运动而被拉长，电弧的根部离开静触点而移到导弧角 2 上，进一步拉长电弧，使电弧迅速熄灭。

导弧角 2 是根据回路电动力原理设置的，用来引导电弧很快离开触点且按一定方向运动，以保护触点接触面免受电弧的烧伤。

根据磁吹线圈与电路的连接方式不同而形成串激线圈和并激线圈之分。

上述所介绍的这种磁吹线圈和触点相串联的激磁方法称为串激法。它的优点是：电流流向改变但磁吹力方向不变，即磁吹方向不随电流极性的改变而改变。具有这种磁吹的电器称为“无极性电器”。同时因为是串激，通过磁吹线圈的电流与弧电流相同，因此弧电流越大则灭弧效力就越强；反之弧电流小时，灭弧效力就弱。所以串激法适用于切断大电流的电器中。

在熄灭直流电弧时，外加磁场除了串激法外，还有并激法和它激法。它们的工作原理相同。

并激法的磁吹线圈不是和负载回路串联，而是直接跨接在电源上。它的优点是：可产生一个与回路电流无关的恒定磁场。这样，在一定的恒定磁场下，无论开断大电流或小电流，都可使电弧很快熄灭。但是由此产生的缺点是使电器的接线带有极性，即当触点上电流反向时，必须同时改变并激线圈的极性，否则磁吹力就会反向，所以使用中不太方便。

它激法就是用永久磁铁来代替并激法的磁吹线圈，它的磁吹特性和并激法相似。不同点是无须线圈和电源，因而结构更趋简单。

2. 灭弧罩

灭弧罩是让电弧与固体介质相接触，降低电弧温度，从而加速电弧熄灭的比较常用的装置。其结构型式是多种多样的，但其基本构成单元为“缝”，即灭弧罩壁与壁之间构成的间隙。根据缝的数量可分为单缝和多缝。根据缝的宽度与电弧直径之比可分为窄缝与宽缝（缝的宽度小于电弧直径的称窄缝，反之称宽缝）。根据缝的轴线与电弧轴线间的相对位置关系可分为纵缝与横缝（缝的轴线和电弧轴线相平行的称为纵缝，两者相垂直的则称为横缝）。

1）纵缝灭弧罩

图 1-4-11 所示为一纵向窄缝的灭弧情况。当电弧受力被拉入窄缝后，电弧与缝壁能紧密接触。在继续受力情况下，电弧在移动过程中能不断改变与缝壁接触的部位，因而冷却效果好，对熄弧有利。但是在频繁开断电流时，缝内残余的游离气体不易排出，这对熄弧不利。所以此种形式适用于操作频率不高的场合。

宽缝灭弧罩的特点与窄缝的正好相反，冷却效果差，但排出残余游离气体的性能好。图 1-4-12 中所示情况是将一宽缝中又设置了若干绝缘隔板，这样就形成了纵向多缝。电弧进入灭弧罩后，被隔板分成两个直径较原来小的电弧，并和缝壁接触而冷却，使冷却效果加强，熄弧性能提高。此外，由于缝较宽，熄弧后残存的游离气体容易排出，所以这种结构型式适用于较频繁开断的场合。

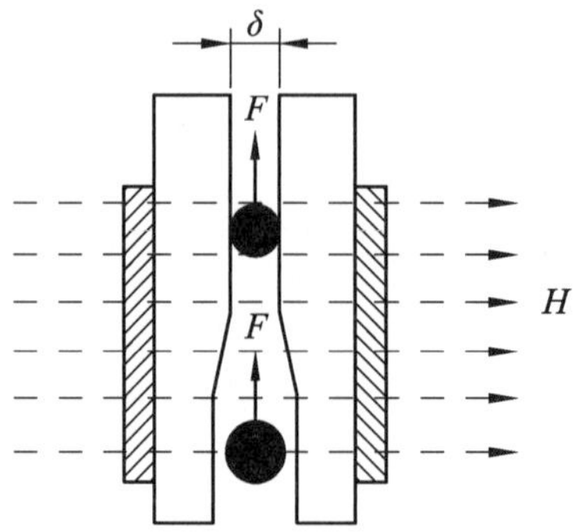

图 1-4-11　纵向窄缝式灭弧罩

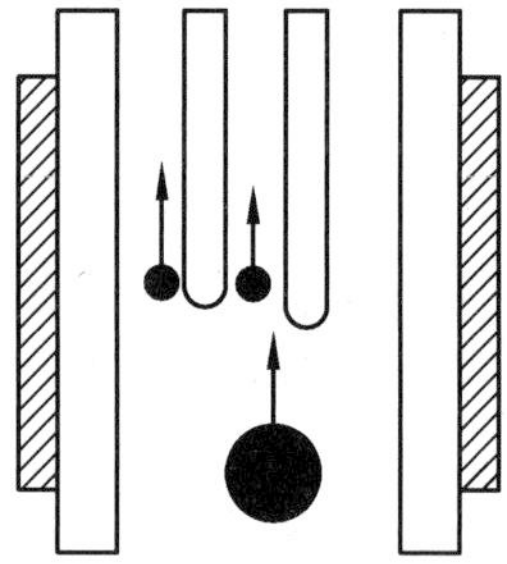

图 1-4-12　纵向宽缝式灭弧罩

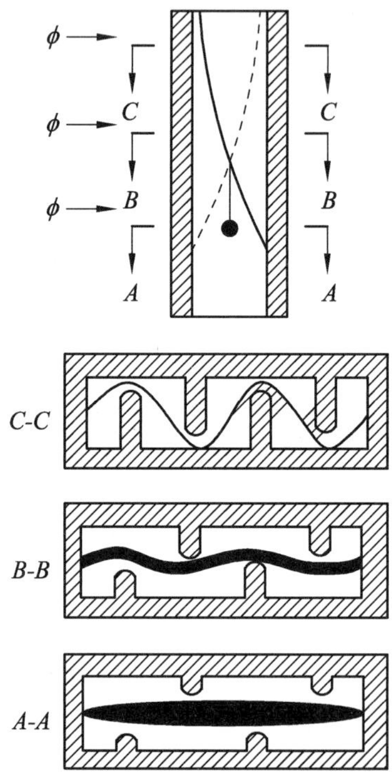

图 1-4-13　纵向曲缝式灭弧罩

图 1-4-13 所示为纵向曲缝式灭弧罩的灭弧情况。纵向曲缝式又称迷宫式，它的缝壁制成凹凸相间的齿状，上下齿相互错开。同时，在电弧进入处齿长较短，越往深处，齿长越长。当电弧受到外力作用从下向上进入灭弧罩的过程中，它不仅与缝壁接触面积越来越大，而且长度也愈来愈长。这就加强了冷却作用，具有很强的灭弧能力。但是，也正因为缝隙越往深处越小，电弧在缝内运动时受到的阻力越来越大。所以，这种结构的灭弧罩，一定要配合以较大的使电弧运动的力，否则其灭弧效果反而不好。

2）横缝灭弧罩

为了加强冷却效果，横缝灭弧罩往往以多缝的结构型式使用，也就是横向绝缘栅片，如图 1-4-14 所示。当电弧进入灭弧罩后，受到绝缘栅片的阻挡，电弧在外力作用下便发生弯曲，从而拉长了电弧，并加强了冷却。为了分析电弧与绝缘栅片接触时的情况，以图 1-4-15 所示来放大说明。设磁通方向为垂直向里，电弧 *AB*、*BC* 和 *CD* 段所受的电动力都使电弧压向绝缘栅片顶部，而 *DE* 段所受的电动力使电弧拉长，*CD* 段和 *EF* 段相互作用产生斥力。由于这样一些力的作用，使电弧拉长并与缝壁接触面增大而且紧密，所以能收到比较好的灭弧效果。

由于灭弧罩要受电弧高温的作用，所以对灭弧罩的材料也有一定的要求，如受电弧高温作用不会因热变形、绝缘性能不能下降，机械强度好且易加工制造等。灭弧罩材料过去广泛采用石棉、水泥和陶土材料。现在逐渐改为采用耐弧陶瓷和耐弧塑料，它们在耐弧性能与机械强度方面都有所提高。

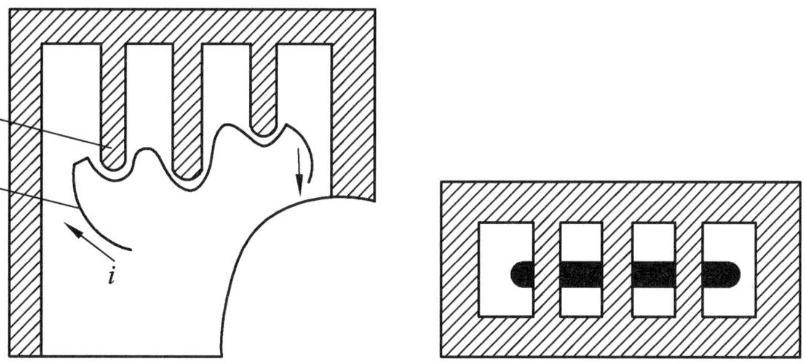

1—灭弧罩；2—电弧。

图 1-4-14　横向绝缘栅片式灭弧罩

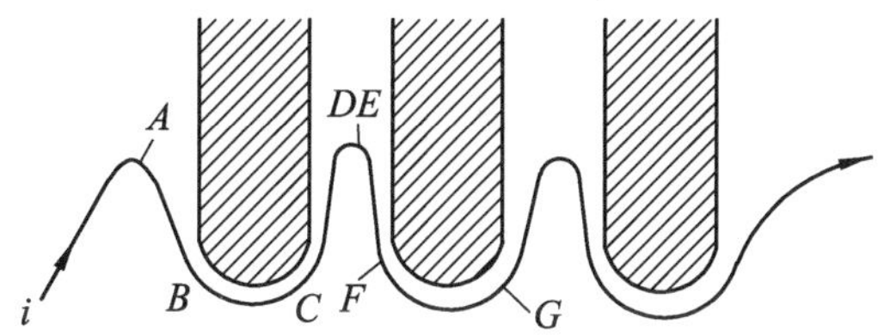

图 1-4-15　电弧在横向绝缘栅片灭弧罩中的放大图

3. 油冷灭弧装置

油冷灭弧是将电弧置于液体介质（一般为变压器油）中，电弧将油汽化、分解而形成油气。油气中主要成分是氢，在油中以气泡的形式包围电弧。氢气具有很高的导热系数，这就使电弧的热量容易散发。另外，由于存在着温度差，所以气泡产生运动，又进一步加强了电弧的冷却。若要再提高其灭弧效果，可在油箱中加设一定机构，使电弧定向发生运动，这就是油吹灭弧。由于油吹灭弧能力比在大气中拉长电弧要强得多，所以这种方法一般用于高压电器中，如油开关。

4. 气吹灭弧装置

气吹灭弧是利用压缩空气来熄灭电弧的。压缩空气作用于电弧，可以很好地冷却电弧、提高电弧区的压力、快速带走残余的游离气体，所以有较高的灭弧性能。按照气流吹弧的方向，它可以分为横吹和纵吹两类。横吹灭弧装置的绝缘件结构复杂，电流小时横吹过强会引起很高的过电压，故已被淘汰。图 1-4-16 表示了纵吹（径向吹）的一种形式。压缩空气沿电弧径向吹入，然后通过动触点的喷口、内孔向大气排出，电弧的弧根能很快被吹离触点表面，使触点接触表面不易烧损。因为压缩空气的压力与电弧本身无关，所以使用气吹灭弧时要注意熄灭小电流电弧时容易引起过电压。由于气吹灭弧的灭弧能力较强，故一般运用在高压电器中，例如韶山系列机车的空气断路器（主断路器）。

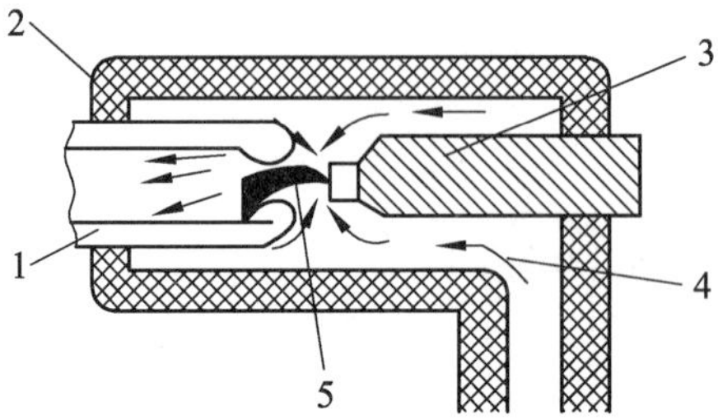

1—动触点；2—灭弧室瓷罩；3—静触点；4—压缩空气；5—电弧。

图 1-4-16　气吹灭弧装置

5. 横向金属栅片灭弧

横向金属栅片又称去离子栅，它利用的是短弧灭弧原理，即将磁性材料的金属片置于电弧中，将电弧分成若干短弧，利用交流电弧的近阴极效应和直流电弧的近极压降来达到熄灭电弧的目的。

横向金属栅片灭弧情况如图 1-4-17 所示。栅片的材料一般采用铁，当电弧靠近铁栅片时，由于铁片为磁性材料，所以栅片本身就具有一个把电弧拉入栅片的磁场力（当电弧移近金属栅的上沿时，铁栅片又具有把电弧拉回的特性，可防止电弧逸出栅外，烧损它物）。当电弧被这个磁场力或外力作用刚进入铁片栅中时，由于磁阻较大，铁片栅对电弧的吸力不大。为了减小电弧刚进入铁栅片时的空气阻力，铁栅片做成楔口并交叉装配，如图 1-4-17（b）所示，即只让电弧先进入一半铁片栅中以增大最初接触电弧的铁片片距。随着电弧继续进入铁片栅中，磁阻减小，铁片对电弧的拉力增大，足以使电弧进入所有的铁片栅中。电弧进入栅片后分成许多串联短弧，电流回路产生作用于各短弧上的电动力使短弧继续发生运动。此时应注意短弧被拉回向触点方向运动的力，它会使电弧重燃并烧损触点。为了消除这种现象，可以采用凹形栅片和 O 形栅片。铁栅片在使用时一般外表面要镀上一层铜，以增大传热能力和防止铁片生锈。

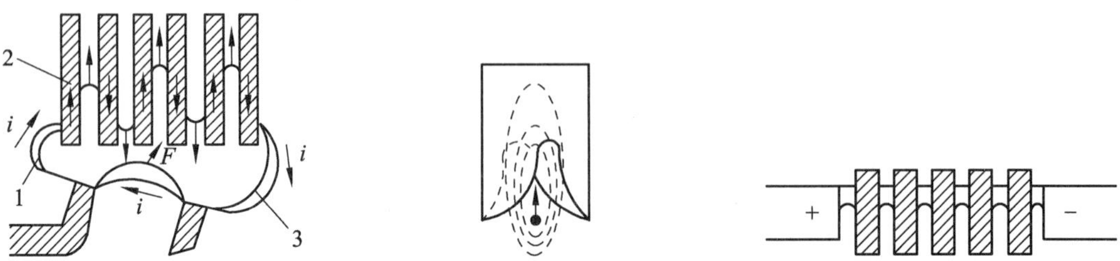

（a）电弧在横向金属栅中的状况　（b）横向金属栅对电弧的作用　（c）横向金属栅灭弧原理

1—入栅片前的电弧；2—金属栅；3—入栅片后的电弧。

图 1-4-17　横向金属栅片灭弧罩结构、原理示意图

横向金属栅片灭弧装置主要用于交流电器，因为它可将起始介质强度成倍地增大。对于直流电弧而言，因无近阴极效应，只能靠成倍提高极旁压降来进行灭弧。由于极旁压降值较小，要想达到较好的灭弧效果，金属栅片的数量太大，会造成灭弧装置体积庞大，所以直流电器中很少采用该装置。

6. 真空灭弧装置

真空灭弧使触点电弧的产生和熄灭在真空中进行，它是依据零点熄弧原理，以真空为熄弧介质工作的。

在真空中气体很稀薄，电子的自由行程远大于触点间的距离。当真空度为 10^{-5} mm 汞柱时，电子的自由行程达 43 m。自由电子在弧隙中做定向运动时几乎不会和气体分子或原子相碰撞，不会产生碰撞游离。所以将触点置于真空中并断开时产生的电弧是由于阴极发射电子和产生的金属蒸气被电离而形成的。当电弧电流接近零时，阴极发射的电子和金属蒸气减少，弧隙中残留的金属蒸气和等离子体向周围真空迅速扩散。这样，弧隙可以在数微秒之内由导电状态恢复到真空间隙的绝缘水平。因此，在真空中触点有很高的介质恢复速度、绝缘能力和分断电流的能力。

真空电弧按其电流的大小可分为扩散弧和收缩弧两种。扩散弧的电流较小（几百至几千安培），此时电弧分裂为许多并联的支弧，每一支弧有自己的阴极斑点和弧柱，阴极斑点互相排斥且均匀分布在阴极上。在电磁场的作用下阴极斑点不断地沿左旋方向运动，触点表面的平均温度较低且分布均匀。阳极此时不存在阳极斑点，阴极斑点既发射电子又产生金属蒸气。当电流接近于零值时，最终只剩下一个斑点。电流过零时，电弧自行熄灭。当扩散弧的电流增加到足够大时，阴极斑点相互聚成一团，运动速度很小甚至不再运动。阴极表面不但产生大量的金属蒸气，而且有一部分金属直接以颗粒或液滴的形式向弧隙喷射。阳极此时也出现炽热的阳极斑点且蒸发和喷射一定数量的金属，触点的电磨损迅速增加。当真空灭弧装置中出现收缩弧后，就不能再开断电路。电弧由扩散弧转变为收缩弧的电流，也就是该真空灭弧装置的极限开断电流，它随触点材料和直径大小而不同。

在开断交流电路时，当被开断的电流减小到某一数值时，扩散弧会发生电流突然被截断的现象，称为截流。这样，在开断感性负载电流时，弧隙上将产生很高的过电压，这是使用真空灭弧装置应注意的问题。

【学习随笔】

任务 5　城市轨道交通车辆电路识读与布线

【实施工单】

1. 任务要求

（1）掌握城市轨道车辆电路图、布线图识读。
（2）了解城市轨道车辆布线原则。
（3）理解城市轨道车辆布线操作工艺标准。

2. 任务准备

（1）场地准备：城市轨道交通车辆检修实训中心（配备多媒体）。
（2）工具准备：手电筒、电工工具（螺丝刀、剥线钳、压线钳等）。
（3）物品准备：布线图、原理图、校线表等。
（4）建议课时：4 课时。

"城市轨道交通车辆电路识读与布线"任务工单

姓名		班级		学号	
时间		地点		组别	
指导教师		专业			
小组成员					
任务					
一、知识储备			成绩：		

（一）单选题

1. 车辆电路图中某器件旁边标注"＋PCEC2＝41-K01"，其中"41"为（　　）。
   A. 元件序号　　B. 元件代号
   C. 子功能组编号　　D. 安装位置标识
2. 车辆电路图中某器件的元件代号为"S"，这个器件可能是（　　）。
   A. 断路器　　B. 继电器　　C. 指示灯　　D. 按钮开关
3. 车辆电路图中某根导线旁边的交叉引用标识为"＝24/2.E5"，其中"/2"表示（　　）。
   A. 图区　　B. 目标页　　C. 功能组编号　　D. 安装位置标识

（二）填空题

1. 常用的电气联锁方法包括__________、__________、__________和__________。
2. 轨道车辆上的线号采用____________________的书写方式。
3. 线号套有白、黄、红三种颜色，白色对应____________及以下电压等级，黄色对应__________及______________电压等级，红色对应__________电压等级。

（三）判断题

1. 当电器工作线圈通电，电器动作后，常开触点打开，常闭触点则闭合。（　　）
2. 城市轨道车辆布线应采用集中布线法，线束应尽量集中。（　　）
3. 线管应尽量减少弯曲。每根线管中，弯管内角小于100°的弯曲部位不应超过一处。（　　）

（四）读图题

根据图 1-5-1 回答问题。

1. 图中电路属于（　　）。

A. 牵引/制动控制电路

B. 辅助供电与辅助电路

C. 照明电路

D. 检测和信息电路

2. 图中的 =26-K01 继电器有（　　）对触点被接入电路中。

A. 1　　B. 2

C. 3　　D. 4

3. 图中的 =26-K01 继电器线圈处于（　　）图区。

A. B3　　B. C3

C. D3　　D. E2

4. 图中的器件被安装在（　　）个位置。

A. 2　　B. 3

C. 4　　D. 5

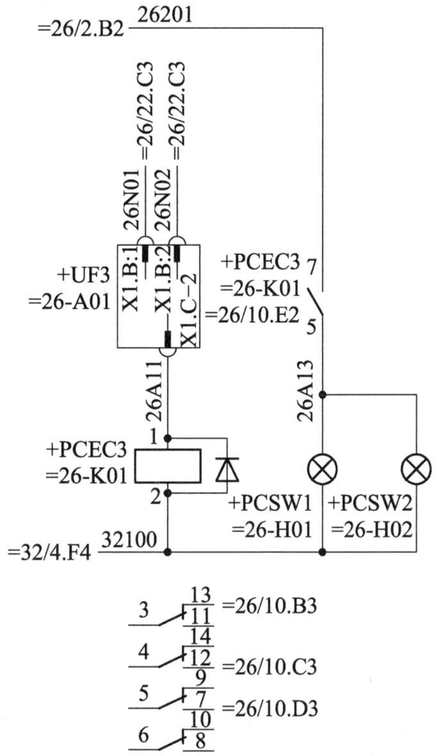

图 1-5-1

二、制订计划			成绩：
制订端子排核对检查计划。			
序号	操作项目	操作工具	操作要点
1	根据布线图检查端子排		
2	端子排多线处理		
3	端子排少线处理		
4	线号、短连片错误处理		

三、操作准备工作	成绩：	
准备事项	已完成	未完成
1. 作业人员必须穿戴劳保鞋、安全帽、工作服，做好安全防护。		
2. 作业前确认所有的工具和使用材料都处于检定有效使用期内。		
3. 小组成员根据自身状况和组长安排做好合理分工。		

四、操作及质量检查		成绩：
序号	评价标准	评价结果
1	操作前工具选用合理、安全防护到位。	
2	端子排检查仔细，能找出全部问题点。	

3	端子排多线处理得当。	
4	端子排少线处理得当。	
5	线号、短连片错误处理得当。	
6	修复后端子排与图纸一致，符合接线工艺要求。	
7	作业后整理好工器具；作业记录表填写及时、准确。	
五、操作总结		

【知识导航】

一、城市轨道交通车辆电路图识读

城市轨道交通车辆的电气系统错综复杂，为了将其中的逻辑关系和电气功能描述清楚，必须应用电路图。电路图是以电路的工作原理及阅读和分析电路方便为原则，用国家统一规定的电气图形符号和文字符号，按工作顺序用图形符号从上而下、从左到右排列，详细表示电路、设备或成套装置的工作原理、基本组成和连接关系的一种简图。只有掌握了车辆电路图的识读方法，才能完成车辆电路的分析、调试以及故障排除。

（一）车辆常用电气符号

城市轨道交通车辆电气线路中常用的电气符号如表 1-5-1 所示。

表 1-5-1　常见车辆电气符号表

图形符号	描述	图形符号	描述
	单芯电缆		动合（常开）触点
	导线组		动断（常闭）触点
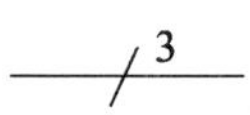	导线组（3 根导线以上）		由闭合位转打开位的转换触点
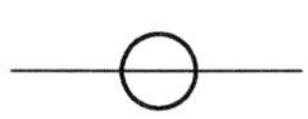	屏蔽电缆		延时闭合的常开触点

续表

图形符号	描述	图形符号	描述
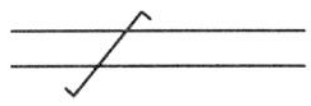	多芯电缆		延时断开的常开触点
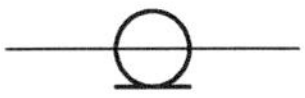	同轴电缆		延时断开的闭合触点
	导线终端（未连接）		延时闭合的闭合触点
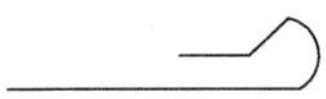	导线终端(未连接需进行专门绝缘处理）	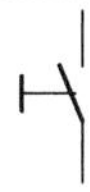	手动操作开关
	连接点	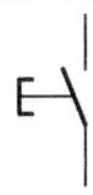	自复位的按钮开关
	端子	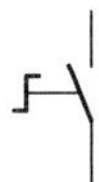	旋转开关
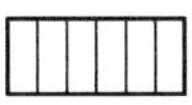	端子排		接触器自闭合触点
	插孔		接触器自断开触点
	插针		断路器
	插针和插孔		隔离开关
	多芯插针和插孔	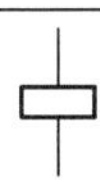	一般继电器线圈
⎓	直流	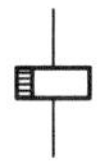	断电延时继电器线圈
~	交流	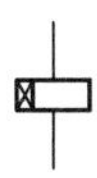	通电延时继电器线圈
+	正极	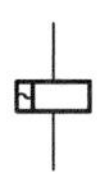	交流继电器线圈
−	负极		熔断器

续表

图形符号	描述	图形符号	描述
N	中性（N极）	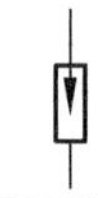	避雷器
	指示符号		灯
	热效应元件	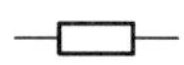	电阻
	漏电检测元件	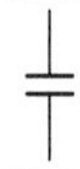	电容
	延时动作		电感
	延时动作		二极管
	自锁		三相鼠笼式感应电机
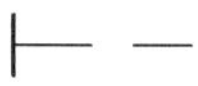	操作件（一般手动操作）	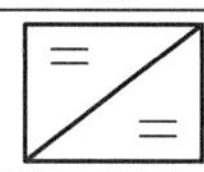	直流/直流变换器
	操作件（旋转操作）	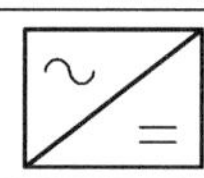	整流器
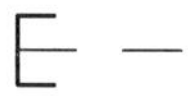	操作件（按动操作）	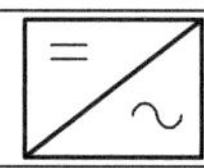	逆变器
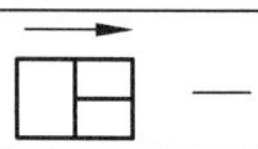	操作件(单向作用的气动或液压驱动）		电压表
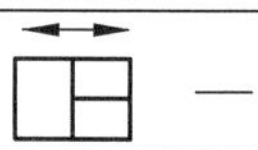	操作件(双向作用的气动或液压驱动）	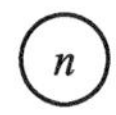	速度传感器
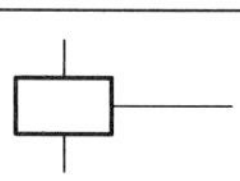	操作件（电磁效应驱动）	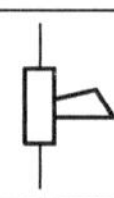	喇叭/电笛
	接地符号	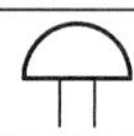	电铃
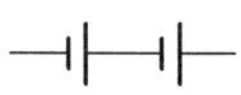	蓄电池	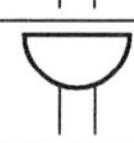	蜂鸣器
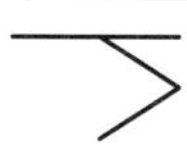	受电弓	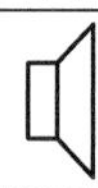	扬声器

各电气设备在电气线路图中除按表内符号表示外，在符号旁边还应标明相应电气设备在电路中的代号，且在所有该设备的各联锁旁边也标注同一代号，说明是同一电器在电路中不同位置的控制关系，或在该电器线圈图形符号的下方，给出该电器所有联锁及其连接。如图1-5-2所示，=21-K01线圈下方列出了4组联锁，其中应用了2组联锁并标注了位置。

导线也是电气线路图中的一部分，特别是一些重要的导线应在电路图中标明导线代号，不同类型和不同作用的导线可用不同字母或汉字表示，图1-5-2中32100就是直流110 V电源负端线的线号。

常开联锁、常闭联锁（也称正联锁、反联锁）是对电器的工作线圈未通电、电器处于释放状态时的触点位置而言，若其触点是打开的即为常开联锁（正联锁），若其触点是闭合的即为常闭联锁（反联锁）。当电器工作线圈通电、电器动作后，常开触点闭合，常闭触点则打开。

并不是所有的电器联锁都有常开、常闭的状态。对于某些组合电器的联锁，除标出其所属电器的代号外，还应标明该联锁的接通位置，此类联锁又称位置联锁，图 1-5-2 中 = 24-A01 为司机控制器中的主控钥匙，图中用一个小矩形表示主控钥匙打到 ON 位置。

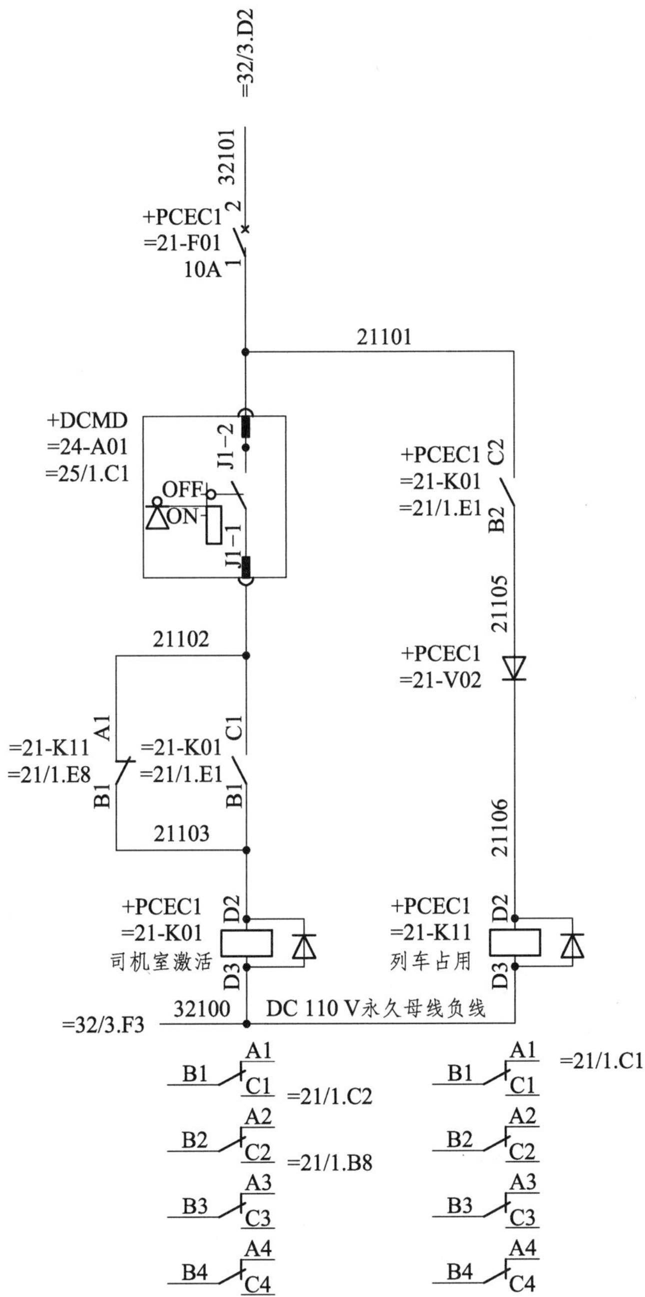

图 1-5-2 车辆电路图示例

还有一些多位的控制开关，在电路图中将这类触头闭合次序沿轴向展开为一个平面的触头闭合电路图，简称展开图。在某工作位置联锁是接通的，则在该位置相应的导线上以黑点（或黑线段）表示，如图 1-5-3 所示，当 = 22-S05 升弓选择开关打到升 1 号位置时，导线 22114A 导通。

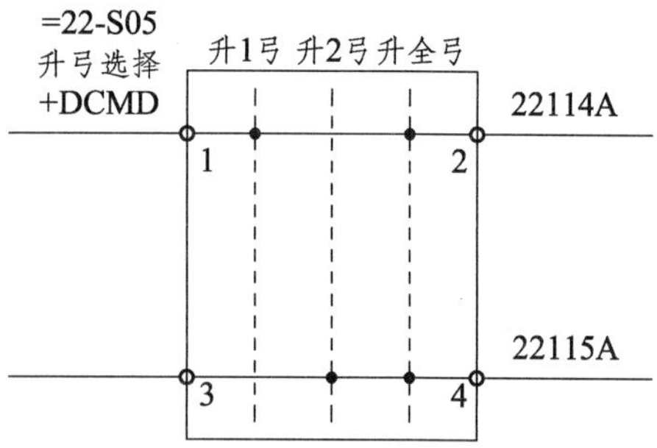

图 1-5-3　升弓选择开关展开图

（二）车辆电路图标注

1. 功能组标注

城市轨道交通车辆的电路图依据图纸功能一般划分为 10 个主要组，并采用两位数字编号进行区分，如表 1-5-2 所示。每个主要组又分为数个子组，如 = 10 主电路又划分为 = 11 高压电路、 = 12 牵引主电路等。

表 1-5-2　城市轨道交通车辆电路主要功能组

功能组编号	说明
= 00	图纸说明
= 10	主电路
= 20	牵引/制动控制电路
= 30	辅助供电与辅助电路
= 40	检测和信息电路
= 50	照明电路
= 60	空调电路
= 70	辅助设备电路
= 80	车门控制电路
= 90	特殊设备电路

2. 设备及元器件标注

城市轨道交通车辆设备和元器件的标注包含 4 个信息，即安装位置标识、子功能组编号、元件代号以及元件序号，如图 1-5-4 所示。

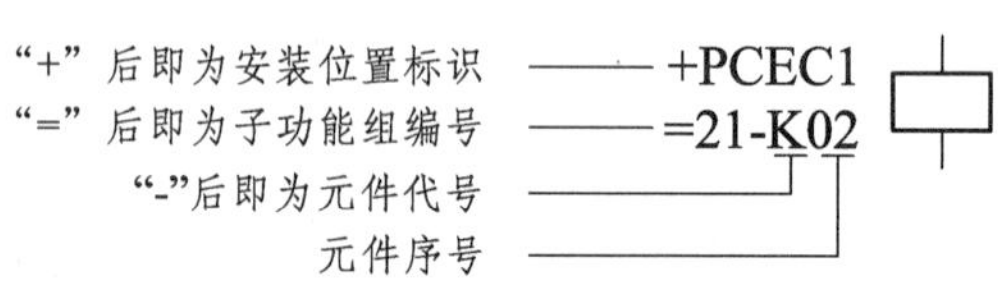

图 1-5-4　设备及元器件标注规则

城市轨道交通车辆常见元件代号如表 1-5-3 所示。

表 1-5-3　城市轨道交通车辆常见元件代号表

代号	用途	举例
A	多功能	司机控制器
B	将输入变量转换为可处理的信号	传感器
E	提供光能或者热能	照明灯、加热器
F	电路保护器件	断路器、避雷器、熔断器
G	能量变换	电源变换模块
H	信号指示	指示灯
K	处理信号、控制电路	继电器、接触器
L	电感元件	电抗器
M	提供机械能量	牵引电机、泵
P	呈现信息	电压表、速度表
S	将人工操作转换成可处理信号	按钮开关、转换开关
X	物体连接	插座、端子排

3. 电路图分区

为了查找方便，城市轨道交通车辆电路图借用屏幕坐标形式定位，横向用数字均分，纵向用字母均分，如图 1-5-5 所示。每张电路图由文字区描述电路功能，说明电路的类型、代号和页码，具体描述如图 1-5-6 所示。

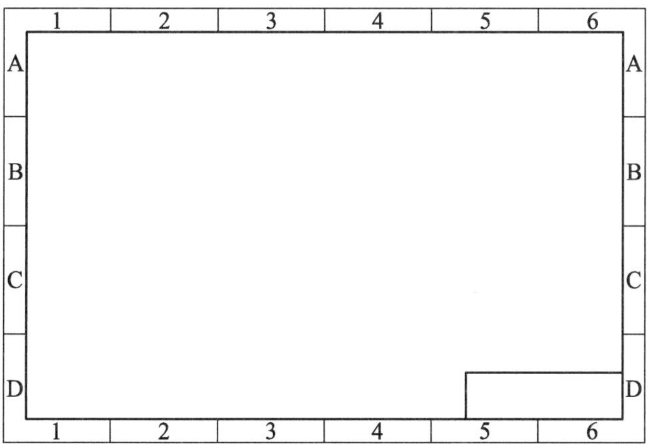

图 1-5-5　电路图纸分区

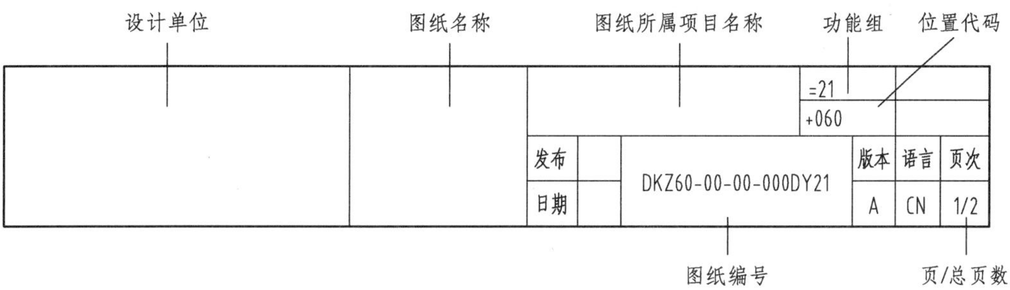

图 1-5-6　图纸标题栏

4. 交叉引用标识

当图纸中某个器件有一些部分处于其他图纸中，或者某根导线连接到其他图纸中，就需要用到交叉引用标识，如图 1-5-7 所示，=21-K12 继电器的线圈引用自=21 功能组第 1 页图纸的 E7 图区，导线 41427 连接至=41 功能组第 4 页图纸的 C6 图区。

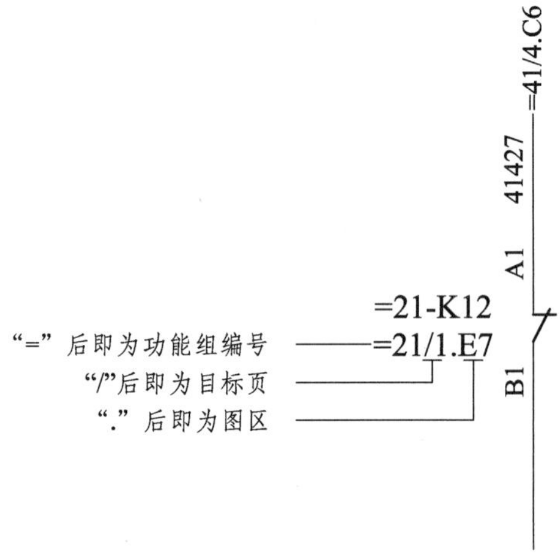

图 1-5-7　交叉引用标识规则

（三）常用联锁方法

控制线路必须满足主、辅线路的控制需求，如电器按一定次序动作，驾驶员按一定顺序操作，因此必须设置一些联锁来满足控制线路的逻辑要求。

在设置控制线路的联锁时，首先必须满足线路的控制要求，在此前提下应尽量减少联锁数目，因为多设一个联锁就会增加线路发生故障的可能性，同时也增加了分析处理故障的难度。另外，对于需要在列车有故障时维持运行的车辆，同样要在控制线路中做相应考虑。对于可能由于误操作造成事故的现象，也应在线路中予以避免或设法补救。因此在设置控制线路的联锁时应统筹考虑，权衡处理。

常用联锁方法有两大类，即机械联锁与电气联锁。

1. 机械联锁

为避免因驾驶员的误操作造成人身及设备不安全，需设置一些机械联锁。目前采用的机械联锁主要有：

（1）驾驶控制器换向手柄与调速手柄间的机械联锁。

（2）驾驶台上按键开关与电钥匙的机械联锁。

（3）换向手柄及电钥匙与钥匙的机械联锁。

2. 电气联锁

电气联锁方法种类较多，下面仅介绍几种常用的联锁方法。

1）串联联锁

在某电器的工作线圈前串联若干其他电器的联锁，称为串联联锁。如图 1-5-8 所示，在继电器 K 的线圈电路中串有 a、b、c 三个电器的联锁，其中 a、b 为常开联锁，c 为常闭联锁。该电路要求在 a、b 所在两电器处于吸合状态而 c 所在电器处于释放状态时继电器 K 才能吸合，而 a、b、c 三个电器中任意一个不符合上述工作状态时，继电器 K 即失电释放。

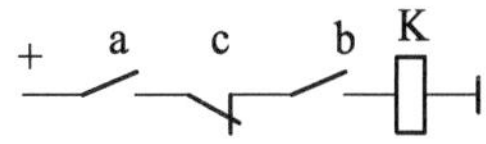

图 1-5-8　串联联锁

串联联锁是多个条件使一个电器通电，而其中任一条件消失即使电器线圈失电。在电路中凡要求满足多个条件才能接通电路的环节一般采用串联联锁电路。但串联联锁越多，可靠性越低，故应尽量减少串联联锁的数量。

2）并联联锁

在某个电器工作线圈前并联若干其他电器的联锁，称为并联联锁。如图 1-5-9 所示，在继电器 K 的线圈前并有 a、b、c 三个电器的联锁，其中 a、b 为常开联锁，c 为常闭联锁。该电路要求在 a、b 所在两电器处于释放状态而 c 电器处于吸合状态时继电器 K 的线圈不通电处于释放状态，而 a、b、c 所在三个电器中任意一个不符合上述工作状态时，继电器 K 即得电吸合。

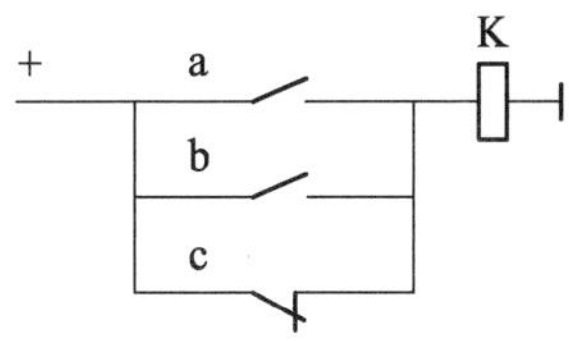

图 1-5-9　并联联锁

并联联锁是多个条件中的任一条件成立则该电器线圈得电，只有全部条件消失该电器线圈才失电。这种联锁方法对电器的动作顺序没有固定要求，电路中常用这种联锁作为双重供电线路，以保证重要电路供电的可靠性。

3）自持联锁

在某电器工作线圈前的电路中并联有该电器本身的常开联锁，称为自持联锁。如图 1-5-10 所示，在继电器 K 的线圈电路中并联有 a、k 两个联锁，当 a 所在电器处于吸合状态时其常开联锁闭合，继电器 K 的线圈得电，该继电器吸合，其本身的常开联锁也闭合，此后，即使 a 所在电器释放，继电器 K 的线圈也仍可由自身的常开联锁供电保持吸合状态；只有在其常开联锁以外的电路断开时，继电器 K 的线圈才会失电。这种电路的特点是电器吸合时需要一定的条件，在电器吸合后这种条件可能消失，但电器此时仍能保持吸合状态，只有在电路的其他部分断开时，才能使该电器释放。

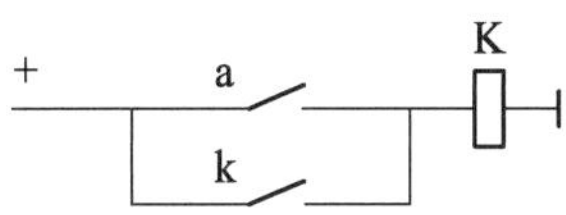

图 1-5-10　自持连锁

自持联锁常用于电器工作的条件可能构成后又消失，但又需要在构成条件消失后，必须保持该电器持续工作的场合。

4）延时联锁

延时联锁是指某电器的线圈得失电与其联锁动作不同步。其实现方法有多种，如采用在电器铁芯上加短路铜套，或在继电器本身某些联锁上加装钟表机构，二者的不同之处在于前者的所有联锁都具有延时性，后者仅加有钟表机构的联锁有延时而其他联锁不具有延时。在要求有短暂延时时，也可以在要求滞后动作的电器线路中多串一个要求先动作电器的常开联锁实现，或者在电器的工作线圈旁并联一电容，在线圈断电后，电容通过电器线圈放电，使线圈延时失电，电器延时释放。延时联锁有四种，表示方法如图 1-5-11 所示。

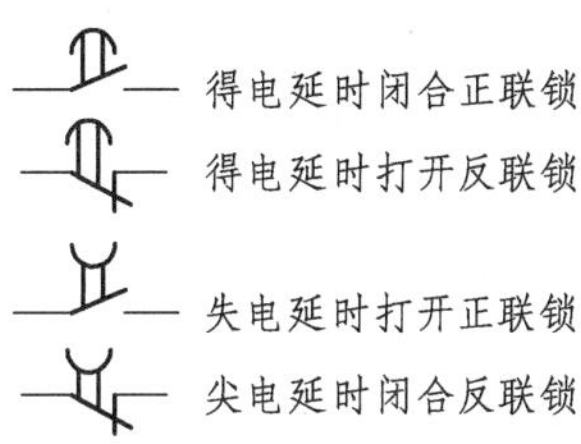

图 1-5-11　延时联锁

二、城市轨道交通车辆布线

城市轨道交通车辆是一个机电一体的设备，有许多相对独立的系统，各个不同的部件通过螺钉、铆钉等零件实现与整个车体的机械连接，而其电气连接则通过数量繁多的电导线将其组合在一起。连接导线在城轨车辆上的走线、布置、固定方式以及与电气设备之间的连接方式就是城市轨道交通车辆布线，在城轨交通车辆电气系统中以布线图、接线图或接线表的方式呈现。

城市轨道交通车辆上电气设备非常多，例如仅整个车辆的插头有 1 000 多个，点多面广，出现故障的概率较高，所以对布线的熟悉掌握，无论对制造、检修还是日常管理都是非常有用的。对于制造人员，布线图是车辆上导线安装、固定、接线的标准，必须严格按照标准布置导线，才不会错接、漏接，避免人为故障；对于检修人员，从布线图中可以很方便地查出哪根导线或电气设备接在什么位置，是如何接的，易于准确快捷地更换；对于司乘人员，布线图可以帮助驾驶员很快地查找出故障部位并进行应急处理。因此，读识布线图是相关从业人员的一项基本功。

（一）城市轨道车辆布线原则

（1）城市轨道车辆布线应符合设计电路图及布线图的要求。

（2）城市轨道车辆总体布线时应注意，使电线尽量远离发热器件。发热温度在 100 °C 以内的发热器件，与电线的距离需保持在 20 mm 以上；发热温度达 100 ~ 300 °C 的发热器件，与电线的距离须保持在 30 mm 以上；发热温度达到 300 °C 以上的发热器件，若无隔热、防火措施，则与电线的距离需保持在 80 mm 以上，若有隔热、防火措施，则以隔热部分的实际可能温度考虑。

（3）城市轨道车辆布线应采用集中布线法，线束应尽量集中。

（4）城市轨道车辆布线可以采用线槽、线管，也可以裸露布线。线槽、线管的端部以及电线引出口不得浸漏油、水，裸露布置的电线必须充分注意，不得浸入油、水。

（5）城市轨道车辆布线经过车体时开孔应不影响车体的强度。

（6）穿入线管的电线电缆，外径面积之和不应超过线管内横截面积的 80%（单根电线例外）。

（7）城市轨道车辆上两接线端子间电线不允许剪接。

（8）城市轨道车辆上电线两端头接线，除了与插接件相连外，必须采用接头压接或焊接。

（9）每根电线两端必须有清晰牢固的线号。

（10）电线管、槽安装应牢固。电线要用扎线带、线卡等以适当间隔可靠固定，防止振动造成损伤。

（11）电线电缆出入线槽、线管及穿过金属隔板的孔、管口时，必须加以防护。所有孔、管口应加绝缘套（有油处应耐油）或用绝缘物包扎。

（12）母线和母线间电气间隙和爬电距离应符合《机车电气屏柜》（TB/T 1508—2016）的规定。

（13）城市轨道车辆布线与轨道车上的电气屏柜、仪表、电气设备的连接，可采用螺栓组成（或卡簧式）的接线座（端子）或插头、插座。

（二）城市轨道车辆布线的实施方法与措施

（1）布线时应考虑城市轨道车辆模块化设计制造，在地面进行装配。

（2）由线槽构成整个线路的主干，由插头、插座完成部件与线路的连接。

（3）线槽与部件的连接在接线箱中完成。

（4）每节车辆中间布置车下线槽与车顶线槽的连接线。

（5）同一型号插头采用机械式防插错编码，有效防止相同型号插头插错。

（6）高压电流所流经的线路采用硬母线连接，可有效防止接线错误。

模块化设计制造的优点在于将车辆的立体安装制造变为各部件的平面同步制造，各部件在各分包商制造完毕后，直接通过插头及插座连接，提高作业效率，同时有利于各部件的维修更换。但由于使用插接件较多，出现故障的概率会相应增大，克服这一缺点的方法是采用高质量的插接部件，并在检修过程中加强对插头插座连接状态的检查等。

（三）城市轨道车辆布线操作

1. 电线电缆接线

电线电缆必须满足《机车车辆电缆》（TB/T 1484.1～3—2017）的要求，其绝缘等级应与额定电压相符。电线电缆的弯曲半径也应符合 TB/T 1484.1 的规定。对于无屏蔽电缆，当电缆直径小于或等于 20 mm 时，最小弯曲半径应小于等于电缆直径的 4 倍；当电缆直径大于 20 mm 时，最小弯曲半径应小于等于电缆直径的 6 倍。对于屏蔽电缆，当电缆直径小于或等于 20 mm 时，最小弯曲半径应小于等于电缆直径的 6 倍；当电缆直径大于 20 mm 时，最小弯曲半径应小于等于电缆直径的 8 倍。

2. 母线接线

铜母线一般采用 TBY、TBR 型扁铜线及 TMY、TMR 型铜母线，根据《电工用铜、铝及其合金扁线 第 2 部分：铜及其合金扁线》（GB/T 5584.2—2020）及《电工用铜、铝及其合金母线 第 1 部分：铜和铜合金母线》（GB/T 5585.1—2018）选用。母线应平整、调直，表面不得有高于 1 mm 的褶皱。母线落料、钻孔和冲孔后，应去毛刺。平弯时，弯曲内半径不小于窄边宽度；扁弯时，弯曲内径不小于母线宽边宽度。母线弯制后不应有裂纹或裂口。母线焊接处的焊缝必须牢固、均匀，无虚焊、裂缝、气泡和夹渣等现象。

母线与母线、母线与电器端子连接处的连接长度不小于铜排的宽度，并应采用镀（搪）锡、镀银等防电化腐蚀措施。对铜母线的其余部分可以采用镀（搪）锡、刷油漆、包扎绝缘等防护措施。连接处应平整、密贴。

3. 接头连接

接头必须用纯铜 T2 或 T3，对于管材、板材应同时符合相关标准。接头表面不得有毛刺、锐边、裂纹或扭曲、明显变形等外观缺陷，接头表面要镀锡或镀银。

（1）城市轨道车辆布线接线用接头分类。

① 全裸接头。全裸接头适用于横截面面积大于或等于 16 mm^2 的电缆，安装螺孔分单孔和双孔，接头结构如图 1-5-12 所示，接头系列的各部分推荐尺寸如表 1-5-4 所示。

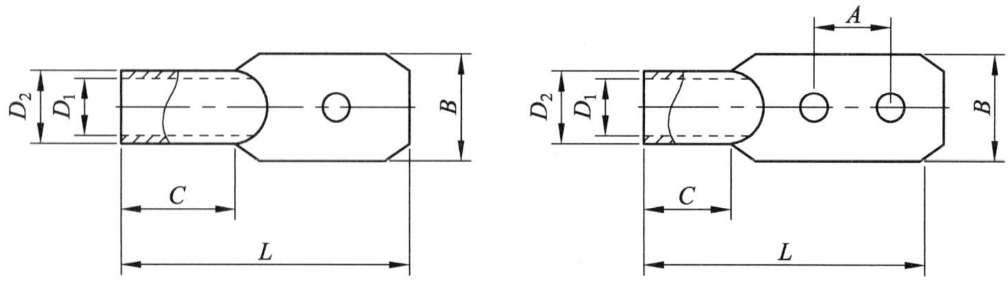

（a）单孔全裸接头　　（b）双孔全裸接头

图 1-5-12　全裸接头

表 1-5-4　全裸接头尺寸

铜线截面面积/mm²	16	25	35	50	70	95	120	150	185	240	300
螺栓孔数目	1	1	1	1	1	1	2	2	2	2	2
螺栓直径	M8	M8	M8	M10	M10	M12	M12	M12	M12	M12	M12
规格尺寸/mm											
螺栓孔直径	10	10	10	11	11	13	14	14	14	14	14
A	—	—	—	—	—	—	35	35	35	35	35
B	14	17	20	23	25	28	32	36	37	47	51
C	16	16	18	18	22	35	41	42	42	50	77
*D*1	10	12	14	16	17	20	22	24	26	32	34
*D*2	7	8	10	12	13	16	18	20	21	26	28
L	40	44	50	55	60	68	115	115	115	140	150

② 护套接头（图 1-5-12）。护套接头适用于横截面面积小于或等于 10 mm² 的电缆，螺孔为单孔，接头结构如图 1-5-13 所示，螺孔直径如表 1-5-5 所示。

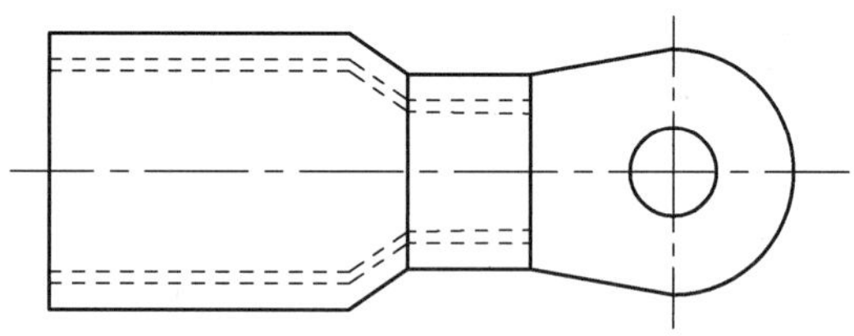

图 1-5-13　护套接头

表 1-5-5　护套接头尺寸

电线截面面积/mm²	0.75	1	1.5	2.5	4	6	10
螺栓直径	M3 ~ M10				M5 ~ M12		

（2）接头和电线的压接接头和电线必须采用冷压连接，和接头相连的电线剥线时不应有损伤、断股，如图 1-5-14 所示。

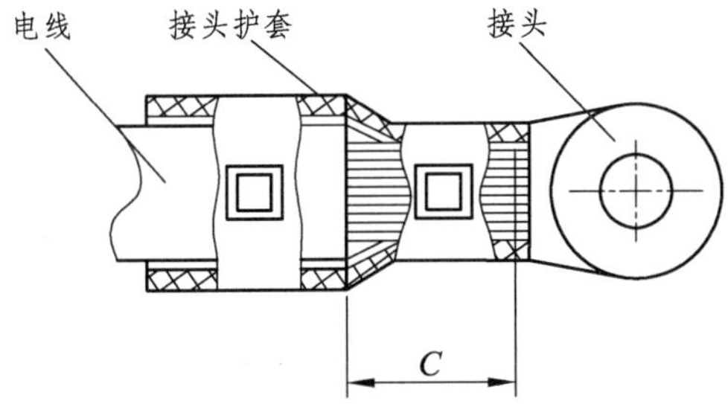

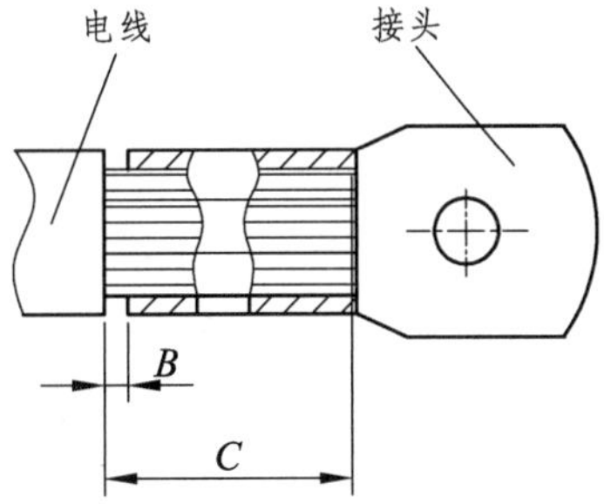

图 1-5-14　接头压接示意图

根据电线截面选用规定的接头，要使用与接头相配合的带卡位装置的压接工具。选用护套接头时，其压接伸入全裸接头后的裸露电线的长度 B 以及与各种接头相连接剥去外皮的电线长度 C，需按表 1-5-6 选用。B、C 部位如图 1-5-14 所示。

表 1-5-6　压接尺寸

线芯截面面积/mm^2	0.2 ~ 0.5	4 ~ 10	16 ~ 95	120 ~ 300
压接尺寸/mm				
B	—	—	<2	<3
C	>4	>6	>15	>20

4. 插头、插座和接线座（端子）的操作要求

（1）插头、插座和接线座（端子）应按不同电压、电流及防护要求进行选择。相同规格的插头、插座应保持互换。

（2）插头、插座应有防尘措施。在车体外部使用的重联插头、插座等应有防尘、防雨等密封措施。

（3）与插头、插座焊接连接的电线在进行焊接时必须用无腐蚀的中性焊剂。连接必须牢固，不得有虚焊、断股和损伤。各接触芯均应有防护绝缘套管和线号套管，焊芯间的残锡应清除干净。

（4）上车前插头、插座相邻各芯点及各芯点与地之间应做绝缘试验，根据所在的电路额定电压选用试验电压。

5. 线管和线槽的操作要求

（1）线管和线槽的出线口边缘必须光滑，不得有尖角、毛刺。

（2）线管应尽量减少弯曲。每根线管中，弯管内角小于 90°的弯曲部位不应超过一处。

（3）线管在穿过金属隔板时，若需焊接，则线管不允许焊穿。

6. 电线绑扎与固定

（1）电线绑扎操作在金属扎线杆、板的所有长度上，应用绝缘带叠绕后再扎线。叠绕方向应由下向上（水平方向叠绕除外）。

到屏柜及各电气设备中的电线和电线束，在扎线杆、板端部，分岔电线束根部及电线束拐弯处均应有束带紧固。其他区段可以用束带进行连续整段包扎，也可用束带分段绑扎。如

果仅用束带分段绑扎，则要求最多隔 200 mm 有束带紧固。

线槽中的电线束拐弯处、分叉处均应有束带紧固。其他区段如果仅用束带绑扎，则要求最多隔 500 mm 有束带紧固。

（2）固定电线和各接线座、电气设备及插头、插座连接时，要留有一定的弧度。母线应有绝缘线卡固定，母线拐弯处、连接处均应有线卡，其他区段则每隔 1 ~ 1.5 m 设线卡固定。线卡应有足够的电气强度和机械强度。

通往车辆外部的连接电线，捆扎后应留有一定的长度，以保证城轨车辆通过允许的最小曲线半径时，连接电线能正常工作。

（四）线号的标注

在城市轨道车辆上有许多的连接线，为了区分不同功能的导线，需要对线路导线进行线号标注。线号标注必须符合电路图的有关要求，线号应固定在线端适当位置，防止振动丢失。

根据《铁道客车配线布线规则》（TB/T 1759—2016）要求，轨道车辆上的线号采用个位数远离端子的书写方式，如图 1-5-15 所示。

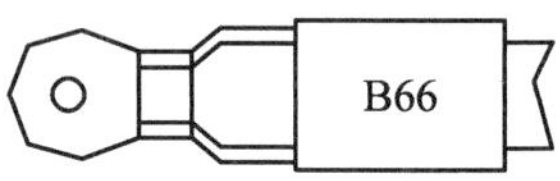

图 1-5-15　线号顺序

（五）城市轨道车辆部件系统布线实例

下面以我国目前较普遍的地铁车辆为案例进行分析。

1. 车辆接线与线号组成

1）线号套颜色的含义

线号套有白、黄、红三种颜色，分别对应不同的电压等级，白色对应 24 V 及以下电压等级，黄色对应 110 V 及 380 V 电压等级，红色对应 1 500 V 电压等级。

2）线号的组成

线号由八位阿拉伯数字构成，分为两部分，前五位为原理线号，与原理图对应，后三位为同一线号下的线路分支序列号。

3）线路连接方式

线径在 6 mm^2 以上采用螺栓固定，如图 1-5-16（a）所示；线径在 6 mm^2 以下采用直接插接，通过插头与插座进行连接，如图 1-5-16（b）所示。

（a）螺栓固定　　（b）直接插接

图 1-5-16　线路连接

4）车辆接线表

为了便于整个车辆的控制及电源线路的具体连接，以及维修过程中方便获取连接的具体信息，一般车辆都会有专门的接线表用来反映车辆接线、布线的相关信息。车辆接线表中的各信息含义如表 1-5-7 所示。

表 1-5-7　车辆接线表显示的信息及其含义

信息	含义及说明
线束号	用四位阿拉伯数字表示
线号	由八位阿拉伯数字构成
线径	主要为 1.5 mm^2 和 2.5 mm^2
电缆型号	电缆品牌及耐压等级
长度	该线从一端到另一端的线长
电缆颜色	电缆外部绝缘层的颜色，分为白、黄、红三种颜色
线的起始位置	插座安装位置、插座号及插芯号或端子排及端子排线槽编号
电压等级	A 类、B 类、C1 类、C2 类、D 类、E 类、F 类

在车下设备柜中，线号除八位阿拉伯数字以外还有安装位置的信息，例如 06K05-22 表示该线从继电器 06K05 的 22 号联锁引出。

车辆布线中留有预留线，方便日后的加装改造或故障后的替换，其明显的标志是线号前端的“R”标识。

2. 高低压线槽的布置与装配

1）高低压线槽在不同车辆中的分配

以地铁车辆一个单元车为例，A 车有三个高低压线槽，其中车底高压线槽一个，车顶低压线槽两侧各一个；B、C 车每节车有四个高低压线槽，其中车底高压线槽、低压线槽各一个，车顶低压线槽两侧各一个。A 车接线箱共四个，分布在低压线槽两端，B、C 车各有接线箱六个，其中高压线槽两端两个，低压线槽两端四个。

线槽由铝合金材料制成，设有排水孔，内部进行相应的绑扎，在需要的处所开孔引线，出口处进行必要的防护。

2）线路分类

根据线路电压等级的不同，线路共分为七类，即 A、B、C1、C2、D、E、F，对应于不同的电压等级（见表 1-5-8），布置在不同的线槽中，同时在线槽中分不同的区域放置，彼此之间进行隔离。

表 1-5-8　城轨车辆布线线路分类

类型号	说明
A	音频信号线
B	24 V 传感器电源及信号线
C1	普通 110 V 控制线

续表

类型号	说明
C2	脉冲式 110 V 控制线，如防滑阀控制线
D	交流 380 V 动力线
E	牵引电动机电源线
F	1 500 V 高压线

3）线槽线路组装后的测试

线槽组装完毕后采用不同的电压等级进行耐压测试：

（1）A 类及 B 类线采用 500 V 电压进行耐压测试。

（2）C1 类及 C2 类线采用 1 500 V 电压进行耐压测试。

（3）D 类线采用 2 500 V 电压进行耐压测试。

（4）E 类及 F 类线采用 4 500 V 电压进行耐压测试。

4）高压线槽的装配

高压线槽放置 1 500 V 牵引电动机供电线，高压箱引出的电动机电源线分别送到动车转向架 1 和动车转向架 2，在高压线槽两端的接线箱中进行分叉，变单路供电分为双路供电，为同一转向架上的两台牵引电动机提供动力。牵引电动机电源线采用屏蔽线，防止对其他部件造成影响。

5）低压线槽的布置与装配

（1）车上低压线槽。车上低压线槽放置在车辆顶部的两侧，为以下电路提供电源、控制及监控信号。

门控线路：紧急开门、门控单元、钥匙开关、门切除等；

照明线路：紧急照明及正常照明；

PIS 线路：扬声器、图文显示（WDS）、闪光地图（FSM）；

烟感及温控传感器；

空调控制及电源；

受电弓控制（B 车）。

（2）车下低压线槽。低压线槽放置交流 380 V、直流 110 V 控制线路及 24 V 传感器线路。负责车下辅助设备箱、车下设备箱、车下电子箱、供风单元、制动单元、高压箱的控制线、车钩电气箱等控制线和电源线的布置。

3. 驾驶室及设备柜内的布线装配

驾驶室内的布线最为复杂，驾驶操纵台及副驾驶台的控制信号要与驾驶室的设备柜、电子柜相连，同时要对驾驶室附属设备如外部照明灯、刮水器、窗加热的设备进行控制。

驾驶室顶部四周均有布线，车顶及车侧面的线路经车顶线槽送达各部件。

驾驶台接线在对应的接线端子排上汇总，副驾驶台接线也在对应的接线端子排上汇总，然后传输到车下接线箱，进入到低压线槽。

设备柜是集中安装车辆电路设备的地方，设备柜内有两种接线端子排，一种为普通接线端子排，另一种为可以插接二极管的接线端子排。在设计二极管时进行了特殊的机械结构考虑，只有在一个方向才能够插入，可有效防止插错造成的车辆故障，保证了电路的可靠性。

4. 车辆接地的布线装配

接地是为确保所有车载电气/电子系统可在正常及故障情况下安全使用。除了连接中性线和负极，接地同时也包括设备外壳安全接地连接的设计。为了乘客和乘务人员的安全，所有金属结构不应构成电路中的一部分并应安全接地。

1）车辆接地分类

根据保护的对象和功能不同，车辆接地可分为保护接地、运行（牵引）接地和电磁兼容性保护接地三种形式。

（1）保护接地：为人或设备在故障状态下防止高压接触而提供的保护。

（2）运行（牵引）接地：经轨道提供负极电流回路，保证车辆的正常运行。

（3）电磁兼容性保护接地：保护车辆电子系统和线路侧信号设备免受车辆产生的高频脉冲电流的干扰。

2）车辆接地线布线

接地线布线分为三个步骤：首先是部件内部与壳体连接，然后部件接地线与接地汇流端子连接，最后接地汇流端子再与车体连接。

B 车（动车）和 C 车（动车）有一个与牵引逆变器回路合并在一起的绝缘母线，来自母线的电流经绝缘柔性连接线到接地刷（每轴一个）再到达轨道。为避免电流直接到达车体，绝缘母线不可直接与车体连接，而是与接地电阻器连接。通过母线到达接地电刷的方法比直接通过接地电阻方式的电阻阻值要低。

所有牵引电动机供电设备的金属外壳，即高速断路器、牵引逆变器和辅助逆变器要直接与车体连接，以实现保护接地。另外，由于辅助逆变器安装在 C 车，并且中性线具有到地的很短的路径，所以三相交流系统的中性线连接到 C 车母线。

A 车安装有绝缘接地汇流排，电池负极被连接到此母线上，车体如同 B 车和 C 车一样经由接地电阻器连接到此接地母线上；A 车车体实现了对地面的连接，两个转向架和从转向架到接地电刷的连接在每一个转向架的车轴上；两个 A 车接地电刷被连接到整列车的蓄电池负极上，在接地电刷没有导通的情况下，A 车中的一辆可被选择作为替换路径。所有的车辆零件如转向架、牵引电动机、逆变器、车体等都被相互连接到接地电缆中，这样可确保所有可接触的零件和电气传导的零件具有与大地相同的电位，不产生危险的接触电压。

【学习随笔】

项目二 列车牵引系统主要电气设备及其检修

知识目标

（1）掌握受电弓的结构、工作原理和检修内容。
（2）掌握集电靴的结构、工作原理和检修内容。
（3）掌握高速断路器的结构、工作原理和检修内容。
（4）掌握牵引逆变器的结构、工作原理和检修内容。
（5）掌握牵引电机的结构、工作原理和检修内容。
（6）掌握制动电阻的结构、工作原理和检修内容。
（7）掌握避雷器的结构、工作原理和检修内容。

能力目标

（1）能对受电弓进行检修调试。
（2）能对集电靴进行日常维护检修。
（3）能正确地分解高速断路器，进行触头的检测和更换。
（4）能根据现象辨别牵引逆变器常见故障并处理。
（5）能根据现象辨别牵引电机常见故障并处理。
（6）能对制动电阻进行分解和维护保养。
（7）能对避雷器进行一般性维护和必要的预防性试验。

重点难点

（1）受电弓的工作原理和检修调试。
（2）集电靴的工作原理和检修调试。
（3）高速断路器的工作原理和检修。
（4）牵引逆变器的结构和故障处理。
（5）牵引电机的结构、工作原理和检修调试。
（6）制动电阻的结构和检修。
（7）避雷器的结构、工作原理和一般性维护。

案例引入

案例叙述：

20××年××月××日，广州地铁××号线鹭江站往客村站区间隧道，一辆往万胜围方向的列车在行驶过程中车厢内突然冒烟起火花，列车临时停在隧道距车站 200 m 处。惊恐不已的乘客自行打开车门，进行逃亡。事件发生后，消防部门出动 5 辆消防车、约 30 名消防员到场救援。

案例分析：

事故发生后地铁公司及时调查并找出了原因，此次事故列车因车顶受电弓（电压 1 500 V）发生故障，其部件与车顶发生接触短路，产生响声和烟雾，同时电弧击穿列车顶部，烟雾从洞口（直径约 4 cm）进入车内导致。

技能训练

任务 1　受电弓的认知与检修

【实施工单】

1. 任务要求

（1）掌握受电弓的结构、作用和工作原理。

（2）能够对受电弓进行日常检查维护。

（3）熟悉受电弓的调试内容及方法。

（4）能按照受电弓的拆装程序对受电弓进行拆卸和安装。

2. 任务准备

（1）场地准备：城市轨道交通车辆检修实训中心（配备多媒体）。

（2）工具准备：压力计、扭力扳手、兆欧表（1 500 V）、弹簧秤、秒表、绝缘兆欧表、测力表、梅花扳手、棘轮、螺钉旋具、锤子等。

（3）物品准备：压缩空气、干净抹布、100%工业酒精、纯棉布、弱碱性溶液、红色线号笔、橡胶密封条、黏结剂、油脂与硅胶等。

（4）建议课时：6 课时。

“受电弓的认知与检修”任务工单

姓名		班级		学号	
时间		地点		组别	
指导教师		专业			
小组成员					
任务					
一、知识储备			成绩：		
（一）单选题 1. 接触网供电对应的受流方式是（　　）。 A. 受电弓　　B. 集电靴　　C. 接触网　　D. 第三轨					

2. 受电弓的升降弓时间通过调节（　　）实现。

A. 集电头弹簧盒　　B. 活动构架导杆　　C. 底架绝缘子　　D. 驱动气缸缓冲阀

（二）多选题

1. 受电弓由（　　）组成。

A. 集电头　　B. 活动构架　　C. 底架　　D. 导流电缆

2. 受电弓的活动构架包含（　　）。

A. 上部导杆　　B. 上部支杆　　C. 下部导杆　　D. 下部支杆

3. 受电弓的绝缘子有（　　）作用。

A. 机械支撑　　B. 电隔离　　C. 保证受电弓不刮弓　　D. 保护轴承

（三）填空题

1. 受电弓有_______和_______两种状态。

2. 受电弓与接触网的接触压力为___________。

3. 受电弓的 ADD 系统是指___________。

（四）判断题

1. 受电弓的接触压力过大，易造成接触电阻增大，增加导线磨损。（　　）

2. 受电弓的接触压力过小，则接触电阻增大且易跳动，导致接触不良产生电弧。（　　）

3. 驱动气缸内有升弓弹簧。（　　）

4. 受电弓升弓时是先快后慢，降弓时候则是先慢后快。（　　）

5. 活动构架中，粗的是导杆，细的是支杆。（　　）

（五）简答题

1. 城市轨道交通车辆的受流装置有几种类型，分别对应什么样的供电方式？

2. 受电弓的主要结构包括哪几部分？各有什么作用？

3. 简述受电弓的升降弓过程。

4. 简述受电弓的维修调试内容。

二、制订计划			成绩：
根据受电弓的接触压力和升降弓参数要求制订受电弓参数调试计划。			
序号	操作项目	操作工具	操作要点
1	碳滑板清洁及厚度测量		
2	受电弓接触压力调整		
3	受电弓升降弓时间调整		

三、操作准备工作	成绩：	
准备事项	已完成	未完成
1. 作业人员必须穿戴劳保鞋、安全帽、绝缘手套，使用在有效期内的安全带，做好安全防护。		
2. 作业前确认所有的工具和使用材料都处于检定有效使用期内。		
3. 小组成员根据自身状况和组长安排做好合理分工。		

四、操作及质量检查		成绩：
序号	评价标准	评价结果
1	操作前工具选用合理、安全防护到位。	
2	碳滑板清洁干净，无积尘、无异物。	
3	熟练使用游标卡尺测量碳滑板厚度。	
4	熟练使用弹簧秤测量接触压力。	
5	熟练调整受电弓接触压力。	
6	熟练使用秒表测量升降弓时间。	
7	熟练调整受电弓升降弓时间。	
8	作业后整理好工器具；作业记录表填写及时、准确。	
五、操作总结		

【知识导航】

受流器是车辆将外部电源平稳地引入车辆电源系统，为车辆的牵引设备和辅助设备提供电能的重要电气设备。根据线路供电方式的不同，受流器分为集电靴及受电弓两种形式。集电靴装置应用于以第三轨方式供电的线路，而受电弓装置主要应用于以接触网方式供电的线路。

一、受电弓概述

由于接触网方式可以实现长距离供电，受线路变化影响较小，并且能适应列车高速行驶的需要，所以较多的地铁线路采用受电弓装置。受电弓一般分为两种：正弓受电弓和旁弓受电弓。正弓受电弓从上方取流，旁弓受电弓从侧面取流。正弓受电弓又分为两类：单臂弓和双臂弓。它们的主要区别是活动构架的形式不同。

城市轨道交通车辆多数使用的是单臂受电弓，它一般安装于车辆的 B 车车顶，有两种状态：升弓和降弓。车辆要正常运行时受电弓升起，与接触网接触取流，处于升弓状态；车辆要停运或维修时受电弓下降，脱离接触网，处于降弓状态。

（一）受电弓的结构组成

受电弓采用气动电控，图 2-1-1 所示为 QG-120（B-CCL1&2）型受电弓，该型号受电弓具有结构简单、性能安全可靠、维护简单、日常维护工作量小等特点，且该型受电弓能在各种轨道状态下与接触网都具有良好的接触状态和接触的稳定性。

动画　受电弓的结构组成

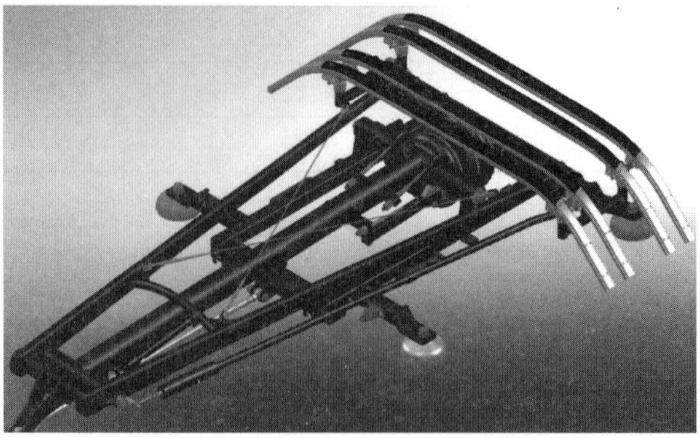

图 2-1-1　QG-120（B-CCL1&2）型受电弓

下面以 QG-120（B-CCL1&2）型受电弓为例介绍受电弓的结构组成，如图 2-1-2 所示。

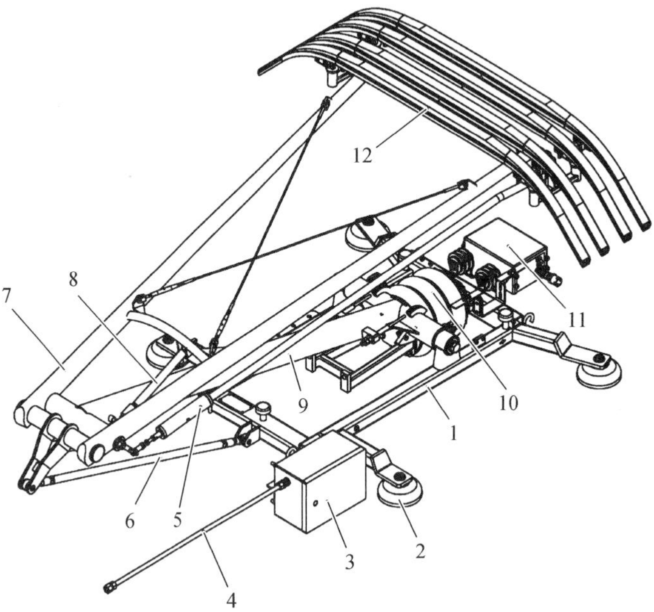

1—底架；2—绝缘子；3—控制单元；4—绝缘气管；5—平衡杆；6—拉杆；7—上臂杆；8—液压阻尼器；9—下臂杆；10—气囊；11—自动降弓装置控制箱；12—集电头。

图 2-1-2　受电弓结构

1. 底　架

受电弓的底架在设计时考虑到强度，采用无缝矩形管材料通过机械加工后焊接而成，具有强度高、质量轻等特点。同时受电弓底架上预留有高压接线板，高压接线板上预留有电接口，车辆可根据需要连接上述电接口。

底架通过 4 个绝缘子固定在车顶上，绝缘子起电气隔离和机械支撑作用。

2. 控制单元

受电弓控制单元主要由控制箱体、过滤器、调压阀、节流阀和快速排气阀等组成。安装在控制箱中的调压阀可以调节受电弓静态接触压力。

3. 平衡杆

平衡杆使受电弓弓头在整个工作高度范围内（包括升到最大高度）趋于水平，在车辆运动过程中通过缓冲调整装置消除外力对弓头在运动过程中的干扰。

4. 拉　杆

拉杆是由无缝钢管和滚轴球轴承组通过轴承套组合而成。当拉杆绕底架的回转中心转动时，受电弓弓头的位置被改变。

5. 上臂杆

考虑到受电弓的受流性能和质量等因素，受电弓的上臂杆不采用碳钢材料，而是采用了高强度的铝合金材料，使上臂杆的受流性能明显增强，且质量减轻，增加了受电弓的随网性的同时不会影响上臂杆的强度。

6. 液压阻尼器

受电弓的缓冲是通过安装在下臂杆和上臂杆上的液压阻尼器来实现的。通过安装液压阻尼器使弓头的碳滑条有很好的随网性。

7. 下臂杆

下臂杆采用无缝钢管，经机械加工后焊接而成，同时在下臂杆上采用转动轴承技术，使受电弓的转动更加灵活。

8. 气　囊

气囊安装在底架和下臂杆之间，压缩空气通过绝缘气管进入到安装在受电弓上的控制系统，并在控制系统对压力进行调整后进入气囊。当额定压力的压缩空气被充入气囊后，气囊开始膨胀并产生推力，带动下臂杆旋转，受电弓升弓。

9. 自动降弓装置控制箱

受电弓的自动降弓装置又称为 ADD 系统。在受电弓随机车车辆运行过程中，如果发生故障，受电弓的 ADD 系统将开始动作，在车辆动态的过程中任意高度受电弓都会以大于 1 m/s 的速度下降。

10. 弓　头

弓头是受电弓与接触网线索接触的部件，通过与接触网的接触取得电能。列车运行时能自动调整弓头与接触线索的位置，保持与接触网的稳定接触。

此外，为了避免电流通过受电弓关节处的轴承发热而造成轴承损坏，在受电弓每个转动部位都短接了导电性能良好的软连线，可对各关节转动部位的轴承起到保护作用。软连线的规格依据车辆的电流选择，车辆需要的电流越大则软连线截面面积越大，反之则截面面积越小。

（二）受电弓的技术参数

受电弓的技术参数因其型号而定，下面以 QG-120（B-CCL1&2）型受电弓为例来讲解受电弓的技术参数，如表 2-1-1 所示。

表 2-1-1 受电弓的技术参数

项目	参数
网线额定电压	DC 1 500 V
网线最大电压	DC 1 980 V
额定工作电流	1 500 A
最大短时电流（30 s、单弓）	2 400 A/30 s
适用车辆速度	≤120 km/h
最大升弓高度（含绝缘子）	2 880 mm ± 100 mm
最大工作高度（不含绝缘子）	2 300 mm
折叠高度（含绝缘子）	300 mm ± 5 mm
升弓时间	≤8 s
降弓时间	≤7 s
额定工作气压	0.5 MPa
受电弓总长度	2 400 mm
受电弓总宽度	1 550 mm ± 5 mm
受电弓总质量（包括绝缘子）	≈135 kg

二、受电弓的操作及原理

（一）受电弓的升降弓操作

1. 升 弓

司机首先启动空气压缩机，当气压达到受电弓的额定工作气压时，按下升弓按钮，压缩空气经车内电磁阀、受电弓控制单元进入空气弹簧，空气弹簧膨胀推动钢丝绳带动下臂杆运动，下臂杆在拉杆的协助下托起上臂杆及弓头，弓头在平衡杆的作用下，在工作高度范围内始终保持水平状态，并按规定的时间平稳地升至网线高度，完成整个升弓过程。整个升弓过程受电弓运动平稳，不对架空接触网线产生有害的冲击。

2. 降 弓

司机按下降弓按钮，控制系统释放空气弹簧中的压缩空气，受电弓在重力作用和阻尼器的辅助作用下平稳地落到底架上的橡胶止挡上，完成整个降弓动作。整个降弓过程在规定的时间内完成，并且受电弓运动平稳，对底架和车顶无有害冲击。

3. 电动泵应急升弓

电动泵应急升弓方式是指采用蓄电池为电动泵供电，由 DC 110 V 电动泵泵风来实现受电弓的应急升弓功能。电动泵须工作在蓄电池正常的工况下，使用该装置时应首先确认车辆蓄电池能够为电动泵提供额定电压，电动泵升弓装置通过单向阀和受电弓升弓气路连接。

4. 人工应急升弓

当蓄电池电压正常、电动泵故障或蓄电池电压过低时应采用人工应急升弓方式升弓。人工应急升弓方式是作为电动泵应急升弓方式的后备。采用人工升弓方式，应注意观察该升弓泵上压力表数值，当压力值达到设定值才能停止泵风，以保证弓网压力正常，受流稳定。

（二）受电弓的工作原理

受电弓的升降弓工作由电路系统和气路系统两部分相互配合完成。

1. 电路系统

受电弓是车辆的受流部件。受电弓升起后与接触网接触，从接触网上集取电流，并将电流传送到车辆电气系统。接触网的电流首先由滑板流入受电弓弓头，然后依次经过软连线、上框架、软连线、下臂杆、软连线后流入底架，最后经连接在受电弓底架上的车顶母线导入车辆电气系统，这是受电弓的高压电流电路，正常工作时将有几百安的电流通过。受电弓的控制电路的主令电器是驾驶室的升弓和降弓按钮，控制电路电源经过升/降弓按钮及一系列控制环节，最终使受电弓电磁阀线圈得电或失电，从而控制受电弓气路的充气或排气，实现对受电弓的控制。

司机按下升弓按钮，如果所有控制条件均满足，受电弓电磁阀电磁线圈控制电路导通，将会使电磁阀线圈得电，从而使电磁阀阀口打开，使压缩空气进入受电弓气路部分。降弓时，按下降弓按钮，将使受电弓电磁阀失电，从而关闭向受电弓气路供气的通路，同时打开受电弓气囊的排气通路，使得受电弓降弓。

2. 气路系统

受电弓通过空气回路实现升、降弓动作，如图 2-1-3 所示。升弓时，电磁阀得电打开，空气经 1、2、3、4、6、11 到达气囊，精密减压阀实时检测升弓气囊内的压力是否在额定压力，当压力大于额定压力时，精密减压阀将向大气排出多余的气压。可调节流阀 2 可调节升弓时间。降弓时，精密减压阀的排气口打开，释放气囊内的压缩空气，直至气囊内的压缩空气全部排出。可调节流阀 7 可调节降弓时间。压力开关 12 检测气囊中的气压，可输出升降弓到位的信号。

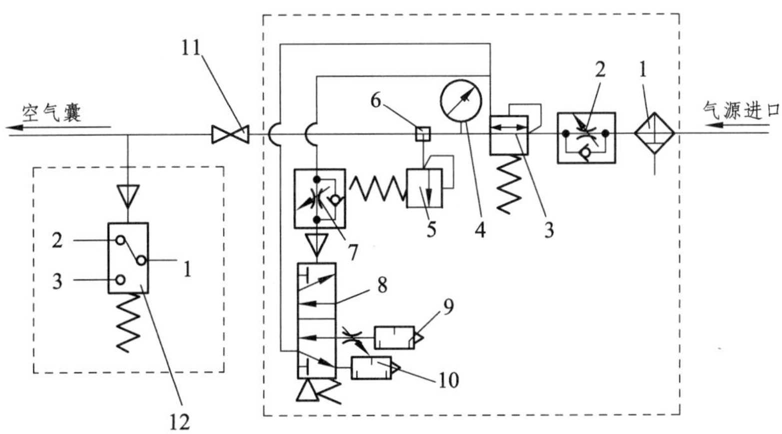

1—空气过滤器；2 可调节流阀；3—精密减压阀；4—压力表；5—安全阀；6—三通座；7—可调节流阀；8—换向阀；9—消音节流阀；10—消音器；11—球阀；12—压力开关。

图 2-1-3　受电弓气路示意图

（三）受电弓的工作特点

升降弓时，响应速度要快，同时减少电弧对弓网的损害，还不能产生过分冲击，为此要求升降弓过程具有先快后慢的特点，即升弓时滑板离开底架要快，贴近接触导线要慢，以防弹跳；降弓时滑板脱离接触导线要快，使弓网间产生的电弧被迅速拉长而熄灭，接近底架时要慢，以防对底架有过分的机械冲击。

运行中要求受电弓动作轻巧、平稳、动态稳定性好。为改善受电弓的动态特性，达到良好的跟随性，减少离线和拉弧，现在很多国家都在试验开发主动控制受电弓。

三、受电弓的检修

注意：下面所有的操作只允许在受电弓接地和无电状态下进行。

（一）受电弓的日常维护

1. 检修滑板

（1）每次检查弓头滑板条时，应观察滑板条是否存在裂纹或者磨耗到限，如果两根碳滑条高度差超过 5 mm，需要更换或打磨。

（2）当滑板条磨损到小于 24 mm 时，请及时更换滑板条，如图 2-1-4 所示。如果弓头滑板条更换，应同时将弓头所有的滑板条全部予以更换。

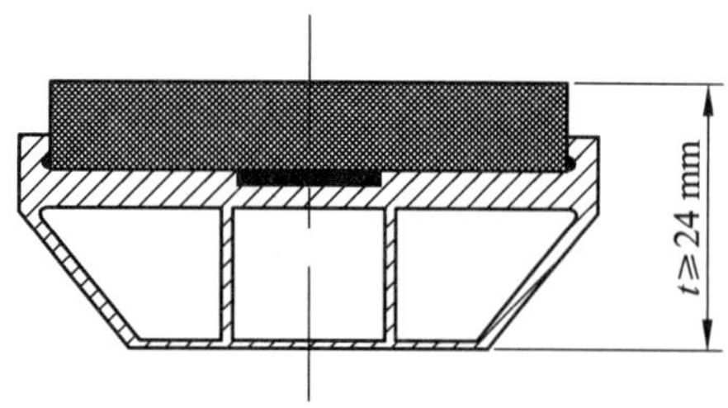

图 2-1-4　滑板最小限度示意图

（3）更换新的滑板条时使用一个水平尺放在四根滑板条的磨耗面上，确保每根滑板条的磨耗面均能和水平尺完全接触。

（4）新滑板条更换后应检查受电弓的静态压力，如果需要请进行调整。

（5）检查弓头各个滑板条之间是否存在磨耗不均匀现象，如果存在应对滑板条做平行调整，使各个滑板条与网线接触的平面基本水平，保证每根滑板条都能与网线很好的接触。

2. 检查软接线

（1）在所有铰接点都有软接线，必须始终使软接线处于良好状态，还要确保连接螺栓的紧固。

（2）软接线一般由多股铜导线编织而成，在检修中应检查连接线是否有断股现象，对于断股的软接线应予以更换。对于软接线的接线端子，需清洁并打磨接触表面。在安装软接线时，在接线端及框架上的安装区域涂抹含铜油脂，以保证接触面的导电性能。

（3）在大修作业中，应更换所有的软接线。在更换软接线时，要确保清洁，金属抛光接触面处必须涂铜接触油脂。

3. 检查气囊

（1）检查气囊外观是否完整。不能有尖锐物撞击损伤和高温物质灼伤气囊表面，气囊表面不能有任何油污。

（2）对气囊充以额定的压缩空气后，观察气囊的运动及膨胀状态。气囊的运动应沿纵向运动，无偏离中心现象；检查气囊各区的膨胀大小，目测橡胶气囊部分，最多误差允许在 10 mm 以内，维护时请尽量保持基本一致。

（3）气囊的运动及膨胀出现异常或异响时，应立即停止使用，打开进行检查或更换。

4. 所有铰接点加油

对受电弓上所有的铰接点，用高压油枪加不含二硫化钼的润滑油。

5. 检查接触压力

季节性温度变化较大的情况下，必须检查和调整滑板相对于接触网的接触压力和弹簧拉伸力。

6. 检查所有螺栓和螺母

必须检查所有螺栓和螺母是否紧固，查看防松标记是否模糊或移位。

（二）受电弓的拆卸与安装

1. 车顶受电弓的拆卸

（1）受电弓应落至降弓位置。

（2）确定架空接触网线的电流已被切断。

（3）将高压电缆和受电弓的连接断开。

（4）将避雷器和受电弓的连接断开。

（5）将绝缘气管和受电弓、车顶的连接断开。

（6）将连接电气控制箱的波纹软管及电缆断开。

（7）检查受电弓的四个吊环是否安全可靠。

（8）将起吊用绳索挂在受电弓的四个吊钩上。

（9）拧下受电弓和绝缘子连接的螺栓。

（10）启动起吊设备将受电弓从车辆顶部吊离。

注意：受电弓吊离车顶时，受电弓底下禁止有人站立。

2. 受电弓的分解

（1）将受电弓放到专用的工作支架上，用螺栓将受电弓底架上的四个安装孔和工作支架连接。

（2）将受电弓上各转动部位的软连线依次拆下。

（3）将各管路连接部位的气管全部断开。

（4）将滑板条和天平组装从横托架上拆下。

（5）拧下平衡臂和连接座上安装横托架和弓头支撑的螺栓，拆下横托架组装。

（6）拧下平衡臂和平衡杆连接的螺栓，拆下平衡杆的一端。

（7）将平衡杆另外一端和下臂杆连接的销轴取下，拆下平衡杆。

（8）拧下上臂杆和拉杆连接的螺栓，将拉杆的一端和上臂杆拆下。

（9）拧下液压阻尼器和下臂杆、上臂杆连接的螺栓，将液压阻尼器拆下。

（10）拧下上臂杆和下臂杆连接转轴上的螺母，将上臂杆从下臂杆上拆下。

（11）扶起下臂杆和上臂杆连接的一端，拧下钢丝绳上的螺母，将钢丝绳从下臂杆、气囊前推板上拆下。

（12）拧下下臂杆和底架连接的螺栓，将下臂杆从底架上拆下。

（13）将拉杆和底架连接一端的螺栓拧下，将拉杆从底架上拆下。

（14）将底架气囊推板支座中销轴上的开口销取下，取下销轴，将气囊从底架上拆下。

（15）将电气控制箱从底架上拆除。

3. 受电弓的组装

如果受电弓的各个零部件已经检修更换完成，应对受电弓进行重新组装，组装应严格按照以下步骤进行：

（1）将橡胶止挡安装到底架上。

（2）将电气控制箱安装到底架上。

（3）将底架上的管路和电气控制箱连接。

（4）将气囊组装用销轴和开口销安装到底架的气囊推板支座上。

（5）将拉杆的一端用螺杆轴连接到底架的拉杆座上。

（6）将凸轮安装到下臂杆上，不要将紧固螺栓的螺母拧紧。

（7）将下臂杆安装到底架上，用螺栓紧固。

（8）将下臂杆连接上臂杆的一端抬起，将钢丝绳装入气囊前推板和下臂杆钢丝绳座中，在钢丝绳两端拧上不锈钢螺母，两根钢丝绳两端螺母拧入的长度应该相同。

（9）将上臂杆安装到下臂杆上，用螺母紧固。

（10）将拉杆的另一端和上臂杆用螺栓连接。

（11）将液压阻尼器用螺栓安装到下臂杆和上臂杆阻尼器座中。

（12）将调整钢丝组合用销轴安装到上臂杆上。

（13）将弓头转轴装入上臂杆的前轴管中。

（14）将平衡臂和连接座安装到弓头转轴上。

（15）将横托架装入转轴的孔中，用螺栓将平衡臂/连接座、转轴和横托架固定。

（16）将平衡杆一端和下臂杆连接，另一端和安装在弓头转轴上的平衡臂连接，将锁紧螺母紧固。

（17）将 ADD 系统管路依照拆卸时的相反程序连接。

（18）将滑板条和天平组装好后安装到横托架上的 U 形架中，将销轴穿过 U 形架及天平中的孔，开口销穿入销轴后将开口销掰至大于 45°的位置。

（19）将受电弓所有的软连线安装到规定的位置。

组装完成后需要做好防松标记。受电弓组装完成后应根据不同型号螺栓螺母对应的力矩对各部分螺栓进行紧固，紧固后使用红色或其他鲜明颜色的漆封笔做防松标记。

4. 受电弓的车顶装配

（1）将已调试和检验合格的受电弓吊装到车顶上。

（2）将高压电缆和受电弓正确连接并确定连接紧固。

（3）将避雷器正确地安装至受电弓上。

（4）用绝缘气管将受电弓和车顶的气源孔连接。

注意：安装完后在作业人员离开车顶之前请确定车顶没有被遗忘的工具或者零件。

（三）受电弓的定期检修

受电弓定期检修的项目和技术要求如表 2-1-2 所示。

表 2-1-2　受电弓定期检修程序表

序号	维修项目	维修内容	方法	工装工具材料	技术要求	备注
1	受电弓拆卸和清洗	将受电弓从车顶上拆卸下并清洗	拆卸操作 清洗操作	扭力扳手，吊车中性清洗剂，清水，软布	清洁，无积垢，无残脂	—
2	底架	（1）检查安全锁	检查操作	扳手	正确锁定或打开，功能正常	修复或更换
		（2）更换止挡	更换操作	扳手	安装正确，紧固良好	—
3	下支架	（1）检查平行导向杆	检查操作 调节操作	扳手	无变形，无扭曲，调节螺杆灵活	拆下整形
		（2）检查液压振动阻尼器	检查操作	—	无漏油	漏油则更换液压振动阻尼器
		（3）更换分流导线	更换操作	扭力扳手	安装正确，紧固良好	—
		（4）更换橡胶防尘套	更换操作	斜口钳，扎带枪	无凹陷，无老化和损坏现象	—
4	上支架	（1）更换分流导线	更换操作	扭力扳手	安装正确，接触良好	—
		（2）更换堵头	更换操作	螺丝刀	安装牢固	—
5	升举机构	检查和润滑钢丝绳	目测检查 润滑操作	润滑脂	无断丝，润滑良好	有断丝，则更换
6	弓头	（1）检查碳滑板	测量检查	游标卡尺	碳滑板厚度应大于 8 mm	如小于 8 mm 则更换
		（2）检查碳滑板固定夹	目测检查	—	无变形	拆下整形
		（3）检查弓头羊角	检查操作	—	无变形，无磨损	—
		（4）检查弓头叶片弹簧	检查操作	—	应回弹容易，无断裂	如断裂，则更换
		（5）更换分流导线	更换操作	扭力扳手	安装正确，紧固良好	—
7	电动落弓装置	（1）更换缓冲套	更换操作	扳手	安装正确，紧固良好	—
		（2）更换橡胶防尘套	更换操作	斜口钳，扎带枪	无凹陷，无老化和损坏现象	—

续表

序号	维修项目	维修内容	方法	工装工具材料	技术要求	备注
8	轴承	润滑轴承	润滑操作	润滑脂	轴承活动灵活，无卡滞，润滑良好	—
9	绝缘子	清洁和检查绝缘子	清洁操作 检查操作	软毛刷，无纺布	（1）表面光洁，无油污，无裂纹和碳化烧灼现象，螺纹完好； （2）测绝缘电阻，底架上大于500 MΩ，其他处大于200 MΩ	有裂纹和碳化烧灼现象，则更换
10	紧固件	检查连接紧固件	检查操作	扭力扳手	（1）用扭力扳手按规定力矩将紧固件拧紧，涂防松标记； （2）更换拆卸下的一次性紧固件	—
11	手动升弓装置	润滑零部件	润滑操作	—	润滑良好	—
12	油漆	对受电弓油漆	油漆操作	—	—	—

（四）受电弓的调试

1. 静态接触压力的调整

受电弓的标准静态接触压力为（120±10）N。受电弓组装完后或在弓头滑板条更换后需要对受电弓的静态压力进行调整。静态接触压力用受电弓专用试验台进行测量（车顶作业时使用测力计进行测量）。

测量方法：

上升压力 F_1 的测量：测量受电弓从落弓位置递增到最大工作位置的拉力值。

下降压力 F_2 的测量：从最高工作位置递减到落弓位置的拉力值。

检验：标准静态压力 F 可用以下公式计算得出：

$$F=(F_1+F_2)/2$$

测量所得标准静态压力必须在（120±10）N 范围内。

调整方法：如果测量所得的标准静态压力小于 110 N，应先检查受电弓各转动部位是否灵活无卡滞，同时按顺时针方向旋转受电弓控制单元精密减压阀的手轮，使空气压力增大，直至测量的标准静态压力满足上述要求；反之，静态压力大于 130 N 时可逆时针旋转精密减压阀的手轮，使空气压力减小，直至测量的标准静态压力满足上述压力值要求。

注：调整结束后请将精密减压阀手轮上的螺母锁紧，以防止在车辆运行过程中精密减压阀的压力发生变化后影响受电弓的标准静态接触压力值。

2. 弓头滑板条的调整

调整平衡杆，使受电弓弓头在整个工作高度范围内保持水平，并使受电弓弓头沿弓头转轴方向有一定的自由度。

受电弓在使用过程中或更换滑板条后出现 4 根滑板条磨耗面不在同一平面上的现象时，可通过图 2-1-5 所示的天平的条形孔对滑板条进行调整。调整方法如下：

（1）松开滑板条和天平组装连接的 4 个 M10 螺栓。

（2）将水平尺放在滑板条磨耗面上，手动调整滑板条使其在天平条形孔中上下移动（滑板条的调整范围：列车的横向调整量为 5 mm；垂直方向调整量为 6 mm），直至 4 根滑板条的磨耗面在同一平面上即可。

（3）调整结束后将滑板条和天平组装连接的 4 个螺栓分别紧固，紧固力矩为 38 N · m。

如通过上述方法调整后，仍然有滑板条高于或低于其他滑板条的磨耗面，请对高出的滑板条进行打磨处理直至 4 根滑板条磨耗面在同一平面上。新滑板条更换后应检查受电弓的静态压力，如果需要请进行调整。

图 2-1-5　滑板条平衡调节孔示意图

3. 升降弓时间的调整

受电弓的升弓和降弓时间可通过安装在车内的受电弓控制单元中的节流阀（见图 2-1-3）来进行调整。调整方法如下：

通过调整阀 2 可对升弓时间进行调整：当升弓时间大于 8 s 时，可逆时针旋转节流阀 2 使升弓时间变短，反之亦然。

通过调整阀 7 和 9，可对降弓时间进行调整：降弓过程分为快降和慢降两个阶段，分别由节流阀 7（逆时针旋转使快降距离变小）和消音节流阀 9（逆时针旋转使慢降速度变大）控制。快降可使弓头快速离开网线防止拉弧，慢降可以防止受电弓冲击车顶，使其平稳地回到降弓位置；当降弓时间大于 8 s 时可增大快降距离。

【学习随笔】

任务 2　集电靴的认知与检修

【实施工单】

1. 任务要求

（1）掌握集电靴的结构、作用和工作原理。

（2）能够对集电靴进行日常检查维护。

（3）熟悉集电靴的调试内容及方法。

（4）能按照集电靴的拆装程序对集电靴进行拆卸和安装。

2. 任务准备

（1）场地准备：城市轨道交通车辆检修实训中心（配备多媒体）。

（2）工具准备：压力计、扭力扳手、兆欧表（1 500 V）、弹簧秤、秒表、测力表、梅花扳手、棘轮、螺钉旋具、锤子、受流器回退手柄。

（3）物品准备：压缩空气、干净抹布、100%工业酒精、纯棉布、弱碱性溶液、红色线号笔等。

（4）建议课时：4 课时。

"集电靴的认知与检修"任务工单

<table>
<tr><td>姓名</td><td></td><td>班级</td><td></td><td>学号</td><td></td></tr>
<tr><td>时间</td><td></td><td>地点</td><td></td><td>组别</td><td></td></tr>
<tr><td>指导教师</td><td></td><td>专业</td><td colspan="3"></td></tr>
<tr><td>小组成员</td><td colspan="5"></td></tr>
<tr><td>任务</td><td colspan="5"></td></tr>
<tr><td colspan="3">一、知识储备</td><td colspan="3">成绩：</td></tr>
<tr><td colspan="6">（一）单选题
1. 第三轨供电对应的受流方式是（　　）。
A. 受电弓　　B. 集电靴　　C. 接触网　　D. 第三轨
2. 四动两拖的列车运行时由（　　）个集电靴同时供电。
A. 4　　B. 6　　C. 16　　D. 20
（二）多选题
1. 集电靴由（　　）组成。
A. 集电靴整件　　B. 集电靴供风单元　　C. 集电靴熔断器箱　　D. 第三轨
2. 集电靴的摆臂组装包含（　　）。
A. 调整支架　　B. 上下止挡　　C. 摆臂　　D. 拉簧压力系统
3. 集电靴的日常维护主要有（　　）。
A. 臂轴高度测量与调整　　B. 碳滑板厚度测量
C. 接触力检查　　D. 绝缘检查</td></tr>
</table>

（三）填空题

1. 集电靴与导电轨接触形式，可分为__________、__________和__________。

2. 集电靴的工作原理包括__________工作原理和__________工作原理。

（四）判断题

1. 集电靴气缸上部充气，则集电靴气缸的活塞下移，从而带动集电靴悬臂向下移动，从而降靴。（　　）

2. 集电靴运用过程中，集电靴碳滑板可能会出现拉弧、裂纹、破损及达到磨耗极限位置等情况。（　　）

3. 锁闭机构用于永久安全地固定与第三轨无接触区域的集电靴摆臂。（　　）

4. 集电靴供风单元由四个二位五通脉冲式电磁阀组成的阀板构成。（　　）

（五）简答题

1. 集电靴的主要结构包括哪几部分？各有什么作用？

2. 简述集电靴的升降靴原理。

3. 简述集电靴的日常维护内容。

二、制订计划			成绩：
根据集电靴的日常维护项目制订集电靴日常维护检修计划。			
序号	操作项目	操作工具	操作要点
1	臂轴高度测量及调整		
2	碳滑板厚度测量		
3	接触压力检查		
4	绝缘检查		

三、操作准备工作	成绩：	
准备事项	已完成	未完成
1. 作业人员必须穿戴劳保鞋、安全帽、绝缘手套，做好安全防护。		
2. 作业前确认所有的工具和使用材料都处于检定有效使用期内。		
3. 小组成员根据自身状况和组长安排做好合理分工。		

四、操作及质量检查		成绩：
序号	评价标准	评价结果
1	操作前工具选用合理、安全防护到位。	
2	集电靴清洁干净，无积尘、无异物。	
3	熟练使用游标卡尺测量臂轴高度。	
4	熟练调整集电靴臂轴高度。	
5	熟练使用游标卡尺测量碳滑板厚度。	
6	熟练使用测力计测量接触压力。	

7	熟练调整集电靴接触压力。	
8	熟练使用兆欧表对集电靴进行绝缘检查。	
9	作业后整理好工器具；作业记录表填写及时、准确。	
五、操作总结		

【知识导航】

一、集电靴概述

集电靴又叫作第三轨受流器，是指安装在列车转向架上，为列车从刚性供电轨（第三轨）进行动态取流，满足列车电力需求的受流设备，如图 2-2-1 所示。

图 2-2-1　集电靴

（一）集电靴的分类

集电靴与导电轨接触时，分为上部接触式、侧部接触式和下部接触式。

视频　集电靴的分类

1. 上部接触式

集电靴位于导电轨上方，通过导电轨顶部接触面授电于车辆受电靴。

上部受流的特点：集电靴从上向下压向第三轨轨头；受流器的接触力是由下作用弹簧进行调节的，受流平稳；由于接触轨端部弯头的过渡作用，能够减小在断电区的电流冲击。

上部受流方式施工简单、费用较低、接触面积大且磨损小、检修方便、维护简单、寿命长，但线路速度不能太高。北京地铁 1、2、4、5、10、13 号线和八通线均采用上部受流方式，如图 2-2-2（a）所示。

2. 侧部接触式

集电靴的碳滑板与地面垂直，如图 2-2-2（b）所示。

3. 下部接触式

集电靴位于导电轨下方，通过导电轨底部接触面授电于车辆受电靴，如图 2-2-2（c）所示。

下部受流的特点：第三轨的轨面朝下安装，车辆受流器通过与接触轨的下底面接触而受取电流。天津地铁 1 号线、武汉轨道交通 1 号线、广州地铁 4 号线均采用下部受流方式。

下部受流的优点是防护罩从上部通过橡胶垫直接固定在第三轨周围，安全性好，表面灰尘、杂物少，能遮挡雨雪，有利于防止下雪和冰冻造成的取流困难，受流效果比较好。但这种方式安装结构较复杂，费用较高。武汉地铁、昆明地铁和北京地铁机场线采用直流 750 V 下部受流供电，广州地铁和深圳地铁采用直流 1 500 V 下部受流供电。

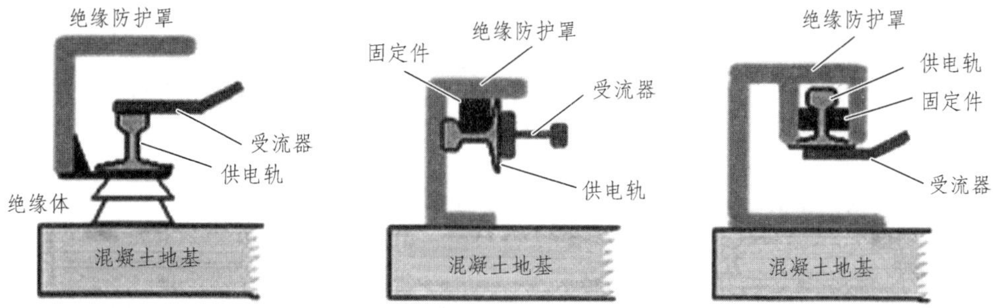

图 2-2-2　集电靴分类示意图

（二）集电靴的结构

每个集电靴系统主要由集电靴主体、集电靴供风单元箱、集电靴熔断箱等组成。集电靴主体主要由绝缘框架、气动回退装置、调整支架、滑靴臂、碳铜合金滑板、拉簧压力系统、手动回退装置、锁闭机构和电缆线等部件组成。下部接触式集电靴基本结构如图 2-2-3 所示。

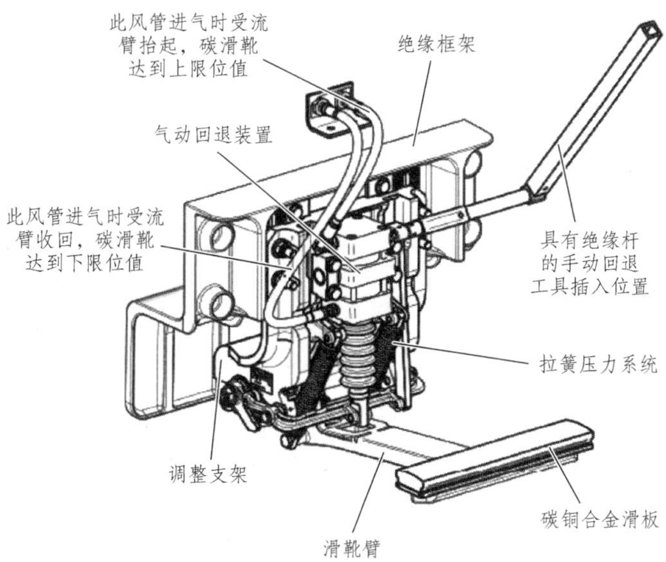

图 2-2-3　集电靴结构

1. 绝缘框架

绝缘框架采用的是一种绝缘材料，作用是确保载流集电靴与转向架间绝缘，它还负责承载集电靴的全部其他元件。绝缘框架与转向架的连接为螺栓连接结构。

绝缘板上装有齿条结构，这种结构在确保集电靴动力单元与绝缘框架安全连接的同时，还便于竖直方向的调整和集电靴水平校准。绝缘框架的全部紧固件均采用不锈钢或镀锌碳钢。

2. 气动回退装置

当车辆发生故障时，需要滑靴臂脱离第三轨，这时使用气动回退装置使滑靴臂安全地脱离第三轨。

气动回退装置主要由集电靴气缸和回退柄组成，控制集电靴升降。

3. 摆臂组装

在车辆沿轨道运行过程中，第三轨处于非连续状态，为避免集电靴撞击第三轨发生折断，摆臂组装应能使滑板与之适应。摆臂组装包括调整支架、上下止挡、滑靴臂等。

1）调整支架

通过调整螺栓可整体调整集电靴高度，主要是调整臂轴的高度。

2）上下止挡

在摆臂组装上设置上下止挡限制集电靴滑靴臂的运动。上下止挡的位置需要综合考虑轨道安装误差，转向架一系簧的运动状态，列车状态，第三轨、集电靴的安装状态，碳滑块磨耗量的影响。上止位太高，第三轨的端部弯头将会受到集电靴的滑靴臂撞击，导致滑靴臂在弱连接处断裂；相反，上止位太低，会导致过度的拉弧和磨耗。下止挡是集电靴与第三轨脱离断电的位置，要保证集电靴带电体与第三轨和地面间的电气间隙，避免出现拉弧的现象。

集电靴止挡有刚性止挡和橡胶止挡，刚性止挡起主要的止挡作用，橡胶止挡主要起缓冲作用。

3）滑靴臂（摆臂）

滑靴臂上有弱连接位置，当滑靴臂静止时，从侧面（水平方向）缓慢施加压力 12 kN 时，滑靴臂弱连接处就会折断，从正面（垂直方向）缓慢施加压力 4.5 kN 时，滑靴臂弱连接处就会折断，以此来保护整个集电靴。

4）拉簧压力系统

拉簧压力系统用来提供保持集电靴升靴所需的力。

4. 手动回退装置

手动回退装置的用途是当集电靴发生故障时，保证此集电靴与带电第三轨进行脱离。具有绝缘杆的手动回退工具插入位置，可实现集电靴手动升降靴。

5. 锁闭机构

锁闭机构用于永久安全地固定与第三轨无接触区域的集电靴摆臂。

（三）集电靴的技术参数

集电靴的技术参数如表 2-2-1 所示。

表 2-2-1　集电靴的技术参数

项目	参数
靴轨接触压力	（120±24）N
新集电靴的接触表面面积	184.5 cm^2
集电靴升靴时高于轨顶面的距离	（260±2）mm
集电靴降靴时高于轨顶面的距离	（145.5±2）mm
集电靴臂轴高度	高于轨顶面（183±2）mm

二、集电靴的工作原理

（一）集电靴供风电磁阀工作原理

集电靴供风单元由两个二位五通脉冲式电磁阀集成在一个阀板上构成，二位五通脉冲式电磁阀如图 2-2-4 所示。其动作原理是：压缩气体通过进气口进入双电控电磁阀，当其中一个线圈带电，另一个线圈失电时，电磁阀的阀芯被线圈的磁力吸引，产生动作，相应位置的工作口与进气口导通，与其相应的排气口关闭，同时，另一个工作口关闭，相应的排气口导通；线圈通电方式转换后，磁芯变换移动到另一端，各气孔的导通方式随之变换。这时，电磁阀控制的气动执行机构改变动作，进入另一个工作状态。

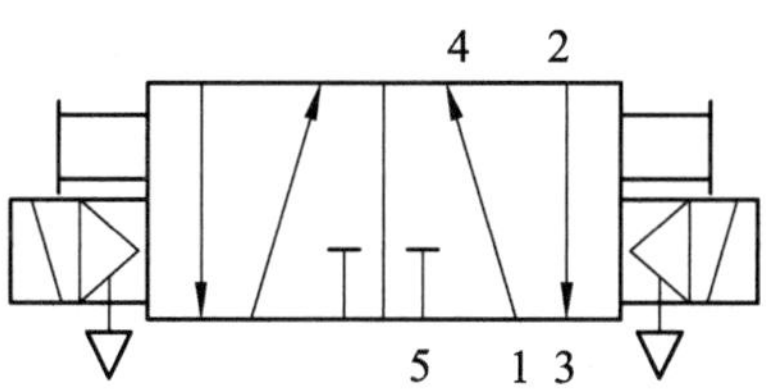

1—进气口；2/4—工作口；3/5—排气口。

图 2-2-4　供风电磁阀

（二）过滤减压阀工作原理

压缩气体通过进气口进入过滤减压阀过滤器部分过滤，然后进入减压阀部分，上方为调整弹簧的作用力，下方为系统需用风压。当需用风压低于调整弹簧的压力时，调整弹簧将膜板往下压，并迫使阀杆将供气阀阀口打开，总风由此充入需用风处；同时，另一路经缩孔也进入膜板的下方处，这时，减压阀是充气状态。

当膜板的压力高于弹簧压力时，压缩空气推动膜板上移，打开排气阀，则需用风压逐渐降低，调整弹簧又推动膜板下移，直到排气阀被阀杆关闭，需用风压减压停止，此时，减压阀呈中立状态。

（三）供风单元

集电靴供风单元由两个二位五通脉冲式电磁阀、截断塞门（球阀）及过滤减压阀集成在一个气路阀板上。其气路原理如图 2-2-5 所示。

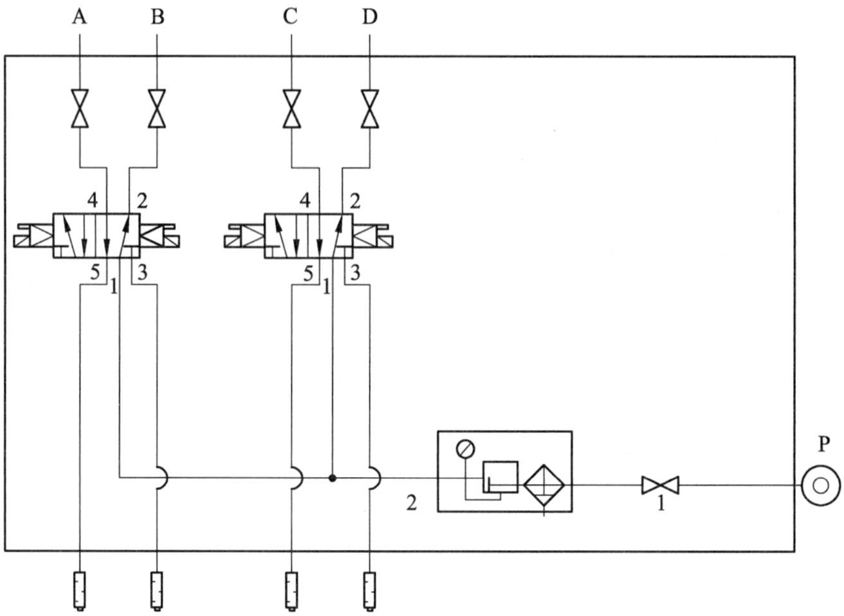

图 2-2-5　供风单元气路原理示意图

（四）升降靴原理

在集电靴升降靴的过程中，脉冲电磁阀通过阀芯的动作来控制进气口与工作口的导通，从而来控制集电靴气管哪一根是进气管，哪一根是出气管。升靴时，脉冲电磁阀一个线圈得电，另一个线圈失电，此时上面的气管为进气管，下面的气管为出气管，即集电靴气缸上部充气。集电靴气缸上部充气，则集电靴气缸的活塞下移，带动回退柄上移（顺时针转动），回退柄上移则集电靴臂轴将逆时针转动，从而带动集电靴悬臂向上提升。

集电靴降靴的过程与升靴过程相反，即集电靴气缸下部进气，集电靴气缸活塞上移，回退柄下移（逆时针转动），臂轴顺时针转动，集电靴悬臂下降。

三、集电靴的检修

（一）集电靴检修提示

（1）在对集电靴进行检修时，必须首先断开车辆电路与地面电路，并放置警示标牌。

（2）戴好安全帽，穿好绝缘鞋，在车辆上挂好禁动牌。

（3）不戴项链、手镯和其他饰物，以防触电。

（4）在用溶剂清洗时，避免将溶液误入眼中和口内。

（5）使用压缩空气时，保护好眼睛和皮肤，不要将压缩空气喷向他人。

（6）做好手动回退装置收回碳滑靴时的防护措施。

第三轨通电情况下，不可收回碳滑靴。所有的集电器同时连接，所以收回碳滑靴的集电器仍可能带电。所有在轨道上的集电器的维护工作必须在断电情况下进行。

即使在断电的情况下，所有电器元件必须远离第三轨（断电的电容仍存在致命的危险）。靠近第三轨时，致命的电弧放电仍可能出现。

（二）集电靴的日常维护

1. 臂轴高度测量及调整

随着车轮的磨损以及车体主挠度的变化，集电靴安装位置必须调整。因此在检修过程中须定期对集电靴臂轴高度进行测量。集电靴臂轴的高度必须高于运行轨轨顶面 183±2 mm。如果高度超出，则松开安装螺母，调节调整机架的位置，上下移动一个或几个齿槽。调整齿板上共有 20 个齿槽，每个齿槽距离为 4 mm，因此通过测量臂轴高，可以确定需要调整几个齿槽。

更换新的碳滑板后需对集电靴臂轴高度等进行测量检查，如有超限，需进行调整。其调整步骤如下：

（1）从任何参考位置测量臂轴的高度值 X。

（2）降靴，测量集电靴碳滑板上平面的高度值 Y，$X-Y$ 必须在 35.5 ~ 39.5 mm。

（3）升靴，测量升靴高度值 Z，$Z-Y$ 必须在 76 ~ 78 mm。

2. 碳滑板厚度测量

集电靴运用过程中，集电靴碳滑板可能会出现拉弧、裂纹、破损及达到磨耗极限位置等情况。因此检修过程中需定期检查碳滑板的外观，查看是否存在异常情况。

此外，为了及时发现碳滑板是否磨耗到限并统计碳滑板的磨耗率，须定期对碳滑板厚度进行测量。集电靴碳滑板磨损比较均匀，但两端部存在少许的偏磨，因此测量时选择碳滑板最低点作为测量位置。

3. 接触压力检查

集电靴拉簧系统用来保持集电靴升靴所需的力，为了保证集电靴能保持升靴状态，须定期对拉簧的接触压力进行检查，其检查的方法如下：

（1）进行升降靴操作 10 次。

（2）按下集电靴直到碳滑板中心达到正常工作位（200 mm），用测力计测得的读数应该为 120±24 N。如果读数不在此范围，需更换拉簧。

4. 绝缘检查

集电靴绝缘性能检查主要包括两方面：

（1）主要部件的外观检查。主要包括绝缘底座、熔断器箱盖、电缆等。

（2）绝缘值的测量。测量之前，需清洁并风干集电靴，测量时在集电靴碳滑板及绝缘底座后金属底盘之间连接绝缘电阻表，测量值需大于 10 MΩ。

（三）集电靴定期的检修

集电靴的计划检修项目和技术要求如表 2-2-2 所示。

表 2-2-2　集电靴计划检修项目及技术要求表

序号	检修项目	方法	技术要求	周期
1	熔断器	目视检查	熔断器上的红色指示灯亮，表示正常； 如果熄灭，更换熔断器	每天
	碳滑靴的固定	—	1 个碳滑板，4 个 M8 螺母和 4 个垫圈，如果发现零件丢失，按步骤更换	
2	清理整个集电靴	—	用喷枪喷水清洗集电靴，用水清洗，用压缩空气干燥	每月
3	检查碳滑靴的状态	—	检查碳滑靴的磨损标记，检查碳滑靴的磨损程度是否一致，更换有缺陷的碳滑靴	每月
4	更换碳滑靴	—	—	50 000 km
5	绝缘底座和绝缘上盖	目视检查	检查部件的整体状态：缝隙、破损、孔隙或在底座和盒盖上的其他可使熔断器受到损伤的缺陷	50 000 km
6	整个集电靴的状态	目视检查	检查部件的整体状态：缝隙、破损、孔隙或在底座和盒盖上的其他可使熔断器受到损伤的缺陷； 检查碳滑靴的位置	每 6 个月或 100 000 km
	电缆	—	检查电缆，确保整体完好无损，在护套上无切口、缝隙或其他危及绝缘的缺陷	
	限位螺钉	—	检查限位螺钉的位置以及是否磨损，更换不合格的限位螺钉	
7	清洁绝缘	大修检查	首先清洗和干燥设施，将兆欧表的一端接在受流臂上，另一端接在转向架上；兆欧表的最低量程设置为 500 V；测量电阻的读数，应不小于 100 MΩ，否则检查绝缘底座和绝缘盖	每 2 年或 250 000 km
	锁紧力矩	—	用扭矩扳手按检查锁紧力矩	
	接触压力	—	将测力计置于碳滑靴的接触线上，轻轻放下碳滑靴，测量压力，测量的压力值必须为 120±24 N，否则检查弹簧和弹性轴承	
8	限位螺钉	更换	—	每 5 年或 500 000 km
	电缆			
	弹性轴承			
	弹簧			
	盒盖上的密封条			

【学习随笔】

任务 3　高速断路器的认知与检修

【实施工单】

1. 任务要求

（1）熟悉高速断路器的作用和型号。

（2）掌握高速断路器的结构和工作原理。

（3）能对高速断路器进行小型检查。

（4）熟悉高速断路器的参数测量方法。

（5）能根据检修流程完成对高速断路器及灭弧罩的拆装。

2. 任务准备

（1）场地准备：城市轨道交通车辆检修实训中心（配备多媒体）。

（2）工具准备：十字螺丝刀、扳手工具套盒、扭力扳手、螺钉旋具、量规等。

（3）物品准备：绝缘鞋、绝缘手套、隔离防护带、干净抹布、75%工业酒精、划线笔、砂纸等。

（4）建议课时：4 课时。

"高速断路器的认知与检修"任务工单

姓名		班级		学号	
时间		地点		组别	
指导教师		专业			
小组成员					
任务					

一、知识储备	成绩：

（一）单选题

1. 高速断路器在（　　）情况下采用手动分闸。

A. 主电路短路　　B. 电机烧损　　C. 正常　　D. 主电路过载

2. 高速断路器有（　　）对辅助触头。

A. 1　　B. 3　　C. 5　　D. 6

3. 在高速断路器分闸之后，最少需要（　　）分钟才能再次合闸。

A. 1　　B. 2　　C. 3　　D. 4

4.（　　）又称为短路快速跳闸装置，用于短路过载保护，它的跳闸值可通过刻度盘来调节。

A. 主触头　　B. 闭合装置　　C. 脱扣装置　　D. 辅助触头

（二）多选题

1. 高速断路器的作用表现为（　　）。

A. 正常情况下，根据需要通断列车牵引主回路

B. 发生故障时快速切断主回路，保护车辆和人身安全。

C. 与接触网接触，获得电能

D. 将直流电变为交流电供电机使用

2. 高速断路器主要由（　　）组成。

A. 基架及灭弧罩　　B. 触头装置　　C. 闭合装置　　D. 脱扣装置

3. 下列关于高速断路器的通断状态正确的是，高速断路器可以（　　）。

A. 手动合闸　　B. 自动合闸　　C. 手动分闸　　D. 自动分闸

4. 灭弧罩由（　　）组成。

A. 上接线板　　B. 绝缘板　　C. 灭弧片　　D. 引弧片

（三）判断题

1. 高速断路器的辅助触头跟随主触头的动作而动作。（　　）

2. 主触头闭合后，受高速断路器常开辅助触头控制的限流电阻串入线圈回路，从而使驱动装置的电磁铁以一个较小的保持电流维持主触头的闭合状态。（　　）

3. 自动分闸是指切断合闸线圈的保持电流，从而使合闸电磁铁失去磁性，动铁芯在恢复弹簧的弹簧恢复力的作用下复位，从而带动拨叉回到分闸位置。（　　）

4. 高速断路器自动分闸时内部的动作原理同手动分闸一样，只是导致合闸线圈失电的原因不同。（　　）

5. 高度断路器采用切割灭弧的原理消灭主触头分断瞬间产生的电弧。（　　）

6. 高度断路器的跳闸值越小越能更好地保护主电路，因此跳闸值应该尽可能小。（　　）

（四）简答题

1. 高速断路器的主要结构包括哪几部分？各有什么作用？

2. 简述高速断路器的工作原理。

3. 简述高速断路器的小型检查内容。

二、制订计划			成绩：
根据高速断路器的灭弧罩检修要求制订高速断路器的灭弧罩检修计划。			
序号	操作项目	操作工具	操作要点
1	测量由于拉弧引起的金属灭弧罩烧损		
2	高速断路器灭弧罩分解		
3	高速断路器灭弧罩检查		
4	高速断路器灭弧罩清洁		
5	高速断路器灭弧罩组装		

三、操作准备工作	成绩：	
准备事项	已完成	未完成
1. 作业人员必须穿戴口罩和橡胶手套，做好安全防护。		
2. 作业前确认所有的工具和使用材料都处于检定有效使用期内。		
3. 小组成员根据自身状况和组长安排做好合理分工。		

四、操作及质量检查		成绩：
序号	评价标准	评价结果
1	操作前工具选用合理、安全防护到位。	
2	使用专用量规测量金属灭弧罩。	
3	分解塑料灭弧栅片、金属灭弧栅片。	
4	打磨表面出现烧蚀、生锈现象的金属灭弧栅片；更换贯穿性裂纹塑料灭弧栅片。	
5	塑料、金属灭弧栅片和灭弧罩板无碳化，金属灭弧栅片没有被击穿。	
6	金属灭弧栅片上的材料沉积物的厚度小于 0.5 mm，目视没有过度的磨损	
7	清洁灭弧罩板、塑料灭弧栅片、金属灭弧栅片，应无灰尘。	
8	按顺序安装金属灭弧栅片及塑料灭弧栅片。	
9	操作后整理工器具；作业记录表填写及时、准确。	

五、操作总结

【知识导航】

一、高速断路器概述

（一）高速断路器的作用

高速断路器（High Speed Circuit Breaker，HSCB），作为列车主电路断路器（Line Circuit Breaker，LCB），用于主电路的供电与保护，如图 2-3-1 所示。当列车启动、升起受电弓、闭合高速断路器后，其向主电路供给高压主电流；当主电路发生短路、过载、接地等故障时，高速断路器可快速断开主电路的高压供电电流，从而实现对主电路的保护。为了防止事故的扩大，要求高速断路器开关动作必须迅速、可靠，并具有足够的断流容量。

图 2-3-1　高速断路器

（二）高速断路器的特性

Sécheron SA 公司的 UR6-31/32 型高速断路器是单极直流断路器，具有双向电磁控制，可以自然冷却。由于性能优良，国内多种车型使用了该型断路器，其型号说明如图 2-3-2 所示。

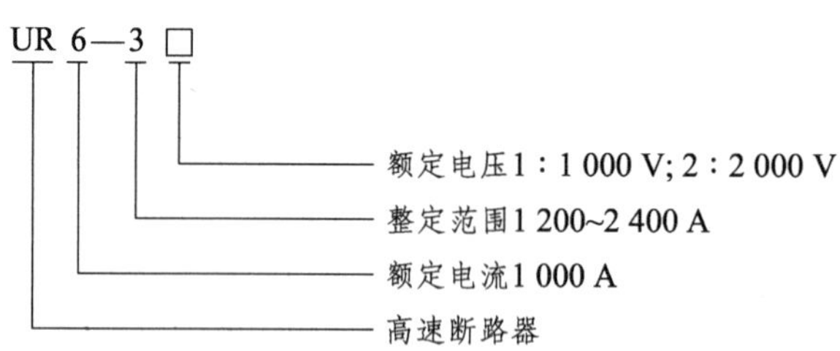

图 2-3-2　高速断路器型号说明

1. 额定工作电压

UR6-31 的主电路额定电压为 1 000 V，适用于网压为 750 V 的车辆；UR6-32 额定电压为 2 000 V，适用于网压为 1 500 V 的车辆。

SZP1 列车使用的是 UR6-32 型高速断路器，使用工作电压为 110 V 的工作线圈，断路器总质量为 37 kg。

2. 额定工作电流

UR6-31/32 型高速断路器主电路设计用于 1 000 A 以内的额定电流。

断路器允许短时间过载，允许的瞬时电流值如表 2-3-1 所示。

表 2-3-1　UR6 型高速断路器允许的瞬时过载电流值

序号	过载时间	过载电流
1	5 min	1 400 A
2	2 min	1 500 A
3	1 min	1 600 A
4	20 s	2 000 A

（三）高速断路器的结构

UR6-31/32 型高速断路器结构如图 2-3-3 所示。UR6-31/32 型高速断路器由主电路、跳闸装置、闭合装置、辅助触点和灭弧罩 5 个组件构成，每个组件由若干部件组成。

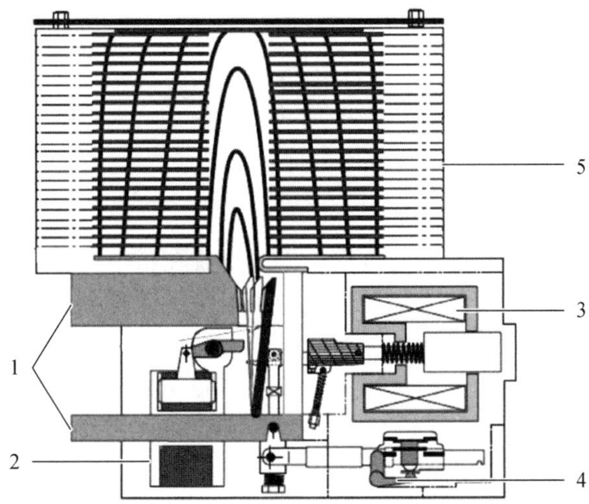

1—主电路；2—跳闸装置；3—闭合装置；4—辅助触点；5—灭弧罩。

图 2-3-3　高速断路器结构示意图

1. 主电路

如图 2-3-4 所示，主电路装配在坚硬的聚酯玻璃纤维绝缘框架上，由下部连接、动触头、上部连接和静触头组成。

闭合装置通过叉控制主电路的关闭。静触头和动触头的接触面，即上部连接和动触头由银合金制造。

动触头枢轴和下部连接之间的静触头构成动触头与下部连接之间的机械和电气连接，导块上轴承的弹簧对动触头保持持久压力。

当给断路器发出“关断”命令，或者过载电流导致断路器断路之后，轴承的弹簧保证动触头快速返回。

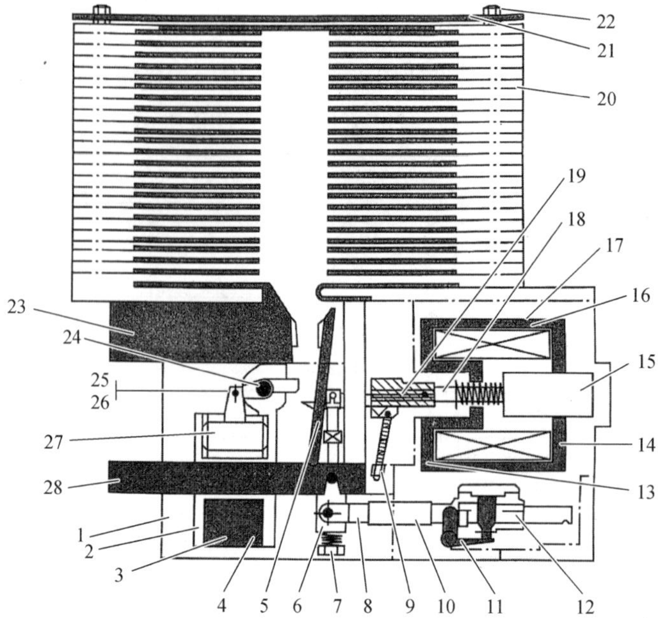

1—绝缘框架；2—闭合装置箱；3—层压磁板；4—断路装置盖；5—动触头；6—轴承；7，25，26—弹簧；8，19—叉；9—导块；10—销；11，24—控制杆；12—开关；13—后板；14—前板；15—动铁芯；16—闭合线圈；17—缸；18—杆；20—灭弧罩板；21—顶板；22—螺杆；23—上部连接；27—磁铁；28—下部连接

图 2-3-4　高速断路器的结构

2. 跳闸装置

跳闸装置呈环状结构，安装在下部连接周围。安装在箱中的层压磁板与动磁铁形成磁路系统，它们与一个由两个弹簧支撑的控制杆一起构成跳闸装置。弹簧可调整跳闸装置的跳闸电流（I_{ds}）值。

当故障（短路或过载）发生时，主电路形成的线圈在分闸电磁铁中产生的磁场使动磁铁被上拉，松开控制杆，向下压叉，从而压迫动触点松开。

一旦过载电流产生断路，辅助触头发出“分闸”指令，使叉返回。箱的上部由盖密封。动磁铁动作时，启动拉伸弹簧的控制杆，使主电路分闸。

跳闸装置上有一个旋钮，可用于调节过载响应值，通过刻度板上的刻度指示断路器的响应值。过载响应值（I_{ds}）可在 450 ~ 900 A，600 ~ 1 200 A，900 ~ 1 800 A，1 200 ~ 2 400 A 或 1 500 ~ 3 200 A 调整。

3. 闭合装置

闭合装置控制主电路的闭合，闭合时，通过叉把动触点压向上部连接的静触头。

闭合装置由一个含有闭合线圈的磁路系统构成。磁路系统还包含由缸、前板、后板构成的固定部分，带衬套的动铁芯。启动动触点的叉安装在接触压力弹簧和杆上。线圈和磁路组成安装在箱体内，加盖密封。

闭合断路器时，给闭合线圈送入电流脉冲（0.5 ~ 1 s），使动铁芯吸合，通过叉驱动动触头闭合。闭合过程中，动铁芯压缩弹簧。当发生过载或接到分闸指令时，复位弹簧把叉向后拉回。

闭合线圈的接线原理图如图 2-3-5 所示。电路中，线圈两端子可任意方向连接，S 为自动开关，当闭合指令发出 0.5 s 后，通过辅助触头使限流电流接入，将流过线圈的保持电流限制到启动电流的 5%，从而避免线圈过热。

4. 辅助触点

辅助触点包括 6 个安装在辅助箱上的双触点开关。

开关由控制杆启动，由动触点通过枢轴承、叉和销构成的导块组成控制。

5. 灭弧罩

灭弧罩由一套抗电弧绝缘板组成的去离子器、金属导流片和上部导流片构成。抗电弧绝缘板由顶板封住并用螺杆安装在灭弧罩板上。

当主电路断开时，静触头（上部连接）和动触头之间产生的电弧在电动力的作用下，被系统迅速推入灭弧罩。

当动触头移位时，电弧从触头断开处反射到右部连接上，使右连接与左连接之间通过电弧形成桥接。当电弧进入灭弧罩时，电弧分散进入导流片，受到冷却而逐渐消失。去离子器间的气体从灭弧罩的四周散开。

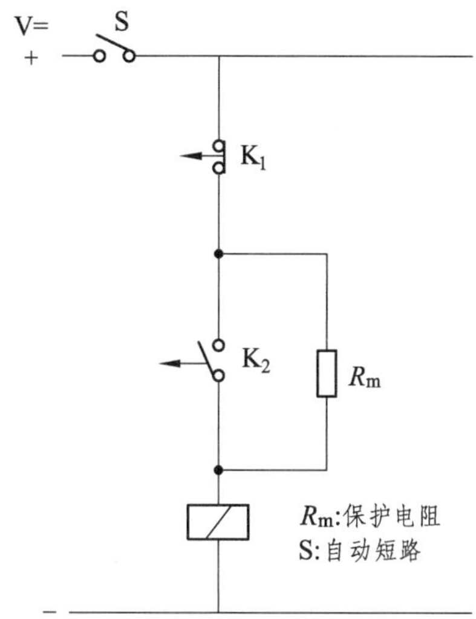

图 2-3-5　高速断路器闭合线圈接线图

二、高速断路器的工作原理

当按下高速断路器“合”按钮，闭合装置的线圈得电，带动连杆推动动触头与静触头接触，置高速断路器于“合”位置。电流从上接线排，通过闭合动、静触头流向动触头臂至下接线排，使接触网与车辆主电路电气设备接通。

动画　高速断路器的工作原理

当高速断路器闭合后，脱扣装置监控电流的大小，短路发生时，当电流值超过其跳闸值时，该装置动作，通过转换机构带动动触头移动，与静触头分开，使高速断路器处于“分”状态。此时主回路上有电压，高速断路器断开的瞬间，动、静触头之间会产生电弧。电弧从动触头到右部连接件，跨接到左部连接件进入灭弧罩，被分割并送入导流板，经冷却后熄灭。高速断路器的动、静触头接通与断开时，通过连接杆带动辅助触点跟随接通与断开，辅助触点的状态被送到监控装置，用于显示和监控高速断路器的状态。

高速断路器分断之后再合闸，必须间隔 2 min 及其以上。

三、高速断路器的检修

（一）高速断路器小型检查

根据使用时间与磨损程度，UR6 型断路器的检查与维修包括小型检查、主要检查、易损件更换、随机更换零件 4 种。检查与维修项目包括触头磨损检查、灭弧罩检查、灭弧罩清洗、机械零件检查、触头更换等。

注意：高速断路器得电时，绝不能在上面工作；在高压电路失电、车辆接地保护被安装之前不要接触高速断路器。

1. 触头磨损检查

触头磨损检查属小型检查，每 10 000 个循环或每隔 18 个月进行 1 次。

检查方法：使断路器处于闭合状态，按图 2-3-6 所示用磨损量规（又称深度尺）W6 通过盖 1 插向螺丝 2，若深度尺标记（台阶处）外突，说明触头磨损未到限，处于正常状态。

若深度尺标记与盖前部齐平时，即 $W=15_{0}^{+0.5}$ mm 时，说明触头磨损已经到限，必须更换下列触点和连接：① 动触点；② 上部连接；③ 左连接；④ 右部连接。

当检查发现触点磨损到限时，也必须进行灭弧罩检查。

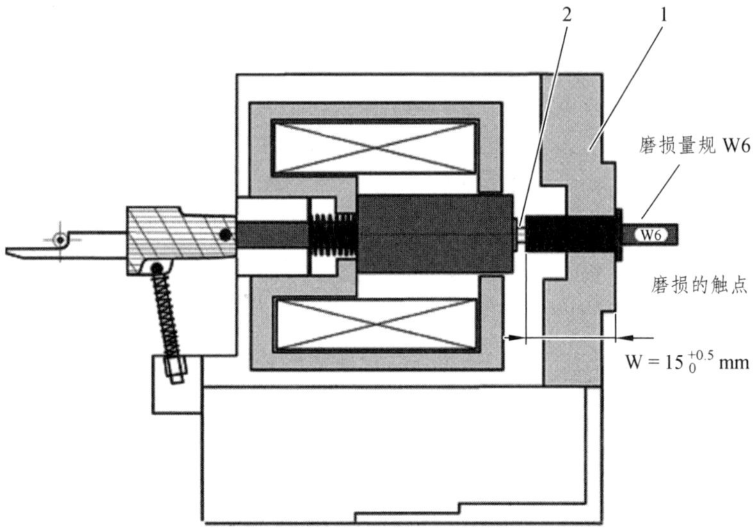

1—盖；2—螺丝。

图 2-3-6　高速断路器触头磨损检查

2. 灭弧罩检查

灭弧罩检查每隔 18 个月进行 1 次，在更换触头时，也必须进行灭弧罩检查。

专用量规：壁厚 0.5 ~ 1 mm、大小为 80 mm × 200 mm 的钢制塞尺。

操作：从灭弧罩板上的两个去离子器之间开始，量规插入每个导流片之间约 100 mm。

磨损标准：

（1）量规在前 2 个导流片之间不符时，拆下灭弧罩，检查左连接。

（2）量规在灭弧罩前 5 个导流片之间不符时，拆卸灭弧罩，更换导流片。

3. 检查左、右连接

检查步骤：

（1）拆除框架上边底部灭弧罩的 4 个锁紧螺母（M8）。

（2）把灭弧罩倒置在工作台上。

（3）刷净灭弧罩板和导流片间的条带。

（4）刷净左右连接周围的框架。

（5）检查左连接与上部连接的紧固安装，当螺丝部分烧损磨耗到原来（20 mm × 3 mm）的一半时，更换左连接和螺丝。

（6）检查右连接，当连接区域是原来（20 mm × 3 mm）的一半时，需更换右连接。

（7）使用 15 N · m 的转矩扳手，拧紧 4 个螺丝，将灭弧罩固定在断路器上。

（二）灭弧罩的拆装与清洁

1. 灭弧罩分解

（1）拆除灭弧罩（4 × M8）。

（2）将灭弧罩稳定垂直地放置在橡胶垫上。

（3）拆除 6 个螺帽。

（4）拆除顶板。

（5）拆除 6 个钢垫圈和 6 个钢螺母（M6）。

（6）拆除最上面的去离子绝缘板。

（7）拆除带连接的上部导流片。

（8）先拆除一个去离子绝缘板，然后再拆导流片，按照这个顺序，拆除所有的导流片与去离子绝缘板。

（9）从导流片上拆除钢垫圈。

2. 检查清洁

用刷子或者干布清洁灭弧罩板、去离子绝缘板和导流片，废弃磨损严重的导流片。去离子绝缘板和灭弧罩板不应有碳化现象。金属导流片不应有穿孔，厚度超过 0.5 mm 的沉积物，过度磨损以及去离子器之间“消失”等现象。

3. 安　装

（1）先在灭弧罩板上安装 2 个新的导流片。

（2）将 1 个去离子绝缘板装入螺杆中。

（3）重复上述操作，安装好所有的导流片与去离子绝缘板。

（4）将连接安装到上部导流片上面。

（5）使用 2.2 N · m 力矩拧紧全部 6 个螺母和垫圈。

（6）安装顶板。

（7）使用 1.5 N · m 力矩拧紧 6 个螺帽。

（三）断路器的分解与组装

1. 分　解

（1）拆除上罩盖。

（2）断开固定在接头上的电源电缆和接地线。

（3）拆卸基架上的四个带凸缘的锁紧螺丝。

（4）拆卸固定主接线排的两个螺丝。

（5）把断路器从箱体中取出。

（6）卸下固定静触头的螺栓螺母和引弧板的螺丝。

（7）旋下静触头在接线排处的固定螺栓。

（8）拿出静触头。

（9）旋下脱扣装置和闭合装置的四个连接螺丝，使它们分离。

（10）旋下导杆组件上的连接螺丝，用扳手将导杆保持在原位。

（11）将导杆组件从动触头上拆下。

（12）拆卸位于连接点处的减震装置上的两个锁紧螺丝，注意不要碰减震装置上的压力螺母。

（13）松开位于下连接上连接点处的两个锁紧螺丝。

（14）将减震装置上的拉杆朝下连接方向推，卸下减震装置。

（15）拆卸完毕。

2. 组　装

（1）将静触头放入脱扣装置框架凹槽中，先把螺杆插入静触头前端，并用螺母固定螺杆两端，不要拧紧。

（2）用一个螺栓固定静触头后端并拧紧之后，再把静触头前端的两个螺母拧紧。

（3）将引弧板用两个螺丝固定在静触头上，注意引弧板后端要先从小孔处插入垫圈再用螺丝固定。

（4）从接线柱下面放入减震装置，并将其全部推上去。

（5）将减震装置上两个锁紧螺丝放到接线柱上拧紧。

（6）将动触头以一定的倾斜度放入框架内，并提起，旋转 30°，放入下连接的槽口中。

（7）将导杆组件放到下连接的下方，将中心销套固定到下连接中，并将拉杆连接到动触头上。

（8）将闭合装置固定在脱扣装置框架上，注意确定叉架是否与导杆和动触头相连。导杆装置上的叉架是否穿过闭合装置的外壳，下连接上的销子是否穿过闭合装置的外壳。然后，把四个螺丝拧紧。

（9）把断路器放入箱内。

（10）用两个螺丝固定下面接线排。

（11）用带凸缘的四个螺丝固定好脱扣装置框架。

（12）将接地线连接到闭合装置外壳的一侧。

（13）将内部动接头与定接头相连，并旋转卡口座圈，直到听到“咔嗒”一声，表明已接好。

（14）安装好带灭弧罩的上罩盖。

（15）组装完毕。

3. 检　查

组装后必须检查以下项目：

（1）灭弧罩正确放置，并且断路器上的螺丝以规定的扭矩紧固。

（2）接地线正确连接。

（3）电缆或接地排与接地点相接触。

（4）大电流跳闸值设置正确。

（5）将断路器吸合，闭合电流在 1 s 内变为保持电流。

（6）将叉架解钩，发送“关断”命令，检查动触头是否快速返回，叉架是否返回到位。

（四）高速断路器的测试

高速断路器检修完成后，应进行脱扣装置跳闸值的测试。

1. 测试设备

DC 110 V 电源；AC 380 V 电源；吸合装置；大电流发生器；万用表；螺丝刀；扳手。

2. 测试步骤

（1）检测吸合装置的阻值及连接件插件，确认无误后接上吸合装置。

（2）把大电流发生器输出线分别接到断路器进线端和出线端。

（3）把大电流发生器输入端插头插进 380 V 交流电源插座。

（4）分别合上 DC 110 V 和 AC 380 V 电源开关。

（5）合上吸合装置闸刀开关，使断路器吸合，确认延时 0.5 s 后吸合继电器断开，并检查机械联锁装置。

（6）合上大电流发生器电源开关。

（7）转动电流调节旋钮，慢慢改变输入断路器的电流大小。

（8）根据技术参数所需要的电流整定值，松开刻度盘的锁紧螺钉，旋转刻度盘到技术参数规定的整定值。

（9）一旦达到规定整定值，断路器自动分断，锁紧刻度盘的锁紧螺钉。如不分断，调节断路器电流整定值，按以上步骤重复操作。

3. 结　论

根据列车的负载能力，最大整定值在 1 300 ~ 1 350 A 为合格。

【学习随笔】

任务 4　牵引逆变器的认知与检修

【实施工单】

1. 任务要求

（1）熟悉牵引逆变器的作用。

（2）掌握牵引逆变器的结构和工作原理。

（3）能对牵引逆变器进行日常检查维护。

（4）了解牵引逆变器的常见故障的成因和处理方式。

2. 任务准备

（1）场地准备：城市轨道交通车辆检修实训中心（配备多媒体）。

（2）工具准备：牵引逆变器试验装置、直流稳压源、万用表、钳形电流表、斜口钳、尖嘴钳、螺丝刀、高压直流可调电压源及电流源、短导线（若干条）、游标卡尺、力矩扳手等。

（3）物品准备：耐磨布、无绒布、砂纸、刷子、吸尘器、电子设备清洗剂、工业酒精、绝缘胶带等。

（4）建议课时：6 课时。

“牵引逆变器的认知与检修”任务工单

<table>
<tr><td>姓名</td><td></td><td>班级</td><td></td><td>学号</td><td></td></tr>
<tr><td>时间</td><td></td><td>地点</td><td></td><td>组别</td><td></td></tr>
<tr><td>指导教师</td><td></td><td>专业</td><td colspan="3"></td></tr>
<tr><td>小组成员</td><td colspan="5"></td></tr>
<tr><td>任务</td><td colspan="5"></td></tr>
<tr><td colspan="3">一、知识储备</td><td colspan="3">成绩：</td></tr>
<tr><td colspan="6">（一）单选题
1. 逆变器是一种（　　）的电气设备。
A. 将直流电转变为交流电　　B. 将交流电转变为直流电
C. 将直流电转变为直流电　　D. 将交流电转变为交流电
2. 180°导电型逆变电路中，在任何时刻都有（　　）个开关管导通。
A. 2　　B. 3　　C. 4　　D. 6
3. 目前，在城市轨道交通车辆逆变器中普遍采用的电力电子元件为（　　）。
A. GTR　　B. GTO　　C. MOSFET　　D. IGBT
（二）多选题
1. 牵引逆变器可以将 1 500 V 的直流电转化成（　　）的交流电。
A. 220 V　　B. 380 V　　C. 1 150 V　　D. 2 000 V
2. 电压型三相桥式逆变器根据各开关导通时间的长短，可分为（　　）电路。
A. 60°　　B. 120°　　C. 180°　　D. 240°</td></tr>
</table>

3. IGBT 的优点有（　　）。

A. 稳定性好　　B. 输入通态电压低　　C. 驱动电路简单　　D. 承受电流大

4. 牵引箱的拆装专用工具有（　　）。

A. 升降设备　　B. 安装支撑设备　　C. 开口、套筒扳手　　D. 接长节

（三）判断题

1. 一台牵引逆变器可以为两个动车转向架上的四个牵引交流电机提供交流电。（　　）

2. 在 4 动 2 拖 6 节编组的列车上一共安装有 6 台牵引逆变器。（　　）

3. 线路滤波电容器串联单独的放电电阻，电容电压在 5 min 之内可以降到 50 V 及其以下。（　　）

4. 每个牵引逆变器有 3 个相同的 IGBT 相桥臂，每一相桥臂输出一相交流电，从而构成三相交流输出。（　　）

5. 当列车正常断电时，牵引逆变器直流回路的电容器将迅速通过制动斩波器和制动电阻放电。（　　）

（四）简答题

1. 牵引逆变器的主要结构包括哪几部分？各有什么作用？

2. 简述电压型牵引逆变器的工作原理。

3. 简述牵引逆变器的日常维护内容。

二、制订计划			成绩：
根据牵引逆变器的日常维护项目制订牵引逆变器日常维护检修计划。			
序号	操作项目	操作工具	操作要点
1	牵引逆变器箱体外表面清洁		
2	牵引逆变器箱体的连接质量检查		
3	牵引逆变器箱体内部清洁		
4	牵引逆变器箱体内电气组件检查		
5	电气连接松脱紧固		

三、操作准备工作	成绩：	
准备事项	已完成	未完成
1. 作业人员必须穿戴劳保鞋、安全帽、绝缘手套，做好安全防护。		
2. 作业前确认所有的工具和使用材料都处于检定有效使用期内。		
3. 小组成员根据自身状况和组长安排做好合理分工。		

四、操作及质量检查		成绩：
序号	评价标准	评价结果
1	操作前工具选用合理、安全防护到位。	
2	牵引逆变器箱体外表面清洁干净，无积尘、无异物。	
3	熟练使用不同的清洁工具对箱体内外部进行清洁。	
4	熟练使用扭力扳手检验箱体的安装紧固力矩。	
5	熟练检验箱体内部电气组件的状态。	

6	熟练处理松动的电气连接接触表面。	
7	作业后整理好工器具；作业记录表填写及时、准确。	
五、操作总结		

【知识导航】

一、牵引逆变器概述

通常把直流电转化为交流电的过程称为逆变。而逆变器是把直流电转变成交流电的转换器。

城市轨道交通车辆通过受流器（受电弓或集电靴）把来自于接触网的高压直流电引入车内，但其牵引电机所需的电源为三相交流电源，因此要把直流电转化成三相交流电。目前国内城市轨道交通车辆采取的方案是先经过滤波环节，去掉谐波分量，再把此直流输入逆变器中，转换成电压及频率均可调（Variable-voltage and Variable-frequency）的三相交流电，为每节动车两个转向架上的四台牵引交流电机提供电能。因为此逆变器处在城市轨道交通车辆上的牵引电路中，所以又称之为牵引逆变器（VVVF）。

牵引逆变器实物如图 2-4-1 所示，安装在地铁列车动车底部电器箱内。

图 2-4-1　牵引逆变器

（一）牵引逆变器的结构

牵引逆变器主要由线路滤波电容、IGBT 模块、牵引逆变器驱动控制单元（DCU/M）、传感器、放电电阻等组成。

1. 线路滤波电容

直流电源输入牵引逆变器后，需要进行滤波，其滤波元件为电容器。直流滤波电容器由 1 500 V 额定电压充电。每个电容器都并联单独的放电电阻，电容电压 5 min 之内可以降到 50 V 及其以下。

2. IGBT 模块

IGBT 是一种绝缘栅双极型晶体管，其结构原理与符号如图 2-4-2 所示，其结构由 N 沟道

VDMOSFET 与 GTR 组成，N 沟道 IGBT（N-IGBT）比 VDMOSFET 多一层 P 注入区，形成了一个大面积的 P^+N 结 J_1，使 IGBT 导通时由 P^+注入区向 N 基区发射少子（空穴），从而对漂移区电导率进行调制，使得 IGBT 具有很强的通流能力。简化等效电路表明，IGBT 是 GTR 与 MOSFET 组成的达林顿结构，一个由 MOSFET 驱动的厚基区 PNP 晶体管 R_N 为晶体管基区内的调制电阻。通过施加正向门极电压形成沟道，提供晶体管基极电流可使 IGBT 导通；反之，若提供反向门极电压则可消除沟道，使 IGBT 因流过反向门极电流而关断。

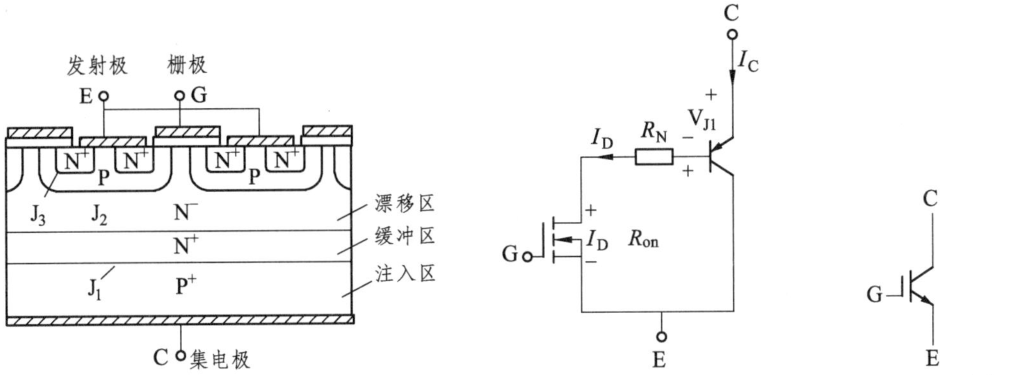

（a）内部结构断面示意图　（b）简化等效电路　（c）电气图形符号

图 2-4-2　IGBT

每个牵引逆变器内含有 8 个 IGBT 模块，其中，6 个 IGBT 模块组成牵引逆变器相桥臂，另外 2 个 IGBT 模块组成两个制动斩波相桥臂。

每个牵引逆变器有 3 个相同的 IGBT 相桥臂，每一相桥臂输出一相交流电，从而构成三相交流，图 2-4-3 所示是一个 U 相桥臂的电路图。

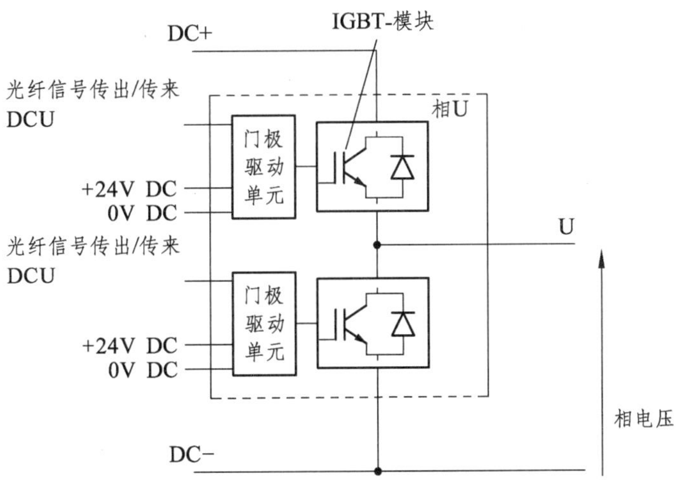

图 2-4-3　U 相桥臂电路图

直流输入电压的额定值是 DC 1 500 V，但是在制动期间允许增加到 DC 1 800 V。当牵引逆变器中电压传感器测量到电压超出这个值时，牵引逆变器驱动控制单元向制动斩波器发出命令，门极驱动单元启动 2 个 IGBT，然后将能量传送到制动电阻中。当电压降低到允许范围时，制动斩波器关闭。如果电压上升到高于最大允许等级，逆变器将被关闭。

3. 牵引逆变器驱动控制单元（DCU/M）

牵引逆变器驱动控制单元(DCU/M)的主要功能包括：解码来自驾驶室的牵引指令和 PWM 信号、加/减速控制、前进/后退控制、冲击控制、负荷补偿、空转/滑行控制、再生制动的控制、与空气制动系统通信。

4. 传感器

传感器是借助于检测元件接收一种形式的信息，并按一定规律将它转换成另一种信息的装置。它获取的信息可以为各种物理量、化学量和生物量，转换后的信息也可以有多种形式。目前的传感器大多为电信号，因此，从狭义上讲，传感器也可定义为把外界的输入信号转换成电信号的装置。牵引逆变器中具有电流传感器、电压传感器和温度传感器。

5. 放电电阻

放电电阻与滤波电容固定并联，可在 5 min 内把电容的电压释放至低于 50 V。

（二）技术参数

牵引逆变器的技术参数如表 2-4-1。

表 2-4-1　牵引逆变器技术参数

项目	参数
输入电压	DC 1 000 ~ 1 800 V（再生制动时可达到 1 980 V）
输入电流	480 A
输出电压	三相 0 ~ 1 150 V，可调
输出频率	0 ~ 128 Hz，可调
最大输出电流	1 080 A
直流连接电路电压	1 500 V
线路电容	8 mF（±10%）
线路电感	5 mH
控制电压	DC11 V（25% ~ 30%），最大功耗 370W
通风设备电压	三相 380 V/50 Hz（±5%），功率 2.2 kW

二、牵引逆变器的工作原理

目前，交流牵引多采用电压型逆变器，电压型三相桥式逆变电路如图 2-4-4 所示。电路由 3 个半桥组成，开关管采用 IGBT，VD_1 ~ VD_6 为续流二极管。这是最基本的逆变电路，通常中、大功率的应用均要求采用三相逆变电路，当对波形有较高要求时，则采用此基本线路进行多重叠加或采用 PWM 控制方法，以抑制高次谐波。

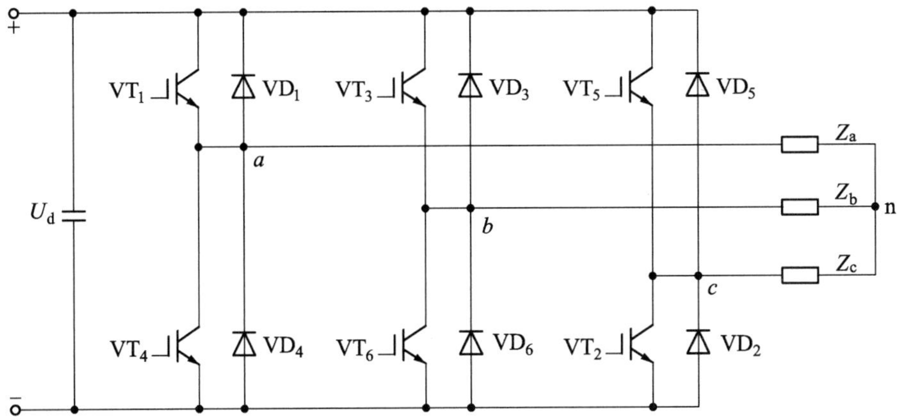

图 2-4-4　电压型三相桥式逆变器

根据各开关管导通时间的长短，该电路可分 180°导电型和 120°导电型，其中常用的为 180°导电型。下面就 180°导电型电路进行分析。

在 180°导电型电路中，每个开关管的驱动信号持续 180°，同一相上下两个开关管交替导通，在任何时刻都有 3 个开关管导通。在一个周期内，6 个管子触发导通的次序为 $VT_1 \sim VT_6$，依次相隔 60°，导通的组合顺序为 $VT_1VT_2VT_3$、$VT_2VT_3VT_4$、$VT_3VT_4VT_5$、$VT_4VT_5VT_6$、$VT_5VT_6VT_1$、$VT_6VT_1VT_2$，每种组合工作 60°电角度。

180°导电型三桥式逆变电路的工作波形如图 2-4-5 所示。

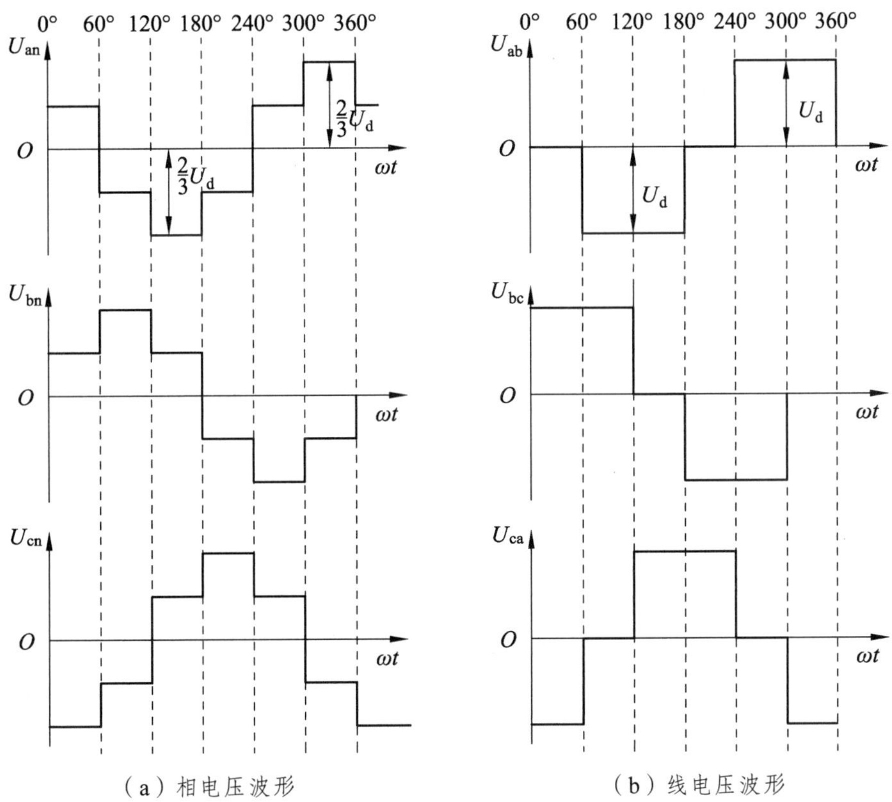

图 2-4-5　180°导通型三桥式逆变电路的工作波形

为分析方便，将一个工作周期分为 6 个区间，每区间占 60°。每隔 60°的各阶段等值电路图形及相电压、线电压的数值如表 2-4-2 所示（表中负载为三相星形对称负载）。

$$Z_a = Z_b = Z_c$$

表 2-4-2　180°导通型三桥式逆变电路各阶段等效电路及相电压和线电压的值

ωt		$0 \sim \frac{1}{3}\pi$	$\frac{1}{3}\pi \sim \frac{2}{3}\pi$	$\frac{2}{3}\pi \sim \pi$	$\pi \sim \frac{4}{3}\pi$	$\frac{4}{3}\pi \sim \frac{5}{3}\pi$	$\frac{5}{3}\pi \sim 2\pi$
导通开关管		$VT_1VT_2VT_3$	$VT_2VT_3VT_4$	$VT_3VT_4VT_5$	$VT_4VT_5VT_6$	$VT_5VT_6VT_1$	$VT_6VT_1VT_2$
负载等效电路		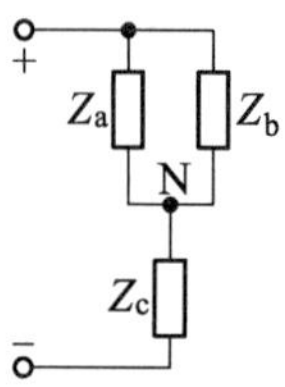	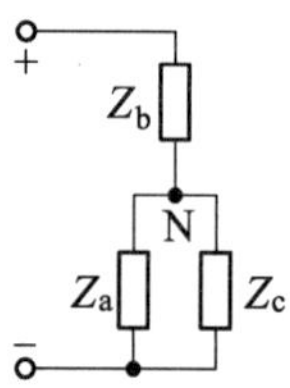	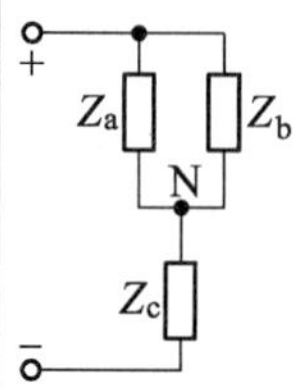	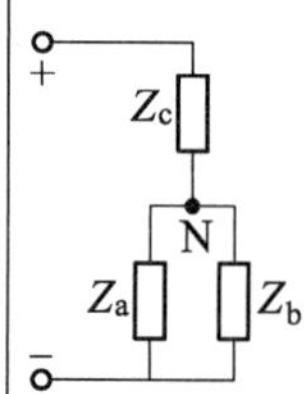	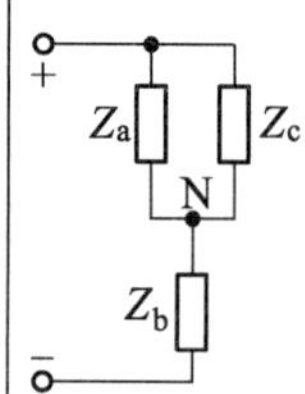	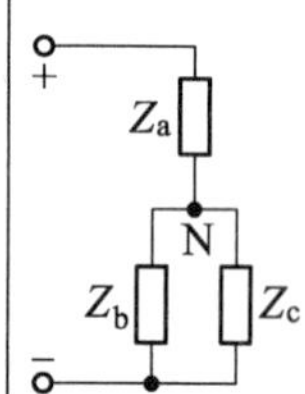
相电压	u_{AN}	$\frac{1}{3}U_d$	$-\frac{1}{3}U_d$	$-\frac{2}{3}U_d$	$-\frac{1}{3}U_d$	$\frac{1}{3}U_d$	$\frac{2}{3}U_d$
	u_{BN}	$\frac{1}{3}U_d$	$\frac{2}{3}U_d$	$\frac{1}{3}U_d$	$-\frac{1}{3}U_d$	$-\frac{2}{3}U_d$	$-\frac{1}{3}U_d$
	u_{CN}	$-\frac{2}{3}U_d$	$-\frac{1}{3}U_d$	$\frac{1}{3}U_d$	$\frac{2}{3}U_d$	$\frac{1}{3}U_d$	$-\frac{1}{3}U_d$
线电压	u_{AB}	0	$-U_d$	$-U_d$	0	U_d	U_d
	u_{BC}	U_d	U_d	0	$-U_d$	$-U_d$	0
	u_{CA}	$-U_d$	0	U_d	U_d	0	$-U_d$

下面以 0 ~ π/3 为例进行分析。

在 0 ~ π/3 时，VT_1、VT_2、VT_3 同时导通，A 相和 B 相负载 Z_a、Z_b 与电源正极连接，C 相负载 Z_c 与电源负极连接。若取负载中心点 N 为基准点，则线电压为

$$u_{AB} = 0$$

$$u_{BC} = U_d$$

式中，U_d 为逆变器输入侧直流电压。

输出电压为

$$u_{AB} = 1/3U_d$$

$$u_{BN} = 1/3U_d$$

$$u_{CN} = -2/3U_d$$

用同样的方法，可以推得其余 5 个工作区间的相电压与线电压值。

由图 2-4-5 可见，负载线电压为 120°正负对称的矩形波，而相电压为 180°正负对称的阶梯波，与正弦波接近，三相负载电压相位差为 120°。

对于 180° 导电型逆变电路，为了防止同一相上下桥臂同时导通而引起直流电源的短路，要采取“先断后通”的方法，即先给应关断的器件关断信号，待其关断后留一定时间裕量，

然后给应导通的器件发开通信号，即在两者之间留一个短暂的死区时间。

除 180°导电型外，三相桥式逆变电路还有 120°导电型的控制方式，即每个桥臂为 120°，同一相上下臂的导通有 60°间隔，各相依次相差 120°。与 180°导电型相反，120°导电型的相电压为矩形波，而线电压为阶梯波。采用 120°导通方式时，由于同一桥臂上下两管有 60°的导通间隙，对换流安全有利，但管子的利用率较低，且若电机采用星形接法，则始终有一相绕组断开，在换流时该相绕组中会引起较高的感应电势，需要采用过电压保护措施。

改变逆变桥开关管的触发频率或者触发顺序，则能改变输出电压的频率及相序，从而可实现电动机的变频调速与正反转。

三、牵引逆变器的检修

在对牵引逆变器箱进行任何操作前，必须遵守以下 5 项规则：

（1）切断电源。

（2）防止电源被再次接通。

（3）检查并确保没有电压。

（4）进行接地和短路。

（5）盖好附近的带电部件或在这些部件周围设置障碍物。

即使牵引逆变器箱断电较长一段时间后，仍可能携带导致人身伤害的电流。当列车正常断电时，牵引逆变器直流回路的电容器将迅速通过制动斩波器和制动电阻放电。另外，直流回路电容器同时能通过直流回路的持续放电电阻缓慢放电，至少需要 20 min（使电压从 1 800 V 降到 60 V 以下的安全电压值）。另外，在牵引逆变器箱入口处须严格执行 5 项安全规则，确保直流侧无电压。

（一）牵引逆变箱的拆装

1. 拆　卸

（1）打开牵引箱两侧和上底部的检修盖。

（2）从牵引箱背面拔出蓄电池电压的连接插头和控制电缆的连接插头。

（3）拆下牵引箱内所有供电电缆。

（4）拆卸设备风扇电缆。

（5）松掉牵引箱背面的 PG 密封板，把 PG 密封板的电缆固定在车上。

（6）拆下牵引箱所有的接地电缆。

（7）松掉 M12 六角螺栓，但不要完全拧下。

（8）把升降装置放在牵引箱下并升起，直到牵引箱坐落到升降装置上。

（9）从孔中拿出 M20 六角螺栓并升起牵引箱，使之不搁在支撑板上。

（10）松掉支撑板上的 M10 六角螺栓，并从托架上挪出支撑板。

（11）降低牵引箱。

2. 安　装

（1）用升降装置把牵引箱升到位。

（2）把支撑板放到托架上。

（3）预处理六角螺栓。

（4）用 M12 六角螺栓、垫圈和六角螺母固定支撑板并用 75 N·m 的扭力拧紧。

（5）放低牵引箱。

（6）插入六角螺栓、垫圈和六角螺母并用手拧紧。

（7）检查尺寸，如有必要则进行调整。

（8）用 360 N·m 扭力拧紧螺栓。

（9）把牵引箱的 4 个接地点与车辆接地点连接。

（10）把未屏蔽的供电电缆通过 PG 密封板固定在牵引箱内的接线排上。

（11）把屏蔽的电机电源电缆通过 AMCPG 密封板固定在牵引箱内的接线排上，注意电缆连接不能互换。

（12）连接制动电阻电缆。

（13）连接辅助逆变器电缆。

（14）连接设备风扇电源。

（15）连接蓄电池和控制插头。

（二）牵引逆变器的日常维护检修

1. 牵引逆变箱外部检查及清洁

（1）检查变流器箱是否有尘土、花粉、树叶或其他杂质粒子。必要时，用水和清洁布进行清洁。高压洗涤剂为可选项，但是不要对着密封处、盖子接头、过滤器、管道或类似可能损坏或引起泄漏的地方喷射。使用异丙醇中浸湿的布进行困难污渍的清除。

（2）检查盖板处有无损坏。焊接不能有裂纹或类似损坏。

（3）检查变流器箱体的螺栓连接，确保螺母使用正确的扭矩旋紧，无裂缝或金属疲劳的其他迹象。

（4）检查变流器箱体的所有外部电缆的连接。确保所有的套管和连接器状态良好，电缆无磨损迹象。

（5）检查所有的盖板，确保所有的安全螺丝都在其位置，并使用正确的力矩旋紧。

2. 牵引逆变箱内部检查及清洁

（1）对箱内部进行目检，确保无任何泄漏迹象。若发现有水或其他染污，表明可能出现泄漏，需紧固好相关盖子或密封。如果未解决问题（比如水或其他污染继续进入箱中），请更换相关盖子或密封。

（2）检查前盖密封。如果在箱中看到出现任何劣化问题，必须进行真空清洁并更换前盖密封。

（3）使用真空吸尘器和压缩空气除去灰尘及其他复合物，或者也可使用沾有异丙醇的无绒抹布进行清洁。

（4）使用摩擦性手垫或细砂纸清洁所有氧化或脏污汇流排、电缆终端套管或其他电气接线，之后进行真空清洁。

（5）对所有电气组件进行目检。

① 检查确保没有组件或汇流排出现褪色；应对褪色（蓝色消退或其他现象）的组件进行更换；应努力找出并消除汇流排或组件褪色的根源。

② 检查确保支座绝缘子没有开裂。

③ 检查确保电路板及其组件无受损迹象。

④ 检查确保电容器无肿爆迹象。

⑤ 对受损的组件或绝缘子进行更换。

（6）对所有内部布线进行目检和手动检查。

① 检查确保无松脱线股从任何触头或连接伸出。

② 检查确保线的绝缘体未受损，比如，没有发现裂痕或摩擦损伤。

③ 检查确保线的两端均连接好，比如没有松脱的连接点。

④ 检查确保无松脱线缆搅在一起，否则可能会造成摩擦损伤。

⑤ 更换损坏的电缆，用电路图查找连接详情和用物料清单查找线缆物料号。

⑥ 检查确保线缆固定好。

（7）若有任何电气连接松脱，需紧固好连接（接头中的线缆或单独的连接）并针对接触表面做好准备工作。

① 使用摩擦性手垫对接触表面进行抛光。

② 用异丙醇及无绒抹布清洁接触表面。

③ 使用凡士林及无绒抹布在 5 min 内对接触表面加滑脂。

④ 使用无绒抹布擦去任何多余滑脂。

⑤ 如果未在 5 min 内完成接地连接或电气连接，需保护以防止沾上灰尘及污垢。

⑥ 重新连接并紧固好电气接头。

（三）牵引逆变器常见故障及处理

1. TCU 风扇监控故障

现象：TCU 风扇单元故障，无冷却功能。

可能原因：风扇单元或风扇单元的熔丝故障。

排除方法：检查 TCU 框架中的风扇单元、风扇单元中的熔丝以及通过转动检查风扇叶片。

2. PSU 供电电压欠压

现象：在供电电源（蓄电池电压 110 V）欠压时 PSU 关闭 TCU。

可能原因：蓄电池和 TCU 之间连接不良，蓄电池电压过低；突发欠压。

排除方法：检查蓄电池和 TCU 之间的连接；检查蓄电池。

3. SPU 电机电压传感器 U3 故障

现象：因为电压传感器（检测电机 L1 和 L3 相之间的电压）故障，使获得的实际值出错。TCU 从牵引控制的电压模式转变到电流模式，使 VSI 继续运行。

可能原因：电压传感器 U3 故障；信道连线故障，电压传感器 U3 接线不正确（极性接错）；如果同时有故障“40”，则 IVF 模块 G055 故障；SPU C019 故障。

排除方法：检查电压传感器 U3；检查信道连线，检查电压传感器 U3 接线极性是否正确；更换 IVF 模块 G055；更换 SPU C019。

4. 电机电流互感器 I3 故障

现象：软件监控电机电流互感器 I3 的响应，VSI 永久封闭。

可能原因：电机电流互感器 I3 故障；信道连线故障，电压传感器 I3 接线不正确（极性接错）；如果同时有故障“40”，则 IVF 模块 G055 故障；SPU C019 故障。

排除方法：检查电压传感器 I3；检查信道连线，检查电压传感器 I3 接线性是否正确；更换 IVF 模块 G055；更换 SPU C019。

5. 线路过流

现象：线路电流由硬件监控，如果超过允许的最大线路电流，HSCB 被断开并且全部封锁。

可能原因：主回路故障，如直流连接回路短路；得到的线路电流实际值出错。

排除方法：检查主回路；检查线路电流传感器和相应的接线；检查 IOV 模块 G071，如有必要则进行更换。

6. 直流连接回路过压

现象：直流连接回路电压受到限制以保护牵引设备。尽管 TCU 试图通过 PCM 排除直流连接回路故障，但直流连接回路电压超过最大限制，VSI 由 INVM 模块 C055 封锁。

可能原因：外部线路过压，如雷击；INVM 模块 C055（限制比较器）故障；制动斩波器故障，同时应显示“59”“60”故障；相应门极单元故障，同时应显示“59”“60”故障；制动电阻烧坏，可能显示“180”故障；实际值检测故障（电流、电压、速度）。

排除方法：检查全部封锁信号以及其他和本故障一致的故障；使用用户程序测试输出信号、测试制动斩波器；检查主回路（制动斩波器、制动电阻）；检查 INVM 模块 C055；检查实际值。

7. VVVF 制动电阻温度检测故障

现象：检测制动电阻温度不在允许范围内。

可能原因：制动电阻的 PT100 温度传感器故障；ABIF 模块 C017 故障；制动电阻的 PT100 温度传感器和 ABIF 模块 C017 之间的连接松动或断开。

排除方法：更换 PT100 温度传感器；更换 ABIF 模块 C017；紧固松动或断开的连接。

8. TCU 温度检测故障

现象：由 ABIF 模块 C017 上的 PT100 温度传感器检测到的温度不在允许范围内。

可能原因：ABIF 模块 C017 故障。

排除方法：更换 ABIF 模块 C017。

9. VVVF 散热器过热

现象：测得 L1 相模块和 L3 相模块散热器的最大温度超过允许值。

可能原因：GTO 模块的热量没有及时散掉；GTO 模块散热器的 PT100 温度传感器故障；GTO 模块损坏。

排除方法：检查故障模块，找出哪一相模块温度超标；检查散热器是否很脏；检查 GTO 和散热器之间的接触；检查相应的 GTO 模块；检查 GTO 模块散热器上的 PT100 温度传感器；如果上述检查正常故障重复出现，更换相应的 GTO 模块。

10. 线路接触器关断监控故障

现象：尽管线路接触器没有动作，TCU 却得到来自线路接触器的应答信号，导致 HSCB（高速断路器）被断开，且 VSI（牵引逆变器）永久封锁。

排除方法：使用用户测试程序的测试输出信号功能测试线路接触器；检查线路接触器。

注意：TCU 仅监控线路接触器的辅助触头，因此没有应答信号不一定代表相应的主接触器动作不正确。

11. 直流连接回路预充电监控故障

现象：TCU 监控 VSI 的预充电过程，当预充电接触器吸合，直流连接回路的电压必须符合设计的预充电曲线，在规定时间内线网电压和直流连接回路的电压差必须变小，否则预充电过程被终止，以保护预充电电阻不过载。

可能原因：直流连接回路或主回路短路；直流连接回路电容故障；预充电电阻故障；线路电压传感器或直流连接回路电压传感器故障；预充电接触器故障。

排除方法：检查直流连接回路和主回路；检查直流连接回路电容；检查预充电电阻；检查线路电压传感器或直流连接回路电压传感器；检查预充电接触器。

【学习随笔】

任务 5　牵引电机的认知与检修

【实施工单】

1. 任务要求

（1）掌握牵引电机的结构和作用。

（2）能说出牵引电机的工作原理。

（3）能够对牵引电机的主要部件进行拆卸安装。

（4）能够通过团队合作完成对牵引电机的调试检测。

2. 任务准备

（1）场地准备：城市轨道交通车辆检修实训中心（配备多媒体）。

（2）工具准备：起吊装置、运输小车、气泵、兆欧表、轴承拆卸工具、电动/气动扳手、红外线测温仪、电机真空远红外干燥箱、电机耐压试验台、电机转子动平衡试验机等。

（3）物品准备：润滑脂、煤油、棉布、中性清洗剂、电机清洗剂、酒精、脱漆剂等。

（4）建议课时：6 课时。

“牵引电机的认知与检修”任务工单

<table>
<tr><td>姓名</td><td></td><td>班级</td><td></td><td>学号</td><td></td></tr>
<tr><td>时间</td><td></td><td>地点</td><td></td><td>组别</td><td></td></tr>
<tr><td>指导教师</td><td></td><td>专业</td><td colspan="3"></td></tr>
<tr><td>小组成员</td><td colspan="5"></td></tr>
<tr><td>任务</td><td colspan="5"></td></tr>
<tr><td colspan="3">一、知识储备</td><td colspan="3">成绩：</td></tr>
<tr><td colspan="6">（一）单选题
1. 长春轻轨列车上安装的是（　　）。
A. 直流电动机　B. 交流电动机　C. 直线电机　D. 交直流电机都有
2. 转差率 S 的值为（　　）时，电机处于电动机运行状态。
A. $S<0$　B. $0<S<1$　C. $S>1$　D. 任意值
3. 电机的轴承过度润滑会导致（　　）。
A. 冒烟　B. 绕组温度过高　C. 油脂泄漏　D. 电机转矩消失
4. 转子铁芯表面开有槽，用于放置或浇注（　　）。
A. 转轴　B. 绕组　C. 端盖　D. 风扇
5. 电机处于发电机运行状态需要满足（　　）。
A. 电磁转矩和转子转速都为正　B. 电磁转矩和转子转速都为负
C. 电磁转矩为正，转子转速为负　D. 电磁转矩为负，转子转速为正
6. 三相异步电机的三相定子绕组在空间位置上相差（　　）。
A. 60°　B. 120°　C. 180°　D. 240°
（二）多选题
1. 列车牵引电动机由（　　）组成。
A. 转子　B. 定子　C. 气隙　D. 联轴器
2. 在转差率 $S<0$ 时，电磁转矩 M 为负，n 为正，电机处于发电机工况，运行于制动状态，这种状态被交流传动的电客车辆应用在（　　）工况。
A. 再生制动　B. 电阻制动　C. 反接制动　D. 电磁制动
3. 交流牵引电机的机械特性是指在三相异步电机（　　）固定的条件下，它的电磁转矩与转子转速之间的变化关系。
A. 定子电压　B. 转子电流　C. 定子频率　D. 定子各项参数
4. 关于交流牵引电动机的工作原理，下列说法正确的是（　　）。
A. 逆变器将三相交流电输送给电机的定子绕组，在气隙中产生旋转磁场
B. 转子在旋转磁场中感应出电动势从而在转子绕组中产生电流</td></tr>
</table>

C. 转子电流和旋转磁场相互作用产生电磁力，形成使转子旋转的电磁转矩

D. 转轴通过联轴器齿轮箱把转矩传送给车轴

5. 牵引电动机的气隙过小造成的影响有（　　）。

A. 磁阻大　　B. 装配困难　　C. 高次谐波磁场增强　　D. 启动性能变差

6. 电机由于连接导线断开造成的故障现象有（　　）。

A. 蜂鸣声　　B. 摩擦声　　C. 敲击声　　D. 电机的转矩消失

（三）判断题

1. 牵引电机的定子绕组在定子铁芯外部。（　　）

2. 电机转子一端安装有风扇，用于转子高速转动时的降温散热。（　　）

3. 电机转子与定子之间的气隙大则磁阻大，励磁电流大，功率因数降低。（　　）

4. 转差率 $S>1$ 时，转速与旋转磁场方向相同，是一种制动状态，叫作反接制动或电磁制动工况。（　　）

5. 对牵引电机进行高压热水清洗以后需要放在通风处自然晾干，防止电机内部元件潮湿引起电机故障。（　　）

6. 更换油脂期间应保证电机温度为 20～30 °C，注油脂时要转动转子，使轴承内腔均匀充满油脂。（　　）

7. 组装电动机所用螺钉在使用之前直接在螺纹上涂上黏结剂就可以进行组装了。（　　）

8. 交流牵引电机和直流电机相比，没有换向器，工作可靠性大大提高。（　　）

（四）简答题

1. 牵引电机的主要结构包括哪几部分？各有什么作用？

2. 简述牵引电机的工作原理。

3. 简述牵引电机的机械特性。

二、制订计划			成绩：
根据牵引电机的检修项目制订牵引电机的检修计划。			
序号	操作项目	操作工具	操作要点
1	牵引电机外表面清洁		
2	牵引电机的拆解		
3	牵引电机的内部清洁、干燥		
4	牵引电机电气组件检查		
5	牵引电机的组装		

三、操作准备工作	成绩：	
准备事项	已完成	未完成
1. 作业人员必须穿戴劳保鞋、安全帽、绝缘手套，做好安全防护。		
2. 作业前确认所有的工具和使用材料都处于检定有效使用期内。		
3. 小组成员根据自身状况和组长安排做好合理分工。		

四、操作及质量检查		成绩：
序号	评价标准	评价结果
1	操作前工具选用合理、安全防护到位。	
2	牵引电机外表面清洁干净，无积尘、无异物。	
3	熟练使用不同的清洁工具对牵引电机内外部进行清洁、干燥。	
4	熟练使用扭力扳手检验牵引电机的安装紧固力矩。	
5	熟练使用工具对牵引电机进行分解和组装。	
6	熟练检验牵引电机内部电气组件的状态。	
7	对各连接处的表面处理工具和材料选用恰当。	
8	作业后整理好工器具；作业记录表填写及时、准确。	
五、操作总结		

【知识导航】

一、牵引电机概述

在轨道交通车辆中，用电机驱动实现车辆牵引的传动控制方式，称为电力牵引控制。它是以牵引电机作为控制对象，通过控制系统对电机的速度和牵引力进行调节，满足车辆牵引性能的要求。

（一）牵引电机的类型

根据驱动电机的电源形式不同，牵引电机可以分为直流电机和交流电机。此外，作为最有实用价值的非黏着驱动方式，直线牵引电机在城市轨道交通车辆中的应用也越来越受到各国的重视，目前磁悬浮列车采用直线牵引电机进行驱动。

1. 直流电机

直流电机是指能实现直流电能和机械能互相转换的电机，因其良好的调速性能而在电力拖动中得到广泛应用。直流电机按励磁方式分为永磁、他励和自励 3 类，其中自励又分为并励、串励和复励 3 种。

直流串励电机具有适合牵引需要的“牛马”特性，即启动性能好、调速范围宽、过载能力强、功率利用充分、控制简单等优点，因此在直流传动系统中一直将其作为各种车辆的主要牵引动力。直流传动的城市轨道交通车辆的特点是采用直流牵引电机，通过控制励磁电流使牵引电机具有所要求的软特性和良好的防空转性能。但是，直流牵引电机存在换向器和电刷等结构，在高电压大功率情况下，换向变得困难，电位条件恶化，造成电机的工作可靠性降低，因此限制了直流传动列车的发展。

2. 交流电机

交流电机是指能实现交流电能和机械能互相转换的电机。交流电机主要分为同步电机和异步电机两类。按转子结构形式的不同，同步电机又分为凸极同步电机和隐极同步电机；异步电机又分为笼型异步电机、绕线转子异步电机和换向器式异步电机。同步电机主要用作发电机使用，也用作电动机或调相机。异步电机主要用作电动机，有时也用作发电机。两类电机虽然励磁方式和运行特性有很大差别，但电机内部发生的电磁现象和电能量转换的原理基本上都是相同的。

目前城市轨道交通车辆普遍采用的是交流异步牵引电机，这是因为同步电机需要集电环和电刷，或者在转子上安装旋转整流器，不适于频繁启动和停止的工作需要，也不能在轮径不同或牵引电机转速有差别时，由一台逆变器驱动多台电机并联工作。交流异步牵引电机在空间利用和自重上都优于同步电机，尤其是笼形异步电机，在工业上是最常用的。这种电机非常经济、耐用、可靠。异步电机采用 VVVF 控制，即直流电通过逆变器变为三相交流电，用电压和频率的变化来控制异步电机的转速，获得最佳的调速性能，并实现再生制动。下面以三相异步电机（见图 2-5-1）为例讲解牵引电机的相关知识。

视频　牵引电机结构及工作原理

图 2-5-1　交流牵引电机

（二）牵引电机的结构

交流牵引电动机主要由 3 个部分组成：固定部分称为定子；旋转部分称为转子；定子和转子之间的间隙称为气隙。交流牵引电机的结构如图 2-5-2 所示。

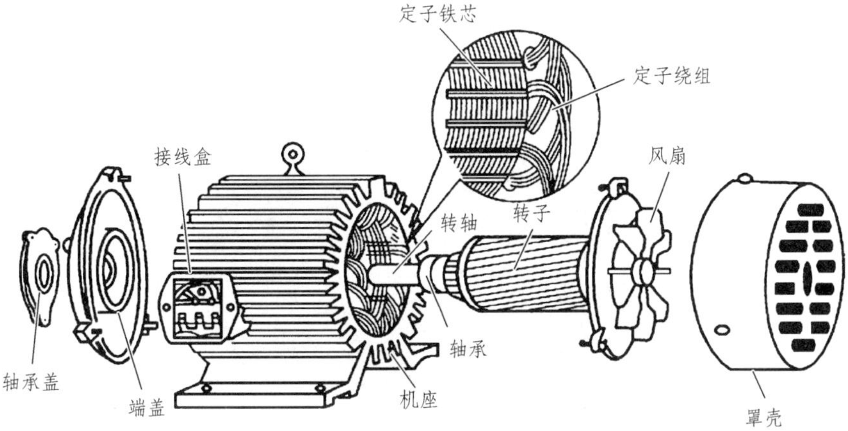

图 2-5-2　牵引电机结构

1. 定　子

异步电机的定子如图 2-5-3 所示，由定子铁芯、定子绕组和机座三部分构成。

图 2-5-3　牵引电机的定子

定子铁芯作为电机中磁路的一部分，可放置定子绕组。为了减少旋转磁场在铁芯中引起的损耗，铁芯一般采用导磁性良好、损耗比较小、厚 0.5 mm 的电工硅钢片叠成。为了嵌放定子绕组，在定子铁芯内圆冲出许多形状相同的槽。

定子绕组是电机的电路部分，其主要作用是通以电流产生旋转磁场，以实现机电能量转换。定子绕组的槽内布置分为单层和双层两种。对 10 W 以下的较小容量异步电机，常用交叉链式的单层绕组，但对两极电机则大多数采用同心式单层绕组。容量较大的异步电机一般都采用双层绕组。

机座的作用主要是固定和支撑定子铁芯，因此要求有足够的机械强度和刚度，能承受运输和运行过程中的各种作用力。电机运行时，因内部损耗而产生的热量通过铁芯传给机座，再由机座表面散发到周围空中。因此，为了增加散热面积，在机座外表面有散热筋。

2. 转　子

异步电机的转子如图 2-5-4 所示，由转子铁芯、转子绕组、转轴和风扇等组成。

图 2-5-4　牵引电机的转子

转子铁芯也是作为电机中磁路的一部分，一般也由厚 0.5 mm 的硅钢片叠成。转子铁芯固定在转轴上，其外圆上开有槽，用来嵌放转子绕组。

转子绕组的作用是产生感应电动势、流过电流和产生电磁转矩。其结构形式有笼形转子和绕线转子两种。

转轴是由高强度的热处理钢制成。

在转子的一端安装有风扇，用于转子高速转动时的降温散热。

3. 气　隙

异步电机的定子与转子之间必须有一气隙，气隙长度的大小对异步电动机的性能、运行可靠性影响极大。气隙过大，将使磁阻大增，要达到同样磁场强度所需励磁电流大幅度增加，励磁损耗也随之大幅增大，电动机功率因数会显著下降，使电动机的性能恶化。为了减小励磁电流和改善功率因数，应尽量减小气隙。但气隙过小，又会使气隙谐波磁场增大，电机杂散损耗和噪声增加，使最大转矩和启动转矩都减小。另外，气隙太小还容易使运行中的转子与定子相擦，发生扫膛故障，甚至卡死转子不转，降低了运行的可靠性，也给装配带来困难。一般中小型异步电机的气隙在 0.25 ~ 1.5 mm，大中型异步电动机在 0.75 ~ 2 mm。

（三）牵引电机的铭牌与技术参数

1. 牵引电机的铭牌

牵引电机的额定值印刻在每台电机的铭牌上，一般包括额定电压、额定频率、额定电流、额定功率及额定转速等，如图 2-5-5 所示。

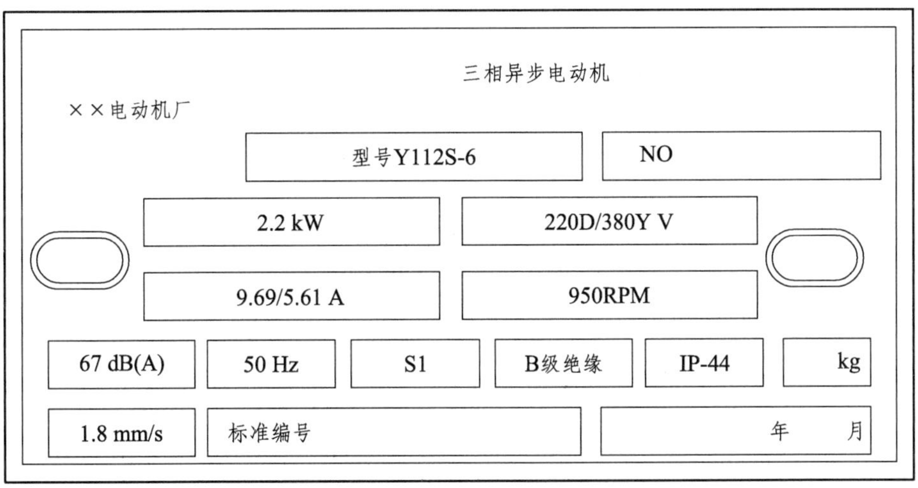

图 2-5-5　牵引电机的铭牌

（1）额定电压 U_N。

额定电压 U_N 是指电动机额定运行时，外加于定子绕组上的线电压，单位符号为 V。

（2）额定频率 f_N。

额定频率 f_N 是指加在电动机定子绕组上保证产生额定同步转速的电源频率，单位符号为 Hz。

（3）额定电流 I_N。

额定电流 I_N 是指电动机在额定电压下、轴端有额定功率输出时，定子绕组的线电流，单位符号为 A。

（4）额定功率 P_N。

额定功率 P_N 是指电动机在规定的额定情况下运行时，由轴端输出的机械功率，单位符号为 kW。

（5）额定转速 n_N。

额定转速 n_N 是指电动机在额定电压、额定频率下，轴端有额定功率输出时转子的转速，单位符号 r/min（记为 RPM）。

此外，铭牌上还标明定子相数、绕组接法以及绝缘等级等。对绕线转子异步电动机还常标明转子绕组接法、转子电压（指定子加额定电压、转子开路时，集电环间的电压）和额定运行时的转子电流等技术数据。

三相异步电动机的定子绕组可接成星形或三角形，视额定电压和电源电压的配合情况而定。例如星形接法时额定电压为 380 V，改接成三角形时就可用于 220 V 的电源上。为了满足这种改接的需要，通常把三相绕组的 6 个端头都引到接线板上，以便于采用两种不同接法，如图 2-5-6 所示。

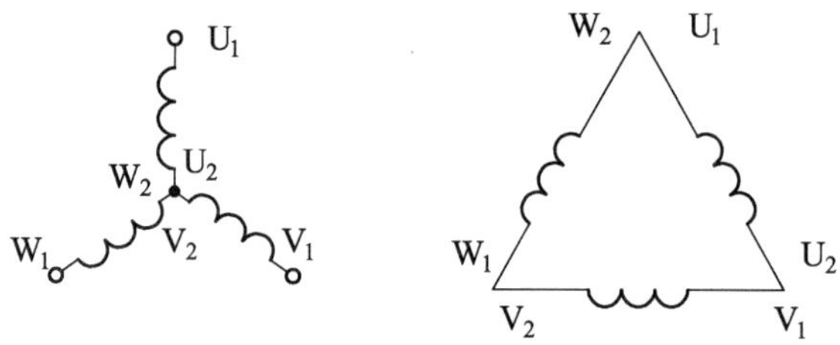

（a）原理接线图

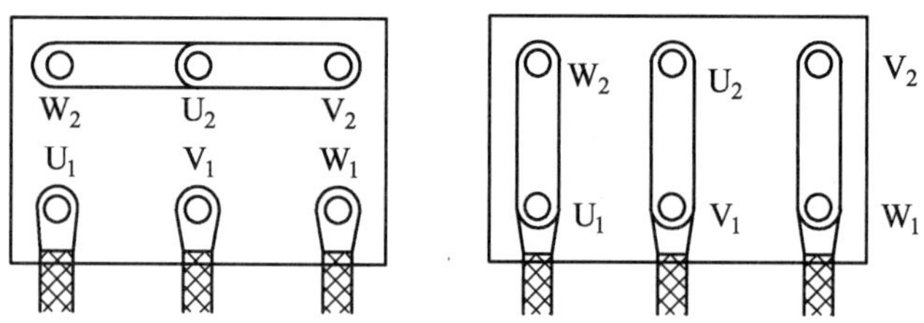

（b）接线盒内接线图

图 2-5-6　三相异步电机的接线板

2. 牵引电机的技术参数

长春地铁一号线地铁列车的牵引电机的技术参数如表 2-5-1 所示。

表 2-5-1　牵引电机技术参数

项　　目	参　　数
额定电压	1 050 V
额定电流	133 A
额定功率	190 kW
额定转速	1 800 r/min
功率因数	0.85
额定频率	61 Hz

续表

项　　目	参　　数
温度等级	200 NI
绝缘电压	1 500 V
最高电压	1 403 V
最大电流	283 A
最高速度	3 642 r/min
接　　线	Y 型
电流导线	每相 1×25 mm^2

二、牵引电机的工作原理及机械特性

（一）工作原理

B 车的受电弓从接触网上取得 1 500 V 的直流电流，经过车辆牵引逆变器转换成三相交流电，输送给交流牵引电动机（三相异步电动机）定子上空间位置相差 120°的三相绕组，使定子三相绕组中有对称的三相电流流过，从而气隙中产生旋转磁场。转子绕组在这个旋转磁场中感应出电动势，转子的感应电动势在自我闭合回路的转子绕组中产生电流。转子电流与旋转磁场相互作用，产生电磁力，形成使转子旋转的电磁转矩，转轴通过联轴器和齿轮箱把转矩传送给车辆转向架的车轴，带动车辆滚动，驱动车辆运行。

（二）机械特性

在三相异步电动机定子电压、频率以及参数固定的条件下，它的电磁转矩 M 与转子转速 n 之间的变化关系，称异步电动机的机械特性，记作 $M=f(n)$，有时异步电动机的转速（即横坐标）n 以转差率 s 代替[$s=(n_1-n)/n_1$，是指旋转磁场的转速 n_1 与转子转速 n 之间的差值与旋转磁场转速 n_1 之比]，这时的机械特性记作 $M=f(s)$，可画出 $M=f(s)$ 曲线，如图 2-5-7 所示。

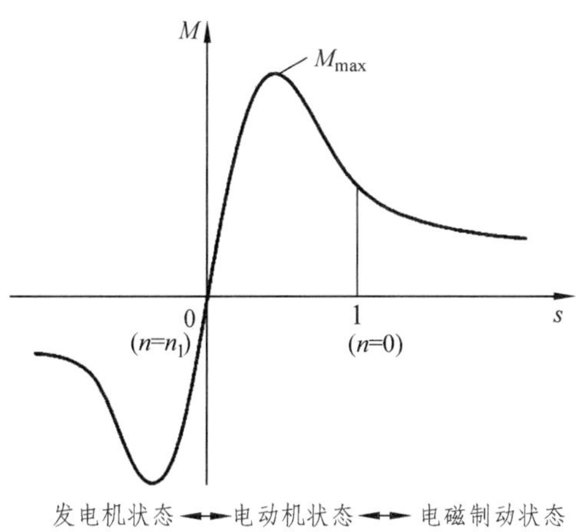

图 2-5-7　三相异步电机的机械特性

（1）在 $0<s<1$ 时，电磁转矩 M 和转子的转速 n 都为正，电机处于电动机运行状态。

（2）在转差率 $s<0$ 时，电磁转矩 M 为负，n 为正，电机处于发电机工况，运行于制动状态。这种状态被交流传动的列车应用在电阻制动或再生制动工况。

（3）在转差率 $s>1$ 时，电磁转矩 M 转矩为正，转速 n 与旋转磁场方向相反，也是一种制动状态，叫作反接制动或电磁制动工况。

三、牵引电机的拆卸与安装、检修以及常见故障分析处理

（一）牵引电机的拆卸与安装

1. 拆　卸

（1）分离两个半联轴节。

（2）排空齿轮箱中的润滑油。

（3）拆下齿轮箱吊杆下部连接螺栓，报废。将齿轮箱安全止挡靠在齿轮箱安全挡销上。

（4）拆下齿轮箱吊杆上部连接螺栓，将垫圈和螺母报废，吊杆待用。

（5）将电机吊具套到行车上，在电机外壳顶部旋上 4 个吊环，用吊具套到吊环上，使行车吊住电机。

（6）拆下牵引电机的上部安装螺钉、垫圈及下部安装螺钉、垫圈，将其报废。

（7）拆下牵引电机与构架连接的接地线电缆螺钉。

（8）确认电机上的电缆已处于自由状态，小心地将电机吊离转向架。支撑住齿轮箱，拆下螺钉，报废。

（9）拆下齿轮箱安全挡销，待用。

（10）将构架从轮对上吊离。

2. 安　装

（1）将架修好的带齿轮箱的动车轮对置于组装线上，分别安装好一系悬挂和轴箱拉杆。

（2）在构架齿轮箱座上安装齿轮箱安全挡销。

（3）安装垫片和螺钉，扭矩为 25 N · m。

（4）在齿轮箱吊座与齿轮箱间安装齿轮箱吊杆，将螺杆穿过齿轮箱与其吊杆下部，安装上新的垫圈和螺母，扭矩为 430 N · m。

（5）将电机吊具连到安装有吊环的电机上，将吊具套到行车上，吊起电机到构架上方。

（6）将电机上的安装孔与构架上的安装孔对准，确保两个半联轴节的结合面紧贴。

（7）安装新的锥形垫圈和平垫圈及螺钉，使电机与构架电机安装座上部紧紧贴合。

（8）安装新的锥形垫圈和平垫圈及螺钉，使电机与构架电机安装座下部紧紧贴合。

（9）旋转齿轮箱，使两个半联轴节的连接孔对齐，拧 M8 的螺栓，扭矩为 32 N · m。

（10）安装齿轮箱吊杆上部螺栓及垫圈和螺母，扭矩为 280 N · m。

（11）螺栓的扭矩为 600 N · m。

（二）牵引电机的检修

由于电动列车的牵引电机通常采用笼型异步电机，该电机基本可以达到免维护的要求，所以仅在大修时做解体检修。

1. 吹扫之前的适当分解

（1）拆下传动侧（D 端）进风罩。
（2）拆下进风罩外沿 M8 外六角螺栓。
（3）拆下进风罩内侧 M8 外六角螺栓。
（4）用橡胶锤轻敲，将进风罩取下。
（5）拆下非传动侧（N 端）保护网。
（6）拆下大端盖外沿 4 块保护网上的 M8 外六角螺栓。
（7）取下 4 块保护网。

2. 吹扫、清洗、烘焙

（1）将电动机吊到小车上，将小车推入吹扫室。
（2）插好小车电源，关门，接通除尘装置电源。
（3）打开压缩空气，工作压力增至 300 ~ 400 kPa。
（4）依次对机座、转子进行吹扫，直至将积尘吹净。
（5）用配有清洗剂的高压热水清洗电机内、外油污和污垢后，用清水冲尽清洗剂。
（6）对电动机进行烘焙干燥，烘焙温度：80 ~ 100 °C；烘焙时间：8 ~ 10 h。

3. 检　修

（1）注油拆下传动轴上的联轴器并清洁干净。

（2）检查电机所有的紧固件，螺纹孔紧固件扭矩为：M6 为 8 N · m；M8 为 20 N · m；M10 为 40 N · m。

（3）检查电机引出线、接线端子（允许引出线局部破损，需进行绝缘包扎）。
① 接线盒密封完好，螺栓无松动。
② 接线盒密封端子良好。
③ 引出线压板完好，螺栓紧固。
（4）电机防脱保护板（电机保护鼻子）螺栓无松动。
（5）电机悬挂处螺孔完好。
（6）电机大端盖（N 盖）螺栓 M14 内六角螺栓紧固。
（7）检查脉冲发生器紧固螺栓、M10 外六角螺栓。
（8）更换润滑油脂。

注意：更换油脂期间应保证电机温度为 20 ~ 30 °C；注油脂时要转动转子，使轴承内腔均匀充满油脂。

（9）更换传动（D）端油脂。
① 拆下 M6 外六角螺栓，取下油腔盖，清除油腔废油。
② 拆下外油封、端盖。
③ 用手动脂枪向注油嘴内注入约 160 g 干净润滑油脂。
（10）更换非传动（N）端油脂。
① 拆下 M6 外六角螺栓，取下油腔盖，清除油腔内废油。
② 用手动油脂枪往油嘴内注入约 140 g 干净润滑油脂。

4. 组　装

注意：组装电机所用的螺钉在使用之前，要在螺钉的螺纹上涂上活化剂，并让它有一定的时间透气，再在螺纹上涂上黏结剂。

（1）安装 D 端轴承及内部轴承盖。

① 将轴承装入轴承压装置。

② 将轴承压入装置分别从定子两侧插入定子外罩上的轴承孔中。

③ 在轴承压入装置上装上套筒和螺母，用扳手拧紧，将轴承压入轴承座。

④ 拆掉轴承压入装置。

⑤ 在内部轴承盖的端面涂上防摩擦的轴承润滑油脂，并安装轴承圈。

⑥ 在内部轴承盖上涂上防摩擦的轴承润滑油脂。

⑦ 在内部轴承盖的凹槽嵌入 O 形圈。

⑧ 把内部轴承盖插入定子外罩上的轴承孔中，用涂上活化剂和黏结剂的螺钉插入螺孔，并以 8 N · m 的扭矩将其拧紧。

（2）安装端盖轴承。

① 将端盖轴承用轴承压入装置放入轴承座。

② 在轴承压入装置上装上套筒和螺母，用扳手打紧，将轴承压入轴承座。

③ 拆掉轴承压入装置。

（3）把带端盖的转子安装到定子上。

① 将转子转轴插入端盖中心，使转子安装到端盖上。

② 利用辅助工具将吊臂固定在转子转轴上。

③ 用吊车将转子及端盖吊到定子操作台。

④ 在端盖与定子的接触面上均匀地涂上密封剂。

⑤ 调整好端盖位置。

⑥ 将转子移动到定子中心孔的位置，小心地移入转子，在插入过程中保持转子水平。以免使绕组、铁芯装置和 D 端轴承受损。

⑦ 在移入的过程中，利用辅助工具将转子拉入 D 端中心孔中。

⑧ 安装压装工具，将整个转子压入 D 端轴承外罩中。

⑨ 将端盖安装到定子外罩上，用涂上活化剂和黏结剂的螺钉插入螺孔，并用 40 N · m 扭矩将其拧紧。

⑩ 拆掉压装工具。

（4）安装 N 端轴承盖。

① 在 N 端外部轴承盖上涂上薄薄的一层防摩擦轴承润滑油脂。

② 将 N 端轴承盖安装到端盖上。

③ 用涂上活化剂和黏结剂的螺钉插入螺孔，并以 8 N · m 的扭矩将其拧紧。

（5）安装 D 端轴承盖。

① 将涂上润滑油脂和安装胶并加热至约 200 °C 的密封环滑入 D 端转轴中，并至止挡处。

② 在外部轴承盖（D 端）上涂上密封剂。

③ 将外部轴承盖安装到定子外罩上。

④ 用涂上活化剂和黏结剂的螺钉插入螺孔，并以 200 N · m 的扭矩将其拧紧。

（三）牵引电机的常见故障分析及处理

1. 插座接地故障信号

可能原因：插座与外壳接触；连接导线损坏，引起接地故障；绕组绝缘损坏，外壳的接线区域有水；电机中的冷却风道受阻。

排除方法：拆下插座，清洁其生锈的表面部分；检查连接导线的经过路径是否有锋利的边缘及摩擦点，如有必要，更换连接导线；检查绕组绝缘或电机中的异物；拆下转子及其 N 端轴承罩进行检查，如果正常，将外壳擦干；清洁冷却风道。

2. 绕组温度过高

可能原因：过载；电机中的冷却风道受阻。

排除方法：减少负载；清洁冷却风道。

3. 局部过热

可能原因：温度检测线断开；电缆接头或线路连接松动；绕组绝缘损坏；轴承被脏物堵塞。

排除方法：检查连接导线，更新连接导线；拆掉转子及其 N 端的轴承罩，检查铜焊连接，如有必要，更新电缆接头和铜焊连接；测量绕组电阻，判断是否有异物；拆掉轴承盖，检查轴承密封，更新轴承，再润滑。

4. 冒　烟

可能原因：绕组绝缘损坏；轴承卡住；转轴弯曲。

排除方法：检查电机的转子中有无异物；检查绕组电阻、绝缘电阻，测量阻抗；分解电机，查看轴承盖是否变色；检查定子绕组和轴的附件（如内部风扇）。

5. 烧焦气味

可能原因：连接导线损坏或断开；绕组绝缘损坏。

排除方法：检查绕组电阻、绝缘电阻，测量阻抗；检查电机的转子中有无异物；检查连接导线。

6. 蜂鸣声

可能原因：连接导线断开；接线端松动。

排除方法：检查连接导线的经过路径是否有锋利的边缘及摩擦点，如有必要，更换连接导线；打开接线盒，检查接线端并固定，如有必要，更换电缆接线头。

7. 摩擦声

可能原因：轴承间隙不对；轴弯曲。

排除方法：抬起轴，用千分尺测量轴承的配合；分解电机，检查定子/转子铁芯装置、定子绕组和轴的附件（如内部风扇）。

8. 敲击声

可能原因：电流流过轴承；轴承损坏；用于脉冲发生器的内部风扇松动；电机悬挂装置断裂；电机悬挂装置松动；电机联轴节松动或断裂。

排除方法：分解轴承，判断引起电流穿过的原因，并采取适当措施；拆卸轴承盖，查看电机中有无断裂现象，判断转子铁芯是否会碰撞到定子铁芯装置；检查脉冲发生器的密封盖并固定脉冲发生器；检查悬挂装置、螺钉连接、轴承装置和缓冲装置，用规定的紧固扭矩将螺钉拧紧，更新缓冲装置。

9. 电机的转矩消失

可能原因：连接导线断开；电缆连接头或者线路连接松动。

排除方法：检查连接导线；拆卸转子及 N 端轴承罩，检查铜焊连接，如有必要，更新电缆连接头和铜焊连接。

10. 速度的转矩消失

可能原因：连接脉冲发生器的导线断开；脉冲发生器损坏；脉冲发生器的内部风扇松动。

排除方法：更换连接导线，检修插头连接；紧固脉冲发生器；更换脉冲发生器；拆卸盖子，检查支座和密封盖，固定脉冲发生器。

11. 油脂泄漏

可能原因：轴承过度润滑；电机联轴节松动或断裂。

排除方法：拆卸油脂盖，清除多余的油脂，清洁油管并固定油脂盖；检查螺钉连接点，查看是否有裂纹，用规定的紧固扭矩将螺钉拧紧，或更换断开的螺钉；检查密封是否损坏，必要时进行更换。

【学习随笔】

任务 6 制动电阻的认知与检修

【实施工单】

1. 任务要求

（1）掌握制动电阻的用途。
（2）掌握制动电阻的结构和工作原理。
（3）能够对制动电阻进行检查与维护。

2. 任务准备

（1）场地准备：城市轨道交通车辆检修实训中心（配备多媒体）。
（2）工具准备：升降台、万用表、扳手、轴承拆装工具。
（3）物品准备：棉布、砂纸、棉纸、酒精、绑扎带等。
（4）建议课时：4 课时。

“制动电阻的认知与检修”任务工单

姓名		班级		学号	
时间		地点		组别	
指导教师		专业			
小组成员					
任务					
一、知识储备			成绩：		

（一）单选题

1. 制动电阻用于轨道列车的（　　）。
   A. 空气制动　B. 磁轨制动　C. 电阻制动　D. 液压制动
2. 制动电阻的冷却方式是（　　）。
   A. 自然冷却　B. 水冷　C. 强迫风冷　D. 空调冷却
3. 制动电阻风扇的工作电源为（　　）。
   A. 直流 36 V　B. 直流 110 V　C. 单相交流 220 V　D. 三相交流 380 V

（二）多选题

1. 制动电阻的主单元包括（　　）。
   A. 制动电阻外壳　B. 制动电阻框架　C. 压力监控器　D. 温度监控器
2. 以下表述中，属于制动电阻的优点有（　　）。
   A. 具有良好的热容量　B. 耐振动　C. 抗腐蚀　D. 在高温下不生成氧化层
3. 制动电阻风扇的监控由（　　）进行。
   A. 压力传感器　B. 速度传感器　C. 电流传感器　D. 温度传感器

（三）判断题

1. 制动电阻的温度监控传感器监控制动电阻箱的进风口温度，以确认风扇的工作状态是否正常。（　　）
2. 制动电阻安装在动车底架下方，4 动 2 拖的列车有 4 台制动电阻。（　　）
3. 风量监控压力传感器监控风扇进风口与出风口之间的压差，当压差小于设定值时，全车的 TCU 被封锁。（　　）
4. 制动电阻的检修与维护主要是为电阻进行除尘。（　　）

（四）简答题

1. 制动电阻的主要结构包括哪几部分？各有什么作用？

2. 简述制动电阻的工作原理。

二、制订计划	成绩：
根据制动电阻的检修项目制订制动电阻的检修计划。	

序号	操作项目	操作工具	操作要点
1	制动电阻箱外观检查		
2	制动电阻箱的分解		
3	制动电阻箱的内部检查		
4	温度保护装置检查		
5	制动电阻功能检查		

三、操作准备工作	成绩：	
准备事项	已完成	未完成
1. 作业人员必须穿戴劳保鞋、安全帽、绝缘手套，做好安全防护。		
2. 作业前确认所有的工具和使用材料都处于检定有效使用期内。		
3. 小组成员根据自身状况和组长安排做好合理分工。		

四、操作及质量检查		成绩：
序号	评价标准	评价结果
1	操作前工具选用合理、安全防护到位。	
2	制动电阻外部检查内容全面、正确。	
3	熟练使用工具对制动电阻箱进行分解和组装。	
4	熟练使用扭力扳手检验制动电阻的安装紧固力矩。	
5	熟练使用仪器设备对温度保护装置进行功能检查。	
6	熟练使用仪器设备对制动电阻进行功能检查。	
7	作业后整理好工器具；作业记录表填写及时、准确。	

五、操作总结

【知识导航】

一、制动电阻概述

（一）制动电阻的用途

基于对环境保护的意识及减少能耗的要求，现代城市轨道交通车辆在制动工况时，首先采用再生制动，即把牵引发电机所产生的电能经逆变器回馈给电网。但是，若回馈电压过大，则会对电网造成冲击，从而使供电质量下降，影响到邻近车辆的正常工作。因此当牵引发电机所产生的电压达到某一特定值（如牵引逆变器直流侧电压达到 DC 1 800 V）时，就会采用电阻制动。此时，制动电阻作为牵引发电机的负载，消耗电网不能吸收的、多余的再生制动能量，确保再生制动的稳定进行，保持牵引供电电压能够在正常范围之内。

（二）制动电阻的结构

制动电阻箱悬挂安装于动车底架下方，冷却方式为强迫风冷（卧式通风），如图 2-6-1 所示。

图 2-6-1　制动电阻箱

制动电阻箱包括制动电阻外壳（内部安装有条状制动电阻）、制动电阻框架、压力监控器、温度监控安装框架、接线盒等，如图 2-6-2 所示。

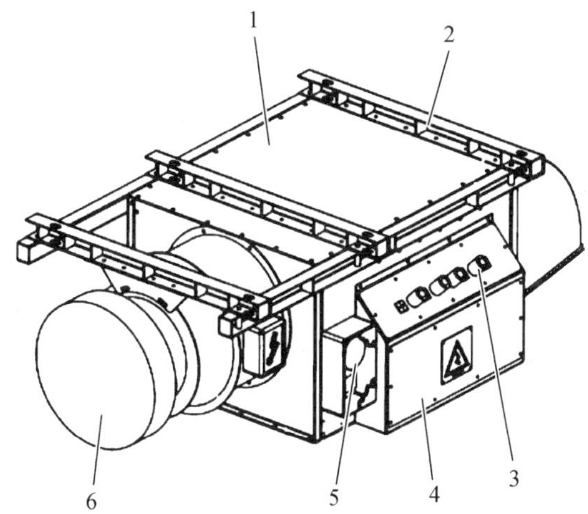

1—制动电阻外壳；2—制动电阻安装框架；3—接线柱；
4—接线盒；5—温度监控安装框架；6—通风风扇。

图 2-6-2　制动电阻结构

1. 条状制动电阻

箱体内的条状电阻分成两个支路：R_{12} 和 R_{34}。每条支路内的条状电阻通过不同的铜母排相互串联连接，如图 2-6-3 所示。额外的电能通过电缆和铜母排从牵引逆变器传输到电阻单元上转化为热能。电阻带通过隔离瓷件和绝缘子与电阻单元安装板连接组成电阻单元，电阻单元通过安装板安装在箱体的导轨里，这样保证了电阻带和箱体的电气绝缘。

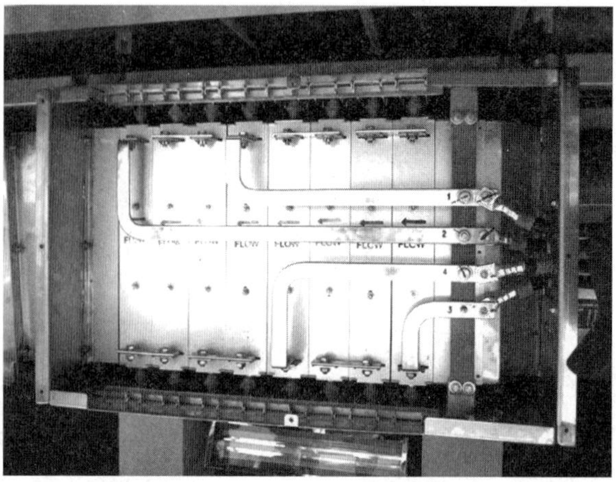

图 2-6-3　条状电阻的连接

2. 通风风扇

通风风扇包括电机、外壳、风叶。

制动电阻通风风扇的作用是降低制动电阻箱内的温度，使制动电阻在制动电阻风扇强迫通风方式下正常工作。在每节动车上各有 1 个制动电阻箱及制动电阻风扇。制动电阻风扇的工作电源为三相交流 380 V，对它的监控由风量监控压力传感器和制动电阻出口温度监控传感器负责。

风量监控压力传感器通过监控通风风扇的进风口与出风口间压差确认风扇的工作状态是否正常。当压差小于设定值时，本车牵引控制单元被封锁。通风风扇的故障产生原因可能是由于灰尘挡住了风口或是由于风扇电机转速未达到额定状态。

电阻出口温度监控传感器监控制动电阻箱的出口温度，以确认风扇的工作状态是否正常。当检测到出风口温度大于设定值时，牵引控制单元被封锁。

（三）技术参数

制动电阻的技术参数如表 2-6-1 所示。

表 2-6-1　制动电阻技术参数

项　　目	参　　数
工作电压	DC 1 800 V
最大工作电压	DC 2 000 V
持续时间	10 s（R_8）/18 s（R_9）
工作温度	400 °C
最高工作温度	≤640 °C
冷却方式	强迫风冷
额定通风量	1.8 m^3/s
电阻带与电阻组件架可承受	5 800 V/min
组件构架与电阻箱之间可承受	3 000 V/min
电气间隙	>32 mm
爬电距离	>50 mm

二、制动电阻的工作原理

FMBR-108AX 制动电阻原理如图 2-6-4 所示。

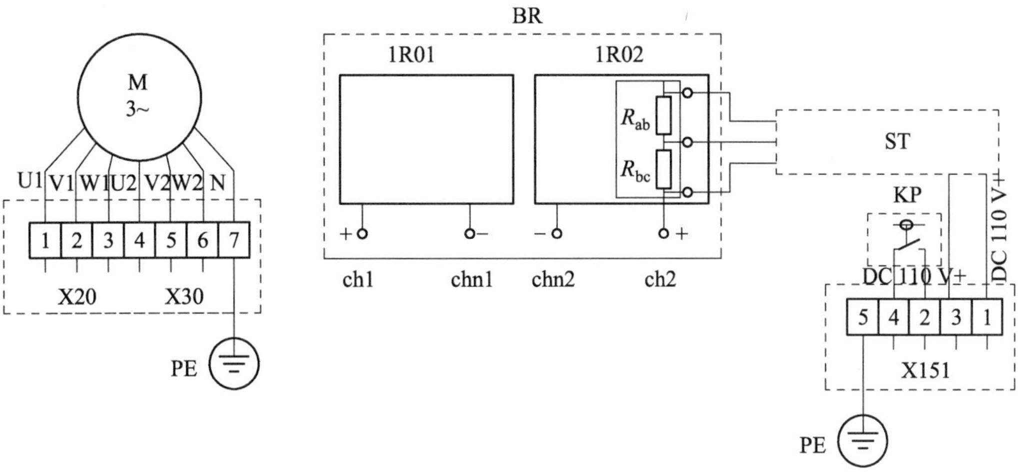

序号	1	2	3	4	5	6	7	8
代号	X151	X20/X30	1R01/1R02	ST	M	KP	R_{ab}	R_{bc}
名称	接线端子排	接线端子排	电阻	温度保护装置	风机电机	风压继电器	温敏电阻1	温敏电阻2

图 2-6-4　FMBR-108AX 制动电阻原理

两组制动电阻 1R01 和 1R02 分别通过 IGBT 并联在牵引逆变器的直流侧。在制动期间，当牵引逆变器中电压传感器测量到直流侧电压超过 1 800 V 时，牵引控制单元向制动斩波器发出启动命令，门极驱动单元启动两个 IGBT，将能量转送到制动电阻 BR 中消耗，当直流侧电压降低到允许范围时，制动斩波器关闭。

制动电阻工作时会产生高热，从而使温度上升。为防止烧损制动电阻，采用通风风扇强迫通风的冷却方式。由三相异步电机（380 V、50 Hz）提供所需的冷却空气，在高速（1 450 r/min）时流量要求为 1.7 m^3/s，在低速（960 r/min）时流量要求为 1.13 m^3/s。

出风口最后一个电阻单元是制动期间最热的电阻单元，因此通过温敏电阻 R_{ab} 和 R_{bc} 检测其温度。一旦超过 640 °C，则温度保护装置起保护作用。

通过风压继电器 KP 检测其通风量，高速时风压为 320 Pa，低速时风压为 142 Pa。

三、制动电阻的拆卸、安装与检修

（一）制动电阻的拆卸与安装

1. 操作注意事项

（1）检查维护前必须遵守以下 5 条安全措施：

① 切断电源。

② 确保不再被合闸。

③ 检查电气设备，确保无电。

④ 接地短路。

⑤ 防止活动物体接近。

（2）必须遵守有关规定，防止列车意外移动。

（3）在开始任何工作前，切断牵引逆变器的供电开关以隔离制动电阻，并确保制动电阻温度降到环境温度。

（4）在制动电阻的风机上开始任何工作前，切断辅助逆变器的供电。

（5）在温度保护装置及风压开关上开始任何工作前，断开牵引逆变器的供电。

2. 拆　卸

1）拆卸机械连接

（1）拧松 M10 的六角螺母，但不要完全拧下。

（2）定位抬升设备，使箱体作用在抬升设备上。

（3）拧下 M12 六角螺母，使箱体与支持板脱离。

（4）取下平衡垫圈，记录垫圈的位置、数量、厚度。

（5）拧下 M10 六角螺母，从托架上取下支持板。

（6）放低制动电阻。

2）拆卸电气连接

（1）卸下压差开关的接线。

（2）打开接线盒，把电缆从三个接线柱上卸下。

3. 安　装

1）安装条状电阻箱

（1）使用抬升设备将电阻箱放到指定位置。

（2）将支持板放入托架。

（3）使用 M10 的六角螺母、垫圈、螺帽固定支持板，紧固扭矩为 29 N·m。

（4）放入平衡垫圈。

（5）放入 M12 的六角螺母、垫圈和螺帽，轻微拧紧。

（6）检查调整螺母紧固扭矩至 40 N·m。

（7）拧紧螺母，扭矩为 50 N·m。

（8）打开接线盒，将装有电缆夹的电缆穿过电缆进口接到标有 1、2、3 的接线柱上。电线的固定螺母紧固扭矩为 40 N·m。

（9）连接压差开关接线。

2）安装通风风扇

风扇通过固定螺栓对穿固定，注意调整工作风叶与外壳的间隙。

（二）制动电阻的检修

1. 外观检查

（1）检查制动电阻是否有外观缺陷，如构架、风道及外壳是否有严重变形或裂纹。若存在缺陷则更换。

（2）检查制动电阻安装梁安装孔处的 M12 × 8.8 级螺栓螺母是否牢固，如果出现螺栓连接松动，则要拧紧六角螺母，螺母的紧固力矩为 88 N・m。

（3）目视检查制动电阻的线路和安装位置，通过拧紧密封管螺栓扣紧松动的电气连线，任何损伤的连线都必须更换。

（4）检查风机的外壳和风机叶轮是否有较大变形和裂纹，若有以上缺陷则要求更换风机。

注意：风机电机采用空冷，与风量有匹配冷却关系，灰尘/泥土/碎屑的积累会削弱冷却效率，导致过热，甚至失效。

（5）清洁风机外表面。

（6）拆去风罩，清除灰尘以及风机叶轮和风机内部的碎屑。清洗风机叶轮时确保不要缠绕其他物体，完成后将风罩装上风机。

（7）检查风机法兰的紧固螺栓。如果出现松动则用扭力扳手按规定的扭力紧固。

2. 分　解

1）分解主单元

（1）拆卸安装盖、接线端盖子和两个支撑。

（2）拆卸与相邻框架的内部连接。

（3）如有必要，拆卸接线端电缆。

（4）用手托住框架的下方支撑其重量，小心地将电阻框架从支持排上拉到箱体外，注意保护绝缘子。

（5）将电阻框架从箱体中取出后，可以上表面朝下放置，也可以平放，注意不能将输出端子朝下放置。

2）分解通风风扇

（1）拆卸保护网罩。

（2）拆卸中心螺钉。

（3）用拖动工具压入叶轮中，将中叶轮拆下来。

3. 内部检查

（1）去除制动电阻的紧固螺栓，拆去前盖板、后盖板和出风罩。

注意：不得用清洁剂及溶剂清洗制动电阻和发热元件。

（2）检查制动电阻的电阻单元、绝缘子、出风罩和其他部位是否有污物或其他物体，用真空吸尘器去除电阻单元、绝缘子、出风罩、其他元件的灰尘和泥土。

（3）检查制动电阻所有的螺栓连接情况，若发现松动则用扭力扳手紧固。

（4）检查电阻单元的热高温强度（例如可见的变形），若需要则更换。

（5）拆去前盖板和低压接线盒盖板，对温度保护装置进行功能检查。

按图 2-6-5 要求接好测试仪器及温控器，将多圈线绕电位器 W_1 调节到中间点位置，将数字万用表 1 置于直流电压挡，将数字万用表 2 置于电阻挡，打开 48 V 直流电源开关，缓慢调节电位器 W_1 旋钮观察数字万用表 1 的电压值，当数字万用表 1 的电压大于 100 V 时，应能够听到温控保护继电器吸合动作的声音，同时数字万用表 2 的电阻挡显示为 02；反向调节电位器 W_1，当数字万用表 1 的电压小于 – 100 V 时，应能够听到温控保护继电器断开动作的声音，同时数字万用表 2 的电阻挡显示为开路状态。

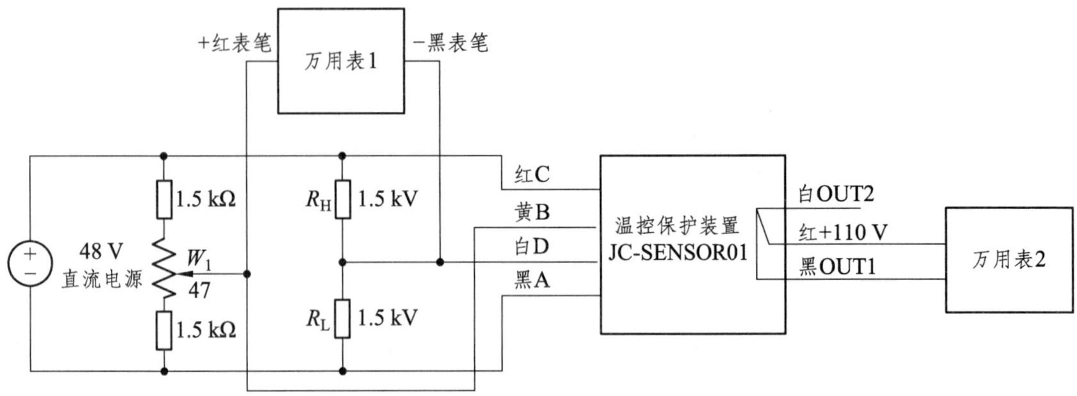

图 2-6-5　温度保护装置测试电路

4. 制动电阻的功能检查

（1）取下制动电阻箱上前面板的螺栓，拆去前面板。

（2）拆去制动电阻箱内铜母排上的四根电缆线。

（3）用绝缘电阻表检测制动电阻的电阻。

（4）连接四根电缆线至端子铜母排，检查是否紧固。

（5）用 2.5 kV 兆欧表测试接线端和外壳之间的绝缘电阻。

（6）检查温度保护装置的电气连接。

（7）用紧固螺栓将低压接线盒面板安装到低压接线盒上并用扭矩扳手拧紧连接螺栓。

5. 组　装

1）组装制动电阻箱

（1）用一个平板托住电阻框架的下面，以支撑起其重量，将框架小心地滑入带支撑排的箱体内，注意保护绝缘子。

（2）将电阻器框架尽可能推入单元内。

（3）重新接上接线端盖子。

（4）重新接上与相邻框架相连的内部接线，盖上连接盖。

（5）用螺栓将框架固定到两个支撑上。

（6）盖上接线端盖子。

（7）盖上安装盖，接线端螺钉的紧固扭矩为 40 N · m。

2）组装通风风扇

（1）在重新组装前，要清洁轴、导向套和轴套，并对这些部件进行润滑。

（2）将螺纹杆拖入电机轴上，并将叶轮尽可能地推入，抬起叶轮。

（3）用螺钉、轴端垫圈和螺钉锁定件将叶轮固定住。

（4）安装叶轮罩盖。

6. 通风风扇的检查

（1）接通牵引逆变器电源。

（2）接通辅助逆变器电源。

（3）接通温度保护装置和风压开关的电源。
（4）启动风机，检测风机叶轮转动方向是否正确。

【学习随笔】

任务 7　避雷器的认知与检修

【实施工单】

1. 任务要求

（1）掌握避雷器的结构和作用。
（2）熟悉避雷器的检修要求。
（3）能够独立检修避雷器。

2. 任务准备

（1）场地准备：城市轨道交通车辆检修实训中心（配备多媒体）。
（2）工具准备：梅花扳手、拆装工具箱、耐压设备等。
（3）物品准备：软毛刷、棉布、100%工业酒精、记号笔等。
（4）建议课时：2 课时。

"避雷器的认知与检修"任务工单

姓名		班级		学号	
时间		地点		组别	
指导教师		专业			
小组成员					
任务					

一、知识储备	成绩：

（一）单选题

1. 避雷器安装在车顶，与被保护物（　　）。

A. 串联　　B. 并联

C. 串联和并联都可以　　D. 视情况而定

2. 城市轨道交通车辆上常用的避雷器是（　　）。

A. 保护间隙　　B. 管型避雷器　　C. 阀型避雷器　　D. 氧化锌避雷器

（二）多选题

1. 避雷器的非线性电阻的非线性关系是指（　　）。

A. 大电流时电阻小　　B. 大电流时电阻大　　C. 小电流时电阻大　　D. 小电流时电阻小

2. 避雷器由（　　）这些构件组成。

A. 聚合物复合壳体　　B. 法兰

C. 非线性金属氧化物电阻　　D. 压力释放隔膜

3. 氧化锌避雷器具有（　　）等优点。

A. 无间隙　　B. 无续流　　C. 防爆性能好　　D. 防震性能好

4. 避雷器的预防性实验中必做的是（　　）。

A. 测量绝缘电阻　　B. 测量直流参考电压

C. 测量直流泄漏电流　　D. 测量交流参考电压

（三）判断题

1. 避雷器的伏秒特性比被保护物的伏秒特性低，所以在雷击时避雷器先被击穿。（　　）

2. 避雷器的安装应自上而下进行。（　　）

3. 为保证避雷器可靠并具有最佳的保护功能，接地应当尽可能的长。（　　）

（四）简答题

1. 避雷器的伏秒特性指的是什么？

2. 避雷器的一般性维护项目有哪些？

3. 简述避雷器的工作原理。

二、制订计划	成绩：

根据避雷器的检修项目制订避雷器的检修计划。

序号	操作项目	操作工具	操作要点
1	避雷器外观检查		
2	避雷器的一般性维护		
3	避雷器的安装		
4	直流参考电压的测量		
5	直流泄漏电流的测量		

三、操作准备工作	成绩：	
准备事项	已完成	未完成
1. 作业人员必须穿戴劳保鞋、安全帽、绝缘手套，做好安全防护。		

2. 作业前确认所有的工具和使用材料都处于检定有效使用期内。			
3. 小组成员根据自身状况和组长安排做好合理分工。			
四、操作及质量检查		成绩：	
序号	评价标准		评价结果
1	操作前工具选用合理、安全防护到位。		
2	避雷器外部检查内容全面、正确。		
3	熟练使用工具对避雷器进行安装。		
4	熟练使用扭力扳手检验避雷器电缆的紧固力矩。		
5	熟练使用仪器设备对避雷器进行直流参考电压的测量。		
6	熟练使用仪器设备对避雷器进行直流泄漏电流的测量。		
7	作业后整理好工器具；作业记录表填写及时、准确。		
五、操作总结			

【知识导航】

一、避雷器概述

避雷器也称浪涌吸收器，用来限制雷击等因素形成的过电压对列车造成的伤害，其安装位置如图 2-7-1 所示。避雷器一端连接电弓，另一端通过车体接地片接地。电侵入时由于过电压的作用使避雷器动作（放电），雷电流经避雷器泄入大地，从而限制了雷电过电压的幅值，使避雷器上的残压不超过被保护电器冲击放电电压。

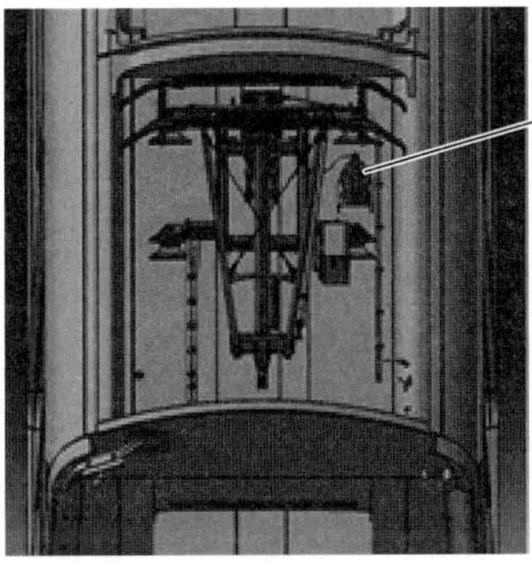

图 2-7-1　避雷器在车顶的安装位置

（一）氧化锌避雷器结构

避雷器的主要类型有保护间隙、管形避雷器、阀形避雷器和氧化锌避雷器等。目前铁路和城市轨道交通常使用的为氧化锌避雷器，结构如图 2-7-2 所示，包括以下构件。

1—聚合物复合壳体；2—带瓦斯分流器的法兰；3—非线性金属氧化物电阻；
4—过渡板；5—灭弧孔。

图 2-7-2　氧化锌避雷器结构

1. 聚合物复合壳体

该壳体由两个主要部件组成，一是能够保证高机械强度的纤维增强塑料管，避雷器过载时，塑料管不会断裂，保证避雷器出现故障时，无零件脱落；二是高温交叉耦合的硅酮橡胶敷层，它的疏水性可保证壳体表面的放电量维持在最小值，即使在污染条件下也能保证良好的操作特性。

2. 法　兰

法兰由防腐蚀的轻合金制成，并与聚合合成壳体耦合。抗紫外线和臭氧的密封环以及耐腐蚀金属隔板保证其长久良好的密封性。

3. 非线性金属氧化物电阻

避雷器的有功元件为金属氧化物电阻，安装在气密的聚合物复合壳体中。金属氧化物电阻为高度非线性，拥有尖锐的电压-电流特性曲线。在某一电压值以下时，只有少量泄漏电流流过避雷器。避雷器设计为在正常连续电压条件下，只有约不到 1 mA 的泄漏电流流过。雷电过电压或操作过电压时，电阻可导电（欧姆范围），这样浪涌电流可流向大地，过电压减为经过避雷器的残压。操作过电压时，浪涌电流可高达 500 A，雷电过电压时其瞬时值甚至可达 10 kA。

非线性电阻的作用是利用电阻同电流间的非线性关系（即大电流时电阻值小，小电流时电阻值大），一方面在击穿瞬间很大的冲击电流作用下，限制避雷器上的电压，防止被保护物的绝缘在高电压下被损坏；另一方面又可以在火花间隙击穿后，限制由工频电压所引起的流过避雷器的电流数值，从而使火花间隙能很容易地切断它。

4. 过渡板

避雷器的过渡板备有一个压力释放隔膜和一个瓦斯分流器。如避雷器过载，该压力释放隔膜将在一定的压力值打开成为聚合物复合壳体压阻力的一部分。在这种情况下，气流将被导向附于避雷器上部法兰的消弧角上，这种电弧可延伸到壳体外部，直至馈线断电。

（二）氧化锌避雷器特点

1. 理想的全天候避雷器

与放电间隙相比，不存在间隙放电电压随气候变化而变化的问题。

2. 防污性能好，适用范围广

因为设计了防污型瓷套，保证了足够的爬电距离，故污秽不影响间隙电压，所以，在重污秽地区其比传统避雷器有很大的优越性。

3. 防震性能好

对芯体采取了防震及加固措施，减少了各部件之间的相对位移，使芯体牢固地固定在瓷套内，适应了机车运行中震动频繁的要求。

4. 防爆性能好

使用了压力释放装置，在法兰侧面开一缺口，使气体定向释放。当避雷器在超负载动作或意外损坏时，瓷套内部压力剧增，使得压力释放装置动作，排出气体，从而保护瓷套不致爆炸，确保即使出现意外情况，车顶设备仍然完好，并能可靠运行。

5. 非线性系数好

一般为 0.025 左右，阀片电荷率高，保护性能优越，不但能抑制雷电过电压，而且对操作过电压也有良好的抑制作用。

6. 无续流

由于氧化锌避雷器无工频续流流通，因此不存在灭弧问题，而且减少了避雷器动作时通过的能量，可以承受多次雷击，延长了工作寿命。

7. 无间隙

由于氧化锌避雷器不用串联间隙，所以结构简单、体积小、质量轻，通流容量大，抗老化能力强，运行寿命长。

（三）氧化锌避雷器技术参数

氧化锌避雷器的主要技术参数如表 2-7-1 所示。

表 2-7-1　氧化锌避雷器技术参数

项　目	参　数
额定电压	42 kV
标准放电电流	10 kA
系统标称电压	27.5 kV

续表

项　目	参　数
系统最大持续运行电压	30 kV
直流参考电压（1 mA 下）	≥58 kV
工频参考电压（阻性 1 mA 下）	≥56 kV
持续运行电流（阻性）	≤300 μA
残压（10 kA，8/20 μs）	≤105 kV
总高	（550±10）mm
质量	42 kg

二、避雷器工作原理

（一）伏秒特性

避雷器击穿电压的幅值同击穿时间的关系曲线称为伏秒特性。显然，要可靠地保护被保护物，避雷器的伏秒特性要比被保护绝缘物体的伏秒特性低，即在同一过电压作用下避雷器要先被击穿。为使避雷器能可靠地保护被保护物，避雷器伏秒特性至少应比被保护物绝缘的伏秒特性低 20%～25%，如图 2-7-3 所示。另外，避雷器在放电时，应能承受温度及机械应力等变化而本身结构不致损坏。

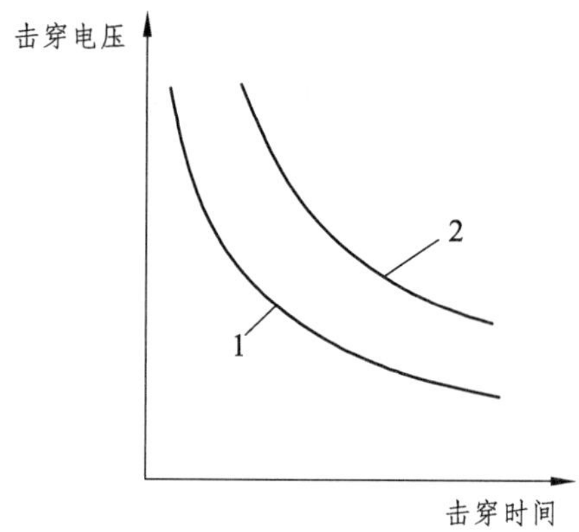

1—避雷器的伏秒特性；
2—被保护物的伏秒特性。

图 2-7-3　避雷器的伏秒特性

（二）工作原理

避雷器的工作原理如图 2-7-4 所示。

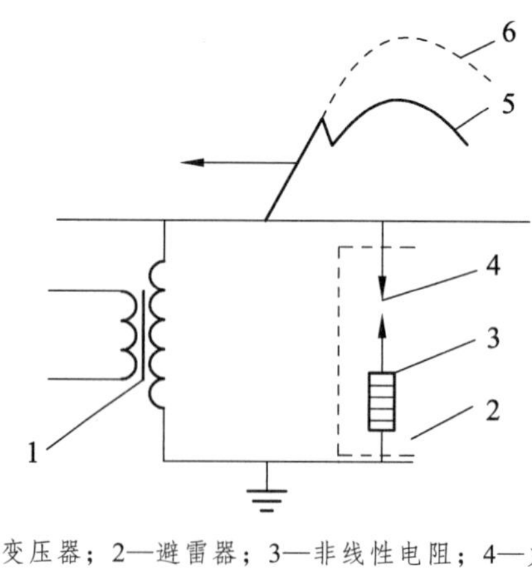

1—被保护变压器；2—避雷器；3—非线性电阻；4—火花间隙；
5—被限制的过电压波；6—未被限制的过电压波。

图 2-7-4　避雷器的工作原理

避雷器与被保护电器并联，当出现过电压危及被保护物时，避雷器放电，使高压冲击电流泄入大地。随后，避雷器仍能恢复原工作状态，截止伴随而来的正常工频电流，使电路与大地绝缘。过电压越高，火花间隙击穿越快，从而限制了加于被保护电器上的过电压。

氧化锌避雷器的工作原理为：在正常工作电压下，氧化锌避雷器的阀片呈高电阻，使流过阀片的电流非常小，且大部分为电容电流，这样小的电流不会烧坏氧化锌阀片，可视为绝缘体，从而实现无间隙。当系统出现超过某一电压动作值的电压时，阀片呈低电阻，使流过阀片的电流急剧增加，并将冲击电流迅速泄入大地，从而保护了与其并联的车辆电气设备的绝缘。电压恢复到正常工作范围时，电流又非常小，避雷器又呈绝缘状态，因此该类避雷器不存在工频续流，也不影响系统的正常工作。

三、避雷器检修

（一）检修提示

（1）任何工序开始前，确认以下安全措施是否施行：

① 断电及绝缘。

② 防止重合闸。

③ 确认设备无电。

④ 使设备接地并短路。

⑤ 覆盖或隔开附近的带电部件。

⑥ 若不遵守安全守则，可能导致死亡、严重的受伤及对财产及环境造成较大的损害。

（2）在拆除避雷器主回路接线时，注意不要损坏避雷器瓷绝缘子。绝缘子内装有氮气，损坏后立即报废。

（3）在对避雷器进行检查和擦拭时，务必小心避雷器的接地端，接地端子易损坏且与绝缘子底部的压力释放隔膜相连，安装、拆卸与擦拭时不要松动瓷绝缘子底部的 4 个螺母。

（二）安　装

避雷器的保护范围有限，因此应当将避雷器尽可能安装在需要进行保护的设备单元附近。应当根据相应的规定来测量相邻避雷器或者其电晕控制器件与接地或导电部件之间的间距。为保证避雷器可靠并具有最佳的保护功能，接地应当尽可能短。

避雷器的安装应自下而上进行。在安装过程中，先安装连接过渡板，要确保气体释放方向朝向机车外侧未安装电气设备的空旷区。高压端用软连接带与车顶母线连接，地线接在接地连接片上。避雷器退出运行时，其拆卸方向与安装方向逆向进行。

（三）一般性维护

（1）在使用氧化锌避雷器的过程中，要始终保持瓷套表面干燥、光洁、无裂纹。每次回库定修时，需用干净软布擦拭瓷套，清除污垢。

（2）每次回库定修时需检查喷口，不允许有开裂或缺口。

（3）每次回库定修时需检查导线和编织线，导线需连接紧固，编织线折损面积不得超过原截面的 10%。

（4）运行过程中，原有刷漆部分每隔 1～2 年补漆 1 次。

（四）预防性试验

因氧化锌阀片在长期运行电压作用下存在老化问题，在装配时或运行中可能因密封不良受潮，因此在运行中需加强对避雷器的监测，并应定期对其进行预防性试验。另外，在每年的雷雨季节前，也应有选择性地进行试验。

预防性试验一般分为测量直流参考电压、测量直流泄漏电流、测量绝缘电阻、测量交流参考电压和测量持续运行电流等五类试验。直流参考电压和直流泄漏电流的测量是必做的试验，对有条件的用户，建议进行绝缘电阻测量、交流参考电压测量和持续运行电流测量这三项试验。

【学习随笔】

项目三 列车牵引系统其他设备及其检修

知识目标

（1）掌握列车司机室主要控制设备的作用。
（2）了解列车牵引系统其他控制设备的工作原理。
（3）掌握直流接触器的工作原理。
（4）掌握继电器的工作原理。
（5）掌握电压、电流、速度、温度传感器的工作原理及应用。
（6）掌握控制单元模块的类型及功能。

能力目标

（1）能对列车司机室主要控制设备进行操作。
（2）能够了解、识别列车牵引系统其他控制设备。
（3）能够对直流接触器、继电器进行简单的维护操作。
（4）能够掌握电压、电流、速度、温度传感器的应用领域。
（5）能够对常见故障进行处理。
（6）熟悉各控制模块的组成，能够分辨各控制单元模块的输入输出信号。

重点难点

（1）列车司机室控制设备操作。
（2）列车牵引系统认知。
（3）直流接触器、继电器维护操作。
（4）电压、电流、速度、温度传感器故障排查。

案例引入

案例叙述：

电压传感器在列车运营过程中采集车辆实时供电电压状态，其性能的稳定与否将直接影响地铁能否正常运行。广州地铁一号线 A1 型车牵引系统使用的电压传感器自 2017 年下半年以来，其故障呈爆发性增长趋势，给地铁运营造成了一定的安全隐患。

案例分析：

根据其结构原理及拆分测试结果，初步判断电压传感器故障率高的主要原因是绝缘胶性能下降且存放时间较长，天气潮湿炎热，致输入端与地之间产生漏电，电压测量值突变。

技能训练

任务 1　认识驾驶台设备

【实施工单】

1. 任务要求

（1）掌握列车司机室主驾驶台主要控制设备的作用。
（2）掌握列车副驾驶台各按钮及设备的操作。
（3）掌握列车门控面板的操作。

2. 任务准备

（1）场地准备：城市轨道交通车辆检修实训中心（配备多媒体）。
（2）建议课时：4 课时。

“认识驾驶台设备”任务工单

姓名		班级		学号	
时间		地点		组别	
指导教师		专业			
小组成员					
任务					

一、知识储备　　成绩：

（一）单选题

1. 主控制器主要由主控制手柄、组合开关、凸轮、转动轴、警惕按钮、钥匙开关、电位器电阻、(　　)等部件组成。

A. 方式/方向手柄　　B. 活动构架导杆　　C. 底架绝缘子　　D. 驱动气缸缓冲阀

2. 被拖行列车（　　）司机室是无启动能力的。

A. 被动列车　　B. 主动列车　　C. 无牵引列车　　D. 有牵引列车

（二）多选题

1. 主控制器的作用及特点有（　　）。

A. 主电路实际上是一组转换开关
B. 通过扳动四根不同的轴，控制凸轮与组合开关相应的触点分合
C. 不可控制列车的运行方向
D. 主控制器位于 B 车的司机操作台上

2. 主控制器主要由（　　）部分组成。

A. 主控制手柄、方式/方向手柄　　B. 组合开关、凸轮、转动轴
C. 警惕按钮、钥匙开关　　D. 电位器电阻等部件组成

3. 主驾驶台上的显示器主要用于显示列车运行及设备信息，司机可根据需要通过显示器上的菜单切换（　　）状态。

A. 屏幕　　B. 电隔离　　C. 列车车门　　D. 空调等设备

（三）填空题

1. 关主控制器手柄必须处于______位，才能取出钥匙，然后锁定。开______位钥匙先处于“开”位的司机室为有效司机室，此司机室可启动列车，另一端司机室为无效司机室。

2. 按动白色灯盖按钮，_______阀被触发（对两列车启动后的司机室均有效），并且两个六节列车在自动车钩处解钩。

3. 当列车电子控制系统出现故障时，此________指示灯亮。在这种情况下，各车空调单元将接收到_______指令，确保紧急通风开始工作。

（四）判断题

1. 停车按钮为红色蘑菇按钮，每一司机室左、右两侧各有一个，任何时候触发任意一个都有效。（　　）

2. 旁路报警的红色指示灯用于显示下列线路旁路报警受电弓的接触压力过小，则接触电阻增大且易跳动，导致接触不良产生电弧。（　　）

3. 主控制手柄主要对列车实施牵引、制动控制，也称为牵引/制动控制器，驱动气缸内有升弓弹簧。（　　）

二、制订计划	成绩：
根据司机室的驾驶台操作要求制订驾驶台操作练习计划。	

序号	操作项目	操作要点
1	列车主驾驶台各按钮及其功能	
2	列车副驾驶台各按钮的操作	
3	列车车门控制面板操作	

三、操作准备工作	成绩：	
准备事项	已完成	未完成
1. 作业人员必须穿戴劳保鞋、安全帽、绝缘手套，使用在有效期内的安全防护产品，做好安全防护。		
2. 作业前确认驾驶台设备正常。		
3. 小组成员根据自身状况和组长安排做好合理分工。		

四、操作及质量检查		成绩：
序号	评价标准	评价结果
1	操作前穿戴合理、安全防护到位。	
2	熟练操作主控制器。	
3	熟练操作司机控制器。	
4	熟练使用主驾驶台的各种按钮功能。	
5	熟练掌握显示屏上的各种信息。	
6	熟练掌握列车副驾驶台各按钮功能。	
7	熟练掌握门控面板。	
8	作业后整理好工器具；作业记录表填写及时、准确。	

五、操作总结

【知识导航】

司机室主要包含了驾驶列车所必需的控制设备，如主驾驶台、副驾驶台、门控面板、基准值转换器、电子柜和设备柜等。其中主驾驶台包括主控制器、各种开关、按钮、指示灯等，A 车电子柜和设备柜的各类元件以及列车目的地列车号显示也可在司机室进行操作。

一、主驾驶台

（一）主控制器

动画　北京地铁 1 号线司机室

1. 主控制器的作用及特点

主控制器位于 A 车的司机操作台上，列车驾驶员通过操作主控制器来实现列车驾驶的意图。主控制器实物如图 3-1-1 所示。

它的主电路实际上是一组转换开关，通过扳动两根不同的轴，控制凸轮与组合开关相应的触点分合，可控制列车的运行方向，实现列车牵引、制动和惰行工况的转换。

2. 主控制器的结构

主控制器主要由主控制手柄、方式/方向手柄、组合开关、凸轮、转动轴、警惕按钮、钥匙开关、电位器电阻等部件组成。司机操纵其手柄，使列车在司机控制意图下运行。

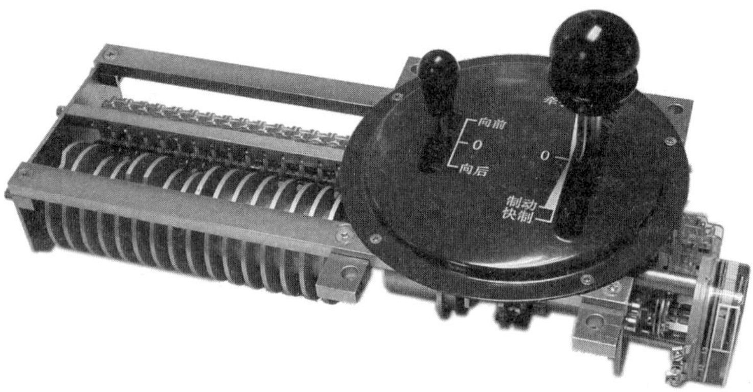

图 3-1-1　主控制器

3. 司机控制器的功能

1）主控制手柄

主控制手柄主要对列车实施牵引、制动控制，其也被称为牵引/制动控制器。列车控制有以下四种方式：

（1）牵引——无级加速列车。

（2）0——中性位置，列车将无法牵引或制动，惰行行驶。

（3）常用制动——无级减速列车。

（4）快速制动——施加最大制动力的制动位，此时全部是机械制动。在列车停车之前，该制动是可恢复的。为了取消快速制动，主控制手柄只需移动到“制动”位，然后只有当主控制手柄再放到“0”位或“牵引”位时，该机械制动才有可能被取代。在常用制动和快速制动之间有一标志线，该线以前为常用制动，将手柄拉到该线以后将产生快速制动。

2）警惕按钮

在手动模式驾驶时，警惕按钮必须持久地压下，若在限定时间（4 s）内未再次压下，4 s后将施加紧急制动。

3）方式/方向手柄

通过方式/方向手柄可选择牵引方向：

（1）ATC——自动驾驶。

（2）向前——手动驾驶前进方向。

（3）0——中位。

（4）后退——手动驾驶后退方向（速度限制 10 km/h）。

只有在列车静止时才能改变行驶方向。若列车正在行驶时试图改变行驶方向，会引发紧急制动。

主控制手柄必须置于“0”位才能操作方式/方向手柄改变方向。

钥匙开关处于“0”位时，方式/方向手柄被锁定在“0”位。

4）钥匙开关

钥匙开关主要用于启动列车。

（1）关（“0”位）——主控制器手柄必须处于“0”位，才能取出钥匙，然后锁定。

（2）开（“1”位）——钥匙先处于“开”位的司机室为有效司机室，此司机室可启动列车，另一端司机室为无效司机室。

4. 主控制器的性能及技术数据

额定工作电压：DC 110 V；额定工作电流：DC 1 A；额定发热电流：DC 10 A。

（二）主驾驶台上的指示、按钮开关及其功能

1. 紧急停车按钮

紧急停车按钮为红色蘑菇状按钮，每一司机室左、右两侧各有一个，任何时候触发任意一个都有效。带机械锁定的蘑菇开关用于触发紧急制动使列车停车。当用力按压下红色蘑菇按钮时，所有高速断路器分断，所有受电弓降落，直至列车完全静止。

一旦触发紧急停车开关，该按钮开关将一直维持在压下位置，必须旋转后才能复位。

2. 旁路报警开关

红色指示灯用于显示下列线路旁路报警：

（1）所有停放制动缓解旁路。

（2）所有摩擦制动缓解旁路。

（3）车门旁路。

（4）疏散梯解锁旁路。

所有上述开关都是带铅封的旋转开关，位于主驾驶台后面电气设备柜中。当上述任一回

路发生故障时，列车都会被禁止牵引，此时将相应的旁路开关拨到 I 位时，列车可在故障状态下继续牵引。当旁路报警灯亮时，说明上述开关中至少有一个处于 I 位。

3. 解钩按钮

解钩按钮为一白色灯盖按钮。按动该按钮，解钩阀被触发（对两列车启动后的司机室均有效），并且两个六节列车在自动车钩处解钩。

先决条件：车辆信号工作。

4. 慢行按钮

慢行按钮为一黑色按钮。如列车在清洗时，需使用此功能，需一直按下该按钮，列车将加速到慢行的最大速度 3 km/h。当按钮释放时，将施加制动。

5. 限流牵引开关

限流牵引开关为一黑色旋转开关。此旋转开关用于限制从架空线到列车牵引设备的电流。

6. 拖行/标准/紧急牵引开关

该开关为一黑色旋转开关，有下列 3 个位置：

（1）拖行——被拖行列车（被动列车）司机室是无启动能力的。靠实施拖行列车（主动列车）牵引力的增加来拖其他列车。另外被拖列车 A 车的所有广播开关必须打开，以便主动列车司机可以被列车司机通话。

（2）标准——正常牵引位置。

（3）紧急牵引——当控制系统（CCU、SIBAS-KLIP 分站、显示屏）故障时，列车不能正常牵引，在限制模式下，列车可以用故障控制系统维持操纵。

7. 广播/司机室联络开关

该开关为一黑色旋转开关。根据瞬间旋转开关位置，司机可以：

（1）通过话筒向乘客广播。此功能仅对主控驾驶台有效。

（2）对同一列车另一侧司机室或连挂的列车通过话筒通话。此时，驾驶台必须开启主控锁。

上述两个功能互不干扰。

8. 头灯开关

该开关为一黑色旋转开关。根据旋转开关位置，头灯可处于暗光位或亮光位。只要列车主控制钥匙已打开，头灯即可工作。

9. 鸣笛按钮

该开关为一黑色按钮。只要压缩空气和蓄电池电压有效，按下按钮时，列车电笛就会一直鸣叫。

10. ADU 面板

此面板含有在 ATC 模式下用于驾驶的操作元件（灯和按钮）。

11. 气制动施加

气制动施加为一红色指示灯。只要有 1 台转向架上有气制动施加时，红色指示灯亮；若红色指示灯亮，此时列车禁止牵引。

12. 气制动缓解

气制动缓解为一绿色指示灯。当每节车的所有气制动和所有停放制动都缓解时，绿色指示灯亮。灯亮后列车可牵引。

13. 彩色显示屏

司机显示屏是触摸式彩色显示屏。

14. 高速断路器合按钮

该按钮为一白色灯按钮。高速断路器被点亮需具备以下 3 个条件：

（1）驾驶台解锁。

（2）紧急停车开关 1 或紧急停车开关 2 处于正常位。

（3）受电弓升弓。

若列车上所有高速断路器均闭合，按钮内的指示灯亮。若列车上有一个高速断路器断开，则按钮内的灯不亮。

15. 高速断路器分按钮

该按钮为一白色灯按钮。按下此白色灯按钮，所有高速断路器可被断开，此外，TCU 可单独断开高速断路器，也可在 B 车的设备柜里拨动微动开关“B 车高速断路器”断开相应 B 车的高速断路器。如果受电弓落下，相应的高速断路器自动断开。若列车上所有高速断路器断开，白色按钮灯亮。

16. CCU 故障指示灯

该指示灯为一红色指示灯。当列车电子控制系统出现故障时，此红色指示灯亮。在这种情况下，各车空调单元将接收到接通指令，确保紧急通风开始工作。

若在此时列车不能正常牵引，将拖行/标准/紧急开关放到“紧急牵引”位，列车仍可在限速模式下牵引。

17. 疏散梯解锁

疏散梯解锁为一红色指示灯。红色灯亮表示疏散梯解锁或关闭未到位，此时将施加紧急制动。若两头司机室的疏散梯都正常关闭和锁定，红色指示灯熄灭，列车可以启动。

18. 阅读灯

拨动开关可接通驾驶台上的阅读灯，其先决条件是主控制钥匙已开启。

19. 速度表

速度表用来显示列车的真实速度。

20. 无线电手机

按下其通话按钮，即可进行通话。

21. 广播话筒

广播话筒用于广播系统，与瞬时旋转开关“广播/O/司机室联络”相连，也可用无线电联络。

（三）显示屏

主驾驶台上的显示器主要用于显示列车运行及设备信息，司机可根据需要通过显示器上的菜单切换屏幕，了解列车车门、空调等设备状态。故障时司机要在第一时间了解故障地点、故障设备，并采取适当措施在最短时间内消除故障。下面介绍显示屏的主要功能。

1. 操作屏幕

显示屏的操作屏幕如图 3-1-2 所示。

图 3-1-2 操作屏幕

（1）列车制动（Parking Brake）：列车制动时显示此方框。

（2）主菜单按钮。在屏幕下端有若干按钮：菜单（MENU）、操作屏（OPERATION）、配置（SET-UP）、车辆设备状态浏览（OVERVIEW）、故障列表（EVENT LIST）、事件信息（EVENT INFO），可以完成不同显示屏的切换。

（3）车站列表及紧急按钮。屏幕右侧一列有如下按钮：语音功能（Voice）、站名列表（Line Up，Line Down）、紧急预告按钮（E1，E2，E3）。

（4）线网电压（Line Voltage）：显示列车上方接触网上的电压值。

（5）列车运行模式（MODE）：此方框显示列车运行的模式。

（6）转矩参考值（Torque ReValue）：用信息条的方式显示列车制动与启动的力矩大小。

（7）车门状态（Door Status）：显示列车各个车门的开关状态。

（8）列车信息：屏幕上方显示列车运行的下一站站名（Next Station）、列车编号（Train No.）及时间信息。

2. 故障列表

按下主菜单“EVENT LIST”按钮，从上到下显示故障出现的日期、时间及故障部件。如图 3-1-3 所示。右边的双箭头是翻页功能按钮，司机可以翻页浏览故障信息。上下箭头可以前后逐行浏览故障信息。“Activity”按钮用来进入子屏幕，显示与选择故障对应的参考信息。

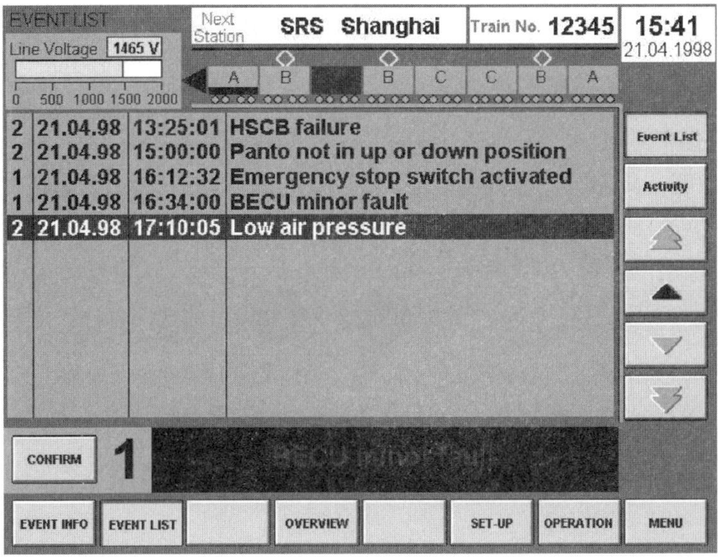

图 3-1-3　故障列表显示

3. 车辆设备状态浏览

按下“OVERVIEW”按钮，显示的圆圈是所选择车辆安装的设备，如空调、逆变器、高速断路器、压缩机、ATC 系统、牵引控制、制动控制等设备，如图 3-1-4 所示。其中的红色圆圈表示故障的部件。

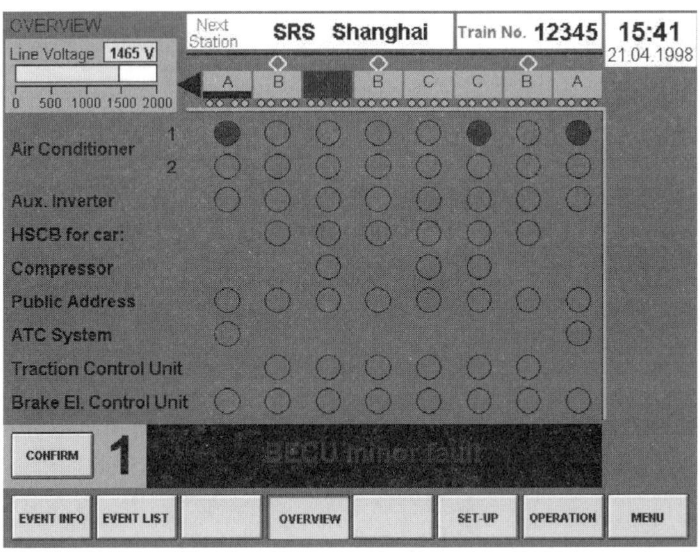

图 3-1-4　车辆设备状态

二、副驾驶台

副驾驶台上的元件是司机驾驶时不需要频繁使用的操作元件，如图 3-1-5 所示。

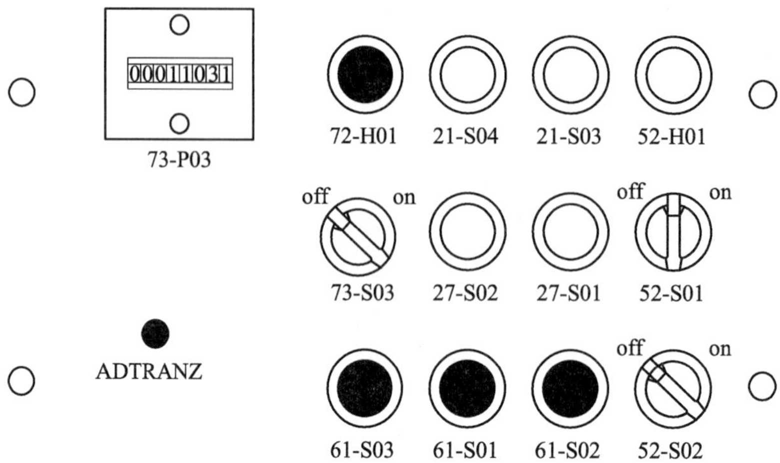

图 3-1-5　副驾驶台操作元件

1. 里程表

8 位数显示列车运行的千米数。

2. 车钩监控切除

车钩监控切除为一红色指示灯。当接通驾驶室电气设备柜中的铅封旋转开关“车钩监控切除”整个列车的安全回路将被切除，此时红色指示灯亮。

3. 升弓按钮

升弓按钮为一白色灯按钮。紧急停车按钮处于正常工作位时，可按下白色灯按钮升弓。

当所有受电弓升起时（反馈功能），按钮内的指示灯亮。当两受电弓处于不同的位置，如升弓未到位、B 车电气设备柜中铅封旋转开关“紧急落弓”已经动作，则按钮内置指示灯不亮，提示受电弓未升起。

4. 落弓按钮

落弓按钮为一白色灯按钮。该白色灯按钮用于列车落弓，当所有受电弓落下时（反馈功能），按钮内置指示灯亮。当两受电弓处于不同的位置或 B 车电气设备柜的“所有受电弓落弓指示”的空气开关跳闸时，按钮内的指示灯不亮。

5. 客室照明开关

客室照明开关为一瞬时旋转开关。通过使用这个瞬时旋转开关，根据指示的旋转方向，司机可以打开客室照明，在受电弓未升起时为应急照明状态，与司机室灯状态无关。客室指示灯亮的状态是通过白色灯“客室灯开”来指示。此功能只有在蓄电池供电充足时才能使用。

6. 客室照明灯开

客室照明灯开为一白色指示灯。当客室照明被接通后，此指示灯亮。

7. 司机室照明开关

司机室照明开关为一旋转开关。可以将此旋转开关转至司机室照明开（右侧位）或司机室照明关（左侧位）。先决条件：列车必须接通瞬时旋转开关，此开关位于司机室电气设备柜内。没有必要打开驾驶台主控制器钥匙。

8. 除霜器开关

除霜器开关为一旋转开关。将开关转至右侧接通挡风玻璃加热，可除去雾和霜。

先决条件：相应的辅助逆变器必须工作，而辅助逆变器只有同时具备蓄电池电压和架空线电压才能工作。

9. 停放制动缓解

停放制动缓解为一白色灯按钮。通过使用这只白色灯按钮可缓解整列车的停放制动。当列车上所有停放制动缓解后，按钮内的指示灯亮（反馈功能）。此按钮只能在已开锁的司机室副驾驶台上操作。

10. 停放制动施加

停放制动施加为一白色按钮。按下这只白色灯按钮可施加整列车的停放制动。当列车上的所有停放制动施加后，按钮内的指示灯亮（反馈功能）。

11. A 车本车空调开

此按钮指示灯亮即表明 A 车空调单元已接通。若使用绿色灯按钮“绿色空调开”，同样也能接通 A 车空调单元。此功能只有在此驾驶台主控制钥匙打开时才能使用，当驾驶台主控制钥匙再次被关闭时，关闭前的最终状态将被保存。

12. 列车空调开

列车空调开为一绿色灯按钮。按下这个带指示灯的绿色按钮开关可开启整列车的空调单元。若 CCU 接通了所有单元（反馈功能），则灯亮。此时司机主控制钥匙必须打开。

13. 列车空调关

列车空调关为一红色灯按钮。按下这个带指示灯的红色按钮开关可断开整列车的所有空调单元，指示灯亮表示列车所有的空调单元均已关掉（反馈功能）。此时司机主控制钥匙必须打开。

三、门控面板

门控面板安装在司机操作台左、右上方的侧墙上，以便司机在开关门之前查看站台情况。

（一）门控面板（车辆，左侧）

1. 左门开

左门开为一红色灯按钮。只要列车速度为零且门控回路激活，可用这个带指示灯的红色按钮开关来打开列车左侧所有的门，当 ATP 系统指令允许左侧门动作时，按钮开关的指示灯亮。按下“左门关”按钮后，如果有人或物体被夹在门叶之间，则需使用“左门开”按钮来打开或关闭该门。

该按钮开关的功能与车辆右侧的门控面板上的带照明的红色按钮开关“左门开”一致。

2. 左门关

左门关为一绿色灯按钮。这个带指示灯的绿色按钮开关用于关闭列车左侧所有的门。作为反馈信号，当列车左侧所有门均关闭且锁住，按钮开关内的灯亮。若有一扇门或几扇门没关好，则灯不会亮，司机可在显示屏上看到相应的未关好的门叶（以红色显示），为不影响运营，司机可对故障门进行切除操作。

该按钮开关的功能与位于车辆右侧门控面板上的带照明的绿色按钮开关“左门关”一致。

3. 右门开

右门开为一红色灯按钮。如果列车速度为零且门控回路激活，可用这个带照明的红色按钮开关来打开列车右侧所有的门。当 ATP 系统指令门可以动作时，按钮开关内的灯亮。如果由于人或物体夹在门叶之间而造成一扇或几扇门在按下“右门关”按钮后无法关闭的话，那么，列车可自动开闭一次，若人或物体仍被夹在门叶之间，需使用“右门开”按钮来打开该门。

4. 右门关

右门关为一绿色灯按钮。该绿色按钮开关用于关闭列车右侧所有的门。作为反馈信号，当列车右侧所有门均被关闭且锁住，按钮开关的灯亮。若右边一扇门或几扇门没关好，则灯不会亮，司机在显示屏上看到相应的未关好的门叶（以红色显示），为不影响运营，司机可对故障门进行切除操作。

（二）门控面板（车辆，右侧）

1. 紧急停车

紧急停车为一红色蘑菇按钮。这个带锁定机构的蘑菇形按钮用于列车紧急制动，它可以使所有的高速断路器都断开，受电弓都落下，列车完全停稳。

紧急停车按钮按下后将保持按下位置不变，必须转动一下才会释放。

2. 左门开

左门开为一红色灯按钮。只要列车速度为零且门控回路激活，那么按动这个带指示灯的红色按钮开关就可以打开列车左侧所有的门。当 ATP 系统指示令左侧门能动作时，按钮开关内的灯亮。

如果由于人或物体被夹在门叶之间而造成一扇或几扇门在按下“左门关”按钮后仍无法关闭，这个“左门开”按钮还可用于重新打开上述车门。要实现这个功能，该“左门开”按钮开关至少按下 1 s。只有当门尚未被机械锁定且按钮按到足够长的时间，门才会再开。一旦释放按钮，CCU 就自动给出指令执行关门。

该按钮开关功能与位于车辆左侧门控面板上带指示灯的红色按钮开关“左门开”一致。

3. 左门关

左门关为一绿色灯按钮。这个带灯的绿色按钮开关用于关闭列车左侧所有的门。作为反馈信号，当列车左侧所有的门均关闭且锁住，按钮开关内的灯亮。

该按钮开关的功能与位于车辆左侧门控面板上带灯的绿色按钮开关“左门关”一致。

【学习随笔】

任务 2　接触器的认知及检修

【实施工单】

1. 任务要求

（1）掌握接触器的结构、作用和工作原理。

（2）能够对接触器进行日常检查维护。

（3）掌握不同种类接触器的原理及应用。

（4）掌握直流接触器的检修方法。

2. 任务准备

（1）场地准备：城市轨道交通车辆检修实训中心（配备多媒体）。

（2）工具准备：尖嘴钳、六角套筒、扳手、弹簧钳、线圈扳手、拆铁芯用特制螺钉旋具、手枪钻。

（3）物品准备：红色线号笔等。

（4）建议课时：4 课时。

“接触器的认知及检修”任务工单

姓名		班级		学号	
时间		地点		组别	
指导教师		专业			

小组成员	
任务	

一、知识储备	成绩：

（一）单选题

1. 交流接触器主要由（　　）和触点两部分组成。

A. 电磁铁　　B. 直流接触器　　C. 普通接触器　　D. 交流接触器

2. 接触器在使用中最容易损坏的是（　　）。

A. 电磁铁　　B. 线圈　　C. 铁芯　　D. 触头

（二）多选题

1. 接触器按通断电路电流种类分为（　　）。

A. 线圈接触器　　B. 直流接触器　　C. 普通接触器　　D. 交流接触器

2. 接触器的主要组成机构有（　　）。

A. 感应机构　　B. 接收机构　　C. 中间机构　　D. 执行机构

3. 电磁机构由（　　）组成。

A. 磁阻线圈　　B. 铁芯　　C. 带驱动杆的螺旋线圈　D. 盖板

（三）填空题

1. 接触器是一种用来______和______的自动切换电器，它的特点是能进行_____，操作频率较_____，通断电流较______。

2. 城市轨道交通车辆主回路上使用的是单极 BMS.15.06 型直流电磁接触器，安装在______。

（四）判断题

1. 直流接触器灭弧罩分解时需用扳手与六角套筒拧下灭弧罩外壳两侧的金属条固定螺栓。（　　）

2. 用手枪钻拧松灭弧罩端板的 4 个固定螺栓，然后用凿子、榔头敲下螺钉。（　　）

3. 交流接触器是利用触点的吸引力而动作的。（　　）

4. 直流接触器的主触头接触平面测试需要用到交流 220 V 电压。（　　）

（五）简答题

1. 直流接触器分解都要使用哪些工具？

2. 请简述直流接触器分解的步骤。

3. 请简述直流接触器组装步骤。

二、制订计划	成绩：

根据直流接触器的日常维护项目制订维护检修计划。

序号	操作项目	操作工具	操作要点
1	直流接触器的维护		
2	直流接触器的分解		
3	直流接触器组装		

三、操作准备工作	成绩：	
准备事项	已完成	未完成
1. 作业人员必须穿戴劳保鞋、安全帽、绝缘手套，做好安全防护。		

2. 作业前确认所有的工具和使用材料都处于检定有效使用期内。		
3. 小组成员根据自身状况和组长安排做好合理分工。		
四、操作及质量检查	成绩：	
序号	评价标准	评价结果
1	操作前工具选用合理、安全防护到位。	
2	熟练使用尖嘴钳、六角套筒、扳手、弹簧钳、线圈扳手、拆铁芯用特制螺钉旋具、手枪钻等工具。	
3	分解过程完成熟练度。	
4	直流接触器灭弧罩分解完成熟练度。	
5	直流接触器组装完成熟练度。	
6	作业后整理好工器具；作业记录表填写及时、准确。	
五、操作总结		

【知识导航】

一、直流电磁接触器

接触器是一种用来频繁地接通和切断主电路的自动切换电器，它的特点是能进行远距离自动控制，操作频率较高，通断电流较大。

接触器按通断电路电流种类分为直流接触器和交流接触器两种，按主触头数目分为单极接触器（只有一对主触头）和多极接触器（有两对以上主触头），按传动方式分为电空接触器和电磁接触器等。

接触器的主要组成机构有：感应机构、中间机构、执行机构。

城市轨道交通车辆主回路上使用的是单极 BMS.15.06 型直流电磁接触器，安装在车辆牵引箱内，如图 3-2-1 所示。

（一）结　构

直流接触器设计为模块结构，如图 3-2-2 所示。外壳材料阻燃、无毒、无环境污染。

电磁接触器一般由电磁机构、驱动机构、主触头、灭弧装置、辅助触头、上下接线端及支架和固定装置等组成。电磁机构由铁芯、带驱动杆的螺旋线圈、盖板组成。在电磁线圈未通电时，动铁芯在反力弹簧作用下保持在释放位置。反力弹簧通常是圆柱螺旋弹簧，而圆柱螺旋弹簧分为拉伸弹簧和压缩弹簧两种，BMS.15.06 型直流电磁接触器采用的是压缩弹簧。

主触头（触头镀银）用来通断电路。

图 3-2-1　BMS.15.06 型直流电磁接触器

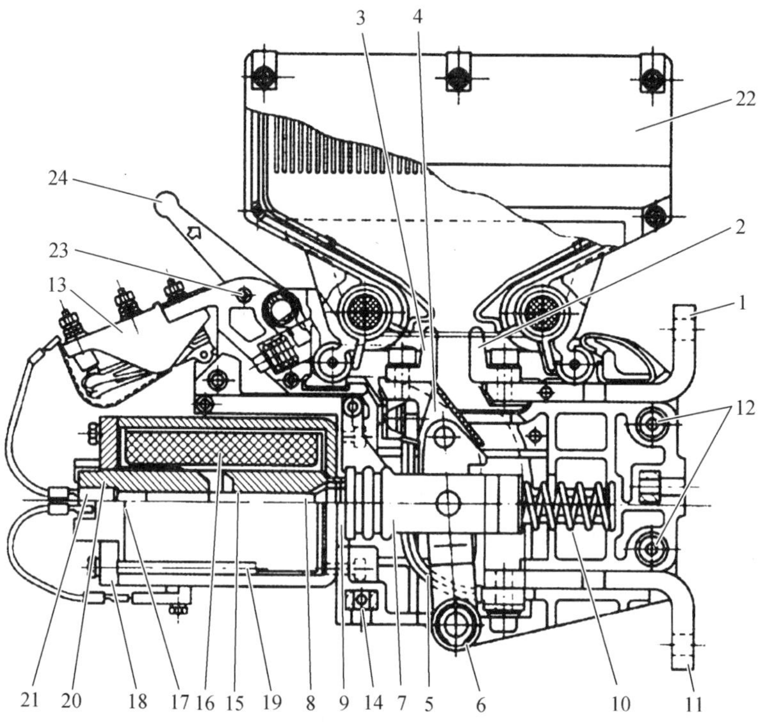

1—上接线端；2—静触头；3—动触头；4—触头座；5—软连接；6—驱动轴；7—驱动机构；8—活塞杆；9—缓冲器；10—反力弹簧；11—下接线端；12—螺栓；13—辅助开关；14—螺栓；15—铁芯；16—线圈；17—导向器；18—线圈盖；19—螺栓；20—动铁芯；21—开槽螺母；22—灭弧罩；23—螺钉；24—手柄。

图 3-2-2　直流电磁接触器

通电后，电磁力带动驱动杆克服反力弹簧运动，当动触头在驱动杆的带动下与静触头刚接触时，接触点为触头上部。随着驱动杆继续运动，触头上压力不断增加，一直到电磁力与反力弹簧力平衡为止。运动过程中动触头在静触头上边滚动边滑动，使接触点移到触头下部。主触头断开的过程则相反。这就使触头分断时所产生的电弧不致损坏正常接触点，而触头的滑动能将其表面的氧化物或脏物擦掉，减小接触电阻。

灭弧装置包括吹弧线圈和带电离栅的灭弧罩。电离栅将进入的电弧分割成一系列短弧，使电弧加速冷却。吹弧线圈确保快速和有效的灭弧。灭弧罩的外观如图 3-2-3 所示。

图 3-2-3　灭弧罩外观

（二）工作原理

在电磁线圈未得电时，动铁芯在反力弹簧作用下保持在释放位置，当电磁线圈得电后，铁芯在电磁力作用下带动驱动杆克服反力弹簧运动，动触头与静触头闭合。辅助触头依靠安装的驱动凹轮，正常地打开或闭合。这样，主接触器就进入工作状态。失电后，电磁力小时，反力弹簧起作用，主触头分断，同时辅助触头的状态也跟着变化。

动画　直流接触器工作原理

（三）BMS.15.06 型直流电磁接触器技术参数

BMS.15.06 型直流电磁接触器技术参数如表 3-2-1 所示。

表 3-2-1　BMS.15.06 型直流电磁接触器技术参数

序号	项目	参数
1	额定电压	DC 1 500 V
2	最大工作电压	DC 1 800 V
3	额定绝缘电压	DC 1 500 V
4	额定电流	600 A
5	一小时电流	630 A
6	短时电流（5 s）	800 A
7	最大整断电流（15 ms）	2 400 A
8	闭合时间	约 100 ms
9	开断时间	约 75 ms
10	机械寿命	3×10^6 次
11	电寿命	1×10^5 次
12	触头压力	54 ~ 72 N
13	控制电源	DC 110 V
14	控制功率	30 W

二、交流电磁接触器

视频　交流接触器结构及工作原理

交流接触器主要由电磁铁和触点两部分组成，它是利用电磁铁的吸引力而动作的。当吸引线圈通电后，吸引山字形动铁芯（上铁芯），而使常开触点闭合。其结构如图 3-2-4 所示。

交流接触器的触点分主触点和辅助触点两种。辅助触点通过电流较小，常接在电动机的控制电路中；主触点能通过较大电流，接在电动机的主电路中，如图 3-2-4 所示的交流接触器有 3 个常开主触点。

当主触点断开时，其间会产生电弧，烧坏触点，并使切断时间延长。因此在电流较大的接触器中还专门设有灭弧装置，相间设有绝缘隔板，以免短路。

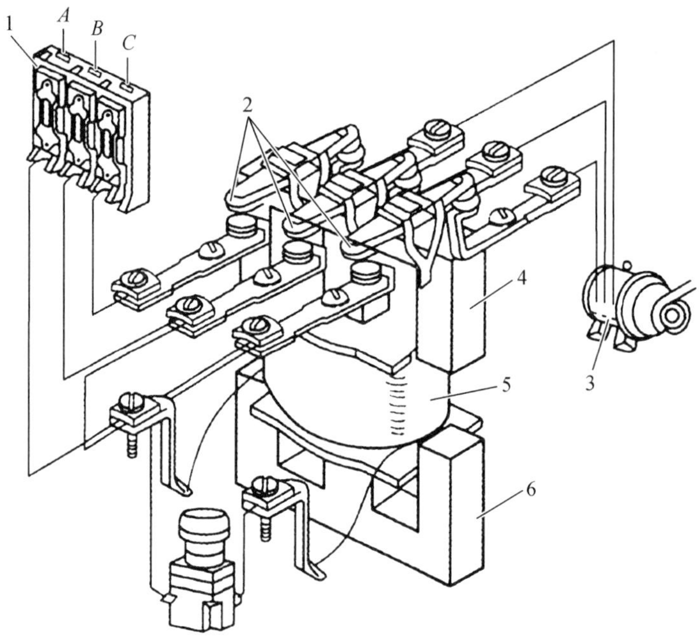

1—熔断器；2—主触点；3—电动机；4—上铁芯；5—线圈；6—下铁芯。

图 3-2-4　交流接触器的主要结构

交流接触器的技术参数如表 3-2-2 所示。

表 3-2-2　交流接触器的技术参数

序号	项目	参数
1	型号	3TF488-OAPO
2	工作电压	230/220 V，50 Hz
3	主触点	3 对常开主触点，控制三相
4	交流功率	37 kW/400 V
5	辅助触点	2 对常开，2 对常闭

三、接触器的检修

（一）直流接触器的维护

在使用中接触器最容易损坏的是触头，触头磨损高度不超过 15 mm，磨损厚度不超过 2 mm，所以对接触器主触头、辅助触头需要定期检查。主触头的最大允许磨损如图 3-2-5 所示，超过图示磨损需要更新触头。新触头要相互配对，坚固力矩应为 18 N · m。对灭弧罩应定期检查，清除灭弧罩内烧灼痕迹和喷溅金属。接触器在正常工作条件下使用时不需要经常维修。接触器用过的触头与新触头如图 3-2-6 所示。

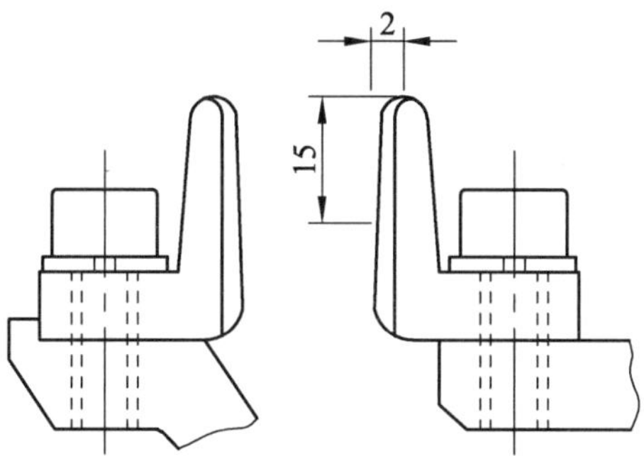

图 3-2-5　触头磨损示意图

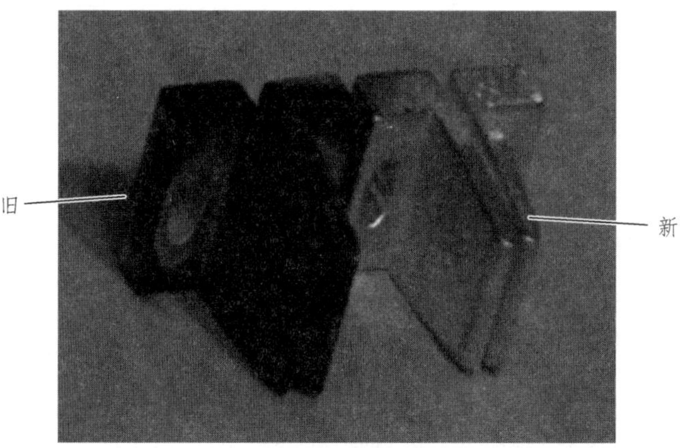

图 3-2-6　接触器用过的触头与新触头

（二）直流接触器分解

对直流接触器分解与组装的常用工具有：尖嘴钳、六角套筒、扳手、弹簧钳、线圈扳手、拆铁芯用特制螺钉旋具、手枪钻，如图 3-2-7 所示。分解后的接触器如图 3-2-8 所示。

分解步骤：

（1）卸灭弧罩。向上推手柄的同时上抬灭弧罩，使之与接触器分离，拿下灭弧罩。

（2）拆线圈。

① 拔掉线圈上的两根连接线。

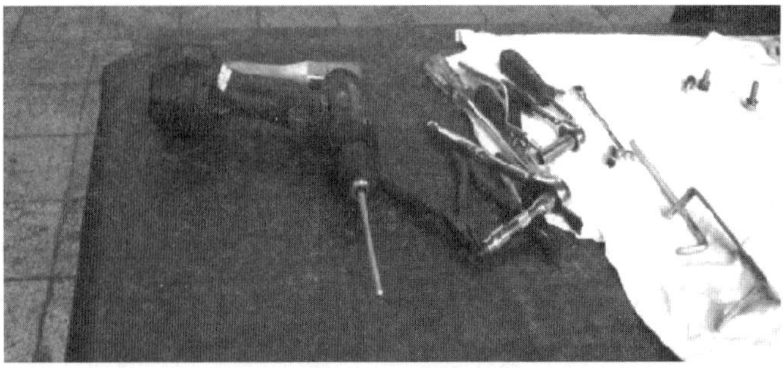

图 3-2-7　分解与组装常用工具

图 3-2-8　分解后的接触器

② 用线圈扳手对准动铁芯上的两个孔下压，用特制螺钉旋具拧下动铁芯开槽螺母。

③ 用手拧下动铁芯。

④ 用六角套筒拧松线圈固定架 4 个长螺栓，把它从固定架上拔出。

⑤ 拿出线圈固定架和线圈。

（3）拆辅助触头。

① 拿下 4 个辅助触头保护罩。

② 用六角套筒依次拧下 4 个辅助触头，拿下固定扳。

（4）拆接触器主触头。用六角套筒拧下主触头固定螺栓，拿下主触头（动、静触头）。

（5）用扳手拧下基架下的一个固定螺栓。

（6）拆手柄。用弹簧钳拆下手柄固定销钉的弹簧垫圈，拿出手柄。

（7）拆弹簧垫圈。用弹簧钳拆下凸轮（辅助触点）的弹簧垫圈，拔出凸轮销钉。

（8）拆夹板金属条。拧下夹板金属条的固定螺栓，用螺钉旋具边撬边拿下金属条。

（9）拆夹板固定螺钉与螺栓。用手枪钻旋出夹板辅助触头位置处的 4 个固定螺钉，用六角套筒拧下夹板四周的 4 个固定螺栓。

（10）拆 A、B 触头。打开夹板，拿出接线排 A 触头、B 触头（其中 A 触头为进线、B 触头为出线）等零部件。

（三）直流接触器灭弧罩分解

（1）用扳手与六角套筒拧下灭弧罩外壳两侧的金属条固定螺栓，拿下两侧的金属条和金属条固定套。

（2）用手枪钻拧松灭弧罩端板的6个固定螺栓，然后用凿子、榔头敲下螺钉。

（3）用螺钉旋具撬开端板，内部为用来灭弧的灭弧片、灭弧条。

（4）分解完毕，打开的灭弧罩如图3-2-9所示。

1—灭弧条；2—灭弧片。

图3-2-9　打开的灭弧罩

（四）直流接触器组装

（1）安装夹板固定件。

（2）依次安装橡胶件、轴和驱动机构、接线排等零件。

（3）安装接线排B、A触头。

（4）安装主压缩弹簧（反力弹簧）。

（5）安装A触头弹簧片。

（6）安装手柄销钉。

（7）安装接线排固定架一端固定轴上的垫片。

（8）安装手柄弹簧。

（9）盖上夹板的上盖板。

（10）用手枪钻安装辅助触头一端的固定螺钉（4个螺钉两两对称）。

（11）用六角套筒安装夹板周边的固定螺栓。

（12）安装驱动装置凸轮固定销钉，将凸轮固定在夹板上。

（13）固定好驱动机构。

（14）安装夹板金属条。

（15）拧上夹板底部螺栓。

（16）拧上夹板金属条固定螺栓。

（17）把线圈固定架和线圈套在固定轴上，然后4个长固定螺栓穿入固定架底部的4个孔内，拧紧4个螺栓。

（18）把动铁芯旋入线圈内，用线圈扳手和特制螺钉旋具装好动铁芯固定螺栓。

（19）向下弹压动铁芯，检查安装是否正确。

（20）装辅助触头固定板，把固定板上的螺栓插入4个辅助触头圆孔，用六角套筒紧固螺栓。

（21）安装辅助触头保护罩。

（22）安装主触头，用螺钉把主触头固定好。

（23）安装手柄和手柄弹簧垫片。

（24）安装线圈上的两根连接线。

（25）接触器安装完毕。

（五）主触头接触平面测试

主触头接触平面测试如图 3-2-10 所示。

图 3-2-10　接触器主触头接触平面测试

（1）仪器：电源（DC 110 V）示波器。

（2）其他：白色纸、蓝色复写纸。

（3）连线：把电源和示波器接到接触器上相应端子上。

（4）过程：

① 把中间夹有复印纸的白纸放于主触头之间，闭合电源，主触头吸合，夹住白纸。主触头断开，拿出白纸，观察白纸上的蓝色印迹平面面积与均匀程度，面积越大，印迹越均匀，说明接触器吸合良好，安装合格。

② 在主触头吸合与断开时，观察示波器的波形，读出接触器的吸合时间与释放时间。接触器的吸合时间为 120 ms，释放时间为 40 ms。

【学习随笔】

任务 3　继电器的认知与检修

【实施工单】

1. 任务要求

（1）熟悉继电器的分类及应用。

（2）掌握继电器的结构和工作原理。

（3）能对继电器进行使用前的检查、维护保养。

2. 任务准备

（1）场地准备：城市轨道交通车辆检修实训中心（配备多媒体）。

（2）工具准备：十字螺丝刀、扳手工具套盒、扭力扳手、螺钉旋具、量规等。

（3）物品准备：绝缘鞋、绝缘手套、隔离防护带、干净抹布、75%工业酒精、划线笔、砂纸等。

（4）建议课时：4 课时。

"继电器的认知与检修"任务工单

<table>
<tr><td>姓名</td><td></td><td>班级</td><td></td><td>学号</td><td></td></tr>
<tr><td>时间</td><td></td><td>地点</td><td></td><td>组别</td><td></td></tr>
<tr><td>指导教师</td><td></td><td>专业</td><td colspan="3"></td></tr>
<tr><td>小组成员</td><td colspan="5"></td></tr>
<tr><td>任务</td><td colspan="5"></td></tr>
<tr><td colspan="3">一、知识储备</td><td colspan="3">成绩：</td></tr>
<tr><td colspan="6">（一）单选题
1. 当继电器的（　　）达到其动作参数时，就将转变为衔铁的吸合动作。
A. 测量值　　B. 输入阻抗　　C. 输入电流　　D. 输入量
2. 当继电器的输入量达到其动作参数时，就将转变为（　　）的吸合动作。
A. 触点　　B. 电容接头　　C. 衔铁　　D. 6 电感接头
（二）多选题
1. 继电器分为电压继电器、电流继电器、（　　）等。
A. 中间继电器　　B. 时间继电器　　C. 热继电器　　D. 速度继电器
2. 继电器由（　　）和（　　）两部分组成。
A. 测量机构　　B. 转换机构　　C. 执行机构　　D. 反馈机构
3. RB4P 系列继电器控制线圈的额定电压为（　　），最低控制电压为（　　）。
A. DC 77 V、DC 110 V　　B. DC 110 V、DC 77 V
C. DC 66 V、DC 120 V　　D. DC 120 V、DC 66 V
（三）填空题
1. 继电器是一种根据外界输入信号________来控制电流电路接通或断开的自动切换电器。
2. 中间继电器是用于________与________中，以增加触点的数量及容量。</td></tr>
</table>

（四）判断题

1. 电磁继电器测量机构就是电磁机构，执行机构是触头，通常接在控制电路中，因此，通过电流较小，一般在 20 mA 以下。(　　)

2. 继电器的输入量与输出量的关系称为它的输入-输出特性。(　　)

3. 3TH 系列中间继电器，又称为接触式继电器，适用于交流 50 Hz 或 60 Hz，在交流电压 660 V 和直流电压 600 V 的控制电路中，用来控制各种电磁线圈及作为电信号的放大和传递。(　　)

4. JZ15-44Z 型继电器的接点容量为 10 A，为了保证继电器体积小，结构紧凑及大电流的分断能力，触头系统采用永磁钢吹弧以提高触头直流分断能力。(　　)

（五）简答题

1. 请简述 D-U200 系列瞬动中间继电器型号的含义。

2. 请简述继电器的检查方法及步骤。

二、制订计划			成绩：
根据时间继电器的应用制订练习计划。			
序号	操作项目	操作工具	操作要点
1	调节时间继电器的延时时间。		
2	继电器的检查。		
3	中间继电器的检修。		

三、操作准备工作	成绩：	
准备事项	已完成	未完成
1. 作业人员必须穿戴口罩和橡胶手套，做好安全防护。		
2. 作业前确认所有的工具和使用材料都处于检定有效使用期内。		
3. 小组成员根据自身状况和组长安排做好合理分工。		

四、操作及质量检查		成绩：
序号	评价标准	评价结果
1	操作前工具选用合理、安全防护到位。	
2	使用专用量规测量金属灭弧罩。	
3	分解塑料灭弧栅片、金属灭弧栅片。	
4	打磨表面出现烧蚀、生锈现象的金属灭弧栅片；更换贯穿性裂纹塑料灭弧栅片。	
5	塑料、金属灭弧栅片和灭弧罩板无碳化，金属灭弧栅片没有被击穿。	
6	金属灭弧栅片上的材料沉积物的厚度小于 0.5 mm，目视没有过度的磨损。	
7	清洁灭弧罩板、塑料灭弧栅片、金属灭弧栅片无灰尘。	
8	按顺序安装金属灭弧栅片及塑料灭弧栅片。	
9	操作后整理工器具；作业记录表填写及时、准确。	

五、操作总结

【知识导航】

一、概　述

继电器是一种根据外界输入信号（电量或非电量）来控制电流电路接通或断开的自动切换电器，分为电压继电器、电流继电器、中间继电器、时间继电器、热继电器和速度继电器等。与接触器相比，继电器负载较小，触头容量小，没有灭弧装置，结构简单，但动作准确性要求较高。地铁车辆使用的继电器实物如图 3-3-1、图 3-3-2 所示。

图 3-3-1　电气设备柜中的继电器

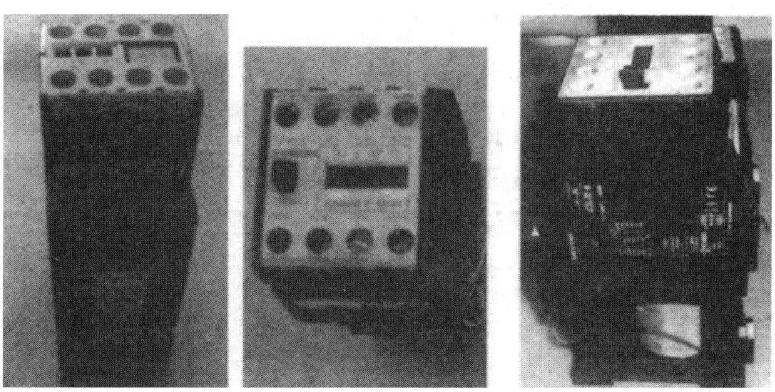

图 3-3-2　继电器外观

二、继电器组成

继电器由测量机构和执行机构两部分组成。

（一）测量机构

测量机构用来接收输入量，并将其转变为电压、电流等继电器工作所必需的电量。

（二）执行机构

执行机构用来改变原来所处状况，给被控电路一定的输出量。

电磁继电器如图 3-3-3 所示，测量机构就是电磁机构，执行机构是触头，通常接在控制电路中，因此通过电流较小（一般在 20 A 以下）。其结构多采用板式和桥式的点接触银质触头，弹簧片既产生触头压力，又作为传导电流的触头支架。

触头是继电器的执行机构，必须工作可靠。对继电器触头的主要要求是耐振动和冲击，不产生误动作。触头接触电阻要小，以便接触可靠，同时要耐磨损、抗熔焊、使用寿命长。

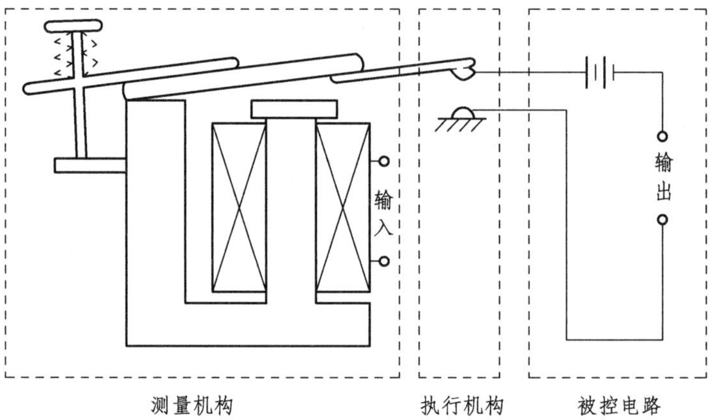

图 3-3-3　电磁继电器的测量机构和执行机构

三、工作原理

当继电器的输入量达到其动作参数时，就将转变为衔铁的吸合动作。此时触点动作，由原来的断开状态转变成闭合状态，接通被其控制的电路，得到一个输出电压；或者由原来的闭合转变成断开状态，切断被其控制的电路。

继电器的输入量与输出量的关系称为输出-输入特性。设输入量为 x，输出量为 y，当输入量 x 由零增加到动作参数 $X_{动作}$ 时，衔铁被吸合，使触头闭合，接触被控电路，输出端有电压输出，即输出量 y 由零跃变到最大值 Y_{max}，如图 3-3-4 所示。衔铁吸合后，如果将输入量 x 减小到 $X_{释放}$ 使反作用力大于电磁吸力，衔铁释放，触头开断，被控电路也断开，输出量由最大值 Y_{max} 下降到零。当输入量由 $X_{释放}$ 继续减小时，输出量 y 维持为零值。通常 $X_{动作} > X_{释放}$。继电器输入量的释放参数与动作参数之比称为返回系数 K，即 $K =（X_{释放} / X_{动作}）$。

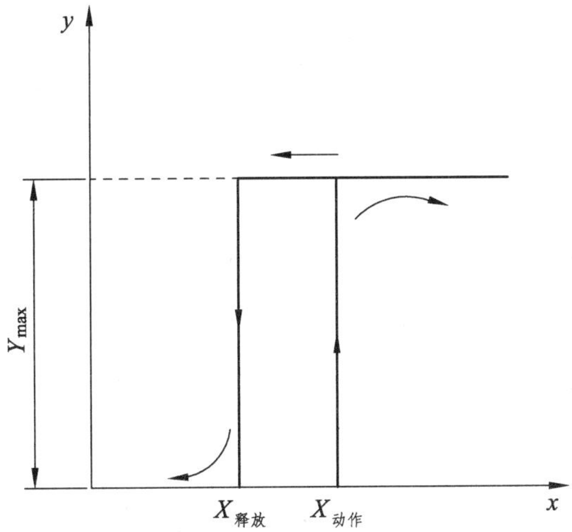

图 3-3-4　继电器的输出-输入特性

四、中间继电器的作用

中间继电器用于继电保护与自动控制系统中，以增加触点的数量及容量。图 3-3-5、图 3-3-6 所示是两种不同类型的中间继电器。

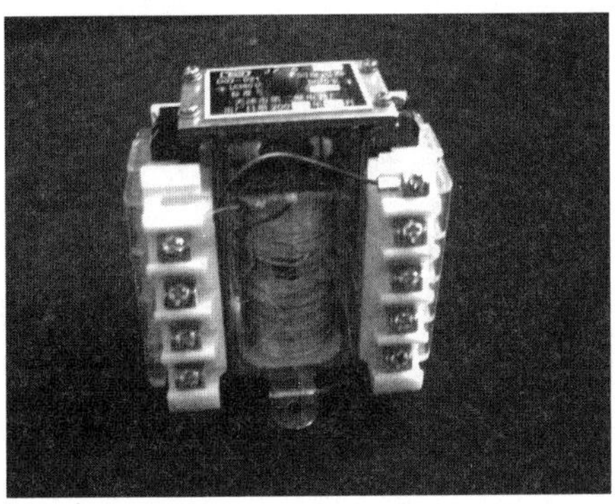

图 3-3-5　JZ15-44Z 型继电器

图 3-3-6　D-U204-KLC + V23BR 继电器

（一）组　成

传动装置由直动螺管式电磁铁构成，铁芯和线圈布置在继电器中央，铁芯采用锥形止铁（可获得较平坦的吸力特性和足够的开距）。

继电器的反力特性依靠动触头支架上的一对拉伸弹簧调节，衔铁上还装有一个手动按钮，以供检查及故障操作使用。触头装置为 8 对双断点桥式银点触头，分别布置在磁轭两侧。可根据需要任意组合成 2 开 6 闭、4 开 4 闭、6 开 2 闭的方式，但必须注意两个触头盒中的常开常闭接点数应对称布置。为了防尘和便于观察接点，继电器带有透明的防尘罩。

JZ15-44Z 型继电器的接点容量为 10 A，为了保证继电器体积小，结构紧凑以及大电流的分断能力，触头系统采用永磁钢吹弧以提高触头直流分断能力。小型化的永磁钢嵌装在静触头的下部，采用无极性布置法，可以加强直流电弧的拉长，实现吹弧的目的。其结构如图 3-3-7 所示。

在检修时要特别注意以下两点：

（1）永磁钢极性不能任意改变，应保证两个静触头下的永磁钢极性相反，若装成同极性，则可能在某一电流方向时发生两弧隙电弧拉向内侧，造成静触头间飞弧的事故。

（2）若永磁钢丢失，则分断能力要降低一半，触头必须降容量使用。

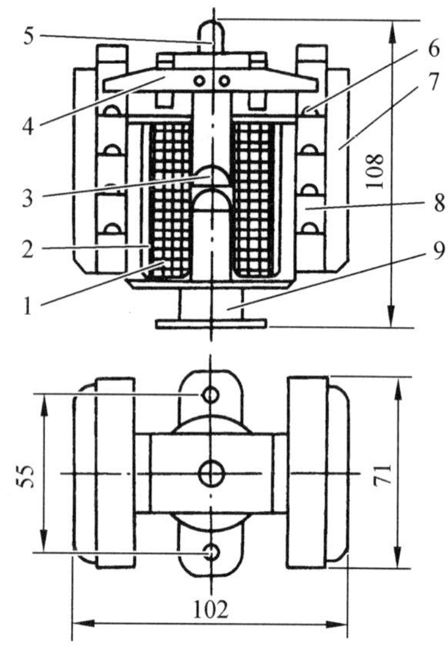

1—吸引线圈；2—磁轭；3—铁芯；4—衔铁；5—按钮；6—触头组；7—防尘罩；8—反力弹簧；9—支座。

图 3-3-7 JZ15-44Z 型继电器结构

（二）工作原理

在控制电路中，输入电压信号且达到其动作值（DC 77 ~ 110 V），该继电器通过电磁机构使触头系统动作，常开触头闭合，常闭触头断开，使相关电路得到控制。若输入电压达到释放值时，其电磁机构释放，常开触头断开，常闭触头闭合，使相关电路切换。

（三）地铁车辆典型中间继电器

1. 3TH 系列中间继电器

3TH 系列中间继电器，又称为接触式继电器，适用于交流 50 Hz 或 60 Hz、电压 660 V 和直流电压 600 V 的控制电路中，用来控制各种电磁线圈及作为电信号的放大和传递元器件。

3TH 系列中间继电器的结构特点：

（1）继电器采用 E 形铁芯、双断点桥式触头系统的直动式运动结构，动作可靠。

3TH40，3TH80 有四对触头可组合；3TH42（如图 3-3-8 所示），3TH82 有八对触头可组合；3TH30 有可接插辅助触头座（3TX4），可自由组合。

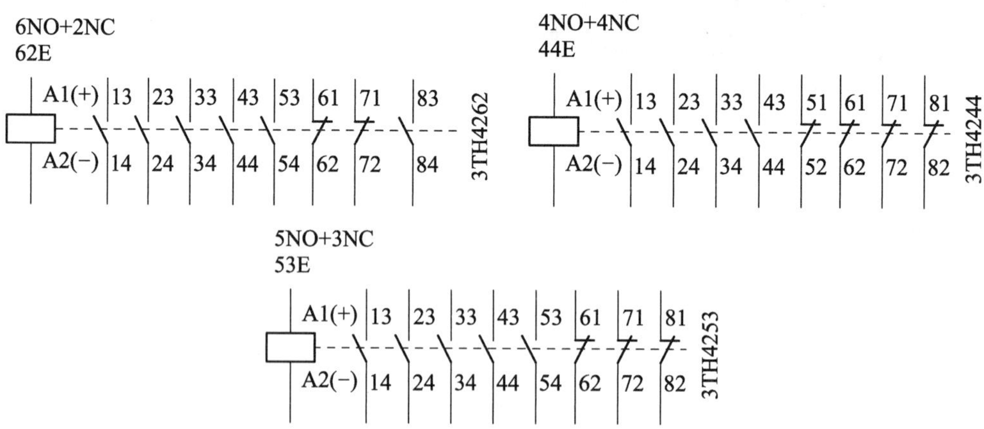

图 3-3-8 3TH42 系列中间继电器触点形式

（2）继电器动作机构灵活，手动检查方便，结构设计紧凑，可防止外界杂物及灰尘落入继电器的活动部位。接线端都有罩覆盖，人手不能直接接触带电部位，安全防护性很高。

（3）继电器外形尺寸小巧、安装面积小。安装方式可用螺钉坚固，也可扣装在 35 mm 宽的标准导轨上，具有装卸迅速方便的优点。

（4）触头为桥式双断点结构，触头材料由电性能优越的银合金制成，使用寿命长，具有良好的接触可靠性。

（5）灭弧室均呈封闭型，同时由阻燃性材料阻挡电弧向外喷溅，保证人身及邻近电器的安全。

主要参数：

3TH42 系列继电器线圈吸合功耗与保持功耗均为 5.2 W，触点额定电流为 10 A。

2. D-U200 系列瞬动中间继电器

D-U200 系列瞬动中间继电器是 MORS-SMITT 公司生产的小型插入式铁路专用瞬动继电器，主要应用于高铁、地铁等的列车及相关设备中。

其型号含义如图 3-3-9 所示。

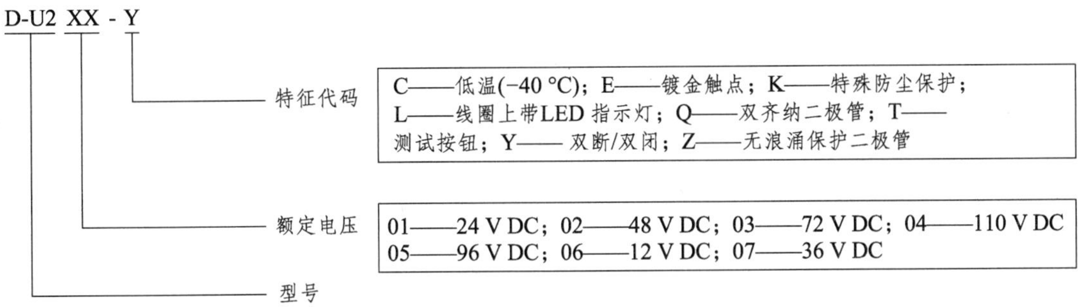

图 3-3-9　型号含义

结构特点：

（1）具有防尘外罩，线圈上带 LED 指示灯，适用低温条件下工作。

（2）带有四组转换接点，接控制电源时，应注意极性。如图 3-3-10 所示，其触点对 3-13、4-14、5-9、6-10 为常闭触头，触点对 3-11、4-12、5-7、6-8 为常开触头。

（3）装有反电动势保护和电磁吹弧装置。

（4）可以直接插入对应底座，无须其他特殊安装。底座的安装可以采用标准导轨安装或者用螺栓固定于合适位置。

主要参数：

控制线圈的额定电压为 DC 110 V，线圈功率为 2 W，其触点的额定电流为交流 10 A。

D-U204-KLC + V23BR 继电器触点形式如图 3-3-10 所示。

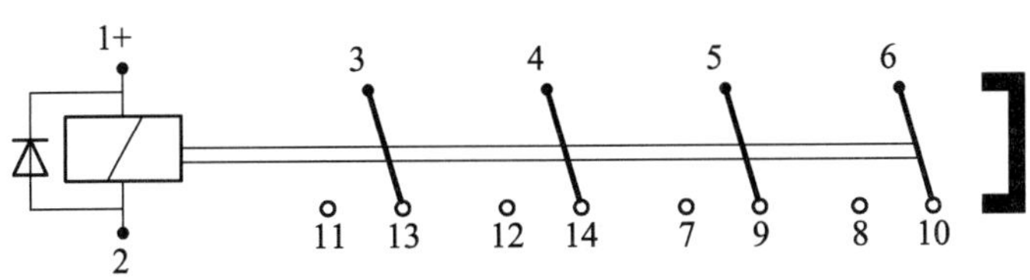

图 3-3-10　D-U204-KLC + V23BR 继电器触点形式

3. RB4P 系列继电器

RB4P 系列继电器的特点是内置密封的贝斯达 R25 触点，其触点形式如图 3-3-11 所示。

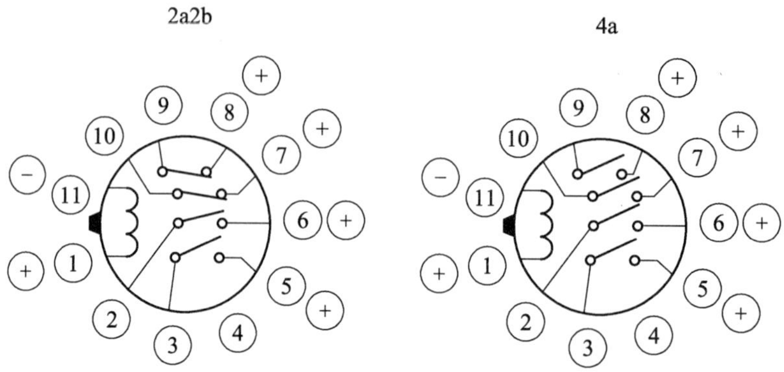

图 3-3-11 RB4P 系列继电器触点形式

RB4P 系列继电器控制线圈的额定电压为 DC 110 V，最低控制电压为 DC 77 V。使用时应注意：

（1）该型号继电器需要利用绑带将继电器固定好，防止因振动等原因造成脱落，将底座进行相应的接线，将继电器插到底座上并扣上耐振绑带即可。

（2）控制线圈是有极性的。将端子符号①安装在正（+）极，端子符号⑪安装在负（–）极。

（3）在直流回路中使用时，端子符号⑤⑥⑦⑧连接在正（+）极。

4. CU-U204-GE + V10 继电器

CU-U204-GE + V10 继电器实物与连线如图 3-3-12、图 3-3-13 所示，其适合用于小电流的回路中。

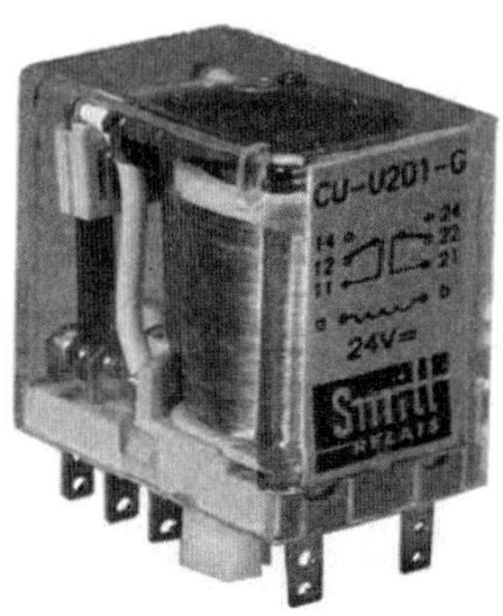

图 3-3-12 CU-U204-GE + V10 继电器实物

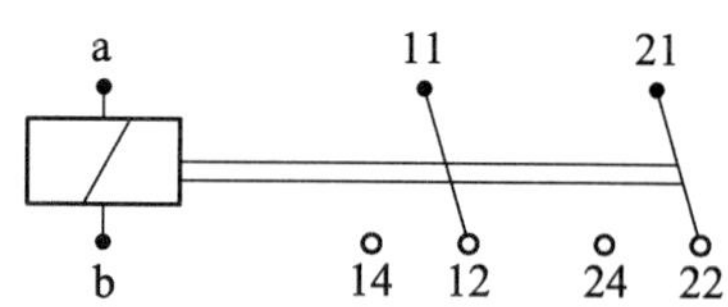

图 3-3-13 CU-U204-GE + V10 继电器接线图

（四）中间继电器的检查

1. 准备工作

（1）断开电源。

（2）采取必要的预防措施以防止隔离开关再次闭合。

（3）按经核准的方法进行无电压测试。

（4）按经核准的方法确保接地和短路。

（5）用盖板和屏蔽物保护邻近带电部件，并符合相关警告注意事项。

2. 车上检查步骤

（1）目视检查紧固螺栓，如有松动、断裂，须拧紧、更换。

（2）目视检查电缆与接线端子，如有接触不良、松动，须拧紧。

五、时间继电器的使用与调试

时间继电器作用：作为控制电路中的时间控制环节元件。

通电延时是指控制线圈得电后，被控的触头要延时一段时间后才动作；断电延时是指在断开控制电源后，被控的触头要延时一段时间后才切换。

（一）JT3 系列电磁时间继电器

1. 实物与结构

JT3 系列电磁时间继电器实物与结构如图 3-3-14、图 3-3-15 所示。

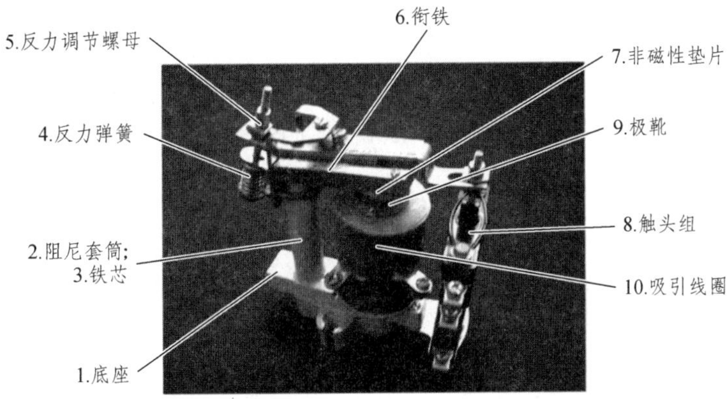

图 3-3-14　JT3 系列电磁时间继电器

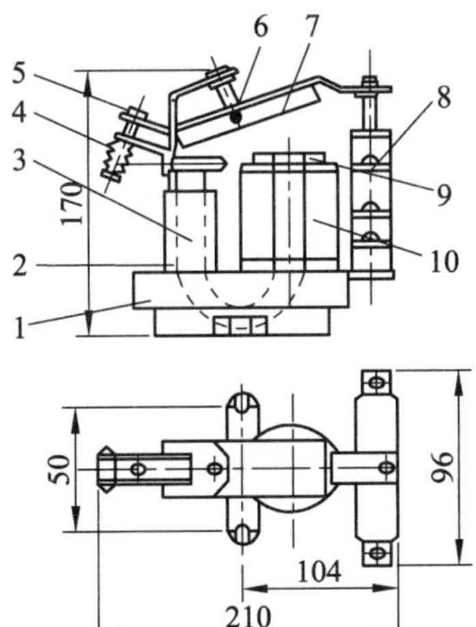

1—底座；2—阻尼套筒；3—铁芯；4—反力弹簧；5—反力调节螺母；6—衔铁；7—非磁性垫片；8—触头组；9—极靴；10—吸引线圈。

图 3-3-15　JT3 系列时间继电器结构

2. 铁芯和磁轭

铁芯和磁轭连成一片，采用整根的棒状电工软钢弯制而成，浇铸在铝基座上，从而减小了装配气隙，降低了磁阻，有利于提高继电器的灵敏度。如图 3-3-15 所示，板状衔铁 6 装在磁扼端部，可绕菱形支点转动，形成拍合式动作。非磁性垫片 7 使衔铁闭合时与铁芯间保持一定的距离，防止衔铁在闭合状态下，当吸引线圈断电时，剩磁将衔铁“吸住”，引起继电器不能正常释放而造成事故。

继电器的联锁触头采用标准的 CI-1 型组件，更换方便，且常开和常闭联锁触头的数量可按需要组合。它装在继电器的前侧，其杆状胶木的动触头支架由与衔铁机械固定在一起的拨叉控制，衔铁动作即通过拨叉带动触头支架上、下动作，使衔铁 6 做相应的开闭。

3. 动作原理（延时原理）

当线圈断电时，电流将瞬时下降为零，相对应的电流的主磁通亦迅速减小，但因其变化率很大，根据楞次定律，在阻尼套内部将产生感应电势，并流过感应电流。此电流产生与原主磁通相同方向的磁通以阻止主磁通下降，这样就使磁路中的主磁通缓慢地衰减，直到磁通衰减到不能吸住衔铁时，衔铁才释放，接点相应地打开（或闭合）。这样就得到了所需的延时。

为保证继电器延时的准确性，在使用时间继电器时必须保证有足够的充电时间（即线圈通电时间），使衔铁和铁芯中的磁通完全达到稳定值。若因充电不足而没有建立起稳定的磁通，延时作用将大大削弱。JT3 系列时间继电器的充电时间不能小于 0.8 s，故继电器通电时间必须大于 1 s。

4. 延时时间的调节

JT3 系列继电器有 3 个时间等级：1 s（0.3 ~ 0.9 s），3 s（0.8 ~ 3 s），5 s（2.5 ~ 5 s）。

（1）不同延时时间等级之间的调节（又称大范围调节）：更换阻尼套，5 s 级的时间继电器一般采用大截面铜套以降低电阻值，3 s 级（包括 1 s 级）的时间继电器则用铝套或小截面铜套以增加电阻值。

注：时间继电器相对应的阻尼套都是专用的，由制造厂配给，不能随意拆换。若确需改变继电器的使用等级，则可调换相应等级的阻尼套，以确保整定延时的足够精度。

（2）在允许时间范围内，延时时间的调节方法有两种。

调节反力弹簧：此调节可以是连续而细微的，称为细调。在保持非磁性垫片的厚度不变的前提下，反力弹簧拧得越紧，反作用力就越大，延时时间就越短；反之则反作用力越小，延时时间越长。但反力弹簧不能调得太松，否则有被剩磁吸住不释放的危险。

调节非磁性垫片：这种调节是阶梯形的，既不连续，也不能做微量调整，称为粗调。在保持反力弹簧不变的前提下，非磁性垫片越厚，磁路的气隙和磁阻就越大，相同磁动势下产生的电磁吸力就越小，衔铁就越容易释放，故延时时间相应缩短；反之则延时时间相应延长。

（二）电子式时间继电器

电子式时间继电器一般采用晶体管或集成电路和电子元件等构成。电子式时间继电器具有延时范围广、精度高、体积小、耐冲击和耐振动、调节方便及寿命长等优点。TJS 型电子时间继电器电路原理如图 3-3-16 所示。

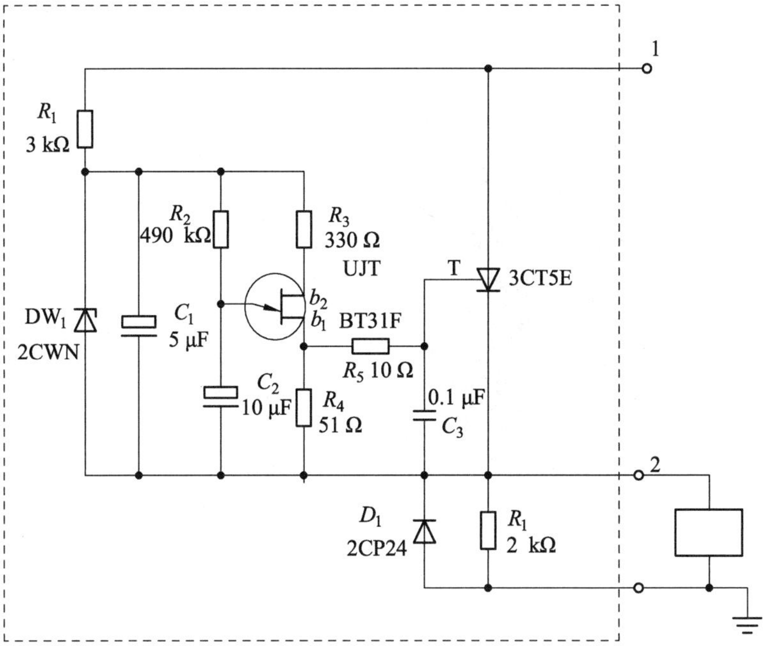

图 3-3-16　TJS 型电子时间继电器电路原理

1. TJS 型电子时间继电器的构成

TJS 型电子时间继电器电路原理如图 3-3-16 所示。

DW_1：稳压管。

BT31F：单结晶体管。

C_1：滤波、防干扰。

R_2、C_2：延时。

C_3：防止晶闸管 T 误导通。

D_1：释放外接中间继电器线圈。

2. TJS 型电子时间继电器的工作原理

当时间继电器接线柱 1 由外电路得电后，经降压电阻 R_1，在稳压管 DW_1 上获得 24 V 的直流电压，通过电阻 R_2 对电容 C_2 的充电获得延时作用。当 C_2 上的电压充至单结晶体管 BT31F 的峰点电压 U_p 时，C_2 经 BT31F 向电阻 R_4 放电，由此产生的脉冲触发晶闸管 T，晶闸管导通，接线柱 1 与接线柱 2 接通，使外接中间继电器线圈得电闭合。

（三）3RP 时间继电器

1. 实物结构

3RP1505-2BW30 时间继电器如图 3-3-17 所示。

2. 延时原理

通过使不同控制线圈得电与失电，它既能实现通电延时功能又能实现断电延时功能，如图 3-3-18 所示。

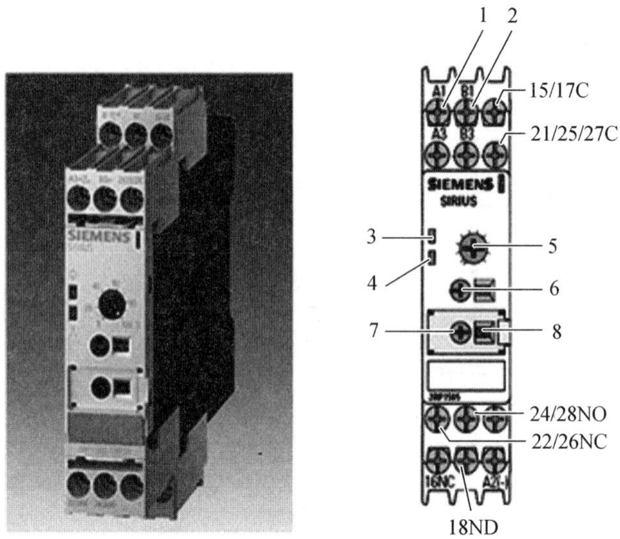

1—A1/A3 Power 电源；2—B1/B3 Power 电源；3—设备灯，线圈通电时常亮黄灯；
4—延时指示灯，延时时黄灯闪烁，触头动作后常亮黄灯，触头恢复后灯灭；
5—整定旋钮 0%～100%；6—时间段选择，共分为 15 段；
7—功能选择旋钮，A、B、C、D、E、F、H、G 等；
8—功能显示。

图 3-3-17　3RP1505-2BW30 时间继电器实物与结构

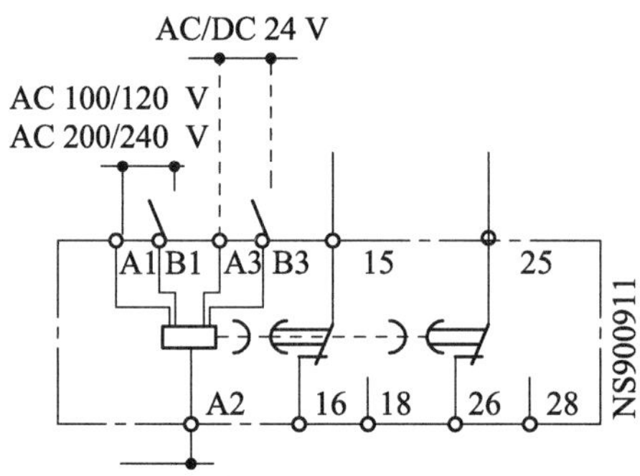

图 3-3-18　延时原理

3. 延时时间的调整

（1）如图 3-3-19 所示，用螺丝刀插入功能选择旋钮位，选择相应的功能，如 A，在旁边窗口有功能显示（8 功能为 A、B、C、D、E、F、G、H，若为 16 功能，则在 8 功能基础上再增加 A!、B!、C!、D!、E!、F!、G!、H!）。

（2）选择时间段，3RP1505-2BW30 时间继电器为 15 段，0.05～1 s、0.15～3 s、0.5～10 s、1.5～30 s、0.05～1 min、5～100 s、0.15～3 min、0.5～10 min、1.5～30 min、0.05～1 h、5～100 min、0.15～3 h、0.5～10 h、1.5～30 h、5～100 h。当设定为“∞”时，没有延时功能，仅用现场检测。

（3）调整具体时间。旋转整定旋钮，调整时间。

（4）具体接线根据功能表来进行。

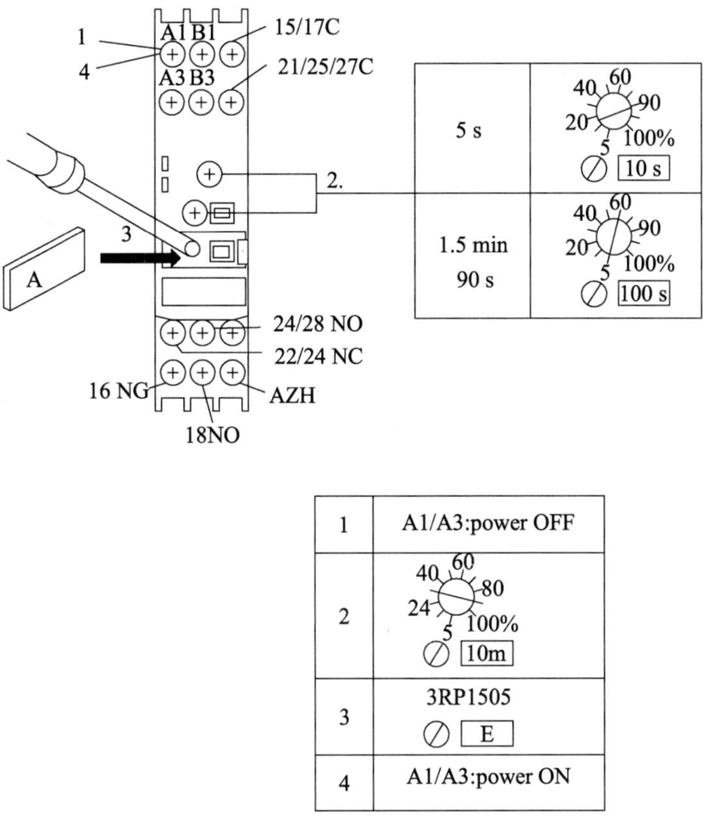

图 3-3-19　延时时间调整

【学习随笔】

任务 4　电压、电流、速度传感器的认知与维护

【实施工单】

1. 任务要求

（1）掌握霍尔传感器的工作原理。

（2）掌握电压、电流、速度传感器的结构及应用。

（3）能够对电压、电流、速度传感器进行日常检查维护。

（4）能够对电压、电流、速度传感器进行更换。

2. 任务准备

（1）场地准备：城市轨道交通车辆检修实训中心（配备多媒体）。

（2）工具准备：电压传感器、电流传感器、速度传感器、直流稳压源、万用表、钳形电流表、斜口钳、尖嘴钳、螺丝刀、高压直流可调电压源及电流源、短导线（若干条）、游标卡尺、力矩扳手等。

（3）物品准备：耐磨布、无绒布、砂纸、刷子、吸尘器、电子设备清洗剂、工业酒精、绝缘胶带等。

（4）建议课时：6 课时。

“电压、电流、速度传感器的认知与维护”任务工单

姓名		班级		学号	
时间		地点		组别	
指导教师		专业			
小组成员					
任务					
一、知识储备			成绩：		

（一）单选题

1. 在地铁列车主回路中，执行电流检测的是电流传感器，一般采用（　　）传感器。

A. 闭环霍尔电流　　B. 开环霍尔电流　　C. 闭环霍尔电压　　D. 开环霍尔电压

2. 霍尔传感器是利用半导体材料的（　　）进行测量的一种传感器。

A. 压电效应　　B. 光电效应　　C. 红外效应　　D. 霍尔效应

3. 输入电流过大表明主回路内部元器件可能存在（　　）现象。

A. 过流　　B. 击穿　　C. 过压　　D. 二次击穿

（二）多选题

1. 霍尔集成电路分为（　　）类。

A. 非线性型　　B. 线性型　　C. 模拟型　　D. 开关型

2. 以下哪些是牵引控制单元的电流故障？（　　）。

A. 输入过流　　B. 输出过流

C. 制动时出现正向电流　　D. 输入线电流和接地线电流的差异过大

（三）判断题

1. 霍尔电势输出端之间的电阻称为输出电阻，它的数值与输入电阻为同一数量级。（　　）

2. 开关型霍尔集成电路是将霍尔元件、稳压电路、放大器、施密特触发器、OC 门（集电极开路输出门）等电路做在两个相连的芯片上。（　　）

3. 在一定磁场强度和激励电流的作用下，温度每变化 1 °C 时霍尔电势变化的百分数称为霍尔电势温度系数。（　　）

（四）简答题

1. 线路电流传感器 U100，U110 的拆卸与安装方法是什么？

<table>
<tr><td colspan="4">2. 简述电压型牵引逆变器的工作原理，以及利用电压传感器控制单元对各类电压故障的判断方法和处理步骤。</td></tr>
<tr><td colspan="3">二、制订计划</td><td>成绩：</td></tr>
<tr><td colspan="4">根据电压、电流传感器的日常维护项目制订日常维护、保养、检修计划。</td></tr>
<tr><td>序号</td><td>操作项目</td><td>操作工具</td><td>操作要点</td></tr>
<tr><td>1</td><td>将传感器通过插头与供电电源和仪表连接时，应注意引线不能接错。</td><td></td><td></td></tr>
<tr><td>2</td><td>各种传感器都有一定的过载能力，但使用时应尽量不要超过量程。</td><td></td><td></td></tr>
<tr><td>3</td><td>在搬运和使用过程中，注意不要损坏传感器的探头。</td><td></td><td></td></tr>
<tr><td>4</td><td>传感器不使用时，应存放在温度为 10～35 °C、相对湿度不大于 85%、无酸、无碱、无腐蚀性气体的室内。</td><td></td><td></td></tr>
<tr><td>5</td><td>通过测量查看传感器状态。</td><td></td><td></td></tr>
</table>

<table>
<tr><td>三、操作准备工作</td><td colspan="2">成绩：</td></tr>
<tr><td>准备事项</td><td>已完成</td><td>未完成</td></tr>
<tr><td>1. 作业人员必须穿戴劳保鞋、安全帽、绝缘手套，做好安全防护。</td><td></td><td></td></tr>
<tr><td>2. 作业前确认所有的工具和使用材料都处于检定有效使用期内。</td><td></td><td></td></tr>
<tr><td>3. 小组成员根据自身状况和组长安排做好合理分工。</td><td></td><td></td></tr>
</table>

<table>
<tr><td colspan="2">四、操作及质量检查</td><td>成绩：</td></tr>
<tr><td>序号</td><td>评价标准</td><td>评价结果</td></tr>
<tr><td>1</td><td>操作前工具选用合理、安全防护到位。</td><td></td></tr>
<tr><td>2</td><td>传感器接线是否正确。</td><td></td></tr>
<tr><td>3</td><td>传感器参数设置是否合理。</td><td></td></tr>
<tr><td>4</td><td>操作过程是否损坏传感器。</td><td></td></tr>
<tr><td>5</td><td>传感器闲置时保存是否完好。</td><td></td></tr>
<tr><td>6</td><td>操作熟练程度。</td><td></td></tr>
<tr><td>7</td><td>作业后整理好工器具；作业记录表填写及时、准确。</td><td></td></tr>
<tr><td colspan="3">五、操作总结</td></tr>
<tr><td colspan="3"></td></tr>
</table>

【知识导航】

一、电流传感器

在地铁列车主回路中，执行电流检测的是电流传感器，一般采用闭环霍尔电流传感器。该类电流传感器的原理为：被测电流 I_n 流过导体产生的磁场，由通过霍尔元件输出信号控制的补偿电流 I_m 流过次级线圈产生的磁场补偿，当原边与副边的磁场达到平衡时，其补偿电流 I_m 即可精确反映原边电流 I_n 值，其原理如图 3-4-1 所示。该类电流传感器的输出形式为电流，之所以采取电流输出的形式主要是因为传感器距离输出信号的接收者（牵引控制系统）较远，同时信号传输线路中存在较多的接线排，如果采用电压输出，极有可能由于线路衰减导致牵引控制系统得到的电压值存在误差（偏小），从而导致系统控制存在误差；另外，电压输出形式也较易受到周围电气设备的干扰，所以该种形式的输出一般只应用于近距离、干扰较少的范围。反之，如果采用电流输出形式，线路阻抗和周围设备的影响很小，输出精确度较高。

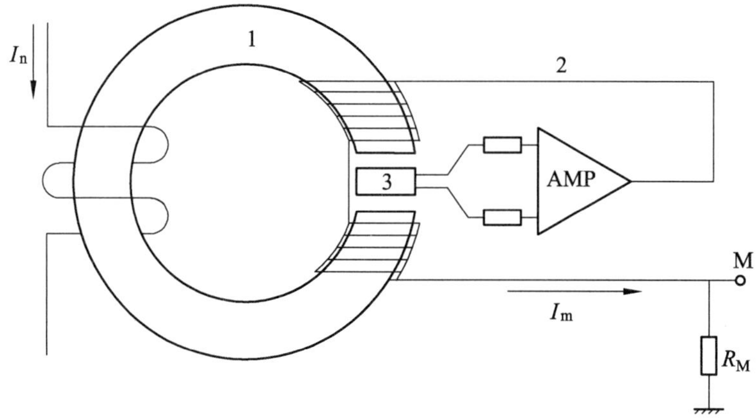

1—磁心；2—副边补偿线圈；3—霍尔元件。

图 3-4-1　电流传感器原理

（一）霍尔效应

多数的电流传感器都是霍尔传感器，霍尔传感器是利用半导体材料的霍尔效应进行测量的一种磁敏传感器。所谓霍尔效应（Hall Effect），是指置于磁场中的导体或半导体内通入电流，若电流与磁场方向垂直，则在与磁场和电流都垂直的方向上会出现一个电势差。根据霍尔效应，人们用半导体材料制成霍尔元件。我们以 N 型半导体霍尔元件为例来说明霍尔传感器的工作原理。图 3-4-2 中，a、b 端通入激励电流 I，并将薄片置于磁场中。设该磁场垂直于薄片，磁感应强度为 B，这时电子（运动方向与电流方向相反）将受到洛仑兹力 F_L 的作用，向内侧偏移，该侧形成电子的堆积，从而在薄片的 c、d 方

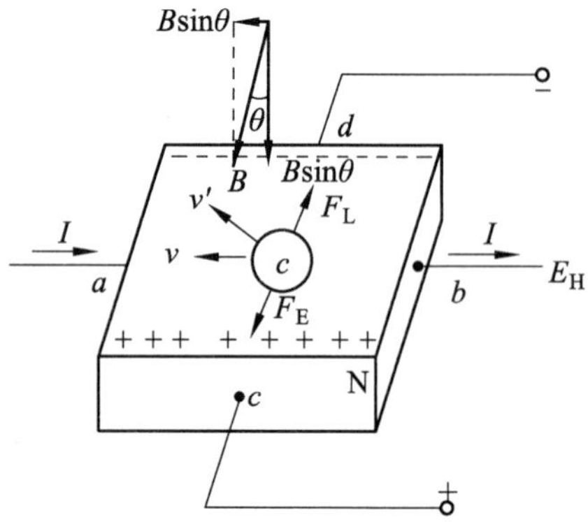

图 3-4-2　霍尔元件的霍尔效应

向产生电场 E_H。此时电子一方面受到洛仑兹力 F_L 的作用，同时另一方面又受到该电场力 F_E 的作用。从图中可以看出，这两种力的方向恰好相反。电子积累越多，电场力 F_E 也越大，而洛仑兹力保持不变。最后，当 F_L 与 F_E 的大小相等时，电子的积累达到动态平衡。这时，在半导体薄片 c、d 方向的端面之间建立的电动势就是霍尔电动势，我们把这种现象称为霍尔效应。

特性参数：

1. 输入电阻 R_i

霍尔元件两激励电流端的直流电阻称为输入电阻。它的数值从几十欧到几百欧，视不同型号的元件而定。

2. 输出电阻 R_o

两个霍尔电势输出端之间的电阻称为输出电阻，它的数值与输入电阻为同一数量级。

3. 最大激励电流 I_m

由于霍尔电势随激励电流增大而增大，故在应用中总希望选用较大的激励电流。

4. 灵敏度 K_H

$K_H = E_H/(IB)$，它的单位符号为 mV/（mA·T）。

5. 最大磁感应强度 B_M

磁感应强度超过 B_M 时，霍尔电势的非线性误差将明显增大。

6. 不等位电势

在额定激励电流下，当外加磁场为零时，霍尔输出端之间的开路电压称为不等位电势。

7. 霍尔电势温度系数

在一定磁场强度和激励电流的作用下，温度每变化 1 °C 时霍尔电势变化的百分数称为霍尔电势温度系数。

（二）霍尔集成电路

霍尔集成电路（又称霍尔 IC）特点：体积小、灵敏度高、输出幅度大、温漂小、对电源稳定性要求低等。

霍尔集成电路分类：线性型和开关型两大类。

内部结构：线性型是将霍尔元件和恒流源、线性差动放大器等做在一个芯片上；

开关型霍尔集成电路是将霍尔元件、稳压电路、放大器、施密特触发器、OC 门（集电极开路输出门）等电路做在同一个芯片上。

（三）牵引控制单元对各类电流故障的判断和处理

1. 输入过流

输入电流过大表明主回路内部元器件可能存在击穿现象。一般对于该故障最先反应的是高速断路器，然后才是牵引控制系统。但是对于某些介于高速断路器动作电流和主回路封锁电流之间的电流值，最先采取动作的是牵引控制系统：牵引控制发现输入电流过大，超过最大允许限度，便立即切断主回路的工作，系统进入封锁状态，同时发出指令强行分断线路接触器和高速断路器。在某些早期的直流电动列车中输入电流是由两组直流电机的电枢电流相加获得的，而在目前的交流电动列车的设计中，由输入回路的线路电流传感器进行该项参数的测量。

2. 输出过流

如果输出电流过大，超过某一极限值，表明主回路出现输出过流故障，在这种情况下，牵引控制单元首先通过改变开关元件门极脉冲降低电流输出，如果在一定时间内仍然存在过流现象，则立即断开线路接触器，封锁牵引箱。该种情况可能存在若干次重试过程，如果在若干次重试后仍然存在过流现象，则永久性地封锁牵引箱。

3. 制动时出现正向电流

再生制动时如果出现正向电流（和制动电流方向相反），可能是接触网电压过高，不能继续进行再生制动了。牵引控制单元应立即断开线路接触器，停止再生制动，同时将制动转为电阻制动。

4. 输入线电流和接地线电流的差异过大

该故障同时存在于直流车和交流车上，出现该故障往往表明主回路中出现接地故障。该故障的输入有两种形式：

（1）通过一个电流差动传感器直接对输入线电流和输出线电流进行比较，输出为该两个电流的差异值。

（2）输入线电流和接地线电流分别用两个电流传感器来检测，输出为两个电流的具体数值。电流差异的比较操作将由牵引控制单元来进行。一旦牵引控制单元发现该电流差异大于指定值，如果在指定时间内该差异电流依然存在，牵引控制单元将立即断开线路接触器，切断主回路的工作，系统进入封锁状态。

5. 逆变器三相输出电流不平衡

该类故障只存在于交流列车上，一旦牵引控制单元发现三相输出电流的总和过大（应该为零），即认为出现三相输出电流不平衡故障，牵引控制单元将立即断开线路接触器，同时切断逆变器的工作，系统进入封锁状态。

6. 两组直流电机电流不平衡，差异过大

该类故障只存在于直流列车上，牵引控制单元发现两组直流电机的电枢电流差异大于指定值，如果在指定时间内该差异电流依然存在，牵引控制单元将立即断开线路接触器，切断主回路的工作，系统进入封锁状态。

（四）检修方法与步骤

1. 线路电流传感器 U100、U110 的拆卸与安装

线路电流传感器的拆卸与安装工具有套筒扳手、开口扳手和接长节等。

1）拆　卸

（1）打开牵引箱维修用箱盖。

（2）松开线路电流传感器接线排上的两个电源电缆连接。

（3）从线路电流传感器上拆下信号电缆。

（4）松开线路电流传感器的固定螺栓。

2）安　装

（1）用固定螺栓安装线路电流传感器。

（2）将信号电缆连接到线路电流传感器：黑色的芯线接至电流传感器的接线端 +，红色的芯线接至电流传感器的接线端 M，棕色的芯线接至电流传感器的接线端 –。

（3）将两根电源电缆接线用 50 N · m 的扭矩安装到电流传感器的接线排上。

（4）盖上维修用箱盖。

2. 线路电流传感器 Ul00、Ul10 的测试

1）设　备

测试设备有 100 A 直流电流源和电流表。

2）步　骤

（1）松开电流传感器接线排上的电源电缆。

（2）用一个横截面面积≥16 mm^2 的电缆连接每个接线排。

（3）将该电缆接到直流电流源上，如图 3-4-3 所示。

（4）在反馈电缆 M 上接入电流表。

（5）让 TCU 得电。

（6）检查正向电流：直流电流源 I = 100 A，电流流向如图 3-4-3 所示。测得电流为 25 mA，则传感器正常。

（7）检查反向电流：直流电流源 I = 100 A，电流流向与图示方向相反。测得电流为 – 25 mA，则传感器正常。

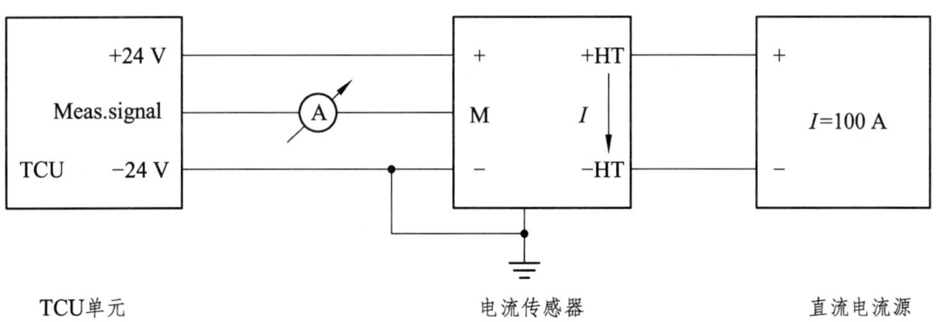

图 3-4-3　电流传感器原理

二、电压传感器

（一）电压传感器工作原理

在地铁列车主回路中，执行电压检测的电压传感器一般采用闭环霍尔电压传感器。该类

电压传感器的原理如下：被测电压 V_n 流过 R_1 的电流通过导体产生的磁场，由霍尔元件输出信号控制的补偿电流 I_m 流过次级线圈产生的磁场补偿，当原边与副边的磁场达到平衡时，其补偿电流 I_m 即可精确反映原边电压值。与电流传感器的输出形式相同，该类电压传感器的输出形式也是电流。原理如图 3-4-4 所示。

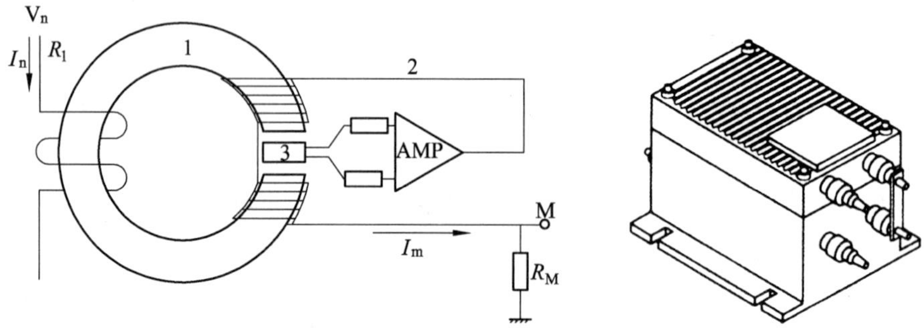

1—磁心；2—副边补偿线圈；3—霍尔元件。

图 3-4-4　电压传感器原理和产品结构

（二）牵引控制单元对各类电压故障的判断和处理

1. 雷　击

雷击事故将直接由避雷器进行防护。由于雷击速度极快，且释放的能量较大，如果希望通过控制系统监测并做出相应动作，在保护速度和分断容量上是达不到要求的，所以对于雷击事件，一般还是采用避雷器进行放电处理。但是在避雷器动作以后，控制系统监测还是将监测到过压事件，并分断线路接触器，封锁主回路。

2. 制动欠压

如果在再生制动工况下直流连接电路电压 U_{DC} 降到某个水平之下，则由再生制动转为电阻制动，制动功率被消耗在制动电阻中，并打开线路接触器。此时可以增加机械制动力以满足所需的制动力要求。

3. 牵引欠压

一旦在牵引工况下，中间直流连接电路电压 U_{DC} 跌落到预先设定的最大牵引功率所要求的电压值以下，则可以通过降低与电压呈线性关系的速度点 V_1 来减少逆变器的输出牵引功率 P_D。如果 U_{DC} 达到临界电压值（最低网线电压），则逆变器被关断。直流连接电路电压 U_{DC} 与输出牵引功率 P_D 之间的关系曲线如图 3-4-5 所示，图中的 $P_{D(H)}$ 为所要求的功率。

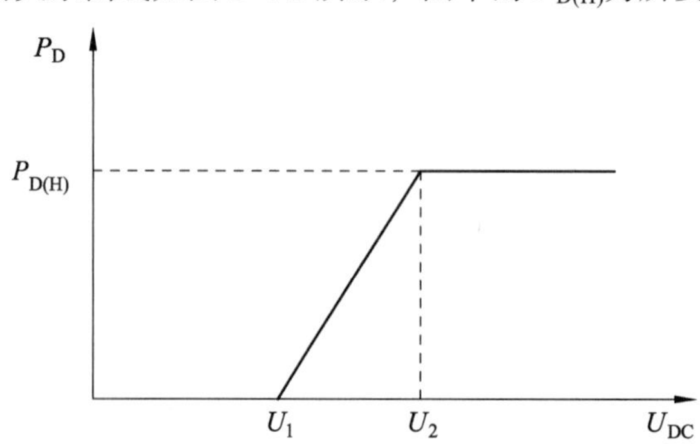

图 3-4-5　直流连接电路电压 U_{DC} 与输出牵引功率 P_D 之间的关系曲线

4. 牵引过压

在牵引工况下，如直流连接电路电压 U_{DC} 超过某个值，则制动电阻周期性地被接通与断开，以限制过高的直流连接电路电压 U_{DC}。此时，系统中的过压能量被消耗在制动电阻中，并且不需要将系统与接触网分开，如 U_{DC} 继续上升，则牵引箱立即被封锁且打开线路接触器。一旦网压下降到规定值，系统自动复位。

在主回路中设有过压保护环节，放电仍不能消除过压的情况下，将触发放电电路，进行强行持续放电。

5. 制动过压

在再生制动工况下，如直流连接电路电压 U_{DC} 超过某个值，则在再生制动的同时进行电阻制动，制动功率同时被消耗在制动电阻中。若接触网压持续高于某设定值，则断开线路接触器，完全依靠电阻制动消耗制动功率。

在主回路中设有过压保护环节，放电仍不能消除过压的情况下，将触发放电电路，进行强行持续放电。

（三）检修方法与步骤

1. 线路电压传感器 U150、U160 的拆卸与安装

1）拆　卸

拆卸工具：套筒扳手、开口扳手、接长节。

（1）打开牵引箱维修用箱盖。

（2）松开线路电压传感器上的 2 个初级连接和 1 个接地连接的螺栓。

（3）从线路电流传感器上拆卸 3 个次级连接。

（4）松开线路电压传感器的固定螺栓。

2）安　装

（1）用固定螺栓以 8 N · m 的扭矩安装线路电压传感器。

（2）用螺栓以 5 N · m 的扭矩连接接地线。

（3）用螺栓以 3 N · m 的扭矩连接初级接线。

（4）连接次级接线：黑色的芯线接至电压传感器的接线端 +，红色的芯线接至电压传感器的接线端 M，棕色的芯线接至电压传感器的接线端 –。

（5）盖上维修用箱盖。

2. 线路电压传感器 U150、U160 的测试

1）设　备

直流电压源 1 000 V/10 mA；带交流电压挡的测量仪表。

2）步　骤

（1）电压传感器的高压接线端 HT + 和 HT – 接到直流电压源 1 000 V/10 mA 上。

（2）在测量电缆 M 上接入一个电流表，如图 3-4-6 所示。

（3）TCU 接通电源，但是 DC 连接回路处于无电状态。

（4）调节一个恒定的电源：电压为 1 000 V，电流为 10 mA。

（5）测得的电流为 25 mA，则传感器正常。

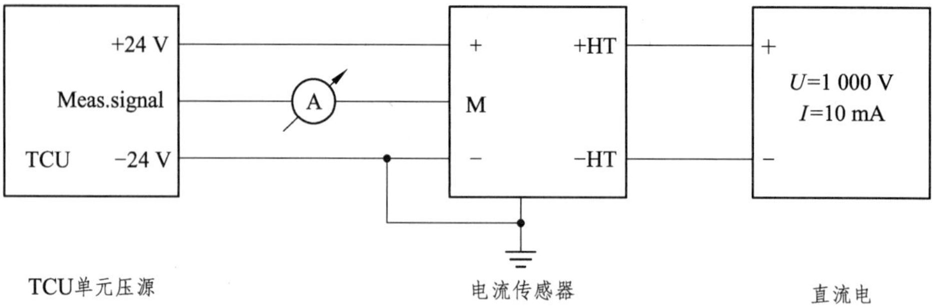

图 3-4-6　线路电压传感器 U150、U160 的测试

三、速度传感器工作原理

在轨道车辆上，车辆系统的稳定性很大程度上取决于它所采集到的速度信号的可靠性和精度，而所采集的速度信号包括当前速度值和速度的变化量。在机车的牵引控制、车轮滑动保护、列车控制和车门控制过程中都要涉及速度信号的采集问题。我们可以发现在各种轨道车辆中，这个任务是由许多的速度传感器来完成的。

在过去，用来测速的传感器通常性能不稳定，而且容易出现故障，经常引起车辆事故。主要原因是早期使用的主要是模拟传感器，而当时使用的数字传感器效果也很差。最常用的速度传感器类型是双通道速度传感器。该传感器直接扫描机车电机轴上或减速机上的齿轮，因此，传感器本身不需要带轴承。

如图 3-4-7 所示，实际上速度传感器利用磁场调制原理来进行测速。被测齿轮的齿形状也是一个重要的因素，因为速度传感器能够测量的是方形齿齿轮和带渐开线齿齿轮。根据测量轮的直径和齿数，该速度传感器的分辨率在每圈 60 个脉冲到每圈 300 个脉冲之间，能满足一般机车电机驱动器的要求。这种类型的速度传感器通常由两个霍尔传感器、永磁体和信号处理电路组成。当速度传感器扫描旋转的齿轮时，永磁体的磁场发生变化。磁场的变化被霍尔传感器记录下来，在电路的比较环节被转换成方波，在驱动环节被放大。

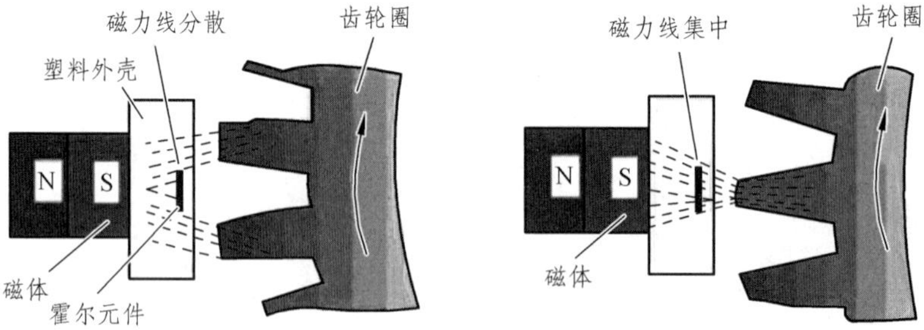

图 3-4-7　霍尔传感器测速原理

然而，霍尔传感器的性能受温度影响很大。所以决定速度传感器的灵敏度和信号的相位差的因素不只是齿轮的安装气隙，还取决于温度。温度的影响大大降低了传感器和齿轮之间

的安装气隙的最大允许值。在室温下，一个标准的模数为 2 的测量齿轮安装气隙可以做到 2 ~ 3 mm，但是当所需的温度范围在 – 40 ~ + 120 °C 时，最大允许气隙降到了 1.3 mm。我们通常要求测量齿轮不但应分辨率要高，而且体积还要小，所以在这种要求下，测量轮的最大气隙就越小。模数是 1 的高分辨率小齿轮的允许最大气隙范围为 0.5 ~ 0.8 mm。霍尔传感器测速度原理：当齿对准霍尔元件时，磁力线集中穿过霍尔元件，可产生较大的霍尔电动势，放大、整形后输出高电平；反之，当齿轮的空档对准霍尔元件时，输出为低电平。

【学习随笔】

任务 5　温度传感器的认知与维护

【实施工单】

1. 任务要求

（1）掌握热电偶传感器、热电阻传感器、热敏磁性开关的工作原理。

（2）掌握温度传感器的结构及应用。

（3）能够对温度传感器进行日常检查维护。

（4）能够对温度传感器进行更换。

2. 任务准备

（1）场地准备：城市轨道交通车辆检修实训中心（配备多媒体）。

（2）工具准备：各类型温度传感器、直流稳压源、万用表、钳形电流表、斜口钳、尖嘴钳、螺丝刀、高压直流可调电压源及电流源、短导线（若干条）、游标卡尺、力矩扳手等。

（3）物品准备：耐磨布、无绒布、砂纸、刷子、吸尘器、电子设备清洗剂、工业酒精、绝缘胶带等。

（4）建议课时：6 课时。

"温度传感器的认知与维护"任务工单

姓名		班级		学号	
时间		地点		组别	
指导教师		专业			
小组成员					
任务					

一、知识储备	成绩：

（一）单选题

1. 热电偶所产生的（　　）是由两种导体的接触电动势和单一导体的温差电动势组成的。
   A. 热能　　B. 热量　　C. 热传导　　D. 热电动势
2. 热电偶的输出热电势与（　　）有关。
   A. 热端直径　　B. 冷端直径
   C. 热端和冷端的温差　　D. 热电极的电导率
3. 热电偶中热端和冷端的温差的数值越大，热电偶的输出热电势就（　　）。
   A. 越小　　B. 越大　　C. 越不稳定　　D. 越稳定

（二）多选题

1. 关于热电偶补偿导线描述正确的有（　　）。
   A. 两根补偿导线与热电偶两个热电极的接点必须具有相同的温度
   B. 各种补偿导线只能与相应型号的热电偶配用
   C. 必须在规定的温度范围内使用
   D. 极性切勿接反
2. 热电偶常用冷端温度补偿的方法有（　　）。
   A. 冷端恒温法　　B. 计算修正法
   C. 仪表机械零点调整法　　D. 电桥补偿法
3. 热电阻有（　　）种。
   A. 铜热电阻　　B. 铂热电阻　　C. 铁热电阻　　D. 钢热电阻

（三）判断题

1. 热电偶的输出热电势随着电极的电导率的数值增大而增大。（　　）
2. 已知 K 型热电偶镍铬-镍硅，则其负极为铜。（　　）
3. 已知热电偶镍铬-铜镍，则其正极为镍硅。（　　）
4. 某铂热电阻，当 t 为 0 °C 时，其电阻值为 50 Ω，则其分度号表示为 Pt50。（　　）

（四）简答题

1. 简述用 Pt100 热电阻温度传感器测量被测物体温度的原理。

二、制订计划	成绩：

根据电压、电流传感器的日常维护项目制订日常维护、保养、检修计划。

序号	操作项目	操作工具	操作要点
1	传感器通过插头与供电电源和仪表连接时，应注意引线不能接错。		
2	各种传感器都有一定的过载能力，但使用时应尽量不要超过量程。		

3	在搬运和使用过程中，注意不要损坏传感器的探头。		
4	传感器不使用时，应存放在温度为10～35 °C、相对湿度不大于85%、无酸、无碱、无腐蚀性气体的室内。		
5	通过测量查看传感器状态。		

三、操作准备工作	成绩：	
准备事项	已完成	未完成
1. 作业人员必须穿戴劳保鞋、安全帽、绝缘手套，做好安全防护。		
2. 作业前确认所有的工具和使用材料都处于检定有效使用期内。		
3. 小组成员根据自身状况和组长安排做好合理分工。		

四、操作及质量检查　　成绩：

序号	评价标准	评价结果
1	操作前工具选用合理、安全防护到位。	
2	传感器接线是否正确。	
3	传感器参数设置是否合理。	
4	操作过程是否损坏传感器。	
5	传感器闲置时保存是否完好。	
6	操作熟练程度。	
7	作业后整理好工器具；作业记录表填写及时、准确。	

五、操作总结

【知识导航】

城轨列车上有许多的温度传感器，如热电偶温度传感器、Pt100热电阻温度传感器、温控开关等。

一、热电偶温度传感器

（一）热电效应

在工业测温中被广泛使用的就是热电偶温度传感器，如电站测温、石油化工企业自动控制系统测温；在便携式测温仪表或袖珍式数字万用表中热电偶也被作为测温探头使用。热电偶式温度传感器属于接触式热电动势型传感器，它的工作原理是基于热电效应实现的。两种不同的导体（或半导体）A 和 B 组成一个闭合电路，如果它们两个接点的温度不同，则在回路中产生电动势并有电流通过。这种把热能转换成电能的现象称为热电效应，产生的电动势称为热电动势，A、B 两导体称为热电极，T 端称为测量端或工作端或热端，T_0 端称为参考端或参比端或冷端，温差越大，产生的热电动势也越大，热电偶的图形符号如图 3-5-1 所示。

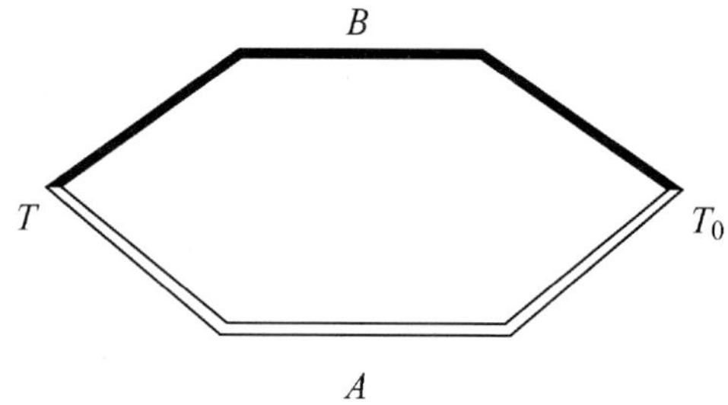

图 3-5-1　热电偶的图形符号

（二）热电动势

热电动势由接触电动势和温差电动势两部分组成，如图 3-5-2 所示。接触电动势是由于两种不同材料导体的自由电子密度不同而在接触处形成的电动势。当两种不同金属材料接触在一起时，由于各自的自由电子密度不同，使各自的自由电子透过接触面相互向对方扩散，电子密度大的材料由于失去的电子多于获得的电子，而在接触面附近积累正电荷，电子密度小的材料由于获得的电子多于失去的电子，而在接触面附近积累负电荷，因此在接触面处很快形成一静电性稳定的电位差 E_{AB}，其值不仅与材料性质有关，而且还与温度有关。

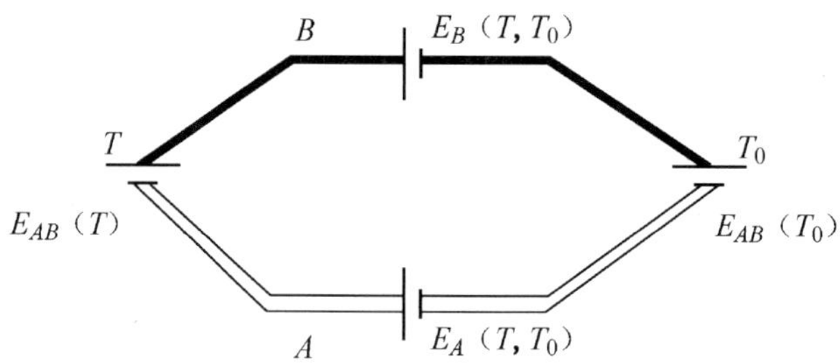

图 3-5-2　热电动势的组成

温差电动势是在同一根导体中由于两端温度不同而产生的电动势。同一根导体中，高温端的电子能量比低温端大，则高温端容易失去电子带正电，低温端得到电子带负电，因此会在导体薄层的界面上形成电位差。

在总电动势中，温差电动势比接触电动势小很多，可忽略不计。因此，总电动势为

$$E_{AB}(T,T_0)=E_{AB}(T)+E_B(T,T_0)-E_{AB}(T_0)-E_A(T,T_0)$$

即

$$E_{AB}(T,T_0)=E_{AB}(T)-E_{AB}(T_0)$$

式中　$E_{AB}(T,T_0)$——热电偶电路中的总电动势；

$E_{AB}(T)$——热端接触电动势；

$E_B(T,T_0)$——B 导体的温差电动势；

$E_{AB}(T_0)$——冷端接触电动势；

$E_A(T,T_0)$——A 导体的温差电动势。

（三）热电偶基本定律

1. 均质导体定律

由同一种导体（或半导体）组成的闭合回路，不论其截面、长度如何以及各处的温度如何分布，都不会产生热电动势。

2. 中间导体定律（第三导体定律）

在热电偶回路中，接入中间导体（第三导体），只要中间导体两端温度相同，则热电偶所产生的热电动势保持不变，即

$$E_{ABC}(T,T_0)=E_{AB}(T)-E_{AB}(T_0)=E_{AB}(T,T_0)$$

中间导体定律是热电偶实际测温应用中，采用热端焊接，冷端经连接导线与显示仪表连接构成测温系统的依据。

3. 中间温度定律

在热电偶回路中，两接点温度为 T 和 T_0 的热电动势，等于热电偶在温度为 T、T_n 时的热电动势与在温度为 T_n、T_0 时的热动电势的代数和。其中 T_n 称为中间温度，即

$$E_{AB}(T,T_0)=E_{AB}(T,T_n)+E_{AB}(T_n,T_0)$$

若已知冷端温度为 $T_0 = 0$ °C 时的热电动势和温度的关系，就可以求出任意中间温度：

$$E_{AB}(T,0\ ^\circ\mathrm{C})=E_{AB}(T,T_n)+E_{AB}(T_n,0\ ^\circ\mathrm{C})$$

二、热电阻温度传感器

热电阻温度传感器是利用物质在温度变化时自身电阻也随之发生变化的特性来测量温度的。热电阻的受热部分（感温元件）是用细金属丝均匀地双绕在绝缘材料制成的骨架上，当被测介质中有温度梯度存在时，所测量的温度是感温元件所在范围内介质中的平均温度。热电阻大多由纯金属材料制成，目前应用最多的是铂和铜。金属铂电气性能稳定、温度和电阻关系近于线性、精度高，成为制造热电阻的首选材料。它能够制造成体积微小的薄膜形式，或者缠绕在陶瓷和云母基板上制造出高稳定性的温度传感器，能够适应各种复杂的测温场合。一般在 - 200 ~ + 400 °C 时，Pt100 热电阻温度传感器是首选测温元件。

Pt100 热电阻温度传感器的外观如图 3-5-3 所示。

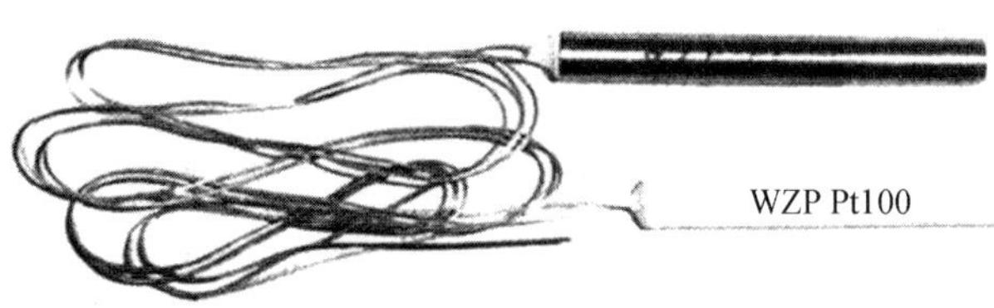

图 3-5-3　Pt100 热电阻温度传感器

热电阻的输入电路如图 3-5-4 所示，由 R_1、R_2、R_3 和被测电阻组成普通四臂电桥温度测量电路。当然考虑到铂热电阻的阻值较小，因此在某些精确度较高的场合应采用三线制测量电

路，从而消除引线电阻的影响。温度传感器的输出为模拟量，而不像温控开关那样输出的是一个开关量，只要将 $V+$ 和 $V-$ 之间的差值乘上一个系数再加上一常数，即 $T=(V_{+}-V_{-})\cdot A+B$，便可以测得目标物体的具体温度了。

地铁列车上的Pt100热电阻温度传感器主要用于监测制动电阻，制动斩波器和牵引逆变器相关模块的温度。

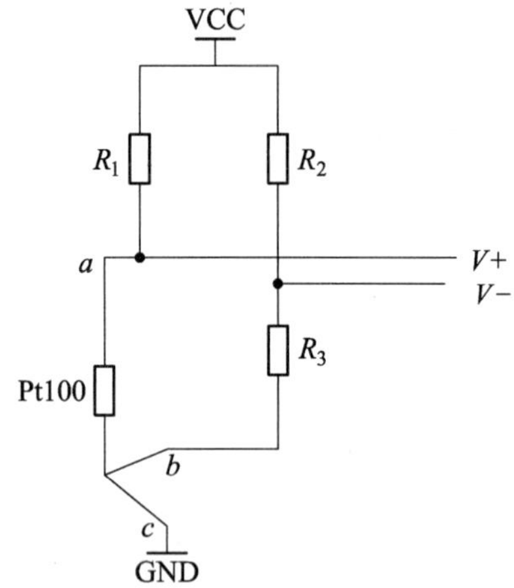

图 3-5-4　热电阻的输入电路

三、温控开关

地铁列车上使用的温控开关一般有两种：双金属温度开关和热敏磁性开关。

视频　双金属温度开关

1. 双金属温度开关

各种金属都有热胀冷缩的特性，而不同金属随温度变化的膨胀系数不一样，双金属温度开关就是根据这个原理来工作的。双金属片由一层“高锰合金”和一层“锻钢”组成。前者的膨胀系数是后者的好几十倍，分别称为“主动层”和“被动层”，在正常温度下弹簧片的触点和主动层的触点是接触的，整个电路处在接通状态。温度升高时，主动层膨胀得比被动层多，双金属片向下弯曲，温度升高到一定程度时，电路断开；冷却到一定程度双金属片伸直，电路接通。

2. 热敏磁性开关

热敏磁性开关利用热敏软磁铁氧体材料在居里点附近磁导率急剧变化的特性来控制干簧管的开闭，从而达到控温的目的。热敏磁性开关具有温控精度高、性能稳定、可靠、经久耐用及节能等优良特性，由于双金属片可能由于开关次数达到金属片的疲劳寿命，从而使得开关特性变差，所以目前世界各国已经广泛应用热敏磁性开关代替双金属片。

温控开关在监控回路中起到一个高电平信号开关的作用，常温下温控开关处于闭合状态，高电平就能够通过温控开关输入到牵引控制系统中，从而表明监控温度处于正常范围内；一旦温度到达设定的监控温度，温控开关动作，马上变为断开状态，高电平就不能通过温控开关输入到牵引控制系统中，这样就说明监控温度超过了允许范围。为了避免主回路反复过温，温控开关本身具有一个滞回特性：一旦牵引箱的温度小于设定的监控温度，温控开关并不马上回复到闭合状态，只有温度继续下降到某一设定回复温度时，温控开关才会回复到闭合状态，该回复温度和监控温度之间的差值称为回差。设置回差是为了避免牵引箱在未充分冷却时恢复工作，导致主回路马上重现过温状态，如图 3-5-5 所示。

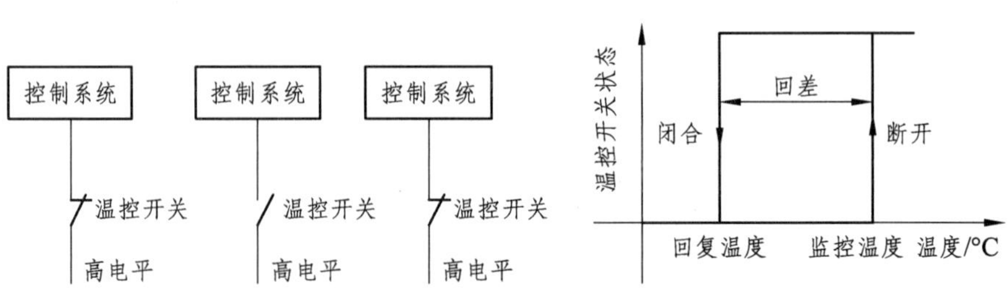

（a）常温度（b）到达监控温度（c）回到回复温度（d）温控开关状态特性曲线

图 3-5-5　温控开关的接通与断开

【学习随笔】

任务 6 控制单元模块认知

【实施工单】

1. 任务要求

（1）掌握控制单元模块的类型和功能。
（2）熟悉各控制模块的组成。
（3）能够分辨各控制单元模块的输入和输出信号。

2. 任务准备

（1）场地准备：城市轨道交通车辆检修实训中心（配备多媒体）。
（2）工具准备：万用表、外接计算机、拆装工具。
（3）物品准备：绑扎带。
（4）建议课时：2 课时。

"控制单元模块认知"任务工单

<table>
<tr><td>姓名</td><td></td><td>班级</td><td></td><td>学号</td><td></td></tr>
<tr><td>时间</td><td></td><td>地点</td><td></td><td>组别</td><td></td></tr>
<tr><td>指导教师</td><td></td><td>专业</td><td colspan="3"></td></tr>
<tr><td>小组成员</td><td colspan="5"></td></tr>
<tr><td>任务</td><td colspan="5"></td></tr>
<tr><td colspan="3">一、知识储备</td><td colspan="3">成绩：</td></tr>
<tr><td colspan="6">（一）单选题
1. CCU 位于每节 B 车的电子柜内，其控制系统为 SIBAS-32 系统软件。六节编组列车共有（　　）个 CCU。
A. 1　　B. 2　　C. 3　　D. 4</td></tr>
</table>

2. CCU 对列车和车辆总线具有（　　）功能。

A. 主控　　B. 辅控　　C. 监控　　D. 半控

3. 每节 B 车的中央控制单元 CCU 中包含（　　）个中央故障存储单元。

A. 1　　B. 2　　C. 3　　D. 4

（二）多选题

1. 中央控制单元面板包括（　　）。

A. CPU 模块　　B. 电源模块　　C. 模块插接区　　D. 风扇模块

2. TCU 的功能包含如下（　　）。

A. 电压监控　　B. 电流监控

C. 温度监控　　D. 牵引箱内设备风机的监控

3. 每节车有一个 BECU，该单元提供（　　）和（　　）。

A. 诊断器指令　　B. 制动力指令

C. 防滑的部分控制　　D. 电子系统指令

（三）判断题

1. 乘客必须在下一站下车，属于 2 级故障。（　　）

2. BECU 的监控功能由诊断器来完成，该诊断器插件板由一个 2 位数字显示。（　　）

3. SIBAS-32 由一个协同处理器系统进行操作，该处理器系统有清晰的分级任务配置，一个带 32 位处理器的中央计算机用于更高一级的功能，所有时间处理功能由信号处理系统来完成，为中央计算机的从属系统工作。（　　）

4. TCU 在直流连接电压中对牵引逆变器进行过压保护。（　　）

（四）简答题

1. 中央控制单元（CCU）主要功能是什么？

2. 简述列车故障等级及措施。

3. 牵引控制单元的主要保护功能有哪些？

4. 制动电子控制单元（BECU）的主要输入与输出信号有哪些？

二、制订计划			成绩：
根据控制单元模块提示进行故障分析。			
序号	操作项目	操作工具	操作要点
1	CCU 检测		
2	TCU 检测		
3	BECU 检测		

三、操作准备工作	成绩：	
准备事项	已完成	未完成
1. 作业人员必须穿戴劳保鞋、安全帽、绝缘手套，做好安全防护。		
2. 作业前确认所有的工具和使用材料都处于检定有效使用期内。		
3. 小组成员根据自身状况和组长安排做好合理分工。		

<table>
<tr><td colspan="2">四、操作及质量检查</td><td>成绩：</td></tr>
<tr><td>序号</td><td>评价标准</td><td>评价结果</td></tr>
<tr><td>1</td><td>CCU 检测数据显示是否正常。</td><td></td></tr>
<tr><td>2</td><td>对 PWM 逆变器的监控和控制显示是否正常。</td><td></td></tr>
<tr><td>3</td><td>BECU 接收制动信号是否正常。</td><td></td></tr>
<tr><td colspan="3">五、操作总结</td></tr>
<tr><td colspan="3"></td></tr>
</table>

【知识导航】

一、中央控制单元

（一）功　能

中央控制单元（Central Control Unit，CCU）主要实现对控制电路的主断路器（高速断路器）、受电弓、列车控制、摩擦制动的控制，对辅助回路的辅助逆变器、蓄电池、空压机、车钩、车门等的控制以及对监控系统的故障诊断系统、广播系统、照明空调系统的控制。CCU 位于每节 B 车的电子柜内，其控制系统为 SIBAS-32 系统软件。六节编组列车共有 2 个 CCU。

CCU 对列车和车辆总线具有主控功能，并监控指定的车辆部件。当发生故障时，列车故障数据将通过总线送至 CCU 用于记录，包括记录 CCU 的内部故障。读取故障则需要运用 SIBAS 32 MONITOR 软件。

（二）总线系统组成

（1）连接 KLIP 分站到 CCU 的分站控制总线（KUP 总线）。

（2）CCU 接口总线：提供一个 CCU 与外部计算机的接口，用于监测 CCU 内部数据。

（3）用于将三节车单元中的智能型部件连接在一起的车辆总线（DIN 总线），包括 KLIP、CCU、TCU（牵引控制单元）、BECU（制动电子控制单元）。

（三）中央故障存储单元（CFSU）

每节 B 车的中央控制单元 CCU 中包含一个 CFSU，其主要功能为：

（1）记录故障发生顺序、时间和环境，且向显示器发送。

（2）通过显示器内部的蜂鸣器向司机报告故障。

（四）故障评估

列车的故障诊断系统由 CCU 控制，列车上的各种系统和 CCU 相连，故障时发送专用信号给 CCU。

故障评估等级如下：

1 级（严重故障）——乘客必须在下一站下车。

2 级（中级故障）——影响运营的故障，列车应在线路的终点退出运营，即运营一圈后回至车辆段。

3 级（轻级故障）——不影响运营的故障，在下次日检时，列车应在车辆段进行检查。

（五）面板介绍

面板包括故障显示区、CPU 模块、电源模块、模块插接区、风扇模块等，如图 3-6-1 所示。

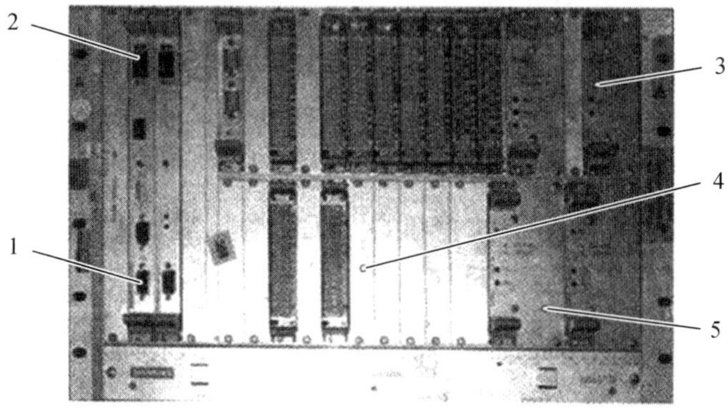

1—CPU 模块；2—故障显示区；3—电源模块；4—模块接插区；5—风扇模块。

图 3-6-1　中央控制单元（CCU）面板

二、牵引控制单元

牵引控制单元（Traction Control Unit，TCU）安装在每个牵引箱内，用于监控和控制 PWM 逆变器。

TCU 是一个控制牵引的电子设备，由一个机架组成，采用 SIBAS-32 微处理技术，由不同的 SIBAS-32 模块系统组成，能进行完整的闭环牵引控制和对电流、电压及温度实际状态的监控。SIBAS-32 由一个协同处理器系统进行操作，该处理器系统有清晰的分级任务配置，一个带 32 位处理器的中央计算机用于更高一级的功能，所有时间处理功能由信号处理系统来完成，为中央计算机的从属系统工作。TCU 的主要功能是控制牵引和制动力。

（一）模块组成

（1）风扇部件（BLOW）：风扇部件的作用是对 TCU 部件进行强制冷却。

（2）电源变压器 110 V/5 V、110 V/ ± 15 V、110 V/24 V（PCS）：对 TCU 系统的不同部件进行供电。

（3）中央处理系统（CPU）：整个 SIBAS-32 系统处理中心，芯片为 80386。

（4）启动电源单元（PSU110）：对输入/输出欠电压做监测，同时也控制 TCU 的启动和关闭。

（5）串行接口（RS485）：通过列车总线或车辆总线使得各个设备之间得以通信。

（6）信号处理单元（SPU）：在 SIBAS-32 系统中是一个高速处理单元。

（7）电压/频率输入（IVF）：把电压信号转换成频率信号。

（8）110 V 二进制输入变压器（ICBP 110 V）：用 110 V 电压作为二进制输入。

（9）110 V 二进制输出（BOCD 110 V）：用 110 V 电压作为二进制输出。

（10）模拟输出接口（ABIF）：用作 CPU 和模块输入、输出之间的接口。

（11）模拟输入/输出（IOA）。

（12）电源接口（APCS）：把面板前的电源变压器模块所生成的电压供给到机架后部。

（13）逆变监测（INVM）：用来监测、控制逆变器，该模块连接在触发设备和实际控制量（门信号）之间。

（二）功　能

（1）电压监控：TCU 在直流连接电压中对牵引逆变器进行过压保护。

（2）电流监控：除了闭环电流控制器外，TCU 还包括一个实施三级过流保护的模块，该模块与软件无关。

（3）温度监控：温度传感器用于监控温度，TCU 将其测得的实际值与存储的极限值进行比较，如果超过极限值，则产生相应的反应。

（4）牵引箱内设备风机的监控：TCU 检查数据来确认设备风扇是否损坏。

（三）工作过程

（1）在电源接通后，程序模块开始对系统初始化。

（2）处理系统和其他的硬件开始初始化，包括对 RAM 内存写入数据、时间的参数化、中断控制器和串行接口。

（3）牵引/制动的控制信号为数字信号，由 TCU 读取。调压（导通角）和频率是连续变化的，在门极单元中将这两个参数的组合作为脉冲形式。门极单元产生触发脉冲，然后由放大器放大后将其传送给 GTO 模块，从而驱动电动机工作，同时检测从模块处发出的检查返回信号来确认导通指令已被执行。

三、制动电子控制单元（BECU）

每节车有一个 BECU，该单元提供制动力指令和防滑的部分控制。BECU 由列车电源总线（110 V DC）正极供电，由制动控制单元电源保护，当车辆控制启动继电器吸合，BECU 开始工作。

BECU 接收车辆上各种监控信号，当制动控制系统出现故障时，使车辆在条件限制的情况下，进行低性能运行。

（一）输入信号

以下输入信号供给 BECU：

（1）总风缸压力。

（2）参考值信号：BECU 接收主控制器中的参考值转换器产生的参考值信号，即脉宽调制（PWM）信号。

（3）非制动命令。

（4）停车制动缓解：该信号由 TCU 供给。

（5）停车制动施加：该信号由停车制动控制系统供给。

（6）摩擦制动正常：该信号由 TCU 供给。

（7）速度传感器：每根轴上的速度传感器提供信号至 TCU，该信号用于防空转保护系统。

（二）输出信号

（1）气制动控制组合的控制：包含制动控制系统阀的部分。

（2）限速继电器：在限速系统不动作时吸合。BECU 有故障时限速发生作用，限速继电器分断，发出限速限制信号给制动电子控制单元。

（3）速度信号（只有 B 车和 C 车）：该信号产生是由从防滑系统收到的个别速度传感器信号推导出的。将该信号送到 TCU，该速度信号用于与 TCU 的速度信号比较。

（4）负载信号（仅用于 B 车和 C 车）：BECU 监控列车车辆（也包括 A 车）的负载状态（重量或质量），将负载信号传递到 TCU，用于气制动系统的控制。

（5）防滑保护系统阀：电子制动控制单元在每节车上为气制动系统提供防滑系统阀的控制。

（6）电子制动系统停止指令：当气制动系统起作用（车速<10 km/h），电子制动系统将给 TCU 一个电子制动系统的停止指令。

（三）负载校正

负载校正（负载重量）与气制动指令信号和负载正比系数有关。车辆负载压力传感器将转向架上的空气弹簧压力转换成相应的电信号，将其传给 BECU 车辆空气制动的电子模拟系统并经过逻辑运算，输出合适的制动力使车辆制动。

（四）故障显示

BECU 的监控功能由诊断器来完成，该诊断器插件板由一个 2 位数字显示。输入电路信号处理、输出电路及 CPU 自诊断的故障信号均被存储显示在 2 位数字的显示器上。如果出现故障，当钥匙打开后，则全部故障按照每个 3 秒的顺序来显示。如果中断电源，故障不会丢失。故障显示器可以进行快速诊断并确认任何故障，同时把所有的故障通过 CCU 传给司机内的彩色显示屏，以文字形式在彩色显示屏上显示，同时发送相关的建议和处理方法供司机参考。

【学习随笔】

项目四 列车辅助系统主要设备及其检修

知识目标

（1）掌握城市轨道交通车辆辅助供电系统的基本类型。
（2）掌握城市轨道交通车辆辅助供电系统的结构组成。
（3）掌握城市轨道交通车辆辅助逆变器的结构组成。
（4）掌握城市轨道交通车辆蓄电池的应用与控制。
（5）掌握城市轨道交通车辆车间电源的功能与构成。

能力目标

（1）能对城市轨道交通车辆辅助供电系统进行日常维护检修。
（2）能根据现象辨别辅助逆变器常见故障并处理。
（3）能根据现象辨别车辆蓄电池的常见故障并处理。
（4）能对车辆蓄电池进行维护保养。
（5）能根据现象辨别车间电源常见故障并处理。

重点难点

（1）城市轨道交通车辆辅助供电系统的结构组成。
（2）城市轨道交通车辆辅助逆变器的结构组成。
（3）蓄电池的维护和保养。
（4）车间电源的结构和故障处理。

案例引入

案例叙述：

上海一列从浦东国际机场始发的磁悬浮列车，在驶抵龙阳路车站时，其中一节车厢发生火警。好在火势被及时扑灭，没有影响其他磁悬浮列车的正常运行，也没有伤及乘客。事故发生后，磁浮技术提供方德国磁悬浮高速列车国际公司专家与中方一起开展对起火原因的深入调查。

案例分析：

经中德技术专家鉴定，起火车厢的主体结构和主要部件均基本完好，此次火警事故的原因为车载蓄电池故障。

技能训练

任务1　辅助供电网络认知

【实施工单】

1. 任务要求

（1）掌握辅助供电系统的构成。

（2）掌握辅助供电系统的工作原理。

（3）熟悉辅助供电系统的特点。

2. 任务准备

（1）场地准备：城市轨道交通车辆检修实训中心（配备多媒体）。

（2）工具准备：劳保鞋、安全帽、绝缘手套，做好安全防护。

（3）建议课时：4课时。

"辅助供电网络认知"任务工单

<table>
<tr><td>姓名</td><td></td><td>班级</td><td></td><td>学号</td><td></td></tr>
<tr><td>时间</td><td></td><td>地点</td><td></td><td>组别</td><td></td></tr>
<tr><td>指导教师</td><td></td><td>专业</td><td colspan="3"></td></tr>
<tr><td>小组成员</td><td colspan="5"></td></tr>
<tr><td>任务</td><td colspan="5"></td></tr>
<tr><td colspan="3">一、知识储备</td><td colspan="3">成绩：</td></tr>
<tr><td colspan="6">（一）单选题
1. 通常每列城市轨道电动列车安装（　　）套辅助逆变器和蓄电池组。
A. 2　　B. 3　　C. 4　　D. 5
2. 列车辅助逆变器为（　　）输出。
A. 变压变频　　B. 恒压恒频　　C. 恒压变频　　D. 变压恒频
（二）多选题
1. 城市轨道列车辅助供电系统包括（　　）。
A. 辅助逆变器　　B. 交流电源　　C. 低压电源　　D. 直流电源
2. 在决定供电系统的总容量时，必须考虑电气负载的（　　）等因素。
A. 需要功率　　B. 额定功率　　C. 功率因数　　D. 效率
3. SIV装置主要由（　　）等装置组成。
A. 输入DC滤波器　　B. 三相二级逆变器
C. 三相AC滤波器　　D. 输出变压器
（三）填空题
1. 电动列车辅助系统的供电网络主要有：辅助逆变器、__________、低压总线、控制器、__________、继电器、________等。</td></tr>
</table>

2. 在决定供电系统的总容量时，最保守的方式是把所有负载的________之和作为系统容量。
3. 由于车辆的所有负载不可能同时工作，因此在满足车辆电气负载正常工作的前提下应该尽量_________________系统总安装功率。

（四）判断题

1. 辅助供电系统采用频率、电压输出品质更好的逆变器形式替代电动发电机组。（　）
2. 列车辅助逆变器是恒压恒频输出，对它的技术性能要求与 VVVF 主逆变器相同。（　）
3. 现代城市轨道电动列车辅助供电系统使用的逆变器称为辅助逆变器或静止逆变器。（　）
4. 我国轨道列车主要采用集中供电的方式，部分列车的每节车均设有辅助逆变器。（　）
5. 列车在正常情况下运行时，车上所有 DC 110 V 负载全由 AC/DC 变流器供电。（　）

（五）简答题

1. 城市轨道交通车辆的辅助供电系统都为哪些设备进行供电？

2. 辅助供电系统的主要结构包括哪几部分？各有什么作用？

3. 简述辅助供电系统的工作原理。

二、制订计划	成绩：

根据列车辅助供电系统的知识绘制整列车的辅助供电网络。

序号	操作项目	操作工具	操作要点
1	整理列车辅助供电系统的供电设备的电路连接		
2	以图形或列表方式整理出整列车上的主要的辅助用电设备		
3	将整理出的供电设备和用电设备对应起来形成辅助供电网络		

三、操作准备工作	成绩：	
准备事项	已完成	未完成
1. 小组成员事先调研列车辅助供电系统的设备组成。		
2. 熟悉教师提供的列车辅助供电系统电气设备的分布原理图。		

四、操作及质量检查		成绩：
序号	评价标准	评价结果
1	能说出指定车节上的辅助电气设备。	
2	能说出辅助逆变器是如何与空调等设备相连接进行供电工作的。	
3	能说出辅助逆变器输出的电压形式和用电负载。	
4	能准确描述辅助供电系统工作原理。	
5	能准确描述辅助供电网络的特点。	

五、操作总结

【知识导航】

一、辅助供电系统概况

列车辅助系统为除牵引系统以外的所有用电系统供电，其供电的主要负载有列车空调、客室照明、设备通风冷却、电器电子装置、蓄电池充电等。整个辅助电路由逆变器、蓄电池及相应的部件组成。在整列车的动车和拖车中都有辅助电路，它的工作状态正常与否直接影响整列车的功能。电动列车辅助系统的供电网络主要由辅助逆变器、蓄电池、低压总线、控制器、断路器、继电器、接触器等组成。

辅助供电系统早期采用牵引电网提供的直流电能驱动发电机发出交流电供列车照明系统、通风系统用电，并经变压器、整流器输出 DC 110 V 和 DC 24 V 电压为控制电路供电及为蓄电池提供浮充电。现在已经采用频率、电压输出品质更好的逆变器形式替代电动发电机组。

现代城市轨道电动列车辅助供电系统使用的逆变器称为辅助逆变器（SIV）或静止逆变器（见图 4-1-1），功能是将输入的牵引电网直流电能逆变为列车辅助系统使用的交流电能，并提供 DC 110 V 和 DC 24 V 电压，为列车上牵引动力系统之外的所有用电设备供电。

图 4-1-1　辅助逆变器箱实物图

通常每列城市轨道电动列车安装 2 套辅助逆变器和蓄电池组，一般安装在每个 Tc 车的底架上；辅助逆变器的结构根据负载需要的电源规模来决定，其输出能力满足列车各种负载工况的用电要求。辅助逆变器的总容量为 180 kV·A，输出频率为 50 Hz 的正弦交流电。

辅助逆变器（SIV）输出的（AC 380 V）三相交流电为客室空调系统、电热器、风源系统的空压机电机提供三相交流电源，并为客室照明系统提供（AC 220 V）单相交流电；另通过 DC 110 V/DC 24 V 变换器输出 DC 110 V 电源为列车控制电路、前照灯等供电，输出 DC 24 V 为列车广播系统、车载电台系统、车载信号系统、司机室指示灯等负载提供电源，同时给蓄电池组进行浮充电。在其中一套辅助电源装置故障情况下，系统采用扩展供电方式由另一套辅助电源装置来保证全列车辅助负载用电，但此时列车空调系统减载运行。

二、辅助供电系统构成

城市轨道列车辅助供电系统包括辅助逆变器（DC/AC 变流器）和低压电源（DC/DC 变流器和蓄电池）。辅助逆变器给列车上的交流负载如空调机、压缩机、通风机等提供 AC 380 V 及 AC 220 V 电源。低压电源包括 DC 110 V 和 DC 24 V，给列车控制系统及应急负载供电。我国轨道列车主

视频　辅助供电系统构成

要采用集中供电的方式，部分列车的每节车均设有辅助逆变器。

列车辅助逆变器是恒压恒频输出，对它的技术性能要求与 VVVF 主逆变器有所不同，对 DC/DC 变流器性能也有特殊要求。列车的供电电压波动范围是 – 33.3% ~ + 20%，要求 SIV 在此电压范围内输出全功率，且要求输出电压值及其谐波含量均在规定值之内，这个要求是比较高的，特别是在最低电压情况下。

列车辅助逆变器的负载很大部分是泵类，而且是直接启动，启动冲击电流大。例如，空调机是辅助逆变器的最大负载，而其中的压缩机又为主要组成部分，其他如列车风源系统使用的空气压缩机等。因此，应对辅助逆变器负载的启动有种种限制。例如，对启动功率限制时，要求每次启动的负荷不能超过额定功率的限值（40%），同时要求顺序启动以避免启动冲击电流叠加。对于这一要求，列车刚启动时，辅机在第一次投入工作时容易做到，但在随后的运行中由于压缩机的启动都是随机的，要做到任何时候使它们不同时启动是需要精心设计的。此外，还要求由于负载突变而造成输出电压波动保持在限制值之内（一般是 1 500（1 ± 20%）），并且在规定的时间内（一般为 100 ~ 300 ms）使输出电压恢复至正常值。正因为对 SIV 的负载特性要求高，因此，在辅助逆变器的型式试验中要求其能经受负载突变、网压突变、重复启动、过载能力等种种考验。辅助逆变器的短时过载能力以能达到其额定容量的倍数及时间来表示。

低压电源包括 DC/DC 变流器和蓄电池。DC/DC 变流器输出 DC 110 V 和 DC 24 V。列车在正常情况下运行时，车上所有 DC 110 V 负载全由 DC/DC 变流器供电，蓄电池处于浮充电状态。1 台变流器供 1 个列车单元的负载，如果有 1 台变流器发生故障，则另 1 台变流器要给全列车的负载供电，即使在这种情况下蓄电池也不承受负荷。因此，DC/DC 变流器的容量在设计时要考虑有足够的冗余量。只有当发生故障时（如电网供电中断），蓄电池才向应急负载供电，其中最大的负载是应急通风。此时的通风量是正常情况下空调通风量的一半，但要求持续工作的时间较长，一般规定在隧道中运行的车辆要保证供电 45 min，在地面或高架运行的车辆为 30 min。蓄电池的容量（A · h）就是根据这一要求确定的。为此，要配置 1 台应急通风用的逆变器。由于风量与通风机的电源频率成正比，而通风机取用的功率与电源频率的 3 次方成正比，故当风量比正常工作状态减半时，通风机取用功率为正常工作时的 1/8。因此，应急通风用的逆变器的容量不大。

IES 箱（高压隔离接地开关箱）提供了来自受流器的高压供电或者来自车间电源插座向辅助逆变器供电，该开关同时被用于连接高压滤波电容向接地位放电，安装于 Tc 车。IES 有三个位置开关：“受流器”位、“接地”位、“车间电源”位。出乘时要检查位置，保证在“受流器”位。

三、辅助供电系统工作原理

（一）SIV 工作原理

SIV 装置主要由“输入 DC 滤波器”“三相二级逆变器”“三相 AC 滤波器”及“输出变压器”等装置组成。由滤波电容（F_C）、IGBT（S_U、S_V、S_W）组成三相二级逆变器，逆变器部分通过矢量控制，用高次谐波进行 PWM 动作，输出三相方形波。三相滤波器部分是通过交流滤波电抗器（ACL）、交流电容器（ACC）串联连接而成，使逆变器输出的电压波整形为正弦波，失真率在 5%以下。再通过输出变压器（TO）给负荷提供 50 Hz、380 V 三相交流电。

（二）扩展供电工作原理

扩展供电装置是当列车编组中一台 SIV 停止工作时，使列车从另一台正常工作的 SIV 装置获得电能的装置。本装置通过电压检测继电器（V_{R1}、V_{R2}）实时监视编组中 SIV 的输出电压，当输出电压为 0 V 时，使扩展供电接触器（M_2）得电吸合，自动开始扩展供电。停止的 SIV 恢复正常时，扩展供电接触器（M_2）失电释放，自动解除扩展供电。SIV 主回路如图 4-1-2 所示。静止逆变器（SIV）主电路主要组成部件和机能如表 4-1-1 所示。

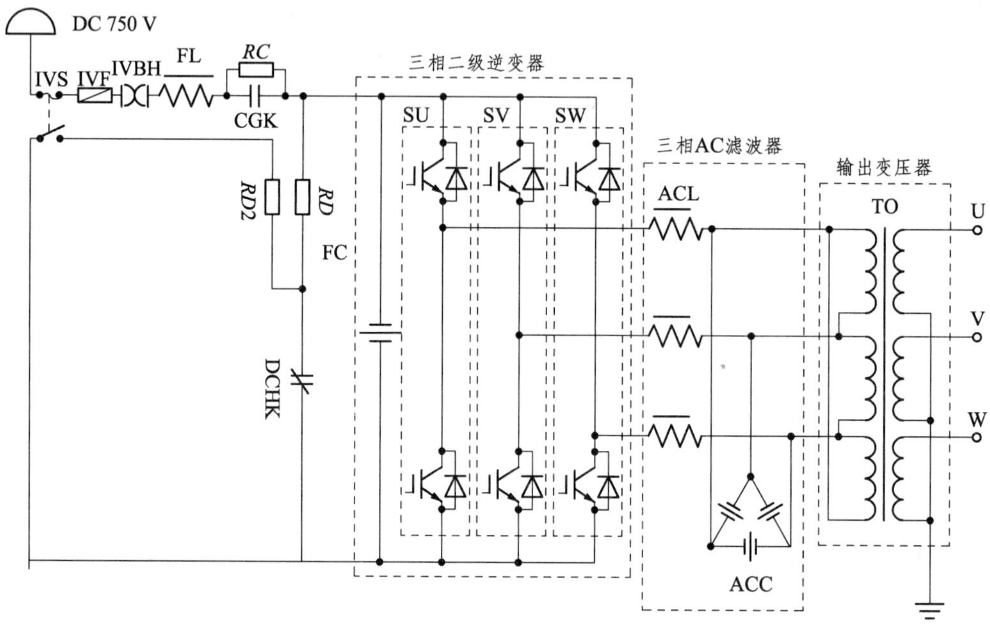

图 4-1-2　SIV 主电路简图

表 4-1-1　静止逆变器（SIV）主电路主要组成部件和机能

电路符号	名　称	机　能
IVS	SIV 开关	断开高压电路，放电电路组成用开关
IVF	保险丝	接地故障时熔断，保护架线侧的保险丝
IVHB	高速开关	SIV 输入用高压高速开关
CGK	充电电阻短路用接触器	启动时的滤波电容充电完后，充电电阻短路用接触器
RC	充电电阻器	启动时的滤波电容充电用电阻
FL	滤波电抗器	输入滤波用电抗器
RD，*RD*2	放电电阻	停止时的滤波电容电荷放电用电阻
FC	滤波电容	输入滤波用电容
ACC	交流滤波电容	交流 *LC* 滤波用变压器
TO	AC 380 V 输出变压器	SIV 三相交流输出用变压器
DCHK	高压电路放电用接触器	停止时为了滤波电容电荷放电的接触器
M1	三相接触器	三相输出电压确立时投入的接触器

PWM 为逆变器输出电压峰值不变，通过其时间幅的变化来调节平均电压的方式。三相二级逆变器部分以 FC 电压作为电源（V_{dc}），作为三相电压型逆变器动作，以输出电压指令值（正弦波调制指令）和三角波（载频）进行比较来产生逆变器输出电压。载波频率采用与逆变器输出频率同期的方式。

三相滤波器部分是通过交流滤波电抗器（ACL）、交流电容器（ACC）的串联连接而成。阶梯波状的三相逆变器输出线间电压波形要进行波形整形，使其成为正弦波，令输出电压波形的失真率在 5%以下。交流输出通过输出变压器（TO）将在三相滤波器部进行波形整形的正弦波输出电压进行绝缘降压到所定电压，给负荷提供 50 Hz、三相交流 380 V 电压。该输出变压器除升压外还担负高压回路的绝缘作用。SIV 及监控终端装置构成如表 4-1-2 所示。

表 4-1-2 SIV 及监控终端装置表

项目	名称	形式
1	SIV 装置	RG4038-A-M
2	高速开关	SA401B-B-M
3	整流装置	T1223-A
4	开关保险丝盒	S1173-L-M
5	受电装置	UM8224-A-M

升降压斩波方式 SIV 框架如图 4-1-3 所示。

SIV 断路器箱有高速断路器（IVHB）、限流电阻 R_0。SIV 高速断路器如图 4-1-4 所示。

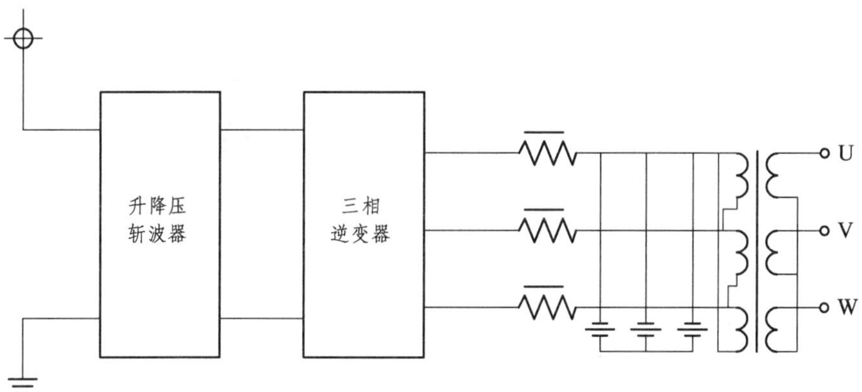

图 4-1-3 升降压斩波方式 SIV 框图

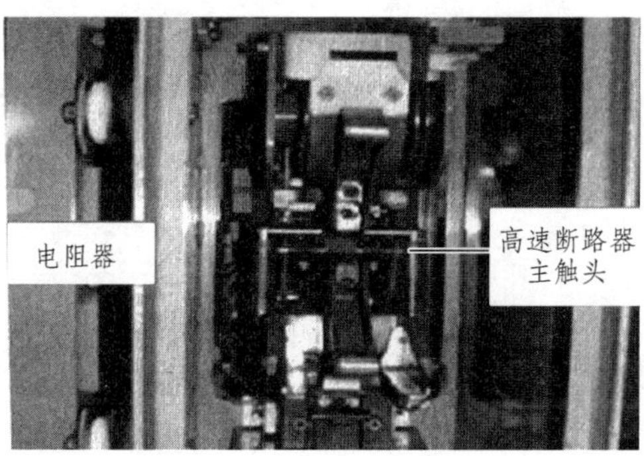

图 4-1-4 SIV 高速断路器

静止逆变电源箱有升降电压斩波器、三相逆变器、三相滤波器、三相变压器、整流装置、控制放大器等部分。SIV 逆变器装置如图 4-1-5 所示。

图 4-1-5　SIV 逆变器装置

SIV 静止逆变器内部装置如图 4-1-6 所示。

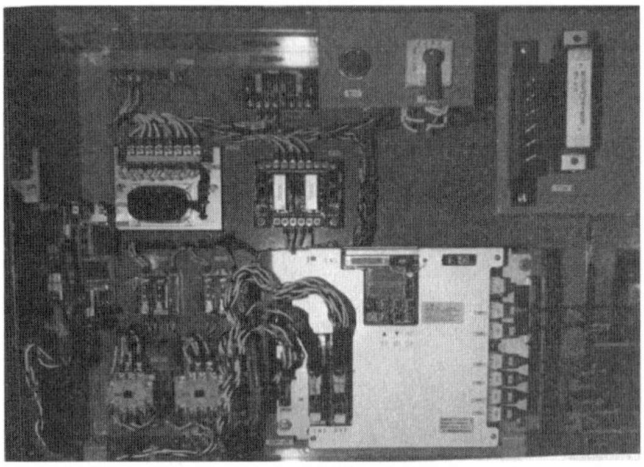

图 4-1-6　SIV 静止逆变器内部装置

SIV 滤波电容如图 4-1-7 所示。

图 4-1-7　SIV 滤波电容

SIV 滤输出变压器如图 4-1-8 所示。

图 4-1-8　SIV 滤输出变压器

扩展供电箱包括扩展供电接触器 M_2，扩展供电辅助继电器 M_2AR_1、M_2AR_2，投入延时继电器 TR_2，时间继电器 TD_2，电压控制继电器 VR_1、VR_2。

四、辅助供电系统的特点

（1）升降压斩波器是由一个平滑电感和两组 GTO（门极可关断晶闸管）、二极管构成。其本质是作为二相斩波动作的 DC/DC 变流器。

（2）升降压斩波电路按升压、降压两种模式动作，同时斩波输出电压不受接触轨电压波动的影响，稳定在约 675 V，以使三相逆变器的最终输出电压保持恒定。

（3）三相滤波器由交流滤波电抗器（ACL）、交流电容器（ACC）构成，位于小电流的高压侧，这样既可以小型化又可以使方形波不进入输出变压器，从而也减低了噪声。

（4）将高压半导体组与升降压斩波器部、三相逆变器部做成一体以减小体积。

（5）使用电解电容作为平滑电容以实现小型化。

（6）在静止逆变器箱内安装整流装置以减小体积。

（7）三相逆变器是用 GTO 的电压型逆变器，通过脉冲位置调制（PPM）可产生不包含第 5、第 7 高次谐波的交流输出电压。

（8）为提高高压半导体（GTO 和二极管）的冷却效果而采用热管冷却（自然冷却）。

（9）使用 16 位微控制器的 DDC（Drect Digial Control，直接数值控制）对设备进行控制。

（10）门极信号的传送中使用光缆以提高抗干扰性。

五、辅助供电系统功率确定

在决定供电系统的总容量时，必须考虑电气负载的有功功率、功率因数、效率等因素。一般的电气设备如电动机，在其产品目录和说明书上都标有它的额定功率和效率。该额定功率是指电动机在正常工作状态下，本身轴上所具有的有效机械功率。

电动机的有功功率等于电压、电流与功率因数的乘积，单位符号一般用 kW 表示。

负载的功率因数是针对交流电路而言的，其大小由负载的视在功率（Apparent Power）除以需要功率得到。

视在功率等于负载的电压与电流的乘积，单位符号一般用 kV · A 表示。

供、配电系统中没有被利用的电能用无功功率表示。

在决定供电系统的总容量时，最保守的方式是把所有负载的需要功率之和作为系统容量，但是这样将使供电系统成本很高。因此，要考虑负载的功率利用系数。

在某一段时间内，一组同时工作的负载，其平均有功功率与系统为该负载提供的总安装功率之比称为负载的功率利用系数。

确定方法：根据负载的功率因数、平均电网电压、负载与负载之间工作的组合方式进行分析；在负载电路中安装电度表，测定单个负载或总负载在一定时期内的实际消耗功率数，然后除以实际的系统安装功率。

由于车辆的所有负载不可能同时工作，因此在满足车辆电气负载正常工作的前提下应该尽量减小系统总安装功率。

【学习随笔】

____

____

____

____

____

____

____

任务 2　辅助逆变器的认知与检修

【实施工单】

1. 任务要求

（1）掌握辅助逆变器的结构、作用和工作原理。

（2）能够对辅助逆变器进行日常检查维护。

（3）熟悉辅助逆变器的基本参数。

（4）能按照辅助逆变器的检修流程对辅助逆变器进行拆卸和安装。

2. 任务准备

（1）场地准备：城市轨道交通车辆检修实训中心（配备多媒体）。

（2）工具准备：外六角扳手、压力扳手、万用表、测力表、螺钉旋具、紧固扳手、开口扳手、套筒扳手、管形扳手、升降台等。

（3）物品准备：压缩空气、干净抹布、100%工业酒精、纯棉布、铜刷、接触油、预处理剂、警示牌、黏结剂、风扇等。

（4）建议课时：6 课时。

"辅助逆变器的认知与检修"任务工单

姓名		班级		学号	
时间		地点		组别	
指导教师		专业			
小组成员					
任务					
一、知识储备			成绩：		

（一）单选题

1. 在新建的地铁或轻轨动车上都使用（　　）器件。

A. GTO　　B. MOSFET　　C. IGBT　　D. IPM

2. 输入滤波电路可减小（　　）接触网电压的整流波纹，并且降低进入受电弓的电源变流器高谐波电流。

A. DC 110 V　　B. DC 600 V　　C. DC 1 500 V　　D. DC 1 800 V

3. 辅助逆变器的冷却方式为（　　）。

A. 自然冷风　　B. 强迫冷风　　C. 循环冷风　　D. 强迫水冷

（二）多选题

1. IGBT 具有（　　）的特点。

A. 输入阻抗高　　B. 工作速度快　　C. 热稳定性好　　D. 驱动电路简单

2. IGBT 开通后，驱动电路应提供足够的（　　）。

A. 电压幅值　　B. 功率　　C. 可波动范围　　D. 电流幅值

3. 城市轨道交通列车使用的逆变器从电路原理组成有（　　）两种。

A. 先经升/降压稳压后逆变　　B. 先经降/升压稳压后逆变

C. 直接逆变　　D. 间接逆变

（三）填空题

1. 辅助逆变器的主要部件是__________器件。

2. IGBT 的开通和关断是由__________来控制的。

3. 电池充电器电路使用__________方式给电池充电功能提供__________直流和________直流，为列车蓄电池组浮充电。

（四）判断题

1. IGBT 未来的发展趋势是高电压、低损耗，并趋向于将控制和数控逻辑集成于一体，将散热器也引入功率模块。（　　）

2. IPM 的接口一般采用光电耦合器隔离，为了防止干扰产生的误动作，模块还设有干扰滤波器。（　　）

3. 恒压恒频变流器具有产生三相 DC 电压的功能，变流器控制使用 PWM 方法。（　　）

（五）简答题

1. 辅助逆变器的电路组成主要包括哪几部分?

2. 辅助逆变器基本参数有哪些?

二、制订计划			成绩:
根据辅助逆变器的日常维护项目制订辅助逆变器日常维护检修计划。			
序号	操作项目	操作工具	操作要点
1	检查箱体所有螺纹连接、端盖和面板的密封条。		
2	清洁辅助逆变器过滤网。		
3	交流输出电流监控装置的更换。		
4	逆变器模块的更换。		
5	风扇的更换。		

三、操作准备工作	成绩:	
准备事项	已完成	未完成
1. 作业人员必须穿戴劳保鞋、安全帽、绝缘手套,做好安全防护。		
2. 作业前确认所有的工具和使用材料都处于检定有效使用期内。		
3. 小组成员根据自身状况和组长安排做好合理分工。		

四、操作及质量检查		成绩:
序号	评价标准	评价结果
1	操作前工具选用合理、安全防护到位。	
2	辅助逆变器清洁干净,无积尘、无异物。	
3	熟练使用操作工具。	
4	熟练清洁辅助逆变器过滤网。	
5	熟练掌握更换交流输出电流监控装置流程。	
6	熟练掌握更换逆变器模块流程。	
7	熟练掌握更换逆变器风扇流程。	
8	作业后整理好工器具;作业记录表填写及时、准确。	

五、操作总结

【知识导航】

一、辅助逆变器的主要部件

辅助逆变器的主要部件是大功率半导体开关器件。早期的直流传动地铁车辆中，逆变器采用大功率 GTO 器件（门极可关断晶闸管），如地铁 DC-01 型列车使用 4 500 V/600 A 的 GTO。随着技术的进步，大功率的 IGBT（绝缘栅双极晶体管）及 IPM（智能型功率模块）相继问世，在新建的地铁或轻轨动车上都开始使用 IGBT 器件。

（一）GTO

GTO 是一种通过门极来控制器件导通和关断的电力半导体器件，耐高压、耐浪涌能力强，价格便宜，同时又具有自关断能力，无须辅助关断电路。目前 GTO 的商用能力已达到 6 000 V、6 000 A、1 kHz。其研制能力可达到 9 000 V、8 000 A。GTO 广泛应用于电力机车的逆变器和大功率直流斩波调速等领域。

1. GTO 的结构

GTO 的结构原理与普通晶闸管相似，为 PNPN 四层三端半导体器件，A、G 和 K 分别表示 GTO 的阳极、门极和阴极。其等效电路中的 PNP 和 NPN 晶体管共基极电流放大系数为 a_1 和 a_2。

GTO 的外部引出三个电极，但内部却包含数百个共阳极的小 GTO，这些小 GTO 称为 GTO 元。GTO 元的阳极是共有的，门极和阴极分别并联在一起，这是为实现门极控制关断所采取的特殊设计。

2. 工作原理

GTO 的开通原理与普通晶闸管相同。当阳极加正向电压、门极同时加正向触发信号时，在等效晶体管 PNP 和 NPN 内形成正反馈过程：

随着晶体管 NP2N 的发射极电流和 PNP2 发射极电流的增加，两个等效晶体管均饱和导通，GTO 完成导通过程。

与普通晶体管不同的是，GTO 导通时处于临界饱和状态，为用门极负信号去关断阳极电流提供了可能性。

GTO 的关断机理及关断方式如下：关断 GTO 时，将开关 S 闭合，门极加上负偏置电压 EG 晶体管 $P_1N_1P_2$ 晶体管的集电极电流 I_{C1} 被抽出，形成门极负电流 $-I_G$，由于 I_{C1} 的抽走，使 $N_1P_2N_2$ 晶体管的基极电流减小，进而使 I_{C2} 减小，引起 I_{C1} 进一步下降。

如此循环，最后导致 GTO 的阳极电流消失而关断。

（二）IGBT

IGBT 是 20 世纪 80 年代出现的新型复合器件，它将 MOSFET 和 GTO 的优点集于一身，既具有输入阻抗高、工作速度快、热稳定性好和驱动电路简单的特点，又有通态电压低、耐压高和承受电流大等优点，因此发展很快。

目前，IGBT 的研制能力可达到 4 500 V、2 500 A。IGBT 未来的发展趋势是高电压、低损耗，并趋向于将控制和数控逻辑集成于一体，将散热器也引入功率模块。

1. IGBT 的工作原理

IGBT 是在功率 MOSFET 的基础上增加了一个 P + 层，并由此引出集电极 C。

IGBT 的开通和关断是由门极电压来控制的。栅极施以正电压时，给 PNP 晶体管提供基极电流，从而使 IGBT 导通。在栅极上施以负电压时，PNP 晶体管的基极电流被切断，IGBT 即为关断。

2. IGBT 的栅极驱动电路

根据 IGBT 的特性，其对驱动电路的要求如下：

（1）提供适当的正反向输出电压，使 IGBT 能可靠地开通和关断。当正偏电压增大时，IGBT 通态压降和开通损耗均下降，但若 U_{GE} 过大，则负载短路时其 I_C 随 U_{GE} 增大而增大，对其安全不利，故一般选 + 12 ~ + 15 V 为最佳；负偏电压可防止由于短时浪涌电流过大而使 IGBT 误导通，但其受 G、E 极间最大反向耐压限制，一般取 – 10 ~ – 5 V。

（2）对 IGBT 的开关时间应综合考虑。快速开通和关断有利于提高工作频率，减小开关损耗。但在大电感负载下，IGBT 的开关时间不宜过短，原因在于高速开通和关断会产生很高的尖峰电压，极有可能造成 IGBT 自身或其他元件击穿。

（3）IGBT 开通后，驱动电路应提供足够的电压、电流幅值，使 IGBT 在正常工作及过载情况下不至退出饱和而损坏。

（4）驱动电路应具有较强的抗干扰能力及对 IGBT 的保护功能。IGBT 为压控型器件，集射极加高压时很容易受外界干扰，使栅射电压超过 U_{CE}，引起器件误导通。为了提高抗干扰能力，除驱动 IGBT 的触发引线应尽量短且应采用双绞线或屏蔽线外，在栅射极间还应并联栅射电阻。信号控制电路与驱动电路之间应采取抗干扰能力强、传输时间短的高速光电耦合器件加以隔离。

3. IPM

IPM 是 IGBT 智能化功率模块，它将 IGBT 芯片、驱动电路、保护电路和限位电路等封装在一个模块内，不但便于使用，而且大大有利于装置的小型化、高性能化和高频化，还大大有利于装置的小型化、高性能化和高频化。

IPM 设有过电流和短路保护、欠电压保护，当工作不正常时，通过驱动电路封锁 IGBT 的栅极信号并同时发出报警信号。过热保护是通过设置在 IPM 基板上的热敏器件检测 IGBT 芯片温度，当温升超过报警额定值时，通过驱动电路封锁栅极信号并报警。

控制系统和 IPM 的接口一般采用光电耦合器隔离，为了防止干扰产生的误动作，模块还设有干扰滤波器。

IPM 的容量主要由模块中的 IGBT 决定，目前 IPM 的电流容量可达到 10 ~ 600 A，电压有 600 V 和 1 200 V，能控制 100 W ~ 100 kW 的电动机。由于 IPM 的优点很明显，地铁 ACO1 和 ACO2 型电客列车的辅助逆变器已在多处使用了 IPM 模块。

二、辅助逆变器的电路组成

（一）输入滤波电路

输入滤波电路可减小 DC 1 500 V 接触网电压的整流波纹，并且降低进入受电弓的电源变流器高谐波电流。

（二）变流器电路

恒压恒频（CVCF）变流器具有产生三相 AC 电压的功能，变流器控制使用 PWM（Pulse Width Modulation，脉冲宽度调制）方法。IGBT（Insulated Gate Bipolar Transistor，绝缘栅双极型晶体管）是由双极型三极管（BJT）和绝缘栅型场效应管（MOS）组成的复合全控型电压驱动式功率半导体器件，兼有 MOSFET 的高输入阻抗和 GTR 的低导通压降两方面的优点。CTR 饱和压降低，载流密度大，但驱动电流较大；MOSFET 驱动功率很小，开关速度快，但导通压降大，载流密度小。IGBT 综合了以上两种器件的优点，驱动功率小而饱和压降低，非常适合应用于直流电压为 600 V 及以上的变流系统，如交流电机、变频器、开关电源、照明电路、牵引传动等领域。

（三）交流输出滤波电路

交流输出滤波电路通过使用升压变压器提供输出，交流输出滤波电路可减小切换波纹和谐波，以产生低畸变输出电压。

（四）电池充电器电路

该电路使用直流斩波调压方式给电池充电功能提供 110 V 直流和 24 V 直流，为列车蓄电池组浮充电，并且为列车 110 V 直流控制电路和列车 24 V 直流控制电路提供电力。

三、辅助逆变器基本参数

（1）电源模块形式：IGBT。
（2）冷却方式：自然冷风。
（3）控制：微机数字控制。
（4）容量特性：180 kV · A，其中交流 160 kV · A，DC 110 V、18 kW，DC 24 V、2 kW。
（5）交流输出：三相 AC 380 V，50 Hz，三相四线制（含单相 220 V）。
（6）直流输出：DC 110 V，18 kW；DC 24 V，2 kW。

四、辅助逆变器电路选型

城市轨道交通列车使用的逆变器从电路原理组成分为先经升/降压稳压后逆变和直接逆变两种。先经升/降压稳压后逆变原理电路框图如图 4-2-1 所示。CHO 为升/降压器，一般有斩波降压和逆变降压两种方式，其作用是使逆变器输入电压稳定，并对逆变器起保护作用。INV 为逆变器，它的输出经电感电容滤波网络 FIL 滤波后输入到隔离变压器 T_0。变压器的原边绕组为△连接，次边绕组为 Y 连接。输出三相四线 AC 380 V、50 Hz 电压。另有 2 个变压器 T_1，T_2 由 AC 380 V 供电。分别经降压、整流、滤波后输出 DC 110 V 和 DC 24 V。

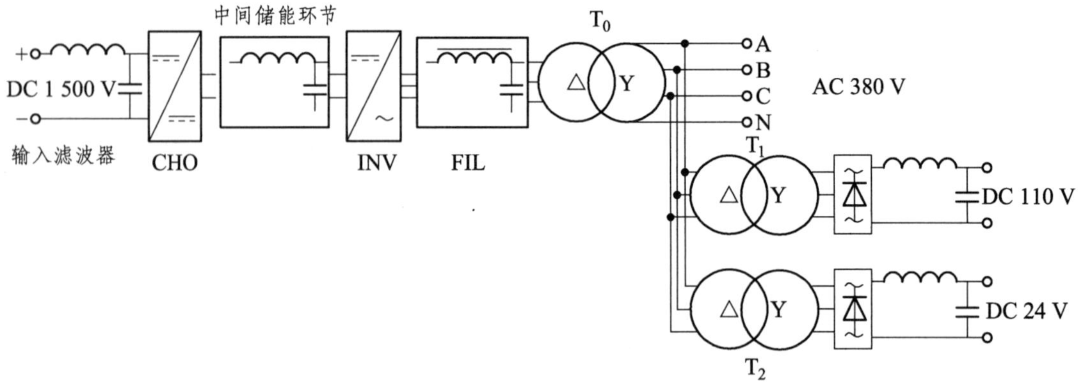

图 4-2-1　经升/降稳压后逆变原理电路框图

逆变器采用 PWM 调制，它的开关频率要兼顾两方面：过高则因开关损耗较大而影响逆变器的效率，还会由于正、负组换流所需的“死区”影响占空比，影响逆变器输出波形的谐波含量；若过低也会使输出电压波形谐波含量较大。一般采用 SPWM 调制，将开关频率控制在 2.5 kHz 左右能兼顾这些要求。

目前由于器件水平与控制技术的提高，已很少采用升/降压环节。即使对于 DC 750 V 的供电系统来说，其网压波动范围也为 500 ~ 2 000 V，与 DC 1 500 V 供电系统一致，所以对于 DC 1 500 V 系统能做到的，对于 DC 750 V 系统同样能做到。

直接逆变是城市轨道车辆辅助逆变电源最简单的基本电路结构形式，原理如图 4-2-2 所示。开关元器件通常可采用大功率 GTO，IGBT 或 IPM。辅助逆变电源采用直接从受电弓或第三供电轨受流方式，逆变器按 V_F 等于常数的控制方式，输出三相脉宽调制电压采用变压器隔离向负载供电。这种电路的特点是电路结构简单、元器件使用数量少、控制方便，但逆变器电源输出电压容易受电网输入电压的波动影响，功率电子器件（如 IGBT）换流时承受的 du/dt 较大，特别是在高电压情况下（DC 1 500 V 供电系统再生制动时，网压可达 2 000 V）。

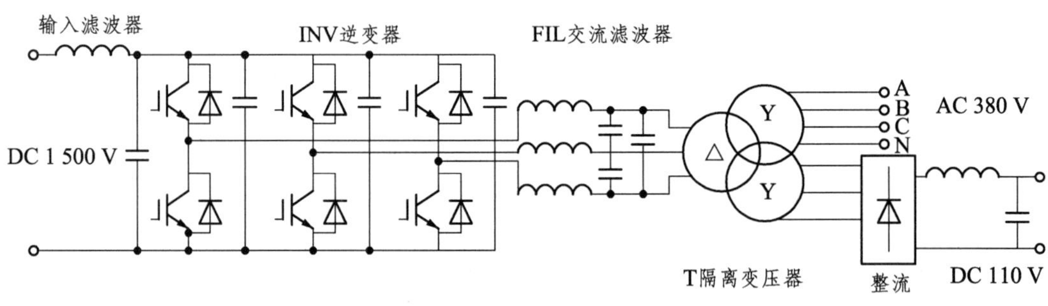

图 4-2-2　直接逆变电路结构框图

五、辅助逆变器的检修

（一）逆变器的故障及测试方法

1. 逆变器的故障

逆变器在运行过程中由于某部件的损坏或外界因素的原因会产生一系列故障，为减小故障范围，逆变器有快速保护功能，能将整个逆变器系统全面封锁使逆变器损坏程度最低。逆变器系统在设计过程中设定了五十多种故障码，每个故障码都表示一种故障含义，维修人员在检查时可接入便携式计算机，读出并分析这些故障。在逆变器运行中，经常出现的故障并不多，下面分析两种典型的故障。

（1）111 故障。当逆变器出现此故障时，说明连接电路电流超过最大值，由辅助逆变器主电路电流互感器测得。该故障出现有两个原因：一是三相逆变器环节驱动板损坏或 GTO 损坏，当逆变环节驱动板损坏会导致无法关断脉冲或关断脉冲达不到指标要求值时，导致某一 GTO 晶闸管导通后无法可靠关断，使连接电路处于短路工况；二是负载系统有短路现象，在这种情况下排除故障比较复杂，特别是发生在 A 车逆变器上，对 6 节车辆需要逐节检查。区分是哪一种因素导致故障，只需要将三相负载切除即可判断。

（2）113 故障。当逆变器出现该故障时，说明斩波器环节 GTO 或三相逆变器 GTO 击穿，具体是哪一个 GTO 击穿可以采用逐个检查的方式来判断。

2. 逆变器的测试

当逆交器系统发生故障时，为了判断故障的严重程度，需要对电路进行有关测试。直接测量相关的测试点是最简单也是最危险的方法，如线网输入电压、连接电流等，这种直接测试高电压、大电流的方式非常危险，另外这种高压仪器难以购买，成本较高，因此在逆变器设计过程中，对部分线路板设置了测试点。这些测试点按一定的比例可以读出高电压、大电流的工作电压和电流。此外，对相关电压、电流极限值在线路板上进行了设置，通过对测试点的读数可以判断其极限值设置的正确与否，极大地方便了维护人员，增加了操作的安全性。

（二）AC01/AC02 车型辅助逆变器的检修

1. 安全与保护措施

由于辅助逆变器的最大输入电压达 1 800 V，为防止人员被电击伤，在辅助逆变器的盖板内侧安装有弹性导电触点，该触点通过接地连接器与车辆连接。当对辅助逆变器进行作业时，该保护装置被拆卸，因此必须采取其他保护措施以取代原有的保护装置。所以检修时必须遵守以下规定：

（1）在系统的任何一个部件上作业必须切断电路，即将系统从所有未接地的导体中切除或隔离。

（2）切断电路的设备，如开关必须可靠断开，并确保不会再合上。

（3）采用相应的断开和接地设施，防止在重新闭合时造成间隔装置与辅助逆变器之间的短路和进线接地。

2. 拆　卸

1）准备工作

（1）所有的工作，包括松开线头、接触器、挡板或端盖都必须由熟练工人进行操作。

（2）遵守电工操作准则。

（3）辅助逆变器的电路中不再有高压电时，才可以打开辅助逆变器的维护盖和端盖。

（4）拆卸时，确保设备不带电。

（5）材料必须满足要求。

（6）工作结束后，拿走箱内所有工具或材料。

2）拆卸电气接线

（1）拧松螺纹接头，取下盖板。
（2）拧松连接导线与辅助逆变器接触导轨的螺纹接头。
（3）拔下电缆的保护管。
（4）拧松导线螺纹接头的压力螺母。
（5）使用电缆夹将连接线拔出。
（6）拧松接头的夹子，拆下夹子。

3）拆卸机械连接

（1）拧松 M16 外六角螺母，但不要取下。
（2）将抬车设备置于静态逆变器下，升起设备，使静态逆变器落在设备上。
（3）取下所有六角螺母，升起设备，使托板不再受力。
（4）取下所有垫片，并做标记。
（5）取下托架上的 M12 六角螺母，将托板从框架取出。
（6）放低逆变器。

3. 安　装

1）准备工作

（1）拆线和打开端盖等工作均要由熟练工操作。
（2）处理电气设备时应遵守电气安全规则。
（3）打开辅助逆变器端盖前，检查受电弓是否落下，确保即使由于短路或辅助逆变器进线接地也不可能造成单元起动。
（4）只有在单元没有电的情况下才可以对单元进行处理。
（5）工作中要使用合适材料。
（6）作业完成后，取出箱内残留的材料和工具。

2）安装机械连接

（1）使用起重设备将逆变器放置到位。
（2）将支架板放置在框架内。
（3）紧固支架板，紧固力矩 55 N·m。
（4）辅助逆变器下降，对 M16 螺母使用 Gleitom 805 进行预处理。
（5）放置平衡垫圈、六角螺栓、垫圈和螺母，用手拧紧。
（6）检查尺寸，必要时调整。
（7）紧固螺纹，力矩为 160 N·m。

3）安装电气连接

辅助逆变器外壳通过铜条与车体连接，铜条通过接地螺母与辅助逆变器后部连接。

首先进行安全接地，紧固铜条的 M20 六角螺母、垫圈，力矩为 30 N·m。每个辅助逆变器有 4 个接地接头，对所有的螺纹进行预处理。

辅助逆变器连接线的连接如下：

（1）取下导线螺纹接头下方的盖板。

（2）拧松导线螺纹接头的固定螺母。

（3）安装时，将电缆的线脚穿过导线固定接头。

（4）只适用于辅助逆变器 15.1 电缆的 7 号接头装有螺纹接头。螺纹拧松后，电线通过螺纹接头连接。

（5）按照旧件的尺寸对电缆进行加工。

（6）在电缆末端装上电缆夹，将其夹紧。

（7）对螺纹进行处理。

（8）用六角螺母、垫圈和环型螺母将电缆夹固定在接线排上。

（9）按照规定的力矩紧固电气螺纹连接。

（10）检查电气螺纹连接。

（11）所有的导线外面套上保护管。

4. 周　检

1）准备工作

（1）系统必须断电或者将每一侧非接地的导线与系统断开。

（2）断开开关设备，确保不能再接通。

（3）必须证实没有电压并采用对额定电压 DC 1 500 V 有效绝缘的设备进行测量并记录。

（4）再次通电时必须防止短路以及辅助逆变器的输入线接地。

注意：搬动模块、电抗器或盖子时，要戴工作手套。

（5）打开箱子：先开锁，然后打开盖子（最大 30°），最后取下盖子。

2）维修过程

（1）目测箱体所有螺纹连接。

① 螺母和螺栓不能用手拧松，连接件无减少、无锈蚀、无损伤。

② 悬挂点无损伤或锈蚀的迹象。

（2）目测端盖和面板。

① 目测端盖和面板是否移位。螺母和螺栓不能用手拧松，连接件无减少。

② 检查有无锈蚀和损伤。

③ 检查标记和铆钉的位置。

（3）目测所有端盖和面板的密封条。

目测所有端盖的密封条有无损伤和变形。不需要打开端盖，从外部检查。

（4）检查锁检查所有的锁是否处于锁闭位置。

5. 月　检

1）准备工作

月检的准备工作与周检相同。

2）维修过程

（1）检查排水孔。

① 箱体左右内边均有 4 个排水孔，使用螺纹工具从下方刺穿排水孔。

② 使用吸尘器清除灰尘，吹净排水孔内异物。如果过脏，使用刷子清洁。

（2）清洁压力触点。导轨和触点必须洁净。

① 拧松压力触点上的螺母。

② 取下压力触点，进行功能检查，并做标记。

③ 使用清洁剂清洁压力触点。

注意：触点表面的银镀层长时间使用后，可能会有黑色的氧化物，这些氧化物是不导电的，必须清除。

④ 使用铜刷清除表面的杂物。

⑤ 在滑动面和压力触点涂上一薄层压力触点油。

⑥ 清洁端盖的接触面，并重新上油。

⑦ 重新安装压力触点。

注意：拧紧压力触点螺母，力矩为 3 N·m。

⑧使用吸尘器清洁接触导轨。

⑨ 使用铜刷清洁接触点。

⑩ 如果导轨表面由于电热效应而变形，必须更换接触导轨。

（3）检查紧急启动电池有无污染。

注意：蓄电池为 110 V 直流电。

① 从外部清洁模块 A160 下方清洁电池盒、排水孔。

② 取出模块 A16（如果污染严重）。打开模块 A16 的接头 X1，拧松 4 个接触螺母，取出包括回路断路器 F1 在内的紧急启动电池。

③ 紧急启动电池的安装：按拆卸过程倒序安装，接触点上涂接触油，接触螺母表面使用螺纹预处理剂。

（三）AC03 车型辅助逆变器的检修

1. 检修方法与步骤

准备工作：按照车辆段的操作程序确保列车不能移动并要求断电。

1）清洁辅助逆变器过滤网

清洁辅助逆变器过滤网是辅助逆变器的主要维护内容，车辆每运行 25 000 km 就要进行一次维护。

标准工具：开口扳手、金属刷、压缩空气。

（1）松开 6 个固定过滤网的螺钉和垫圈。

（2）打开过滤网架，从过滤网架上抽出金属过滤网并展开。

（3）用金属刷慢慢地刷金属过滤网。

（4）用压缩空气吹金属过滤网以清除残余灰尘。

（5）将金属过滤网折叠并放入过滤网架，关上过滤网架，并用螺钉和垫圈固定。

2）元器件的更换

元器件更换的准备工作有：

（1）遵照车间程序保证列车不会被移动并且断开电源。

（2）任何拆卸或安装工作前必须断电，保证接地，并且保证在工作时电源不会形成回路。

（3）工作前让设备有足够的时间降温，因为一些元件的工作温度会很高。
（4）移动盖子前，要先看清箱盖上的警示牌，工作时要严格按照警示牌的指示做。
（5）用合适的电压表检查滤波电容器在电源工作前是否被放电，不能接触电源电路。

2. 交流输出电流监控装置的更换

标准工具：套筒扳手；备件： 一套交流输出电流监控装置；消耗品：黏结剂。

1）拆 卸

（1）松开紧固电气装置门的螺栓。
（2）注意电源线的编号和它们在交流输出绝缘接触器上的接线关系。
（3）断开交流输出绝缘接触器的电源线。
（4）注意电线编号和它们在交流输出绝缘接触器前端的相应端子。
（5）松开两个螺栓，再断开终端的连线。
（6）支撑住监控装置，再松开 4 个 M4 螺栓和弹簧垫圈。
（7）拉下电缆上的交流输出监控装置。
（8）移开静止逆变器上的监控装置。

2）安 装

（1）连接电缆上的交流输出监控装置。
（2）支撑住监视装置并正确查找它在面板上的位置。
（3）在螺栓的螺纹上涂一定数量的黏结剂。
（4）用 4 个固定用的 M4 螺栓和弹簧垫圈将监控装置固定到面板上。
（5）根据拆卸过程中的接线编号，连接终端的连线并拧紧螺栓。
（6）根据拆卸过程中的接线编号，连接交流输出绝缘接触器的电线。
（7）检查箱体中所有的工具和设备是否已经移出。
（8）安装并紧固电气装置门。
（9）检查静止逆变器的运行情况。

3. 交流输出电压监控整流装置的更换

标准工具：套筒扳手；备件：一套交流输出电压监控整流设备；消耗品：黏结剂。

1）拆 卸

（1）拆掉电子设备门上的螺钉并移开门。
（2）对连接线的线号和它们与整流器的连接点关系做详细的记录。
（3）断开辅助终端块上的接线。
（4）拆除将整流器固定到安装板上的两个 M4 螺钉和弹簧垫片。
（5）把交流输出电压监控整流器从逆变器箱中取出。

2）安 装

（1）把交流输出电压监控整流器放到安装板的正确位置上。
（2）在螺纹上抹一点黏结剂。

（3）用两个螺钉和两个弹簧垫片将整流器安装在安装板上。

（4）参照拆除时做的记录将线连接到接线端。

（5）检查所有的工具和元器件是否都已从接触器箱移开。

（6）安装并紧固电子设备箱门。

（7）检查静态逆变器的运行。

4. 逆变器模块的更换

标准工具：套筒扳手、扭力扳手，扁嘴钳、移动台；特殊工具：金属板；备件： 一套逆变器模块；消耗品：黏结剂、塑料保护套。

1）拆　卸

（1）拆下模块箱盖上的 10 个螺钉，然后拆下箱盖。

（2）拆逆变器模块：

① 记下与逆变器模块输入输出端相连的接线盒和接线的线号以及与它们相关的接线。

② 拆下在逆变器模块左边的用于固定接地纺织物装置的 M8 螺钉、弹簧垫圈和垫片。

③ 拆下用于固定逆变器模块接地编织物的 M6 螺母、弹簧垫圈和垫片。

④ 拆下用于固定到接线端线的 3 个 M8 螺钉、弹簧垫圈、垫片和螺母。

⑤ 拆下 3 个接线盒。

⑥ 拆下所有连接于逆变器模块接线上的塑料线夹，将拆下来的接线放置在一边。

（3）移出逆变器模块：

① 将放置有金属板的移动台靠紧逆变器，金属板起到了保护密封垫圈的作用。

② 当把逆变器模块支撑住以后，将用于把逆变器固定在支架上的 9 个 M8 螺钉和弹簧垫圈拆下。

③ 轻轻摇动逆变器模块。

④ 将逆变器滑动到右边，继续摇动逆变器模块。

⑤ 将逆变器取下放在移动台上，取出逆变器模块。

注意：逆变器模块质量为 50 kg。

2）安　装

（1）安装逆变器模块：

① 将逆变器模块放置在有金属板的移动台上。

② 将逆变器模块推入。

③ 摇动逆变器并将其推入正确的位置，确保没有导线或者套管被缠绕。

④ 将逆变器滑到左边并放在正确的安装位置。

⑤ 当把逆变器模块支撑住以后，拧紧 9 个 M8 螺钉和弹簧垫圈。

⑥ 降低并挪走移动台。

（2）连接逆变器：

① 根据前面拆卸时的记录，连接 3 个接线盒。

② 根据前面拆卸时的记录，将接线端的线重新连接好，并拧紧 9 个 M8 螺钉、弹簧垫圈和垫片。

③ 用 7.5 N · m 的力矩将螺钉拧紧。

④ 重新接好接地编织物并拧紧 M6 螺母、弹簧垫圈和垫片。

⑤ 重新在逆变器模块左边接好接地编织物，并且拧紧 M8 螺钉、弹簧垫圈和垫片。

⑥ 在连接逆变器模块的导线上重新套上塑料线夹。

（3）将所有工具和不用的零部件从蓄电池箱中取出。

（4）盖上主模块箱的端盖，并用 10 个螺钉紧固。

（5）检测静止逆变器工作是否正常。

5. 风扇的更换

标准工具：套筒扳手、管形扳手、升降台；备件：一台风扇。

1）拆 卸

（1）拆掉风扇下端板上的 M6 螺钉和垫圈，并移走面板。

（2）对风扇上的线号和它们相应的连接终端做详细的记录。

（3）断开电动机电缆，将电缆放到安全的地方，避免损坏。

（4）拆除风扇接地电缆上的 M8 螺钉、弹簧垫片和垫圈。

（5）将升降机放到风扇的下面。

（6）慢慢升起升降台，直到承受到风扇的重量。

注意：移走风扇时不要损坏电缆。

（7）拆除风扇支撑架上的 M10 螺钉、M8 螺钉、弹簧垫片和螺栓。注意：风扇质量为 50 kg。

（8）小心地降下电感，使它从辅助逆变器箱中露出。

（9）将风扇从辅助逆变器箱中移走。

（10）拆除螺钉和弹簧垫片，并移走该安装板。

2）安 装

（1）用螺钉和弹簧垫片安装好风扇下的安装板。

（2）用螺钉和弹簧垫片安装好风扇侧面的安装板。

（3）用升降台将风扇升到电器箱中，确保风扇的方向正确。注意：安装时不要损坏电缆。

（4）紧固风扇支撑架上的 M10 螺钉、M8 螺栓、弹簧垫片和螺栓。

（5）放下并移走升降台。

（6）连接接地带到终端板，并紧固 M8 螺钉、弹簧垫片和垫圈。

（7）参照拆卸时做的记录，连接电线到电动机。

（8）检查所有的工具和零部件是否都已从箱中移走。

（9）通过车间电源给列车供电。注意：在通电之前，务必警告列车上的工作人员。

（10）检查叶片的旋转方向是否正确，正确的方向用箭头标示在风扇上。

（11）用 M6 螺钉和垫圈安装风扇下的板。

（12）检查静态逆变器的运行。

【学习随笔】

任务3　蓄电池的认知与检修

【实施工单】

1. 任务要求

（1）熟悉蓄电池的种类和功能。

（2）掌握蓄电池的特点和失效现象。

（3）掌握蓄电池充电器的功能及应用。

（4）熟悉蓄电池的保护方法。

（5）能进行蓄电池的维修。

2. 任务准备

（1）场地准备：城市轨道交通车辆检修实训中心（配备多媒体）。

（2）工具准备：十字螺丝刀、扳手工具套盒、套筒工具套装、螺钉旋具等。

（3）物品准备：绝缘鞋、绝缘手套、隔离防护带、计时器、碱性电解液/蒸馏水、玻璃管、电压表等。

（4）建议课时：4课时。

"蓄电池的认知与检修"任务工单

姓名		班级		学号	
时间		地点		组别	
指导教师		专业			
小组成员					
任务					

一、知识储备	成绩：

（一）单选题

1. 列车起动时，主蓄电池为列车电气设备提供（　　），直至列车辅助逆变器正常工作。
   A. 交流电源　B. 直流电源　C. 交直流电源　D. 可调电源
2. 当电池符合规定的性能要求，通过适当的活化处理能恢复到可用状态，就称为（　　）。
   A. 可逆失效　B. 短暂失效　C. 不可逆失效　D. 永久失效
3. 电池在重复浅放电循环中，由于放电平均电压（　　）而导致电池容量减少。
   A. 升高　B. 降低　C. 波动　D. 不变

（二）多选题

1. 镍镉电池具有（　　）等优点。
   A. 使用寿命长　B. 力学性能好　C. 自放电小　D. 低温性能好
2. 电池（　　）等都会引起电解液损耗。
   A. 反复反极　B. 高温下高倍率充电
   C. 直接短路　D. 长期断路

（三）填空题

1. 镍镉电池的失效分两类：______失效和______失效。
2. 当电池以恒电流充放电和固定时间反复循环时，可能受到______的容量损失。
3. 密封圆柱电池永久失效的原因主要有两个：______和______。
4. 充电器给蓄电池以______的浮充电对蓄电池持续充电。

（四）判断题

1. 尽管镍镉电池使用寿命很长，但使用时间久了总会出现不能正常工作甚至完全不能工作的失效现象。（　　）
2. 蓄电池充电器内部有一个紧急蓄电池，用于紧急启动，通过按下充电机紧急启动按钮激发此功能。（　　）
3. 当蓄电池受到极端外部高温时输出电流不会被限制。（　　）
4. 镍镉电池的电压与温度成正比。（　　）
5. 蓄电池在检修时，表面可以放置金属工具或其他器具。（　　）

（五）简答题

1. 电池短路分为哪几种？

2. 蓄电池的保护有哪些？

二、制订计划	成绩：

根据蓄电池的维护保养要求制订蓄电池的活化调试计划。

序号	操作项目	操作工具	操作要点
1	拆卸蓄电池		
2	安装蓄电池		
3	电池的活化处理		
4	电解液的加注		
5	蓄电池初次充电及充电调试		

<table>
<tr><td colspan="2">三、操作准备工作</td><td colspan="2">成绩：</td></tr>
<tr><td colspan="2">准备事项</td><td>已完成</td><td>未完成</td></tr>
<tr><td colspan="2">1. 作业人员必须穿戴口罩和橡胶手套，做好安全防护。</td><td></td><td></td></tr>
<tr><td colspan="2">2. 作业前确认所有的工具和使用材料都处于检定有效使用期内。</td><td></td><td></td></tr>
<tr><td colspan="2">3. 小组成员根据自身状况和组长安排做好合理分工。</td><td></td><td></td></tr>
<tr><td colspan="2">四、操作及质量检查</td><td colspan="2">成绩：</td></tr>
<tr><td>序号</td><td colspan="2">评价标准</td><td>评价结果</td></tr>
<tr><td>1</td><td colspan="2">操作前工具选用合理、安全防护到位。</td><td></td></tr>
<tr><td>2</td><td colspan="2">按顺序完成蓄电池的拆卸及安装。</td><td></td></tr>
<tr><td>3</td><td colspan="2">熟练掌握蓄电池的充、放电操作。</td><td></td></tr>
<tr><td>4</td><td colspan="2">正确加注电解液。</td><td></td></tr>
<tr><td>5</td><td colspan="2">熟练掌握充电调试过程。</td><td></td></tr>
<tr><td>6</td><td colspan="2">操作后整理工器具；作业记录表填写及时、准确。</td><td></td></tr>
<tr><td colspan="4">五、操作总结</td></tr>
<tr><td colspan="4"></td></tr>
</table>

【知识导航】

一、主蓄电池在电动列车上的功能

视频　蓄电池功能

电动列车的主蓄电池的外壳由防火塑料制成，5 个电池单体为 1 组，放在 4 个木盒内，如图 4-3-1 所示，并放置在不锈钢框架内，固定在车辆底部。电解液的液面可以在框架外以目测法方便地检测。列车起动时，主蓄电池为列车电气设备提供直流电源，直至列车辅助逆变器正常工作。主蓄电池处于浮充电状态与逆变器充电器连接，每一蓄电池组装在蓄电池箱内，采用充足的自然通风。

在列车运行过程中，若整列车失去高压电源，主蓄电池的容量也能够为紧急照明、列车控制和监视设备、通信设备、头灯及尾灯、紧急通风等负载提供 45 min 的电能。除了为以上负载提供 45 min 的电能，还要求能打开或关闭车门一次。这样在列车失去高压的紧急状况下，主蓄电池保证了列车上的必要设备能继续工作，保障了列车的安全性能。在国内已运行的列车中，所采用的蓄电池容量为 60 A · h、120 A · h、140 A · h、160 A · h。

图 4-3-1　电动列车的主蓄电池实物

二、镍镉电池的性能特点

镍镉电池具有使用寿命长（充放电循环周期高达数千次）、力学性能好（耐冲击和振动）、自放电小、低温性能好（－40 °C）等优点，被广泛应用在各个领域。

三、电池的失效

尽管镍镉电池使用寿命很长，但使用时间久了总会出现不能正常工作甚至完全不能工作的失效现象。

镍镉电池的失效分两类：可逆失效和不可逆失效。当电池符合规定的性能要求，通过适当的活化处理能恢复到可用状态，就称为“可逆失效”；当电池通过活化或其他方法仍不能恢复到可用状态，就称为“不可逆失效”或“永久失效”。

（一）可逆失效

当电池以恒电流充放电和固定时间反复循环时，可能受到可逆的容量损失。这种效应称为“记忆效应”。无论大电流放电到较低的终止电压或小电流放电到较高的终止电压，其效应相同。容量衰减的基本原因就是浅度放电。电池在重复浅放电循环中，由于放电平均电压降低而导致电池容量减少。

长期过充电也可使电池发生可逆失效。尤其在高温下更是如此。对于长期过充电引起的“过渡阶梯”，虽容量仍可适当利用，但工作电压比较低，这也是可逆失效。通过几次深充放电循环后可恢复到额定电压和期望的容量。

（二）不可逆失效

密封圆柱电池永久失效的原因主要有两个：短路和电解液干涸。电池内短路会导致电池无使用价值。电解液若稍有损耗即会引起容量减少，容量损耗与电解液减少量成正比。电池反复反极、高温下高倍率充电、直接短路等都会引起电解液损耗。由电解液损耗所引起的容量减少在高倍率放电时更为明显。

另外，高温会降低电池寿命，温度较高会促使隔膜受损并增加短路的可能性，较高温度还会使水通过密封圈迅速蒸发，尽管这种影响是长期的，但温度越高，电池损坏越快。

（三）电池失效现象

1. 电池短路

（1）低电阻短路：电池开路电压为 0 V，以 0.1C 倍率电流充电 20 h，充电终止电压仍低于 1.25 V。

（2）高电阻短路：电池充电终压大于 1.25 V，充电后立即放电也能放出部分容量，但长时间搁置又降至 0 V（称为微短路）。

（3）间隙短路：电池受到振动后，电压忽有忽无或忽高忽低。

2. 电池断路

由于制造厂商工艺控制不严，电池内部焊接脱开或螺纹松动，充电控制失调，使用维护不正确等造成电池无电能输出。

（1）电池膨胀。由于充电电压高，电池常处于过充电状态，造成半烧结电池的负极膨胀、壳体变形。圆柱电池也会发生电池膨胀问题。

（2）气体阻挡层失效。这是由于过充电电流过大、过充电温度高或电解液液面低时的高倍率放电所引起的。

（3）热失控。这是气体阻挡层失效的电池在恒电位充电场合所引起的后果。镍镉电池的电压与温度成反比。环境温度升高时，电池电压则下降。过充电时电能部分转变成热能，产生的热量使电池温度升高。随着温度上升，电池电压则下降。若采用恒电压充电，就会造成充电电流增加，致使过充电量也增加，循环往复，使电池温度进一步升高，电压进一步下降，出现热失控。热失控可使电解液温度达到沸腾的程度，使隔膜受到严重损坏，直至电解液耗干，造成电池内部断路。

四、蓄电池充电器

（一）蓄电池充电器的功能

1. 为 DC 110 V 负载供电

蓄电池充电器给全部 DC 110 V 负载供电，其中包括蓄电池。

充电器以限压恒流的浮充电对蓄电池持续充电。六辆编组列车的两个 A 车各设有一个蓄电池充电器，并联后对六辆车供电。如果某个蓄电池的充电器发生故障，将由另外一个给全部六辆车供电，DC 110 V 列车线接触器自动把它们连接在一起，此时充电器故障端的蓄电池不再使用，不影响列车继续运行。蓄电池充电器内部有一个紧急蓄电池，用于紧急启动，通过按下充电机紧急启动按钮激发此功能。

其他 DC 110 V 负载包括：列车照明（车外信号灯、客室照明）、门控制和驱动、列车通信（车载无线电台、广播）、列车控制（牵引控制单元、制动控制单元、VTCU）、刮水器。

2. 控制蓄电池充电

蓄电池充电器控制蓄电池电压，充电电压设定值是蓄电池温度和蓄电池充电电流的函数。蓄电池充电电流受蓄电池电压和可配置最大电流的双重控制，蓄电池最大电流由生产厂家设置为 42 A。

当蓄电池受到极端外部高温时输出电流被限制。如果充电过程中蓄电池的散热温度达到临界值，则输出电流最大将被削减 25%。

在蓄电池充电电流达到 7 A 以下的某个值时，蓄电池充电特性曲线将由一个转向另一个，蓄电池电压也相应减小。

3. 蓄电池及其充电器的保护

当列车出现 DC 干线过电压、蓄电池过电压、功率元件和输出过电流、散热器或蓄电池过热、控制系统电源故障、蓄电池充电过电流等故障时，蓄电池充电器的控制系统立即封锁功率元件的控制信号。充电器具有部分冗余的保护功能：一方面，软件控制关键状态的输入和输出参数；另一方面，其还对部分关键参数设有硬件保护，一旦超出硬件设定值，系统将立即停止运行。

此外，系统还设有下列保护：输入或输出的浪涌电压保护，输入或输出过电流保护，IGBT 过电压保护，IGBT 过电流保护，过热保护，短路保护，断路保护。此外，系统还监控散热器温度传感器和蓄电池温度传感器。

（二）蓄电池充电器的结构、原理、保护与故障处理

1. 蓄电池充电器的结构

蓄电池充电器的型号为 GVG1500/110-25，主要有充电机模块 GVG1500-02（也称 DC/DC 开关模块）、连接和蓄电池配电模块 AMG-03（也称开关模块）、输入扼流圈（2 片）、输出变压器等。

输入扼流圈和输出变压器安置在通风区，其他元件安置在封闭区，电缆经防水通道从一个区域到另个区域。所有元件都能从模块的前面拔出，而模块 GVG1500-02 和 AMG-03 用旋转接头紧固，其作用就像锁一样防止任何非正常的拔出。连接高压和 DC 110 V 的外部电缆从箱体后部的法兰板通过，连接在开关模块 AMG-03 的柱头螺栓端子。车载蓄电池负极接地端子与设备前部箱体接地电位相连。

2. 蓄电池充电器的工作原理

蓄电池充电器没有预充电装置，也没有将充电器从接触网上断开的接触器，当受电弓与接触网接触时，1 500 V 直流输入电压经输入熔断器直接连接到充电器上，经 DC/DC 变换及 EMI 滤波输出稳定的 DC 110 V，带 DSP 的控制单元自动稳压和限流。

当蓄电池供电给充电器时，充电器将接通内部电源，微处理器控制系统工作并等待启动信号，一旦充电器得到启动信号即开始工作，输出电压上升，2 s 内就能达到额定输出电压（当

输出电流在限定值内时），进入完全运行状态。若未完全启动微处理器，系统的总启动时间将有所延长，但不会超过 20 s。

启动信号是一个由微处理器系统检测的数字信号，当蓄电池系统达到额定电压时被触发。一旦启动信号消失，比如在安全环路没有构成、降弓等情况下，充电器将立即停止工作。

故障信号是微处理器的输出信号，它可看作开路接触器，在蓄电池电压达到额定电压工作时而闭合。故障信号只能在充电器完全运行的状态下出现，受到一个短暂的干扰（如输入端出现了过电压）则充电器不会产生故障信号。

充电器的 RS232 接口和 RS485 接口，用于连接诊断软件对设备进行控制操作。

充电器监控蓄电池系统数据，如充电器输出电流，蓄电池电流、电压和温度等。

3. 蓄电池充电器自身的保护

（1）将蓄电池充电器通过熔断器分别连接到蓄电池的正负极，以便在列车发生短路时保护蓄电池充电器。

（2）蓄电池充电器对输入高压有过电压和欠电压保护。

4. 蓄电池充电器的故障处理

如果一个蓄电池充电器发生故障，将由另外一个蓄电池充电器给全部 6 车供电。因 DC 110 V 列车线二极管的阻隔作用，故障充电器所在车的蓄电池不会放电，列车运行不受限制。

五、电池的保护

（一）隔离保护

电池通过手动开关和低压网络隔离，在没有高压且蓄电池已放电 45 min 后，如电池电压降至最低值（84 V），此时由电压继电器控制的接触器将蓄电池与载荷隔离。

（二）过热保护

通过一个温度传感器来监控蓄电池充电，避免蓄电池因过热引起故障。

（三）回流保护

在辅助逆变器的输出端接一个二极管，以避免电流从 DC 110 V 网络回流至蓄电池。

（四）蓄电池熔断器保护

在蓄电池的正极和负极上都设有熔断器，以保护线路。

六、蓄电池的维修

（一）使用维护镍镉电池前的注意事项

（1）不要敲拆、砸毁或焚烧电池，否则会飞溅出腐蚀性碱液伤人或引起爆炸。

（2）不允许在电池上放置金属工具或其他器具，否则会使电池急放电而过热，损坏电池。

（3）充电前打开气塞盖或将闷塞换成通气塞，带有闷塞的电池充电会发生气胀而有可能引起电池爆炸。

（4）充电场所应保持通风，防止氢氧气体积累发生爆炸事故。

（5）不允许有明火接近充电的电池。

（6）电解液是腐蚀性较强的碱性溶液，手或其他皮肤接触电解液时，应立即用硼酸水冲洗。

（二）拆　卸

蓄电池进行维修和检修作业时，必须将电池从车底向外拉出板界 1 200 mm。单个蓄电池安装在电池盒内。电池盒由面板和底架构成，是一个可滚动的钢结构，侧面装有轴承。通过起重轴承可以将整个电池组吊起。通过延伸杆和外壳的滑动面可以移动电池组。

拆卸步骤为：

（1）拧下限位螺母的安全螺母。

（2）拧下门上的螺帽。

（3）放下前端面板。

（4）将延伸杆拉到门口的限位处。

（5）确认套筒的功能良好。

（6）调整套筒上的调整螺钉，以保证延伸杆的位置尽可能平行及保持水平。

（7）用手抓住手柄，尽可能平衡地将箱子拉出，不要使用带动力的工具，以避免质量约 500 kg 的物体产生过大的加速度。

（8）箱子拉出来后将会停在延伸板的上挡处。

（9）拉出蓄电池单元。利用起吊工具将完整的电池单元吊起后运输。

（三）安　装

（1）在检查完蓄电池之后，在车下将电池放回箱体中原来的位置上。

（2）释放套筒，向上旋转至延伸杆上，并用插销定位。

（3）旋转延伸杆。在作业过程中，特别重要的是先将右侧延伸杆放入蓄电池内，再对右侧延伸杆进行操作，箱子这时的位置相对于车辆纵向轴来说是斜的。蓄电池箱中的上挡保证箱子的运动方向与牵引方向一致。

（4）关闭前板，这样可以锁住延伸板并对运输轮进行卸载。注意：在关闭前板的螺栓后，附加的安全螺栓必须转到垂直位置，直到上挡螺栓不再旋转。

（四）电池的活化

电池的活化处理（也称电池性能调节）是镍镉电池使用维护不可缺少的重要环节之一 。电池长期处于浮充电状态或其他恒压电压充电使用状态，会出现电池容量不足和单体电池之间容量不均匀等问题，要求每年进行一次活化。实际上就是进行 1 ~ 3 次深充电、深放电，使电池的电化学活性“复活”，电容量恢复到一定的水平。

具体的活化处理方法如下：

（1）先对电池以 0.1C 倍率充电 8 ~ 14 h，停置 1 h，以 0.2C 倍率放电。放电终止电压为 1.0 V，记录放电时间，计算电池容量。若与初期容量差不多，可再通过 1 ~ 2 次充电放电循环，直到恢复。若容量相差较大，则须按下列步骤处理。

（2）再用 0.1C 倍率充足电后，以 0.2C 倍率放电到每个电池平均电压约 0.5 V，分别将每个电池的正、负极接短路 12 h 以上。

（3）拆除短路导线，以 0.1C 倍率充电，充电 5 min 后检查测量单体电压。如高于 1.5 V 则认为电池内阻大，应补加蒸馏水，10 min 后再次测量电池电压，将高于 1.55 V 和低于 1.2 V 的电池取出另外处理。

（4）连续充电 14 ~ 16 h，测量并记录单体电压。如电池电压低于 1.5 V，则认为该电池不正常，必须更换。

（5）以 0.2C 倍率放电，放电终压为 1.0 V，记录放电时间并计算电池容量。

（6）若放电容量不足，可重复步骤（2）、（3）、（4）、（5），直到电池恢复至一定容量为止。如活化多次仍达不到额定容量 70%，则认为电池已失效。

（五）加注电解液

（1）将电解液拿进充电室。

（2）在灌注前将蓄电池黄色运输塞盖拿开。

注意：有黄色运输塞盖时，不要对电池充放电。

（3）使用加注设备对蓄电池最初加注到最低刻度线上 15 mm 处。

注意：

（1）在这里，不要安装白色通风栓。如果使用白色通风栓，相应地调整灌注的高度。

（2）灌注电解液后，读取并记录所有单元的开路电压。在调试记录上记录所有数据。

（六）初次充电

注意：以下工作必须由熟练电工操作，并应遵守有关电工规则及电工注意事项，使用绝缘工具。

1. 正、负极检查

（1）在将蓄电池极板连接好后，检查 80 个电池的端电压，端电压为 80 × 1.27 V，相应大约为 101.6 V。

（2）如果端电压小于 101.6 V，检查极性。

2. 与充电器相连

（1）初次充电时，将 DC 110 V 蓄电池连接到充电放电装置。

（2）仔细观察正确极性，蓄电池正极与充电器正极相连，负极与负极相连。

（3）将蓄电池连接到充电器后，充电器的显示器或电压指示器显示应为 80 组 101.6 V。

3. 开始充电过程

（1）在将蓄电池连接充电器及加注电解液存放 10 h 后，方可开始充电。

（2）用恒定的 32 A 电流充电，充电时间为 7.5 h，在充电期间，电池电压根据温度从 1.30 V/节上升至 1.75 ~ 1.85 V/节。

注意：充电电压应该为 2 V/节，确认在 7.5 h 的充电时间内，充电电压没有被充电器限制。

在充电期间，读取并记录每节电池的充电电流、充电电压、电解液温度及浓度。

4. 充电调试

（1）在第一次充电后，放置 24 h，可将电池电解液加注至最高位。电解液的高度可以通过盒中的亮暗接合线来区分，它必须在最低及最高刻度线之间。如果无法看清，打开盒子检查电液液面。

注意：碱性电解液有很强的腐蚀性，不要将金属物弄进盒内，小心着火。

（2）用湿布清除多余的氢氧化物或灰尘。

（3）加装白色通风栓，充毕后，80 组电池装备好装车。

（七）检　修

检修时要检查电解液的液面。至少 6 个月检查一次蓄电池充电电压。检查所用材料：蒸馏水、玻璃管、电压表。检修内容包括：

1. 检查电解液液面

测量电解液液面，在盒中通过亮暗接合线来判断电解液液面，它必须在最高及最低刻度线之间，如果检查有困难，打开盒子检查。

注意：不要让金属部件进入盒内，会损坏蓄电池盒子。

2. 检查电池充电情况

充电的固定电压为 126 V，如果超出范围，调整 DC/DC 变换器。

注意：在充电器处于恒流模式时，不要测量充电电压。

【学习随笔】

任务 4　车间电源的认知与检修

【实施工单】

1. 任务要求

（1）熟悉车间电源的功能。

（2）掌握车间电源的结构和工作原理。

（3）能对车间电源进行日常检查维护。

2. 任务准备

（1）场地准备：城市轨道交通车辆检修实训中心（配备多媒体）。

（2）工具准备：万用表、兆欧表、螺钉旋具等。

（3）物品准备：压缩空气、干净抹布、纯棉布、警示牌、风扇、砂纸、刷子、吸尘器、电子设备清洗剂、工业酒精、绝缘胶带、凡士林等。

（4）建议课时：2 课时。

"车间电源的认知与检修"任务工单

<table>
<tr><td>姓名</td><td></td><td>班级</td><td></td><td>学号</td><td></td></tr>
<tr><td>时间</td><td></td><td>地点</td><td></td><td>组别</td><td></td></tr>
<tr><td>指导教师</td><td></td><td>专业</td><td colspan="3"></td></tr>
<tr><td>小组成员</td><td colspan="5"></td></tr>
<tr><td>任务</td><td colspan="5"></td></tr>
<tr><td colspan="3">一、知识储备</td><td colspan="3">成绩：</td></tr>
<tr><td colspan="6">（一）填空题
1. 车间电源是列车的辅助______，主要应用于列车在检修库内______或部分设备需有电检查时使用。
2. 车间电源一般通过______或______与列车主电路隔离。
3. 车间电源系统由电源插座盖、电源插座、______、______及______组成。
（二）判断题
1. 考虑到安全原因，车间电源与列车受电弓之间是相互联锁的，不能同时向列车供电。　（　　）
2. 电源插座的布局形式与外接电源插头相匹配，用于与外接电源插头连接。　（　　）
3. 隔离二极管通常采用大功率二极管，由于流过二极管的电流较大，二极管一般安装有散热片，以增强散热效果。　（　　）
（三）简答题
1. 简述车间电源的功能。

2. 简述车间电源的日常维护内容。

</td></tr>
</table>

二、制订计划			成绩：
根据车间电源的日常维护项目制订车间电源日常维护检修计划。			
序号	操作项目	操作工具	操作要点
1	车间电源插座及插座盖检修		
2	车间电源隔离二极管检修		
3	车间电源电缆检修		

三、操作准备工作	成绩：	
准备事项	已完成	未完成
1. 作业人员必须穿戴劳保鞋、安全帽、绝缘手套，做好安全防护。		
2. 作业前确认所有的工具和使用材料都处于检定有效使用期内。		
3. 小组成员根据自身状况和组长安排做好合理分工。		

四、操作及质量检查		成绩：
序号	评价标准	评价结果
1	操作前工具选用合理、安全防护到位。	
2	车间电源箱体外表面清洁干净，无积尘、无异物。	
3	熟练使用不同的清洁工具对箱体内外部进行清洁。	
4	熟练使用仪器仪表检测二极管的状态。	
5	熟练使用清洁工具对二极管的散热片进行清洁。	
6	熟练处理松动的电缆接线端。	
7	熟练使用清洁工具对电缆接线端进行清洁。	
8	作业后整理好工器具；作业记录表填写及时、准确。	

五、操作总结

【知识导航】

一、车间电源的功能

视频　车间电源

车间电源是列车的辅助受流设备，主要应用于列车在检修库内整车调试或部分设备需有电检查时使用。外部电源通过电缆插头与列车车间电源插座相连，供电给列车电源系统。考虑到安全原因，车间电源与列车受电弓之间是相互联锁的，不能同时向列车供电。车间电源只向列车辅助系统供电，一般通过隔离二极管或接触器与列车主电路隔离。

二、车间电源的构成

车间电源系统由电源插座盖、电源插座、熔断器、接触器及隔离二极管组成，其实物如图 4-4-1 所示。电源插座盖上一般安装有短接插头，当插座盖合上后，控制电源通过短接插头控制主电路中的接触器工作，实现车间电源与受电弓供电电路控制上的联锁功能。电源插座的布局形式与外接电源插头相匹配，用于与外接电源插头连接。熔断器安装在车间电源插座与列车供电电路中间，如辅助电路有短路现象，短路电流超过熔断器的容量限制时，熔断器断开，并且该断开是不可逆的。隔离二极管通常采用大功率二极管，由于流过二极管的电流较大，二极管一般安装有散热片，以增强散热效果。

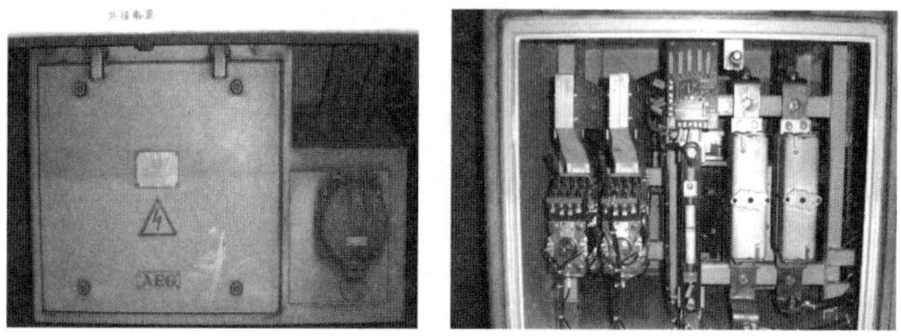

图 4-4-1　车间电源实物

三、车间电源的检修

车间电源系统一般安装在车下密闭的箱体内，所以维修周期间隔可稍长一些。

1. 车间电源插座及插座盖检修

对于插座及插座盖，主要检查插接件是否有损坏、过热或腐蚀现象，特别要注意端部连接处。

2. 隔离二极管

将隔离二极管拆卸后，检查二极管电气特性，同时清洁、打磨二极管的散热片。在安装散热片时，接触面上应涂上一层薄薄的凡士林。

3. 电　缆

对于车间电源系统中使用的电缆，在检修中主要检查电缆与接线端连接是否良好，清洁并打磨接线端接触部分。同时还应检查电缆外部的绝缘层是否有开裂或破损现象。

【学习随笔】

项目五　列车辅助系统其他设备及其检修

知识目标

（1）掌握空调的结构、工作原理以及检修内容。
（2）掌握车门的类型、工作原理和检修调试。
（3）掌握列车照明设备的类型和供电方式。
（4）掌握通信设备的结构组成和输入输出信息类型。
（5）掌握乘客信息系统的组成和系统功能。

能力目标

（1）能对空调进行检修调试。
（2）能对车门进行日常维护检修。
（3）能正确分辨列车外部照明设备和客室照明设备。
（4）能指出通信控制系统的模块组成及功能。
（5）能指出乘客信息系统的模块组成及功能。

重点难点

（1）空调的工作原理和检修调试。
（2）车门的工作原理和检修调试。
（3）照明设备的组成和作用。
（4）通信系统的模块组成和功能。
（5）乘客信息系统的组成和功能。

案例引入

案例叙述：

2022 年 3 月 23 日 8 时 51 分 55 秒，苏州轨道交通 × × 号线 × × 次 × × 车下行园区方向，在南园北路站至竹辉桥站区间，其 4-5 号车厢连接处突然冒烟，故障车在驶入竹辉桥站后即清客退出运营。

案例分析：

经初步排查，该事故系该车厢顶部空调故障所致。当城轨车辆空调系统出现故障时，我们应及时进行故障分析与处理，恢复空调系统的正常工作。

技能训练

任务 1　空调的认知与检修

【实施工单】

1. 任务要求

（1）掌握空调系统检修项目。

（2）能够熟知空调系统检修内容。

（3）熟悉空调的调试内容及方法。

2. 任务准备

（1）场地准备：城市轨道交通车辆检修实训中心（配备多媒体）。

（2）工具准备：列检锤、强光手电筒、棘轮、套筒工具组合、万用表、吸尘器、空气压缩机、高压水枪、电弧焊组合、歧管压力计、检漏工具、制冷剂注入阀、真空泵、制冷剂回收装置。

（3）物品准备：抹布、毛刷、清洁剂、划线笔、新风过滤网、回风过滤网、防腐漆、润滑油、工作服、安全帽、劳动手套、绝缘鞋、登高绳。

（4）建议课时：4 课时。

"空调的认知与检修"任务工单

<table>
<tr><td>姓名</td><td></td><td>班级</td><td></td><td>学号</td><td></td></tr>
<tr><td>时间</td><td></td><td>地点</td><td></td><td>组别</td><td></td></tr>
<tr><td>指导教师</td><td></td><td>专业</td><td colspan="3"></td></tr>
<tr><td>小组成员</td><td colspan="5"></td></tr>
<tr><td>任务</td><td colspan="5"></td></tr>
<tr><td colspan="3">一、知识储备</td><td colspan="3">成绩：</td></tr>
<tr><td colspan="6">（一）单选题
1. 为了实现整车送风均匀，轨道车辆采用（　　）。
A. 静压风道　B. 高压风道　C. 设备通风冷却　D. 强压风道
2. 以下选项中，（　　）不是空调系统的特点。
A. 小型轻量化　B. 可靠性高
C. 制热能力强　D. 免维护程度高、可维修性好
（二）多选题
1. 电动列车辅助系统供电的主要负载有（　　）。
A. 列车空调　B. 客室照明　C. 设备通风冷却　D. 蓄电池充电
2. 空调机组分为室内侧和室外侧，室内侧包括（　　）。
A. 蒸发腔　B. 新风腔　C. 压缩机腔　D. 冷凝腔</td></tr>
</table>

3. 车辆空调装置一般具备（　　）等功能。

A. 通风　　B. 制冷　　C. 加热　　D. 加湿

（三）判断题

1. 电动列车的空调系统与照明系统共用一台辅助逆变器进行供电。（　　）

2. 辅助逆变器的一组供电系统专门为整列车的空调系统提供电源，当其中一台逆变器发生故障时，能确保至少一半的空调系统能够得电工作。（　　）

（四）简答题

1. 简述空调机组的结构和用途。

2. 空调的制冷原理是什么？

3. 空调的主要部件包括什么？

二、制订计划			成绩：
根据空调的检修内容制订对空调机组的维护保养计划。			
序号	操作项目	操作工具	操作要点
1	空调的功能检查		
2	空调的维护保养		
3	制冷剂泄漏故障检修		
4	电气故障检修		

三、操作准备工作	成绩：	
准备事项	已完成	未完成
1. 作业人员必须穿戴劳保鞋、安全帽、绝缘手套，使用在有效期内的安全带，做好安全防护。		
2. 作业前确认所有的工具和使用材料都处于检定有效使用期内。		
3. 小组成员根据自身状况和组长安排做好合理分工。		

四、操作及质量检查		成绩：
序号	评价标准	评价结果
1	操作前工具选用合理、安全防护到位。	
2	小组成员合理分工，熟练对空调机组进行功能检查。	
3	能通过合作完成对空调的维护保养工作。	
4	熟练处理空调制冷剂泄漏故障。	
5	熟练处理空调电气系统故障。	
6	作业后整理好工器具；作业记录表填写及时、准确。	

五、操作总结

【知识导航】

视频　北京地铁1号线空调简介

一、空调概述

空调系统即用人为的方法调节空气温度、湿度、含尘浓度和气流速度等参数，以满足使用者对室内环境要求的机组与设备。

（一）特点及要求

（1）小型轻量化。
（2）可靠性高。
（3）免维护程度高、可维修性好。
（4）制冷能力强。
（5）对新风量的要求高。
（6）对微风速及送风均匀性的要求。
（7）对气流组织及废排量的要求。
（8）对供电特性的要求。
（9）空调系统故障状态下的运行及紧急通风的要求。
（10）自动化程度高。
（11）满足噪声要求。
（12）满足电磁兼容性要求。

（二）结构组成

轨道车辆空调如图 5-1-1 所示，其为司机室和客室提供冷风和新鲜空气，以调节司机室和客室的温度、空气洁净度，提高乘车的舒适性。空调系统主要由空调机组、司机室送风单元、风道、幅流风机、废排装置、空调控制装置等设备组成。

图 5-1-1　空调

1. 空调机组

空调机组采用顶置式安装，采用下送风下回风方式，单冷型，微机控制并具有自诊断功能。每节车辆安装制冷能力为 29 kW 的空调机组 2 台。当列车的一台辅助电源发生故障时，空调机组自动减半运行。全列车各空调机组在车辆运行时由司机集中控制，在维修时可由维修人员单独控制。

1）结构及用途

空调机组分为室内侧和室外侧，其中室内侧又分为蒸发腔和新风腔，室外侧分为压缩机腔和冷凝腔。离心风机、蒸发器、回风电动阀、回风滤尘网等安装在蒸发腔，气液分离器、新风电动阀、新风滤尘网等安装在新风腔。压缩机、压力开关、干燥过滤器、电磁阀等安装在压缩机腔；轴流风机、逆止阀和冷凝器等安装在冷凝腔。空调机组的箱体和上盖全部采用 SUS304 不锈钢板制成，组成制冷系统的部件及配管全部用银钎焊连接，构成全封闭的制冷循环系统，作为制冷剂的 R407C 封闭在制冷系统内。空调机组的回风口在机组底部中间处，冷风出口在机组底部两侧，新风口在机组左右侧板的中间部位。空调机组新风腔处装有高效新风过滤网，车内回风口处装有高效回风过滤网，对车内循环风进行过滤。空调机组的结构如图 5-1-2 所示。

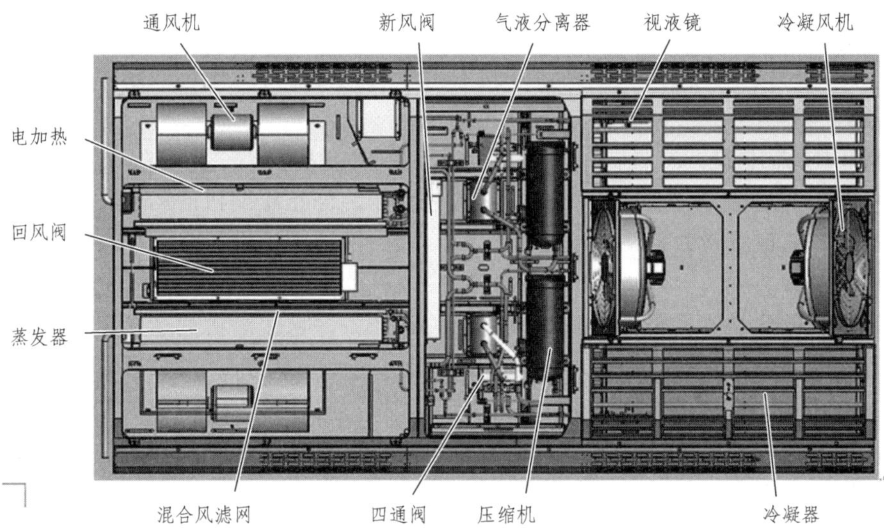

图 5-1-2　空调机组结构

2）主要部件功能

空调机组各零部件组装在一个不锈钢板制成的箱体内，加盖板后形成一个整体。主要部件包括全封闭制冷压缩机 2 台、冷凝器 2 台、毛细管 2 组、蒸发器 2 台、干燥过滤器 2 个、离心风机 2 台、轴流风机 2 台、气液分离器 2 个、回风电动阀 1 个、新风电动阀 2 个、新风感温头 1 个、回风感温头 1 个等。

（1）压缩机。

制冷压缩机为全封闭卧式压缩机，是将电动机、压缩机构及供油系统组装在同一个密封的机壳内。制冷压缩机通过橡胶减震器安装在空调机组箱体内，作用是将来自蒸发器的低温低压的 R407C 气体压缩成高温高压的气体，并送往冷凝器。

（2）离心风机。

室内侧通风机为直联多叶片式离心风机。室内侧通风机可以强化冷媒在蒸发器中的蒸发过程，并将经蒸发器冷却降温的空气送入车内。

（3）轴流风机。

室外侧通风机为直联轴流式风机，风机的叶轮安装在立式电机上，并采取防水结构。室外侧通风机用于强化冷媒在冷凝器中的凝结放热过程。

（4）蒸发器。

蒸发器为铜管套铝肋片的直接蒸发式空气冷却器。低温低压的气液混合的冷媒在蒸发器内蒸发，当车内循环空气和新鲜空气混合后，通过蒸发器时进行热交换。这时，空气的热量被蒸发器内的冷媒吸收，温度降低。

（5）冷凝器。

其结构型式与蒸发器相同。高温高压的 R407C 气体通过冷凝器时，在外界空气的强制冷却下，变成常温（约 50 °C）高压的冷媒液体。

（6）毛细管。

毛细管为一组内径极小的细长铜管，当高压液体冷媒流经这组高阻力管时，起到节流降压的作用。

（7）干燥过滤器。

干燥过滤器将滤网固定在容器内，并封入干燥剂，过滤冷媒中的残余杂质，吸取冷媒中的残留水分。

（8）高压压力开关。

当制冷系统的压力异常高时，高压压力开关动作，停止压缩机的运转，保护制冷系统。高压压力开关的复位方式为自动复位。

（9）低压压力开关。

当制冷系统的压力异常低时，低压压力开关动作，停止压缩机的运转，保护制冷系统。低压压力开关的复位方式为自动复位。

（10）旁通电磁阀。

为保证压缩机在长时间停止后以及温度较低情况下启动时的轴承润滑，需要在一定时间内（从压缩机启动开始 30 s）打开电磁阀。

（11）容量控制电磁阀。

此电磁阀配合压缩机内能量调节机构可以控制压缩机的容量，通过 2 个电磁阀的开闭及每台机组两台压缩机工作状态组合，进行全运转以及控制容量运转（约 70%）的切换，可实现空调机组多级能量调节，制冷能力分为 100%、70%、50%三挡。当打开高压侧（SV12、SV22）、关闭低压侧（SV13、SV23）时为全运转状态；当打开低压侧（SV13、SV23）、关闭高压侧（SV12、SV22）时为容量控制运转状态。

（12）液管电磁阀（SV11、SV21）。

液管电磁阀安置在冷凝器出口，防止压缩机停止时冷媒液倒流入压缩机侧，再次启动时造成润滑不良。

（13）逆止阀。

逆止阀安装在压缩机的排气管上，在压缩机停止时，防止冷媒液从排气管逆流回压缩机侧。

（14）吸气过滤器。

吸气过滤器安装在压缩机的吸气管上，过滤吸气冷媒中的残余杂质。

2. 控制系统

城轨车辆每节车设有一个空调控制柜。此控制柜与客室内的空调装置一起为司机提供空调控制。空调控制柜控制单元由 PLC 主机单元、温度扩展模块、信息显示操作屏组成。

3. 司机室送风单元

为保证司机室的风量和冷量，司机室设有司机室送风单元，主要包括司机室增压单元和可调式送风口。增压单元内设调速风机，客室空调机组处理后的空气经风道通过可调式送风口送入司机室，在增压单元内调速风机的作用下送入司机室。调速风机的风速控制旋钮设在司机台上，便于司机手动调节风速。

4. 风　道

为了实现整车送风均匀，轨道车辆采用静压风道。其工作原理是空调机组下部送出的风进入车内主风道，并沿主风道在推进过程中进入静压箱，进行静压平衡调节，使得在主风道的不同截面上具有不同静压的空气，在静压箱中得到平衡，并形成一定的静压值，空气通过在静压箱上的开口将静压转换成一定的动压喷射出去，从而达到均匀送风的目的。

相对于空调机组出风口，风道对称布置，最大限度保证送风均匀。回风口沿车体长度方向布置，保证回风滤网等设备检修的同时最大限度地保证车内造型美观。送风格栅采用铝型材，送风格栅断面结构有利于送风均匀。

5. 废排装置

考虑客室内向客室外的换气功能，在车体适当位置设置排气口，并在车体侧墙考虑适当的风道，确保客室内向客室外的排气功能的实现，以防客室内正压过高造成的新鲜空气输入量减少和对关门造成困难。

二、基本功能

城轨车辆空调装置是把经过一定处理后的空气，通过一定的方式，以一定的流速送入客室内，并将室内一定量的污浊空气排出车外，从而控制客室内空气温度、湿度及清洁度等质量，以提高车内舒适性，改善乘车环境的设备。

车辆空调装置一般具备通风、制冷、加热、加湿等功能。典型车辆空调装置通常都由通风系统、空气冷却系统、加热系统、加湿系统以及控制系统等五大部分组成。

通风系统一般指机械强迫通风。通风系统的作用是将车外新鲜空气吸入并与车内再循环空气混合，在滤清灰尘和杂质后，再通过风机压送分配到客室内，同时排出车内的污浊空气，以保证车内空气的洁净度以及合理的流动速度和气流组织。

空气冷却系统（也称制冷系统）一般采用蒸气压缩式制冷设备，以蒸发器作为空气冷却器，它的作用是对客室内的空气进行降温、减湿处理，使客室内空气的温度与相对湿度保持在规定的范围内。冷却系统工作时，由制冷剂通过蒸发器冷却将要送入客室内的空气，由于蒸发器表面的温度低于空气的露点温度，空气中的部分水蒸气就会凝结，因此，空气在通过蒸发器冷却的同时也得到了减湿处理。

空气加热系统的作用是在低温时对进入客室内的空气进行预热和对客室内的空气进行加热，以保证客室内空气的温度在规定的范围内。

空气加湿系统的作用是在客室内空气相对湿度较低时，对空气进行加湿处理，以保证客室内空气的相对湿度在规定的范围内。目前，我国在一般车辆的空调装置中都没有加湿系统，只在某些有特殊要求的车辆上才设此系统。控制系统的作用是控制各功能系统按给定的方案协调、有序地工作，以使客室内的空气参数控制在规定的范围内，并同时对空调装置起到保护作用。

三、空调系统制冷循环原理

制冷，是指人工制冷技术，它包括研究低温的产生、应用及有关物质的物理及化学变化的特性等技术。工业及科研上通常将制冷分为普冷（高于 – 120 °C）及深冷（低于 – 120 °C），这一规定的界限并不是很严格的。空调制冷则属于普冷的一个分支。

制冷的方式大致有以下几种：蒸气压缩式制冷、半导体制冷、吸收式制冷、蒸气喷射式制冷、涡流管制冷。

在几种制冷方式中，蒸气压缩式制冷应用最为广泛，一般城轨车辆也都采用蒸汽压缩式制冷，这里只对这种制冷方式的原理进行介绍。

图 5-1-3 所示为蒸气压缩式制冷循环示意图，整个循环包括压缩、冷凝、节流和蒸发 4 个过程，制冷机组主要由压缩机、冷凝器、节流阀（膨胀阀）和蒸发器 4 大部件组成。

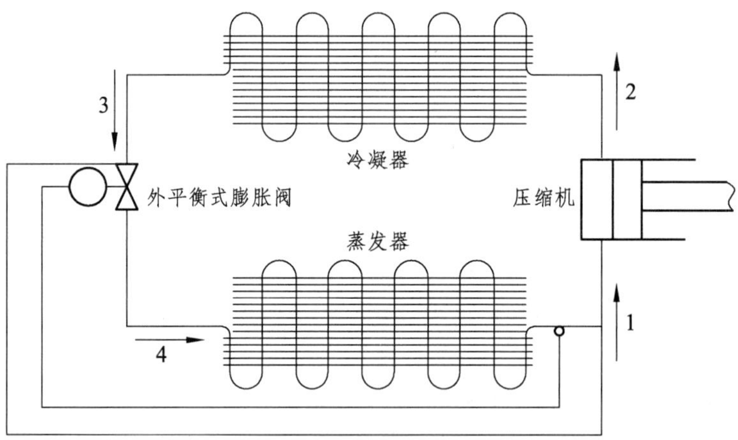

图 5-1-3　蒸气压缩式制冷循环示意图

制冷工作过程如下：

1→2：从蒸发器出来的低温、低压（制冷剂）气体通过压缩机压缩后，转变成高温、高压气体进入冷凝器。

2→3：高温、高压的制冷剂气体经过冷凝器时，被环境空气（或水）冷却，制冷剂蒸气放出热量后被冷凝成高温、高压的液体。

3→4：高温、高压的液体经过节流阀（膨胀阀）节流，变成低温、低压的液体进入蒸发器。

4→1：低温、低压的液体流经蒸发器时，吸收被冷却物质（如客室内外的空气）的热量，而蒸发汽化成低温、低压的气体后被压缩机吸入。

这样，通过压缩机的（压缩）做工，实现制冷剂在系统管路中的循环；而制冷剂的循环（状态的变化）实现了对周围空气的冷却，达到制冷的目的。

四、空调检修

（一）功能检查

1. 运转前

运转空调机组前须对下列项目进行检查，确认没有问题后，方可开始运转。

（1）配线是否确实接好。

（2）电气回路是否正常。

（3）主回路及控制回路的绝缘电阻是否均正常。

（4）通风机的叶轮是否碰风筒的内壁。

2. 运转确认

1）室内通风机的运转

室内通风机运转时，确认车内是否有风吹出，风量极小时，可认为是风机反转，请将电源相序调整正确，并确认是否有异常振动和异常噪声。

2）室外轴流风机的运转

确认空调系统室外轴流风机的运转是否正常，旋转方向是否正确。

3）制冷运转

全制冷状态时，吸入和吹出的空气温差为 8 ~ 10 °C 时为正常。确认是否有异常振动、异常噪声，同时注意电流读数。

3. 空调机组的安全运行

1）空调机组的安全操作

空调机组的操作和管理工作由懂得制冷技术和电气技术的检修人员来担任。开机前认真检查电气系统的安全性，严格按照电工操作规则进行操作。在进行电气控制柜的检修时，必须切断电源，严禁带电作业。

2）空调系统的保护措施

（1）电源有过电压和欠电压保护。

（2）压缩机内部设置压力保护、过热保护，运行设置延时启动保护。

（3）各电机设置短路、缺相、过载保护。

（4）电加热器设置温度继电器及温度熔断器保护。

当空调机组出现故障时，必须查明原因，排除故障后才允许重新启动，严禁带故障强行启动。

3）低温运转

当蒸发器吸入的空气温度在 19 °C 以下时，即为低温运转。此时由于可能在蒸发器上引起结霜现象从而导致对压缩机造成损伤。

4）再次启动

在短时间内不要使室外风机或压缩机反复启动、停止。再次启动时间隔 3 min 以上（正常线路上运行过断电区的情况除外）。

（二）维护保养

1. 冷凝器

冷凝器的散热片有灰尘异物时会影响换热效率，需进行定期检查、清扫或清洗。

在一年以上的维护周期中，清扫时把压缩空气按运转时的反方向吹入肋片间隙或从脏物附着多的一侧用吸尘器进行吸尘。吸尘完毕用软毛刷蘸取有洗涤剂的水进行清洗或者浸泡，然后用高压水枪顺着翅片进行洗尘。如果翅片有变形或者粘连现象则用专业工具进行校正。

2. 蒸发器

蒸发器视灰尘的附着情况应定期清扫或清洗。

清扫时，从脏物附着多的一侧用吸尘器进行吸尘。特别脏或存在油污时，应使用专用洗涤剂进行清洗。注意：用洗涤剂进行清洗时，需对接线盒和电动回风阀执行器进行有效的防护或拆下电动回风阀，避免风阀执行器线路进水损坏。

3. 排水系统

定期检查、清洗排水口，并疏通排水管，使之不被垃圾或异物等堵塞。

4. 前盖板门锁

定期检查前盖板门锁，当锁舌出现细小裂纹时必须进行更换。

定期检查前盖板，前盖板原则上不允许踩踏，当前盖板出现变形，或者当前盖板门锁锁紧并且前盖板出现松动时，查明原因及时进行维修或者更换门锁。

5. 冷凝风机

运转时发现有异常声音、振动时，需更换轴承或电机。

6. 通风机

用软毛刷刷洗附着在叶片内侧的灰尘（请注意不要使叶片变形）。运转时发现有异常声音、振动时，更换球轴承。

7. 隔热材料

目测蒸发器室中隔热材料是否老化，如发现表面有明显裂痕、损伤、与箱体黏接处有开胶现象，除去老化或损坏的部分，换粘新隔热材料。

8. 减振器

目测减振器表面有明显裂纹，或者减振器损坏或失效，予以更换。

9. 紧固件

查看螺栓防松标记或以锤轻击来检查各元件安装螺栓是否松动，松动的重新紧固。

10. 绝缘电阻

用 500 V 电阻表测量绝缘电阻并确认带电部分与无电部分之间的阻值大于 2 MΩ。如果不大于 2 MΩ，检查各部分是否有绝缘老化并做适当的修补。

11. 电气连接

确认电线端头连接及其紧固螺栓连接牢固、可靠。

12. 清洗新风、回风滤尘网

（1）拆下新风滤尘网。

（2）用肥皂水清洗。

（3）用清水洗净。

（4）晾干。

（5）重新安装于机组上。

注意：新风、回风滤尘网清洗 1 ~ 2 次后需更换新滤料。清洁、更换新风滤尘网的时间间隔取决于其变脏程度，不得少于每两周 1 次。尤其对于新线路，应至少一周清洗 1 次。

13. 制冷剂管路

检查制冷剂管路的接缝处，若有油渗出，制冷剂有渗漏的可能。

（三）故障检修

1. 故障检测方法

空调机组常用的检查方法是“一看、二听、三摸”。

“一看”是查看故障现象。看 TCMS 和空调控制屏上空调故障显示，看指示灯的显示情况，看温度继电器动作情况，看压缩机的吸排气压力值是否在正常范围内，看客室内的温度情况，看风机的运行情况，看制冷管路上是否有油迹等。

“二听”是听压缩机运转时的噪声。“通、通”是压缩机液击声；“哒、哒”是内部金属撞击声；听制冷机组运转的声音，如有较大的振动声音，检查风机的运转情况、轴承的磨损情况。

“三摸”是摸过滤器。过滤器的表面温度应比环境温度稍高些，如显著低于环境温度说明滤网大部分网孔已经堵塞，使制冷剂流动不畅通导致节流降温。摸制冷装置吸排气管的冷热程度，正常运转的吸气管应较冷，排气管应较热，否则是不正常的。

2. 制冷剂泄漏故障判断处理

制冷系统中制冷剂泄漏部位主要发生在管路的焊接处、压缩机吸排气口的连接处、压力开关的引接处，管路焊接不良、车辆运行中冲击振动造成连接螺栓松动、连接部位出现裂纹等原因，均可引起系统泄漏。

制冷剂的泄漏因原因不同，其泄漏程度也不尽相同。较轻微的泄漏可引起制冷量不足，低压压力过低而压力开关保护动作，蒸发器吸热不足等现象；严重的泄漏可造成机组制冷不良。在制冷剂已漏光，系统中混入空气时，压缩机继续运转将最终导致压缩机因过热而被烧毁。

1）制冷剂的检漏方法

（1）外观检查。

发现管路某处有油迹的话（制冷剂泄漏会渗出冷冻油），用白布擦拭或用手直接触摸检查，并做进一步确认。

（2）泡沫检漏。

用混有清洁剂的水涂在预计可能发生泄漏的被检处，若该处有泄漏的话，将会出现气泡，从而可以确定泄漏发生位置。

（3）电子检漏仪。

用电子检漏仪接近被检处，一旦检漏仪测到有泄漏，将发出异常的声音予以提示，此时应把触头擦拭干净，在怀疑处再次测试确认。

2）压缩机压力检查

用复合式压力表连接到系统中，检查系统停机时的平衡压力，以及机组运行情况下的低压压力。模拟机组运行，判别机组低压压力开关是否动作。

（1）压缩机低压压力过低。

导致压缩机低压压力过低的原因有制冷系统有泄漏、制冷剂不足、膨胀阀等开启不足、外界温度过低、蒸发器入口有堵塞等。

（2）压缩机高压过高。

制冷系统中真正导致压力过高的最大可能是系统中混入了空气。空气可能是在机组低压部分压力偏低时被压缩机吸入，或者是在维修中因操作不当而使空气混入到系统中。一旦发现空气混入系统中，必须立即加以处理。

导致压缩机高压过高的原因还包括：外界温度过高、冷凝器入口或出口有堵塞、冷凝器脏、制冷剂过多、冷凝风机不工作或工作异常等。

3）制冷剂加注方法

（1）低压加注。

启动空调机组制冷运行，从压缩机低压处加注，再观察加注后的压力到达正常工作范围值。当加到压缩机低压处的压力达到范围内即停止，再观察空调的制冷效果。如空调制冷效果良好，测试高压压力，其工作压力不能超过高压范围。

（2）静态加注。

停止空调机组运行，从加注口处加注制冷剂。当系统压力达到相应范围要求时为合适；再让空调运行制冷 30 min，并仔细地进行检查。

4）制冷剂加注检测

（1）测压力。

测低压压力，检查其低压工作压力范围是否在正常范围内。如偏高则加多了，如偏少则加少了，同时高压也不能超过相应正常范围。

（2）听声音。

如声音过大、沉闷，可能是加多了制冷剂；如果声音过小，说明量不够。

（3）测温度。

压缩机吸气管较凉，有结露；排气管温度在 80 °C 左右；冷凝器温度在 55 °C 左右；蒸发器的温度比环境温度低 15 °C 左右。

（4）测工作电流。

总电流应接近额定电流，如电流过大，则制冷剂加多了；如电流过少则制冷剂不够。要求系统和电路都在正常情况下测试。如果系统堵了，那么压缩机的工作电流也会很低，且压缩机的声音不正常。

注意：加注制冷剂时一定要慢慢来，加一点后让空调运行 10 min 左右，再测压力和电流，不够时再分次加，不能以当时的压力和电流作为标准，以防制冷剂加多。冬天加制冷剂时，可以人为地使室内温度传感器达到能够制冷的温度来使空调制冷运行或通过相关软件强行使空调制冷运行。

3. 电气系统故障

空调单元常见的电气故障如表 5-1-1 所示。

表 5-1-1　空调单元的常见故障表

故障现象	原因	修理
机组无法开启	没有电源	检查电源与熔丝，必要时更换
冷凝风机不工作	没有对电机供电，电机损坏	检查熔丝与热保护，测量电机绕组，必要时更换
客室温度达到启动要求，压缩机不工作	没有对压缩机供电，压缩机电机损坏	检查熔丝与热保护，测量电机绕组，必要时更换
客室温度没有达到设定值，压缩机反复开停	低压恒压器故障	制冷剂少，补足制冷剂； 滤网堵塞，供风量减少，清洁或更换滤网，检查供风风扇的转向； 液体管路电磁阀失效，更换线圈或阀体

【学习随笔】

任务 2　车门的认知与检修

【实施工单】

1. 任务要求

（1）掌握列车车门的类型和区别。

（2）掌握内藏嵌入式车门的结构及检修方法。

（3）掌握塞拉门的结构及检修方法。

2. 任务准备

（1）场地准备：城市轨道交通车辆检修实训中心（配备多媒体）。

（2）工具准备：十字形螺丝刀、棘轮扳手（可逆式）、开口扳手、扭力扳手、橡皮锤、外卡簧钳、游标卡尺（0 ~ 200 mm）、钢卷尺、塞尺、门板弧度检测样板、直角三角尺。

（3）物品准备：乐泰螺纹锁固胶 242（中强度）、乐泰螺纹锁固胶 271（高强度）、红色标记笔。

（4）建议课时：4 课时。

“车门的认知与检修”任务工单

姓名		班级		学号	
时间		地点		组别	
指导教师		专业			
小组成员					
任务					

一、知识储备	成绩：

（一）单选题

1.（　　）是执行开、关门动作的执行元件。

A. 驱动气缸　　B. 机械传动系统　　C. 行程开关　　D. 门叶

2. 门控电磁阀含有（　　）个节流阀。

A. 1　　B. 2　　C. 3　　D. 4

3. 塞拉门进行障碍检测时，若出现（　　）次防挤压后，车门处于完全打开状态。

A. 1　　B. 2　　C. 3　　D. 4

（二）多选题

1. 城市轨道交通列车的客室车门，按照驱动系统的动力来源分为（　　）。

A. 电动式车门　　B. 气动式车门

C. 内藏嵌入式车门　　D. 塞拉门

2. 城市轨道交通列车的客室车门，按照开启方式可以分为（　　）。

A. 外挂式车门　　B. 外摆式车门

C. 内藏嵌入式车门　　D. 塞拉门

（三）简答题

1. 内藏嵌入式车门的动作原理是什么？

2. 车门上有几个行程开关？各起什么作用？

3. 简述塞拉门的结构组成及工作原理。

4. 塞拉门的检修内容有哪些？

二、制订计划	成绩：

根据塞拉门的相关知识制订电动塞拉门的维护检修计划。

序号	操作项目	操作工具	操作要点
1	塞拉门的外观及尺寸检查		
2	塞拉门的装配紧固件检修维护		
3	塞拉门的电路检修		
4	塞拉门的调整		

三、操作准备工作	成绩：	
准备事项	已完成	未完成
1. 作业人员必须穿戴劳保鞋、安全帽、绝缘手套，做好安全防护。		
2. 作业前确认所有的工具和使用材料都处于检定有效使用期内。		
3. 小组成员根据自身状况和组长安排做好合理分工。		

四、操作及质量检查	成绩：

序号	评价标准	评价结果
1	操作前工具选用合理、安全防护到位。	

2	小组成员分工明确合理、每位成员均有任务分配。	
3	进行外观检查时无漏项。	
4	熟练使用工具进行塞拉门外观尺寸检查。	
5	对塞拉门各部位进行润滑时润滑脂选用正确、操作正确。	
6	对紧固件的检查和调整方法正确。	
7	对车门各工作尺寸的调整方法正确。	
8	作业后整理好工器具；作业记录表填写及时、准确。	
五、操作总结		

【知识导航】

一、车门概述

在城市轨道交通车辆运营中，车门是乘客直接接触的部件，它关系到乘客的人身安全问题。地铁车辆具有运载客流量大、乘客上下车频繁等特点，所以每列车的车门数量较多、开度大，开关门动作也比较频繁，因此车门也成为故障发生最多的部件。

从开关动力来划分，车辆车门通常为采用压缩空气驱动的风动车门和采用电机驱动的电动车门两种。按照其开启及结构形式来划分，车门主要分为内藏嵌入式车门、外挂式车门、塞拉门、外摆式车门四种。

内藏嵌入式车门是指车门开关时，门叶在车辆侧墙的外墙板与内饰板之间的夹层内移动。而外挂式车门与内藏嵌入式车门的主要区别在于门叶和悬挂机构始终位于侧墙的外侧，车门传动机构的工作原理与内藏嵌入式车门完全相同。塞拉门是指车门在开启状态时，门叶贴靠在侧墙的外侧，车门在关闭状态时门叶外表面与车体外墙成一平面。塞拉门不仅使车辆外观美观，也有利于在高速行驶时减小空气阻力，车门不会因空气涡流产生噪声，也便于车体的清洗。外摆式车门在开门时，通过转轴和摆杆使门叶向外摆出并贴靠在车体的外墙板上，门关闭后门叶外表面与车体成一平面。

早期城市轨道交通车辆的车门一般采用以压缩空气为动力的气动门，例如北京地铁 1、2 号线，上海地铁 1、2 号线和广州地铁 1 号线的车辆每侧设有 5 对城市轨道交通车辆客室侧门内藏嵌入式对开气动车门。现在城市轨道交通车辆车门多采用电气驱动的电动门，例如上海明珠线，广州地铁 2、3、4 号线，深圳地铁和南京地铁等后期建设的线路车辆都采用电控电动门。

城市轨道交通车辆一般有四种车门，即客室侧门、驾驶室侧门、紧急疏散门、驾驶室隔间门，其中最复杂的是客室侧门，也是运营时使用最频繁的部件。

我国生产的城市轨道交通车辆在每节车厢的两侧共对称设有 8 个或 10 个客室侧门。客室侧门的控制由驾驶员在驾驶室内集中控制。车辆运行过程中所有侧门处于关闭状态，车辆到站，驾驶员打开车辆某一侧的车门供乘客安全上下车。因而，地铁车辆的客室侧门系统在设计上是否符合“故障—安全”原则显得尤为重要。要求客室侧门在列车运行过程中，当发生不可预知的情况时，车门系统应趋向关门操作或保持关门状态，最大限度地保障乘客的人身安全。

二、内藏嵌入式车门的检修

视频　北京地铁
1 号线车门

（一）车门结构组成及工作原理

1. 车门的结构组成

以上海地铁 1、2 号线现有 AC01/02 型电动列车的客室车门为例，其采用内藏嵌入式车门，如图 5-2-1 所示。每节车辆两侧各设置了五扇客室车门，每扇车门由驱动气缸 、门控电磁阀、机械传动系统、行程开关和门叶等组成。

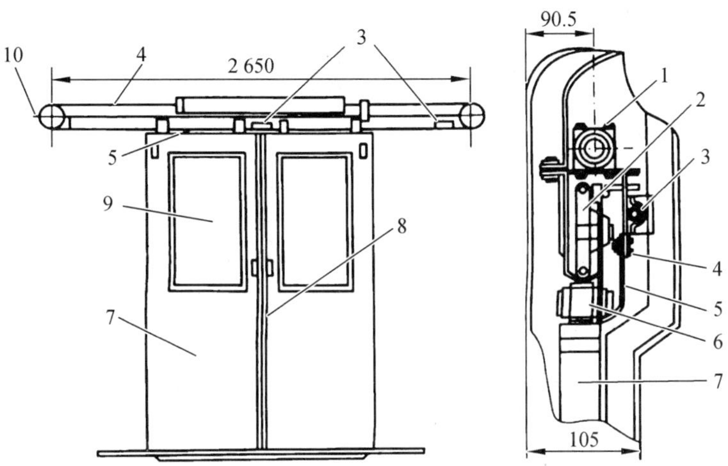

1—气缸；2—滚轮；3—行程开关；4—钢丝绳；5—导轨；6—小滚轮；7—门叶；
8—橡胶密封条；9—车门玻璃；10—定滑轮。

图 5-2-1　内藏嵌入式车门（单位：mm）

2. 车门的动作原理

上海地铁 1、2 号线现有 AC01/02 型电动列车的客室门，采用气动门，开、关门动作的动力来自驱动气缸。车门动作原理简述为：压缩空气经过门控电磁阀的控制，作用于驱动气缸活塞，再由活塞杆带动，由钢丝绳、绳轮、防跳轮、滚轮和导轨组成的机械传动系统使门叶同步反向移动，完成车门的开、关动作。

（二）内藏嵌入式车门的故障及检修

1. 驱动气缸

1）驱动气缸的结构

驱动气缸是执行开、关门动作的执行元件，由压缩空气推动其活塞运动，再通过机械传动系统将推力传递至门叶。驱动气缸的性能好坏将直接影响车门的开、关动作是否可靠。

驱动气缸为双重活塞双作用式结构，采用对称的带有台阶的非等直径的活塞，即活塞两侧直径为 20 mm，中部为 40 mm；其气缸的内径也是非等直径的，两端头的公称内径为 20 mm，中间为 40 mm。这样的结构可使活塞做变速运动，在车门打开和关闭的瞬间，速度降低而形成缓冲，可以起防止夹伤乘客以及降低冲击噪声的作用。

气缸的尾座是铰接连接，活塞杆的头部是球铰连接，因此整个气缸是处于浮动状态，不会因车体变形而使活塞在气缸内产生卡死现象。

2）驱动气缸的检修

驱动气缸比较容易出现的故障是漏气。对驱动气缸的检查如下：

（1）清洗气缸缸体及其所有零部件。

（2）检查缸体和活塞组件的滑动接触部位。

（3）更换所有橡胶圈、橡胶垫。

（4）更换所有缓冲弹簧。

（5）检查连接气管的接头及其密封套。

（6）润滑气棚的缸体内壁、活塞杆、活塞、橡胶圈的滑动接触部位。

（7）将气缸接入检测试验台，检查气缸的动作和缓冲功能。

（8）检查气缸是否漏气。

2. 门控电磁阀

1）门控电磁阀的结构

门控电磁阀由 3 个二位三通电磁阀（MV_1，MV_2，MV_3）、4 个节流阀和 2 个快速排气阀的集成阀组成，如图 5-2-2 所示。

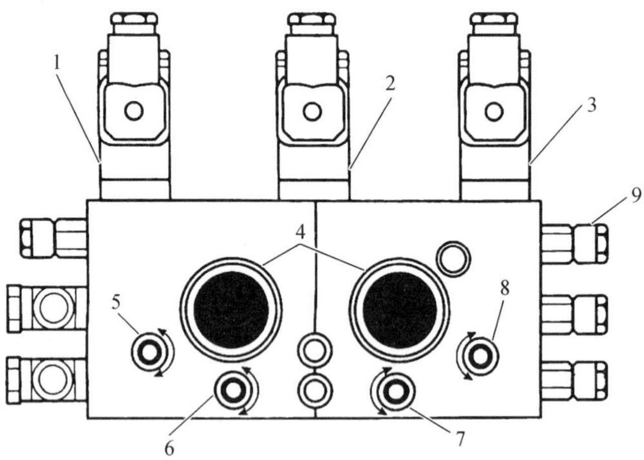

1—关门电磁阀 MV_2；2—解锁电磁阀 MV_3；3—开门电磁阀 MV_1；4—排气孔消声片；5—关门速度节流阀；6—开门缓冲节流阀；7—关门缓冲节流阀；8—开门速度节流阀；9—气路连接器。

图 5-2-2　门控电磁阀

MV_1、MV_2 和 MV_3 电磁阀分别为开门、关门和解锁电磁阀。

4 个节流阀的功能分别为调节开门速度、关门速度、开门缓冲和关门缓冲。

两个快速排气阀的功能是：主气缸两端排气管通过快速排气阀排向大气。它相当于一个双向选择阀，它的排气口是常开的，当驱动气缸通过它充气时，其阀芯将排气口关闭。

2）门控电磁阀的检修

门控电磁阀比较容易出现的故障是漏气、各部件损坏及调节功能失效等。对门控电磁阀的检查如下：

（1）用无油压缩空气对阀体及其零部件进行清洁。

（2）更换所有阀芯的橡胶密封件。

（3）检查所有调节螺栓的磨损情况，若磨损严重则更换。

（4）检查所有阀芯的磨损情况，若磨损严重则更换。

（5）检查钢丝挡圈是否损坏，若损坏则更换。

（6）检查快速排气阀的消声板、塑料垫圈和弹簧是否损坏，若损坏则更换。

（7）将维修后的电磁阀在试验台上进行试验，检测其功能是否正常。

3. 机械传动系统

1）机械传动系统的结构

机械传动系统的作用是将驱动气缸活塞杆的运动传递至两扇门叶，使车门动作。机械传动系统主要由钢丝绳、绳轮、滚轮、防跳轮和上下导轨组成。活塞杆的端头与一扇门叶及钢丝绳的一边相连接，而另一扇门叶与钢丝绳的另一边相连接，使门叶在活塞杆运动时，能同步反向移动。每扇门叶的顶部装有两个尼龙防跳轮和两个尼龙滚轮，通过滚轮吊嵌在 C 字形的导轨内，只要合适地调整好防跳轮与导轨的间隙，就可使门叶平稳灵活地滑动。防跳轮与导轨的间隙一般调整为：在车两端的车门为 0 ~ 0.3 mm，在中间车门为 0 ~ 0.5 mm；若门叶在运动时有跳动现象，则可适当减小其间隙，但要保证车体在承受最大荷载时，即车体有一定挠度时，车门也能正常地开、关。上下导轨用来支撑和引导车门运动。

2）机械传动系统的检修

机械传动系统容易出现导轨磨损、变形、松动等故障。对机械传动系统进行如下检修：

（1）用抹布和中性清洁剂清洁导轨和所有其他零部件。

（2）检查导轨工作表面是否磨损或腐蚀，导轨安装是否松动或变形。

（3）更换所有尼龙防跳轮、滚轮和绳轮。

（4）检查钢丝绳是否有断股或拉毛的情况，检查钢丝绳头部的螺纹是否损坏。

（5）用专用润滑剂润滑钢丝绳。

4. 门　叶

1）门叶的结构

客室车门的门叶内、外表面为 1 mm 厚的铝合金板，内部为铝箔构成的蜂窝结构，以提高门叶的抗弯刚度和减轻质量，面板与蜂窝结构通过加温加压黏结成一体。门叶上部装有由钢化玻璃及氯丁橡胶密封条组成的玻璃窗。在门叶的中心处可承受 900 N 的横向荷载，而其挠度不大于 6.2 mm。门叶的前后边装有橡胶密封条，保证门叶关闭时有良好的密封效果。门叶前边的橡胶条又称为护指橡胶，在车门关闭瞬间起保护乘客免于被夹伤的作用，如图 5-2-3、5-2-4 所示。

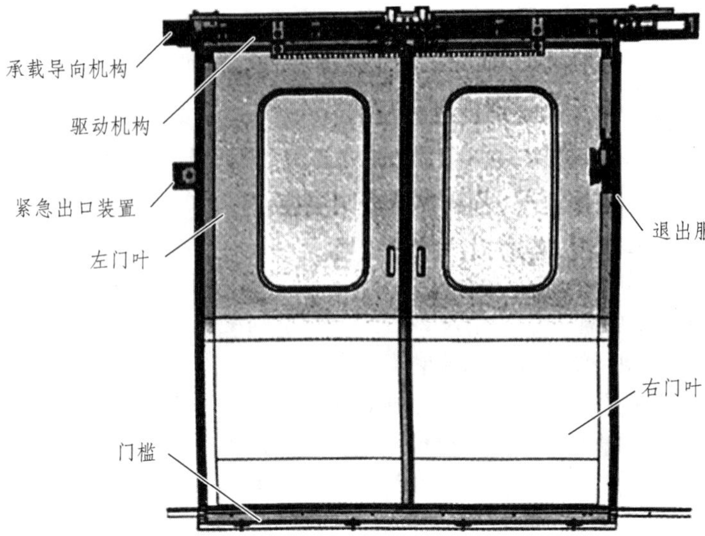

图 5-2-3 车门门叶

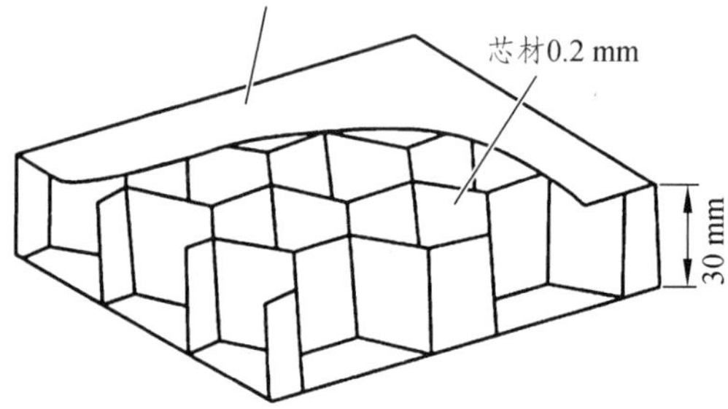

图 5-2-4 车门门叶内部结构

2）门叶的检修

门叶容易出现扭曲变形、密封刷损坏、锁销磨损等故障。对门叶进行如下检修：

（1）用抹布和中性清洁剂清洁门叶。

（2）检查门板是否损坏，损坏严重则应局部修补。

（3）检查门板是否扭曲变形，并采取措施校正。

（4）检查门板上、下侧的密封刷是否损坏，若稍有损坏则需更换。

（5）检查门锁销的磨损状况，酌情更换。

（6）更换门叶前、后侧的密封橡胶条。

（7）更换门窗玻璃安装橡胶条。

（8）更换门叶下侧的尼龙磨耗条。

5. 行程开关

1）行程开关简介

行程开关是反映车门开关动作的限位开关，车门进行开、关动作时，行程开关把车门的机械动作变成电信号反映到车门的监控回路，使司机随时了解车门的开、关状态。

有 S_1、S_2、S_3、S_4 四个行程开关，分别对门钩位置、关门行程、门控切除及紧急手柄位置进行监控和显示。

S_1 为门钩位置行程开关，指示门钩锁定与否的信息。

S_2 为门叶行程开关，指示门叶关闭与否的信息。

S_3 是车门紧急切除开关，当某扇车门由于故障而不能正常开、关时，使用方孔钥匙将应急拉手旁的 S_3 行程开关的 3/4 触点合上，1/2 触点断开，从而将该扇门的监控回路短接。即将该扇门的控制电路切除，使该车门处于关闭状态而不能开启，以确保列车还能正常运营。

S_4 为紧急开门装置的限位开关，有如下两种情况：

在 ATP 系统开通时，当客室内的紧急手柄被拉下时，S_1 和 S_4 两个行程开关同时动作，此时列车将自动紧急停车，车门可由人工开启。另外，由于 S_4 的 3/4 触点合上，则向司机报警，显示在客室里有异常情况发生。

在 ATP 系统关闭时，当客室内的紧急手柄被拉下时，S_4 的 3/4 触点合上，则向司机报警客室有异常情况，但是列车不会自动停车。

2）行程开关的检修

行程开关为易损件，容易出现内部弹簧老化或其他故障导致触头接触不到位等，损坏时只能更换新件。

6. 其他零部件的维修

对于车门易损件，需要定期检查和更换。

（1）用抹布和无油压缩空气清洁安装门控系统的车体部位。

（2）清洁和检查解锁气缸动作的灵活性，并润滑其活塞杆。

（3）清洁和检查解锁气缸的节流阀。

（4）更换门钩复位弹簧和门钩复位弹簧销。

（5）更换门钩限位销。

（6）更换开门、关门橡胶止挡。

（7）清洁和检查紧急开门装置。

（8）检查车门外侧防挤变形限位滚轮是否损坏。

（9）检查车门防挤变形导向磨耗板是否松动。

（10）检查内侧外侧门槛条是否松动、损坏或变形。

7. 客室车门的调试

1）钢丝绳的松紧调整

（1）在距门钩中心向左 165 mm 测量秤砣悬挂处上、下钢丝绳之间尺寸，应为 15 mm ± 3 mm，如图 5-2-5 所示。

（2）调整钢丝绳六角螺栓或螺母，且使上、下两根六角杆的露头部分的长度应基本一致，以便今后检修和调节方便。

2）调整两门护指橡胶侧边的间距

（1）两门护指橡胶侧边的间距：在距门上端 150 mm 的范围内测量时应为 84 mm；在距门下端 150 mm 的范围内测量时应为 82 mm，即上、下间距差为 2 mm。

（2）调节左、右门叶滚轮的最大轮径处均须偏向右侧（观察者在客室内面向门）。

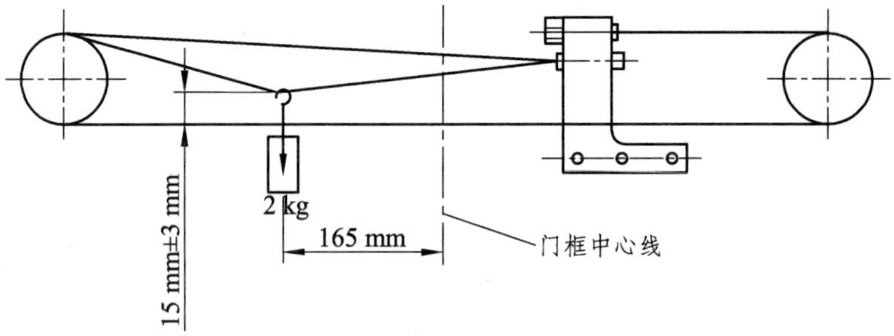

图 5-2-5　钢丝绳张紧力的调整

3）偏心防跳轮调整

（1）在两门叶接近关闭时，应调整两端头两扇门防跳轮上缘与门导轨间隙为 0.1 ~ 0.3 mm；中间一扇门间隙为 0.1 ~ 0.5 mm；其余两扇门间隙为 0.1 ~ 0.4 mm。在门移动的整个过程中，对所有门而言，应保持偏心防跳轮与导轨的间隙为 0.1　~ 0.5 mm。

（2）调节左右门上偏心防跳轮的最大轮径处均须偏向左侧（观察者在客室内面向门）。

4）调整门锁钩与门锁销之间的间隙

要使车门开闭正常，一个重要的参数就是锁钩与锁销之间的间隙要适当。锁钩间隙过小，将导致锁钩下落困难，S_1 行程开关检测不到位，导致列车检测到有车门没有锁闭而无法缓解制动。

锁钩间隙的调整方法如下：

（1）在无电状态下，松开钢丝绳夹，使左门叶与右门叶脱离，同时将驱动气缸活塞杆与左门叶的连接拆开，用手关上左门叶并锁闭，用力使左门叶与关门止挡压紧，用塞尺检查，锁钩与左门叶锁销之间的间隙应为 1 mm，调整关门止挡直至满足要求，拧紧关门止挡的锁紧螺母，如图 5-2-6 所示。

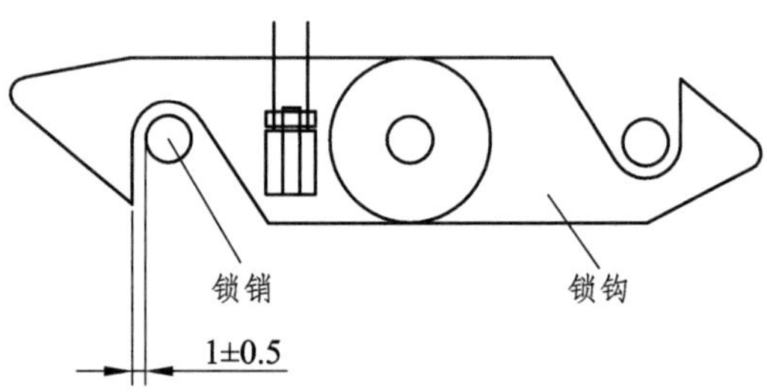

图 5-2-6　锁钩间隙的调整（尺寸单位符号：mm）

（2）手动关闭两门叶，拧紧左门叶拉臂上钢丝绳夹的锁紧螺钉。

（3）有电状态下检查左、右锁钩与锁销间隙，应满足 1 mm ± 0.5 mm 的要求。

5）调整车门开度

如 AC01/02 型车，其车门开度为 1 400 mm ± 4 mm。

6）开、关门速度、缓冲调整（有电作业）

（1）门开关时间均为 2 s ± 0.5 s。

（2）在距门完全开、关前 140 ~ 170 mm 范围的位置上须有缓冲动作。

7）S_1行程开关调整。

调整 S_1 行程开关，使得其滚轮与安装于 S 钩上的扇形板接触面之间的间隙不大于 1 mm 且扇形板须在滚轮中间。

8）S_2行程开关调整。

调整 S_2 行程开关，须满足：关门时，在车门两护指橡胶条中央距地板面 1 m 的位置处放置尺寸为 30 mm × 60 mm（30 mm 宽度置于水平位）的木块，S_2 须断开；正常关门时 S_2 须接通。

9）客室门槛条的调整

车门下滑槽与门板间隙为 1 ~ 2 mm；车门开、关时不能与门框发生摩擦。

10）空气管路泄漏的检查

用肥皂水检查所有空气管路连接处，应无泄漏。

11）检查关门夹紧力

关门夹紧力：110 ~ 130 N（DC01）；150 ~ 200 N（AC01/02）。

12）全面检查

检查各部分电气以及 S_1 ~ S_4 行程开关，保证插头接触良好、功能正常；门叶滑动时与各电气线路、气管无擦伤和碰撞现象及其他异声。

（三）车辆其他内藏嵌入式车门的检修

1. 司机室侧门

在司机室两侧墙上各设有一扇单叶的内藏式滑动移门，其结构与客室车门类似，只是没有气动驱动装置，采用人工开关供司机上、下车。

对司机室车门进行如下检修：

（1）检查和清洁门导轨，门导轨滑动面应清洁、光滑，门导轨外侧面与车体侧墙外侧面距离应为 48 mm ± 1 mm，紧固所有门导轨安装螺栓。

（2）检查门锁，更换门锁钩板的复位弹簧；清洗干净后，润滑其滑动摩擦部位。

（3）清洁和检查门叶，门叶外观平整，油漆面良好，毛刷完好无损。

（4）清洁和检查门槛条完好无损，安装牢固无污垢。门叶与门槛条间隙为 1 ~ 2 mm。

2. 紧急疏散安全门

紧急疏散安全门设置在 A 车司机室主、副驾驶台中间的前端墙上。列车在隧道内运行时，一旦发生火灾或其他险性事故时，司机可打开紧急疏散安全门，引导乘客通过紧急疏散安全门走向路基中央，然后向两端的车站疏散。在驾驶室内或室外都可开启紧急疏散安全门，一旦门锁开启，车门能自动倒向路基。

对紧急疏散安全门进行如下维修：

（1）清洁安全疏散门及门上各部件。

（2）检查门叶、气缸和门上其他各部件，须完好无损、安装牢固。

（3）检查行程开关的功能。

（4）润滑扶手各转动支点、钢丝绳和弹簧锁。

3. 司机室通道门

在司机室后端墙中间设有一个通往客室的通道门，在客室一侧没有设开门把手，在正常情况下不允许乘客开启。当乘客发现司机突发急病或发生其他危险性事故等特殊情况时，可以启用该门上方的一红色紧急拉手，开启通道门。

对通道门进行如下维修：

（1）检查通道门及其门锁的安装、功能和外观，须完好无损、安装牢固，同时开闭作用良好，门下通风板无破损。

（2）检查、清洁和润滑门铰链，门铰链功能良好、安装牢固并适当润滑。

三、塞拉门的检修

（一）塞拉门的结构及作用原理

以上海地铁 3 号线 AC03 型电动列车的客室为例，其采用电动式塞拉门，如图 5-2-7 所示。每节车辆两侧各设置了五组客室车门，每组车门由直流电动机驱动，通过丝套在丝杆上的横向移动带动安装在光杆上的门叶在导轨上滑动，其最大特点是门叶在将要完全关闭时有一个明显的向内拉紧的动作。塞拉门采用先进的电子门控单元（EDCU）控制，对车门零部件的安装尺寸有非常高的要求，任何零部件的安装尺寸稍有偏差，将直接引起程序控制的计算机处理能力的失效，导致开、关车门的故障。

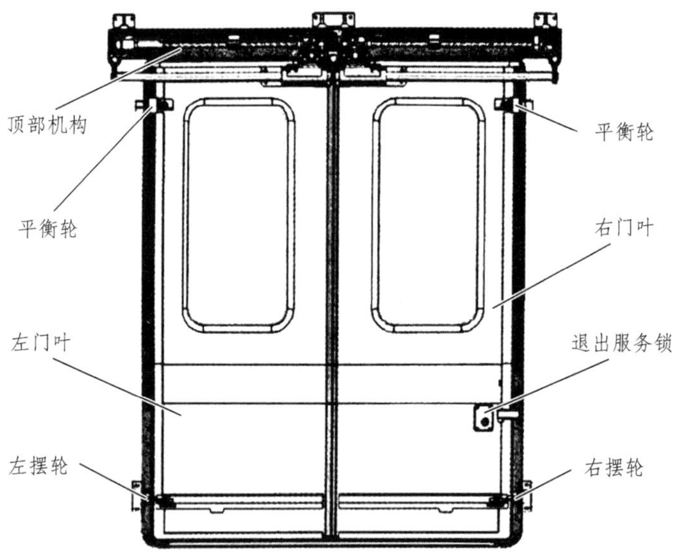

图 5-2-7　电动式塞拉门

（二）塞拉门的检查与维修

（1）车门各装配部件的螺钉应紧固良好、无松动、防松线标记明显。如果螺钉松动，必须拆除、清洁再涂上胶进行紧固，并重新补画防松线。

（2）上、下导轨清洁，无异物，无变形。丝杆螺母、导柱与轴承配合良好。

（3）门叶外观整洁，玻璃无破损，密封良好，无变形、损伤，门叶胶条无异常磨损。

开门后门叶上、下部摆出尺寸满足 52 ~ 58 mm（左右门叶摆出距离最大相差 ± 2 m）的要求，如图 5-2-8 所示。

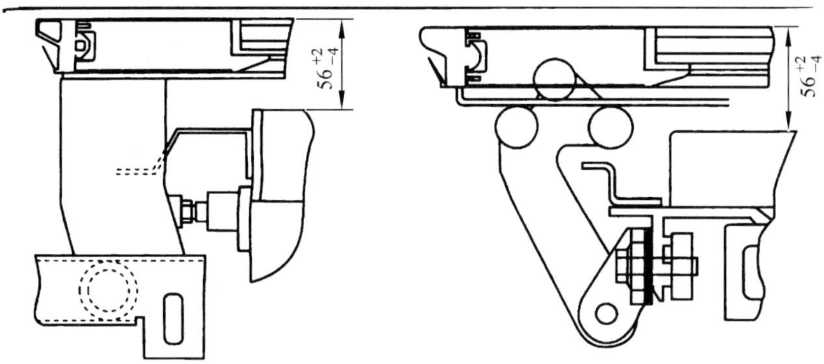

图 5-2-8　车门开门后的状态

（4）检查车门电路部分及地线接线是否牢固，应无松动、无虚接，电线表面无破损。

（5）检查门控单元各插头是否安装到位，通信插头紧固螺栓是否松动。连接控制线是否紧固良好、无松动。

（6）使用手动润滑枪，用 3 号锂基脂对以下部位润滑：

① 润滑导柱和两个携门架中的直线轴承。每个直线轴承及导柱用 4 ~ 6 g 润滑油。

② 对整个丝杠和短导柱进行润滑，将润滑油均匀涂抹在丝杠和短导柱表面，完成后手动开、关门 2 ~ 3 次。

③ 对上滑道圆弧处、下滑道内侧、平衡压轮周边进行润滑。

（7）用甲基硅油对门周边胶条进行润滑，完成后用干净的布擦干护指胶条。

（三）塞拉门的测试与调整

（1）检查测量客室车门的净开度，应符合规定标准。

（2）检查车门的“V”形情况（即在车门完全关闭后，两门叶下部紧密接触，上部存在 2 ~ 5 mm 的间隙）。若尺寸不符合要求，需松开两个下滑道，保证门叶没有被滚轮摆臂组件夹持着，通过转动每个门叶上方靠近外侧的悬挂偏心轮进行调整。

（3）操作车门的紧急解锁装置后，确认制动装置的齿间间隙满足 1.5 ~ 2 mm 的要求。

（4）检查铰链板上开口销是否装配正确、无脱落，调节锁紧螺母无松动。

（5）检查紧急解锁钢丝绳和套管、夹头等情况，应正常，无损坏。若更换，要求钢丝绳每个拐角处的半径满足 $R \geqslant 200$ mm。

（6）将门槛下挡销槽清理干净，避免关门时影响下挡销的进出。在门关闭且锁紧后，检查门板下挡销与门槛的位置，底部间隙应为 2 ~ 3 mm，侧面间隙应为 0.5 ~ 1 mm，并且在车门开、关过程中，挡销不应与门槛上的挡块碰撞。最后分别将下挡销及挡销固定螺栓打上防松线进行标记。检查挡块及门槛的安装、固定情况，若出现松动，需重新涂上胶，将其紧固。

（7）将所有客室车门下摆臂滚轮拆下，重新涂上胶，将其紧固。将所有下摆臂滚轮的防松线重新进行标记。

（8）检查及调整车门限位开关的位置：

① 当车门处于关闭位置，该开关处于松开状态，测量车门处于关闭位置时左、右携门架组件中运动小车之间的距离 X。手动开门，再手动慢慢使门板位于关闭位置，关门限位开关应在距尺寸 X 还有 $X+3.5_{0}^{+1}$ mm 时动作，若不能满足上述要求，需通过调整限位开关组件安装板的位置来完成。在门关闭后，手动门限位开关可以移动，如图 5-2-9 所示。

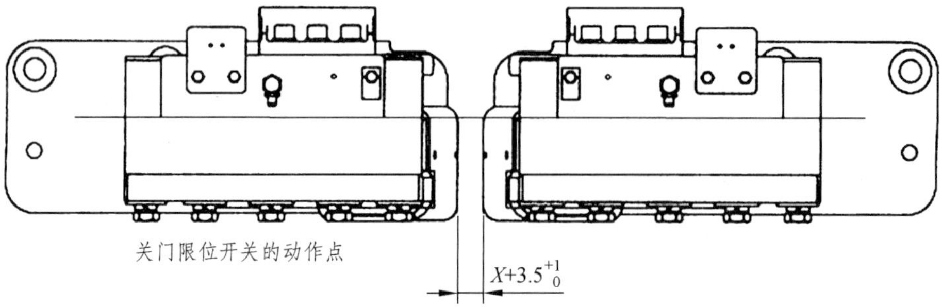

图 5-2-9 限位开关调整图

② 手动将门叶打开，将门限位开关用力扳到最大行程位置，检查其是否能平滑地复位，是否有卡滞现象。若出现卡滞，需对门限位开关进行更换。

（9）检查平衡压轮。检查平衡压轮轴的台阶与门扇上压轮槽的台阶之间的间隙，使其满足 1 ~ 2 mm，并且门关闭后，门板相互平行，滚轮接触压板，很难转动。

（10）障碍检测功能：关门时，用截面 30 mm × 60 mm 长方体或直径 30 mm 的圆柱体测试物进行检查，出现三次防挤压后，车门处于完全打开状态。

（11）检查隔离锁功能：通过方形钥匙操作车门上的隔离锁，门隔离指示灯亮，此时手动可以开门。

（12）观察手动和电动开关门时，门机构是否有卡滞现象，是否有异响。如有需要应对门机构进行调整。

（13）检查客室车门下部门槛固定螺栓是否松动，如有松动，需重新涂胶，然后将其紧固。

（四）塞拉门的故障诊断与故障隔离

列车在线运行时客室双扇电动塞拉门出现故障，不能正常开关门时，需要司乘人员携带四方钥匙到发生故障门处。手动关闭车门或确认车门关闭，然后使用四方钥匙开启隔离锁，触发隔离开关并使隔离锁锁芯插卡在密封框内侧，实现机械和电气隔离。待列车返回车辆段后按表 5-2-1 检查门系统，确认故障情况并进行维护、维修。

表 5-2-1 电动塞拉门故障诊断

序号	故障描述	故障分析	维护维修方案
1	不能电动开门	（1）门控器无电； （2）电源开关故障； （3）门控器故障； （4）线路松动； （5）门板上、下导轨变形、损坏	（1）检查电路和插头是否松动、损坏，维修或更换； （2）查看门控器故障显示，并进行检查； （3）更换门板上、下导轨

续表

序号	故障描述	故障分析	维护维修方案
2	不能电动关门	（1）门板上、下导轨变形、损坏； （2）关门到位开关松动不能正常触发； （3）关门到位开关损坏； （4）门控器故障； （5）线路松动； （6）门系统的某些机械零部件磨损，或移位造成关门力大； （7）上、下导轨上有障碍物； （8）下踏板导向槽内有障碍物	（1）检查电路和插头是否松动、损坏，维修或更换； （2）查看门控器故障显示，并进行检查； （3）更换门板上、下导轨； （4）查看机械零部件，更换损坏零部件； （5）清除障碍物
3	开门时蜂鸣器不响	蜂鸣器坏或其他原因	检测后更换
4	车内指示灯不亮	指示灯坏	检测后更换

【学习随笔】

任务3　照明系统的认知

【实施工单】

1. 任务要求

（1）熟悉不同类型照明灯具的区别与用途。

（2）掌握列车外部照明系统的组成及分布。

（3）掌握列车内部照明系统的组成及分布。

（4）熟悉列车照明系统的供电配置。

2. 任务准备

（1）场地准备：城市轨道交通车辆检修实训中心（配备多媒体）。

（2）工具准备：万用表。

（3）物品准备：干净纱布。

（4）建议课时：2 课时。

“照明系统的认知”任务工单

姓名		班级		学号	
时间		地点		组别	
指导教师		专业			
小组成员					
任务					

一、知识储备	成绩：

（一）单选题

1.（　　）是用于列车运行过程中前进方向的前进照明，便于驾驶人员对前方路况及信息进行观察。

A. 头灯　　B. 尾灯　　C. 运营灯　　D. 侧墙信息灯

2.（　　）的作用是显示列车尾部所在位置。

A. 头灯　　B. 尾灯　　C. 运营灯　　D. 侧墙信息灯

（二）多选题

1. 列车照明灯具用到的电源形式有（　　）。

A. AC 380 V　　B. AC 220 V　　C. DC 110 V　　D. DC 24 V

（三）判断题

1. 电动列车的空调系统与照明系统共用一台辅助逆变器进行供电。（　　）

2. 紧急照明装置在正常情况下由蓄电池充电器提供的 110 V 直流电供电，紧急情况下由主蓄电池直接供电。（　　）

3. 列车的客室照明可分为应急照明和正常照明。（　　）

（四）简答题

1. 常用的照明灯具有哪几种？

2. 照明系统的布置原则有哪几点？

3. 列车的外部照明系统由哪几部分组成？

4. 简述列车的内部照明系统的组成和分布。

二、制订计划	成绩：

根据照明系统的组成制订照明系统的认知计划。

序号	操作项目	操作工具	操作要点
1	认识列车外部照明系统		
2	认识列车客室照明系统		
3	认识列车司机室照明系统		

三、操作准备工作	成绩：	
准备事项	已完成	未完成
1. 作业人员必须穿戴劳保鞋、安全帽、绝缘手套，使用有效期内的安全带，做好安全防护。		
2. 作业前确认所有的工具和使用材料都处于检定有效使用期内。		
3. 小组成员根据自身状况和组长安排做好合理分工。		

四、操作及质量检查		成绩：
序号	评价标准	评价结果
1	操作前工具选用合理、安全防护到位。	
2	能准确指出列车外部照明设备的位置。	
3	能根据外部照明灯具的状态判断列车的运行情况。	
4	熟悉列车客室内照明灯具在正常和紧急情况下的状态。	
5	能用万用表鉴别出客室内部紧急照明和一般照明灯具。	
6	能找出列车内工作照明设备的位置。	
7	作业后整理好工器具；作业记录表填写及时、准确。	

五、操作总结

【知识导航】

一、照明系统概述

列车照明系统是指地铁电动列车完成正常运行全过程所必需的车辆照明系统。该系统包括列车运行必需的外部照明系统、客室照明系统及列车操作过程所必需的工作照明系统。它们应具备列车运行过程及检修所需的所有照明功能。

按照列车照明功能的要求，它们又分为正常照明及应急照明两部分。其中，正常照明是指列车在供电接触网受流的情况下，由列车辅助逆变器提供全部照明电源。应急照明是在列车辅助逆变器无法正常工作时，由列车主蓄电池提供部分必需的照明电源。

（一）照明方式

1. 一般照明

不考虑特殊局部的需要，为照亮整个工作面而设置的照明称为一般照明。一般照明由若干灯具对称排列在整个顶棚上组成，因而可获得必要的照度均匀度。对于工作位置密度很大而对光照方向又无特殊要求，或工艺上不适宜装设局部照明装置的场所，宜单独使用一般照明。

2. 局部照明

为满足某些部位的特殊需要而设置的照明称为局部照明，此种照明方式往往采用机床工作灯、台灯、斜照型灯或反射型灯泡。

3. 混合照明

一般照明与局部照明共同组成的照明称为混合照明。对于工作位置需要较高照度并对照射方向有特殊要求的场所，宜采用混合照明。混合照明中的一般照明，照度不宜小于该等级混合照明照度的 10% ~ 20%，且不宜低于 30 lx。

（二）常用灯具

1. 白炽灯

白炽灯是靠电能将灯丝加热至白炽而发光的，由灯丝、支架、引线、泡壳和灯头几部分组成。由于钨的熔点高（3 680 K）、蒸发率小，白炽灯的灯丝通常由钨制成。灯丝的工作温度越高，其辐射的可见光在辐射总能量中所占比例越高，发光效率也越高。

根据泡壳内充气与否，白炽灯分为真空泡（40 W 以下）和充气泡（40 W 以上）两种。真空泡的灯丝温度通常不超过 2 400 K，温度若再继续提高，灯的寿命将因钨丝蒸发迅速增加而显著缩短。实验证明，灯丝工作温度从 2 400 K 提高到 3 000 K，灯丝蒸发率增加 7 600 倍，灯的寿命将从 1 000 h 减到不足 1 h。因为真空泡的灯丝温度不是很高，所以其发光效率仅为 7 ~ 9 lm/W。而充气泡是在灯泡内充入氩、氮气体以增加灯丝周围的压力，从而有效地抑制了钨的蒸发，这种灯泡虽因气体对流会引起一定的热损失（约 12% ~ 19%），但因灯丝工作温度可提高到 2 700 ~ 3 000 K，故可在不降低寿命的前提下，使发光效率提高到 10 ~ 18 lm/W。

2. 碘钨灯

碘钨灯是一种充碘的白炽灯，这种灯在点燃过程中，从灯丝蒸发出来的钨在泡壁区域内与碘化合成碘化钨，碘化钨是一种挥发性卤钨化合物，它一旦扩散到热灯丝（温度高达 2 000 °C 以上）附近，不太稳定的碘化钨又可分解为碘和钨，释放出来的钨会沉积到灯丝上，碘则重新扩散到泡壁附近再与钨化合，这一过程称为钨的再生循环。碘钨灯由于应用了钨的再生循环原理，大大减少了钨的蒸发，灯丝的工作温度可提高 3 000 ~ 3 200 K，发光效率可达 20 ~ 30 lm/W。但应注意，在使用管状的碘钨灯时，要严格水平放置，倾斜度不得超过 4°，不然会因对流而使钨的再生循环不均匀导致灯丝烧断。

3. 荧光灯

荧光灯是一种管壁涂有荧光物质（如卤磷酸钙）的低气压水银放电灯。荧光灯的工作原理是：当电路接通后，由于镇流器、灯丝和启辉器是串联的，电源电压通过镇流器、灯丝加在启辉器的两电极间，启辉器中的低气压氖气开始辉光放电，放电产生的热量，使内部的 U 型双金属片（动触片）受热伸开，与静触片接触，即启辉器两电极短路，于是电流通过镇流器和串联的灯丝，使灯丝得到预热，时间约为 1 ~ 3 s。灯丝受热后，发射出大量电子。同时，启辉器内因为两电极的短路，导致辉光放电熄灭，双金属片随后冷却，与静触片脱离，在脱离的瞬间，电路中的电流突然消失，使镇流器两端产生一个比电源电压高得多的感应电压，该电压被加到灯管两灯丝之间，使管内氩气电离而产生自持放电。同时，管内汞滴受热汽化而电离，汞蒸气放电时，大量辐射波长为 253.7 nm 的紫外线，这些紫外线激发涂覆在灯管内壁的荧光粉后，发出可见光。

荧光灯点亮后，由于交流电频率的影响使灯发射的光线产生相应的频率变化，该现象称为频闪效应。频闪效应对照明的危害主要表现在两方面：

（1）使人眼对物体的分辨能力下降，尤其当物体处于转动或晃动状态时，会使人产生错觉，影响生产和工作。

（2）当灯光的频闪次数与物体转动频率一致或成整数倍时，人眼会误将转动中的物体看成静止的，或者将其看作是以一种与真实运动不同的方式在运动。频闪效应会使人产生不舒服的感觉，降低工人的劳动生产率。通常采用将荧光灯分相接入电源来消除频闪效应，如将三根荧光灯管分别接在三相电源上，在单相电源供电的场合，将两根灯管中一个灯的回路里加装分相元件，使两个灯的电压相位不一致，以减轻照明时的闪烁。

4. 高压汞灯

高压汞灯是一种高气压水银放电灯，其外形是一个螺丝灯头式的灯泡，在硬质玻璃泡壳内有一根石英玻璃放电管，固定在镀镍的铁丝支架和不锈钢环上，放电管中两端各有一个主电极，其中一端还有一个引燃极，在管内抽去空气后充以适量的水银和少量氩气，泡壳与放电管之间抽真空或充氮气作为保护气体，以隔离外界空气温度对放电管内水银蒸气压力的影响。

当电源接通时，由于两个主电极 J_1 和 J_2 距离较远，所以不能立即放电。而引燃极和主电极 J_1 距离很近，通常只有 2 ~ 3 mm，通过启动电阻（20 ~ 60 kΩ）相连，电源电压直接加在 J_1 和引燃极之间，由于电场强度很高，两电极之间的气体被击穿，发生辉光放电，发出紫红色的光（主要是氩气发光）。主电极和相邻辅助电极之间的辉光放电产生了大量的电子和离子，这些带电粒子向两主电极间扩散，使主电极之间产生放电，并很快过渡到两主电极之间的弧光放电。在灯点燃的初始阶段，低气压的水银蒸气和氩气放电，这时管压降得很低，约 25 V，放电电流很大，为 5 ~ 6 A，称为启动电流。低压放电时放出的热量使管壁温度升高，水银逐渐汽化，水银蒸气压和灯管电压逐渐升高，电弧开始收缩，放电逐步向高气压放电过渡。当水银全部蒸发后，管压开始稳定，进入稳定的高压水银蒸气放电，这个过程需 4 ~ 10 min。因此，高压水银灯熄灭以后，不能立即启动，要等水银凝结后，约 5 ~ 10 min，才能再次点燃。

接在引燃极间的启动电阻的作用是限制电流，保护引燃极不致因电流太大而发热损坏，同时，当主电极间开始放电后使主电极 J_1 与引燃极之间的放电加速停止。

5. 氙　灯

氙灯是一种内充高纯度氙气的弧光放电灯，高压氙气的弧光放电所发出的光非常接近日光，故有“小太阳”之称。目前氙灯可分为长弧氙灯、短弧缸灯和脉冲气灯三类。

6. 高压钠灯

高压钠灯是一种强弧光放电灯，采用半透明多晶氧化铝陶瓷材料制成放电管，充入汞和汞钠剂，产生很高的钠蒸气压力，并充入惰性气体，以便辅助启动。

它与高压水银灯在形式上相似，一般没有辅助电极，启动时也不进行预热，但需较高的启动电压（2 000 ~ 2 500 V），启动后依靠离子对电极的轰击使电极加热而产生热电子发射。

7. 低压钠灯

低压钠灯由特制玻璃管制成，管内充入高纯度的钠和惰性气体，利用钠蒸气放电发光。与高压汞灯相似，低压钠灯启动时，首先在主电极和辅助电极之间形成辉光放电，后在两个主电极间形成弧光放电。当弧光放电使放电管加热到一定的温度时，管壁上的薄层固相钠开始蒸发，随着压力的增大，放电的钠蒸气黄色电辉逐渐增强，当温度增高到正常应用温度 270 °C 时，钠蒸气达到额定压力。放电管的辐射主要是钢的共振辐射线，虽然具有极高的发光效率，但仅为单色黄光，因此显色性较差。

8. 金属卤化物灯

金属卤化物灯是一种新型的气体放电灯，通过在高压汞灯中添加适当的金属卤化物来提高光色和发光效率。金属卤化物灯的发光原理与高压汞灯相似。点灯时，放电首先在主电极和辅助电极之间的惰性气体中形成，随后发展到两个主电极之间。对于没有辅助电极的灯，则采用高频触发电路使放电管引燃。常见的金属卤化物灯有碘化钠-碘化铊-碘化铟灯（简称钠-铊-铟灯）。

9. 新型荧光灯

新型荧光灯是近年开发的节能新光源。它采用较细直径的玻璃管弯曲成圆环型、双曲型、H 型和双 D 型等。其内壁上涂有三基色荧色粉，能发出近似于白炽灯的光色，但发光效率比白炽灯高。例如，13.5 W 的新型荧光灯即可相当于 60 W 的白炽灯的发光效率。

10. LED 灯

LED（Light Emitting Diode），即半导体发光二极管，基本结构包含一块导致发光的半导体材料，能够将电能直接转化为可见光，它改变了白炽灯钨丝发光与节能灯三基色粉发光的原理，采用电场发光。

LED 灯的核心是一块半导体晶片，晶片的一端附在一个支架上，一端是负极，另一端连接电源的正极，整个晶片被环氧树脂封装起来。半导体晶片由两部分组成，一部分是 P 型半导体，其中空穴占主导地位，另一端是 N 型半导体，其内主要是电子。这两种半导体连接起来的时候，它们之间就形成一个 PN 结。当电流通过导线作用于这块晶片时，电子就会被推向 P 区，在 P 区里电子跟空穴复合，就会以光子的形式发出能量，这就是 LED 发光的原理。而光的波长也就是光的颜色，由形成 PN 结的材料决定。

LED 灯具有光效高、耗能少、寿命长、稳定性高、响应时间短、适用性强、对环境无污染、多色发光等优点。

（三）照明系统的布置原则

根据上述各种电光源的发光原理和结构特点，在照明设计中一般可按下述原则选用。

（1）在灯具的悬挂高度较低（4 m 及以下）又需要较好视看条件的室内场所，宜采用荧光灯。为了防止眩光和使照度分布均匀，不宜采用大功率的光源。

（2）照明开闭频繁、照度要求较低时，宜采用白炽灯，因为白炽灯的开关次数对其寿命没有什么影响。

（3）正常照明一般单独使用，也可与紧急事故照明和值班照明同时使用，但控制线路必须分开。紧急事故照明是在正常照明因故障熄灭的情况下，供继续工作或人员疏散用的照明。

事故照明必须采用能瞬时可靠点燃的光源，一般采用白炽灯或卤钨灯。采用蓄电池作疏散用事故照明电源时，其连续供电时间不应少于 20 min。

（4）保证照明的质量。首先是要在量的方面，创造合适的照度（或亮度）；其次是在质的方面，解决眩光、光的颜色和阴影等问题。

（5）保证光源的显色性和色温。

光源的显色性对视觉功能有很大的影响。在需要正确辨别色彩的场所，为避免失真，应合理选择光源的显色性。

光源的色温会影响人们的冷暖感和舒适感。同一色温下的光源，照度不同时，人的感觉也不同。一般低色温的光在较低的照度下使人感到愉快，而在高照度下则使人感到过于刺激。高色温的光在低照度下感到阴沉昏暗，而在高照度下则使人感到愉快。因此，为了调节冷暖感，可根据不同环境的特点，采取适当色温的光源来增加舒适感，如：在炎热区域宜使用高色温冷色调光源，冷饮场所宜用低色温暖色调光源。

可以采用显色指数高的光源，如白炽灯、卤钨灯、日光色荧光灯、日光色镝灯和高显色高压钠灯来改善光色。另外，也可采用混合光照明来改善光色，即在同一场所内，采用两种及以上的光源照明。

（6）保证照度的稳定性。引起照度不稳定的主要原因是线路负荷的变动、电动机的启动等原因所引起的电源电压波动、光源老化、灯具污垢以及灯具的摆动等。照度不稳定不仅会分散工作人员的注意力，对工作不利，还会导致视觉疲劳。为此，照度的稳定性应予以保证，稳定照度的措施有照度补偿、电源电压波动限制和光源的固定等。

二、外部照明系统

外部照明系统由头灯、尾灯、运营灯及侧墙信息灯等构成，如图 5-3-1 所示。这些外部照明是列车正常运行中至关重要的照明灯具，它显示列车的车次、目的地前进、后退停放、ATC 运行方式、制动施加等重要信息，是列车安全、正点运行的保证。

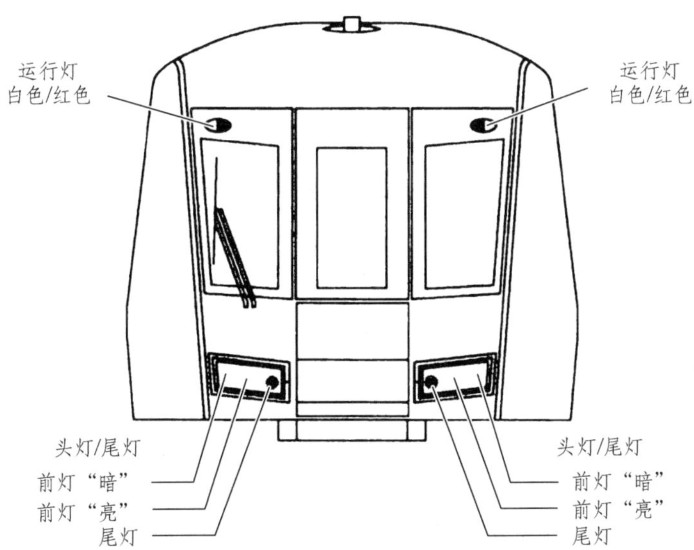

图 5-3-1　外部照明布局

（一）头　灯

1. 头灯的作用及一般要求

头灯是用于列车运行过程中前进方向的前进照明，便于驾驶人员对前方路况及信息进行观察。头灯安装于列车前端的端墙下方左右两侧对称的位置。头灯应能提供“亮”和“暗”两种照明强度。其中，要求在“亮”照明强度工况下，在距离列车 215 m 处照度达到 1.6 lx（该照度的外界条件是视觉清晰的天气情况下，且无其他外界照明）。这是因为当列车在最高运行速度（80 km/h）时，其紧急制动的正常制动距离为 190 m（1 ± 5%）。这样 215 m 的照度距离保证了司机在操作时，一旦发生异常情况能有效采取紧急制动措施，确保列车运行安全，避免对列车或阻挡物（人、设备等）造成损坏。

2. 头灯灯具

1）TVG 型电子镇流器

TVG 型电子镇流器是头灯工作的电源部分。它是由列车 110 V 直流电源供电，首先通过 TVG 型电子镇流器的逆变部分将直流逆变为交流，通过交流变压器变压后再通过整流滤波得到一个稳定的 24 V 直流电源作为头灯灯泡的电源。

2）灯　具

由于头灯的特殊工作情况要求，灯具应具备下列功能：体积小、聚光能力强、具有防眩光作用。

这就对灯具提出了特殊的要求。首先，反光板的设计应满足聚光要求；其次，玻璃外罩材料必须是防眩光材料（即偏正玻璃）且具有辅助聚光的作用。

3）灯　泡

地铁列车头灯照明要求高，这就决定了功率相应较大，且应具有“亮”和“暗”两组灯丝。同时为了加强聚光能力，该灯泡的灯丝应配有球型反光镜。

（二）尾　灯

1. 尾灯的作用

尾灯的作用是显示列车尾部所在位置，尾灯安装于头灯相邻位置，其形状大小与头灯类似，照度要求在 215 m 处能见到尾灯亮，尾灯以红色显示。

2. 尾灯灯具和灯泡

尾灯灯具形状大小及安装位置与头灯接近，灯罩为红色，灯泡为 25 ~ 60 W 的白炽灯。

（三）运行灯

1. 运行灯的作用

地铁列车的运行灯是用来显示列车运行状态的指示灯，其显示方式与头、尾灯相似。红色灯亮表示本车为列车尾端或本车反向行驶。白色灯亮表示本车为列车前进方向或为主控制室端。

2. 运行灯灯具和灯泡

运行灯由两组不同颜色的聚光灯组成，分别安装于列车前后端墙上近车顶的左右两侧。一般两组灯具的颜色分别为红色和白色，且红色灯安装在外侧，白色灯安装于内侧。

（四）外部照明应遵循的逻辑关系

（1）如图 5-3-2 所示，当列车停车待命（DC 110 V 低压电源仍工作）时，每一端的标志灯（尾灯）和红色运行灯应亮。在待命状态下，司机控制器调速手柄不动作。

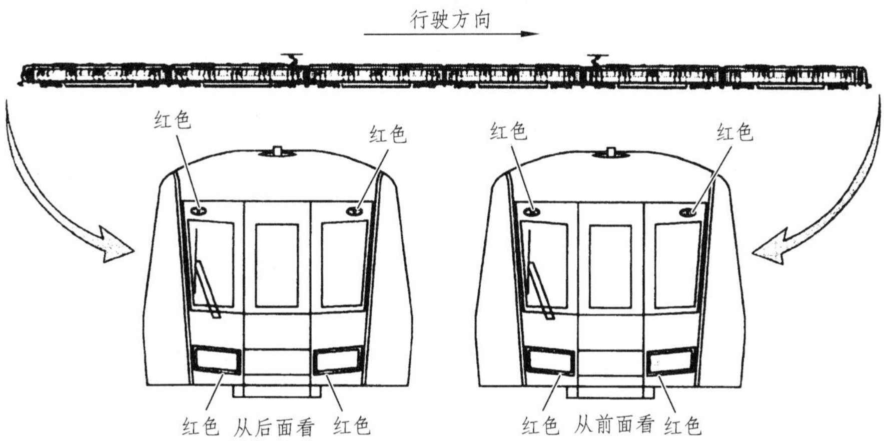

图 5-3-2 蓄电池备用模式时外部照明

（2）如图 5-3-3 所示，司机控制器方式/方向手柄在“向前”位时：

① 列车前端的前照灯和白色运行灯亮。

② 列车后端的标志灯和红色运行灯亮。

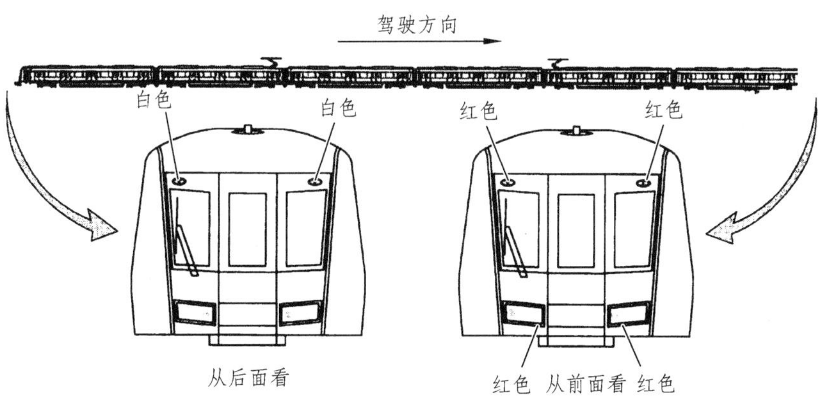

图 5-3-3 列车牵引工况时外部照明显示

三、内部照明系统

车辆内部照明系统包括客室照明、司机室照明和工作照明。

（一）客室照明

列车的客室照明是用于列车在运营过程中为乘客提供舒适的视觉照明。客室照明系统应具有正常及应急照明两种功能。

视频　北京地铁1号线客室照明

为保证正常照明和应急照明两部分功能的要求，相应配以 220 V 交流电源和 110 V 直流电源。在正常情况下列车客室照明电源由列车 A 车的辅助逆变器及低压电源装置提供（包括 220 V 交流电源及 110 V 直流电源）。而在紧急情况下（即 A 车逆变器无法正常工作）则由两节 A 车的主蓄电池提供列车客室所必需的应急照明。

由于列车 A 车的辅助逆变器是通过线路接触网提供 1 500 V 直流电源，经过辅助逆变器输出交流三相 380 V 电源并采用中线抽头的方式获得 220 V 交流电源。这里存在一个三相之间负载平衡的问题。列车在设计中考虑了这个问题，使客室照明负载平衡地分别连接到辅助逆变器的三相电源上，并使每一相所接照明负载间隔分布，当电源缺相时，使客室照度仍能相对均匀。同时也考虑了由两节 A 车逆变器分别负担全列车客室的一半交流电照明。这样，一旦有一节 A 车逆变器不工作的话，车厢至少保持有 1/2 照明。

A 车辅助逆变器在输出三相 380 V 交流电的同时，通过三相整流器输出 110 V 直流电源，用于列车正常低压照明、低压控制用电及向主蓄电池充电。即客室的紧急照明灯具在正常情况下是由辅助逆变器输出的 110 V 直流电源供电，在紧急情况下自动转为 A 车主蓄电池供电。

（二）司机室照明

该照明灯具位于司机室中央顶部，为双管荧光灯具，电源系统为 110 V 直流电源。该灯具在列车启动阶段、列车停车期间、车辆维修时使用。列车正常运行过程中不开启，以免影响司机正常瞭望。

（三）客室、司机室照明灯布置

为了保证在紧急情况下能保留一定的照明，客室照明分两路，一路为普通照明，另一路为紧急照明。当接触网供电故障、两台蓄电池充电机均故障等情况发生时，普通照明即断开，而紧急照明在任何时候都保持供电。

如图 5-3-4 所示，A 车紧急照明由 6 盏普通的 36 W 日光灯组成，B 车和 C 车的紧急照明由 7 盏普通的 36 W 日光灯组成；正常客室照明是由 21 盏 36 W 的日光灯组成，分为两组供电，并由两个不同的微型断路器进行保护。

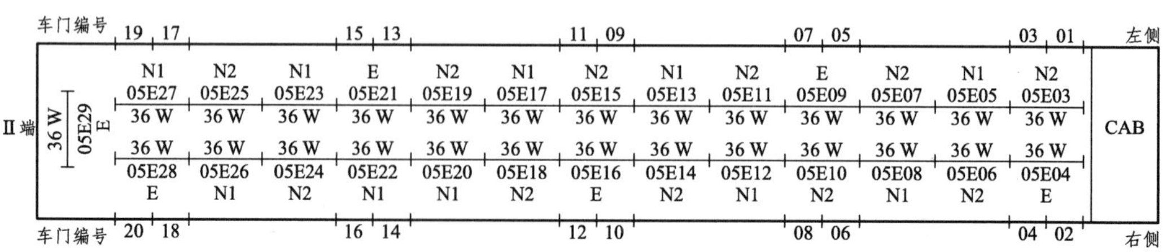

（a）A 车照明布置

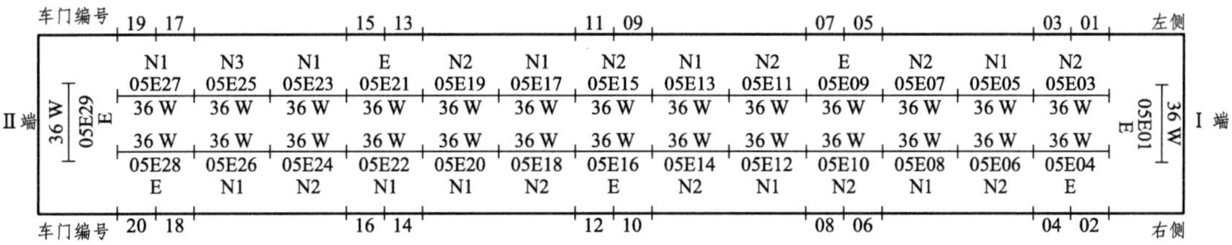

（b）B 车和 C 车照明布置

图 5-3-4　列车内部照明布置

司机室照明为 1 盏普通的 36 W 日光灯，由司机室照明开关 05S03 单独控制。另外，司机室还设有 DC 24 V 照明，由斩波器将 DC 110 V 供电变换成 DC 24 V，给双针压力表、速度表、阅读灯及司机室蜂鸣器供电。

（四）工作照明

1. 司机阅读灯

安装在司机室驾驶台上，为低压 24 V/5 W 白炽灯。一般阅读灯用于列车运行过程中，司机对驾驶台面板的观察及在特殊情况下填写各类报表。

2. 设备柜照明

该照明灯具位于车辆设备柜内，为 110 V/125 W 磨砂白炽灯。其主要功能为方便司机和维修人员进行操作与作业。

3. 信息照明

该照明灯具位于司机室前上方两侧，灯具为 110 V/13 W 日光灯。其主要用途是向乘客及站台工作人员提供列车的目的地及车次等信息。

【学习随笔】

任务 4　通信控制系统的认知

【实施工单】

1. 任务要求

（1）掌握通信系统的结构、作用和工作原理。
（2）能够对通信系统进行日常检查维护。
（3）熟悉通信系统的调试内容及方法。

2. 任务准备

（1）场地准备：城市轨道交通车辆检修实训中心（配备多媒体）。
（2）工具准备：吸尘器、螺丝刀、万用表。
（3）物品准备：记号笔、软毛刷。
（4）建议课时：4 课时。

"通信控制系统的认知"任务工单

<table>
<tr><td>姓名</td><td></td><td>班级</td><td></td><td>学号</td><td></td></tr>
<tr><td>时间</td><td></td><td>地点</td><td></td><td>组别</td><td></td></tr>
<tr><td>指导教师</td><td></td><td>专业</td><td colspan="3"></td></tr>
<tr><td>小组成员</td><td colspan="5"></td></tr>
<tr><td>任务</td><td colspan="5"></td></tr>
<tr><td colspan="3">一、知识储备</td><td colspan="3">成绩：</td></tr>
<tr><td colspan="6">（一）单选题
1. 在一个单元内，在拖车设置一个列车控制单元，两个单元的列车控制单元采用（　　）进行通信。
A. VTCU　　B. WTB
C. MVB　　D. TCC
2. 以下说法中表述不正确的一项是（　　）。
A. 每个三车单元配备一台 VTCU
B. 位于非激活司机驾驶室的 VTCU 为主控单元
C. VTCU 是列车通信控制系统的核心部件
D. VTCU 将异常部件的故障信息及时反馈到司机室的人机界面上
（二）多选题
1. 列车通信控制系统传输的信息有（　　）。
A. 列车牵引控制类信息　　B. 车辆功能控制类信息
C. 列车故障诊断信息　　D. 乘客服务信息
2. 列车人机界面能显示列车最基本信息，如（　　）。
A. 时间日期　　B. 车号
C. 网压　　D. 气制动缓解状态</td></tr>
</table>

（三）简答题

1. 简述列车通信控制系统的结构。

2. 简述列车通信网络 TCN 的层次结构。

3. 列车通信控制系统的主要功能有哪些？

4. TCC 系统主要包括哪些模块？这些模块有何作用？

二、制订计划			成绩：
根据对通信系统的认知制订列车通信系统模块功能识别计划。			
序号	操作项目	操作工具	操作要点
1	认识 A 车、B 车及 C 车的通信网络结构		
2	认识驾驶室内的通信控制系统模块		
3	指出人机界面上显示内容表示的意义		

三、操作准备工作	成绩：	
准备事项	已完成	未完成
1. 作业人员必须穿戴劳保鞋、安全帽、绝缘手套，使用有效期内的安全带，做好安全防护。		
2. 作业前确认所有的工具和使用材料都处于检定有效使用期内。		
3. 小组成员根据自身状况和组长安排做好合理分工。		

四、操作及质量检查		成绩：
序号	评价标准	评价结果
1	操作前工具选用合理、安全防护到位。	
2	能对通信控制模块进行简单的清洁维护。	
3	能找出 A、B、C 车的通信控制系统的异同点。	
4	能在驾驶室内找出 5 个以上通信控制系统模块。	
5	能根据人机界面的显示说明列车设备的信息及状态。	
6	作业后整理好工器具；作业记录表填写及时、准确。	

五、操作总结

【知识导航】

一、列车通信控制系统概述

列车通信控制系统是将列车的各个子系统及相关外部控制电路的信息进行读取、编码、通信传递、数据逻辑运算及输出控制的一个计算机网络系统。该系统就好比人类的神经系统，能通过手和眼睛对自身所处的状态、外部环境进行感知和控制，并对不同情况做出一定反应。而在列车上，该系统则是对列车的供电状况、速度、列车运行模式等状态信息进行实时监控和识别，并根据读取到的列车驾驶人员发出的指令信息，对列车上各个子系统发出相关控制指令，进而使各子系统产生相应的调整控制，以符合设定的功能要求，实现对列车的有效控制。

（一）列车通信控制系统传输的信息

列车通信控制系统传输的信息大致可分为以下三类：

（1）车辆控制用的信息，如列车牵引控制类和车辆功能控制类。

（2）列车故障诊断信息。

（3）乘客服务信息。

（二）主要功能

列车通信控制系统可实现以下主要功能：

（1）列车通信控制系统通过对司机的控制指令进行读取和传输，并按照所获得指令信息进行相应的输出，以使列车各子系统按一定的要求正常运行，真正起到运输工具的效能。例如，当司机推牵引/制动手柄至“牵引”位时，则列车控制单元 VTCU 通过 AX 模块和 DX 模块读取相关牵引指令信息，并判断其他安全相关回路是否正常，如正常，则将指令信息传递给该牵引逆变器，进行动力输出，则列车可以实现牵引动车。

（2）列车通信控制系统通过各种输入端口及相关故障诊断软件的运算，对列车各类子系统的实际运行状态进行监控和判断，如有异常情况发生，则实时地在人机界面 MMI 进行显示，对相关数据也同时进行记录和存储，以便司机和车辆维修人员及时观察到异常情况，并能做出应急处理措施，以保证列车运行安全。

（3）向乘客发送如站名、提示等相关服务信息，以方便乘客的出行。

二、列车通信控制系统结构

SZP1 列车为 6 辆编组，由两个完全相同的列车单元组成，对应于列车编组结构，其列车通信控制（TCC）系统也由两个完全相同的 3 车单元组成，如图 5-4-1 所示。每个单元控制 1 节拖车、2 节动车。在一个单元内，在拖车（A 车）设置一个列车控制单元（VTCU），两个单元的 VTCU 采用列车级数据总线（WTB）进行通信。在单元内部，则采用列车多功能总线（MVB）连接进行通信，该总线又分为两级：第一级为贯通 3 车单元的 MVB，即 TRAFO MVB 总线，并直接与 VTCU 进行通信；第二级则为直接与单节车内各功能模块通信的 MVB，即 OPTOMVB

总线，连接的设备如各类输入输出单元（I/O）、制动控制单元（EBCU）、牵引控制单元（DCU）等子系统控制单元，这两级 MVB 又通过总线耦合器进行信号的转换与传递。

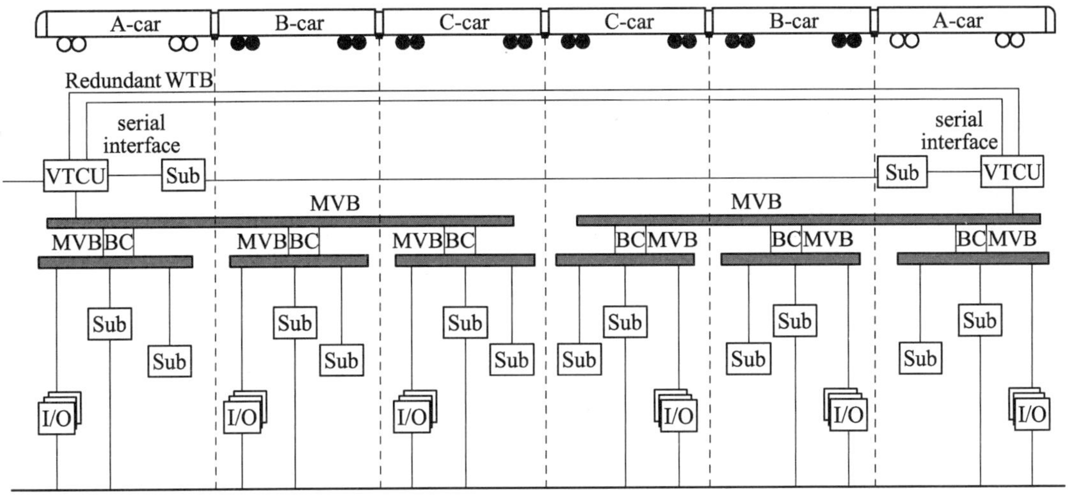

图 5-4-1　TCC 系统结构示意图

对于每个 3 车单元网络，由于每节车的设备不同，其网络结构也相应有所区别，A、B、C 车的详细连接结构如图 5-4-2、图 5-4-3、图 5-4-4 所示。

通过 A、B、C 车的网络结构图，可清晰地见到每个 3 车单元中的 TCC 系统主要部件及其连接方式，如 VTCU、BCT、COMC、AX、DX 以及各功能子系统控制单元等在网络中所处列车中位置，其中 ATO/ATP 设备与 GW 板相连，列车显示屏 TMS-MMI 与 VTCU 板相连，VCUA 板与 A 车 BCT 相连。三节车 BCT 通过 TRAFO MVB 相连，并通过 OPTO MVB 与每节车的各控制模块相连，共同构成列车 TCC 通信网络。

（一）A 车通信网络结构

如图 5-4-2 所示，A 车的 TRAFO MVB 网络总线连接了 ATO/ATP、VTCU、BCT 等设备，构成了单元级第一层次的通信网络。在 TRAFO MVB 网络的下层，属于设备级通信，由两段 OPTO MVB 网络总线构成，一段 OPTO MVB 网络连接电子制动控制单元（EBCU）、空调控制单元，并连接到 BCT 的 X05 插；另一段 OPTO MVB 网络将 COMC、AX 和 9 个 DX 模块连接起来，并连接到 BCT 的 X06 插。两段 OPTO MVB 网络共同构成了第二层次的 A 车车辆级通信网络。BCT 起中继作用，把 TRAFO MVB 与 OPTO MVB 之间的通信连接起来。

（二）B 车通信网络结构

如图 5-4-3 所示，B 车的 TRAFO MVB 网络连接了 BCT 模块，通过 BCT 将 A 车与 B 车之间的 MVB 通信连接起来，构成单元级的第一层次通信网络。设备级通信也是两段 OPTO MVB 总线，一段 OPTO MVB 连接到 BCT 的 X05 插，将 EBCU、MCM、DXB 和空调控制单元等控制设备连接起来，另一段 OPTO MVB 连接到 BCT 的 X06 插，把 B 车的 7 个 DX 模块连接起来，共同构成了第二层次的 B 车车辆级通信。

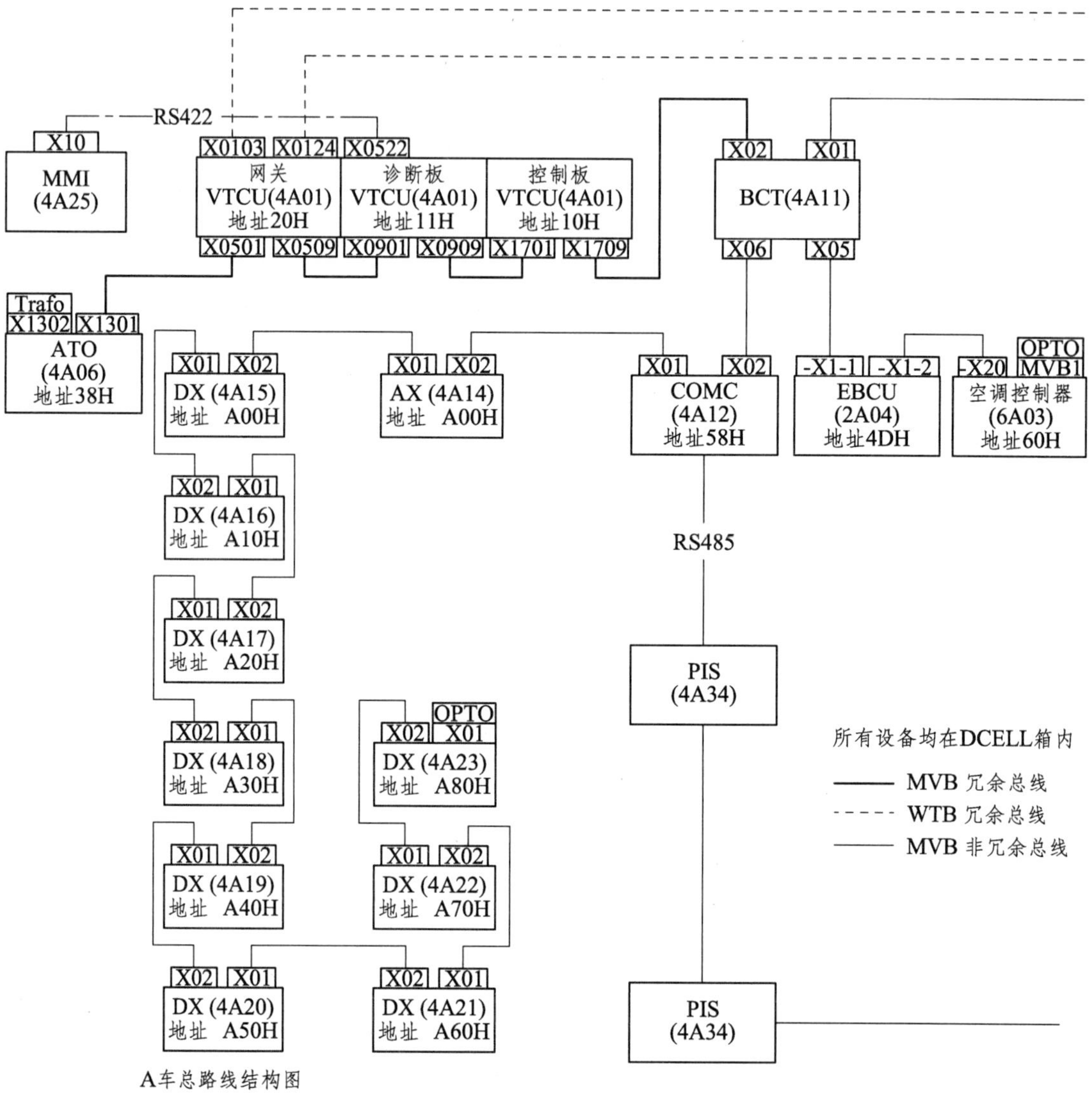

图 5-4-2　A 车通信网络结构示意图

（三）C 车通信网络结构

如图 5-4-4 所示，C 车的 TRAFO MVB 网络连接了 BCT 模块，通过 BCT 将 B 车与 C 车的 MVB 通信连接起来，构成单元级第一层次的通信网络，即 OPTO MVB 连通 A 车、B 车、C 车 3 车单元。而每节车都有一个 BCT 模块作为中继，设备级通信也是两段 OPTO MVB 总线，一段 OPTO MVB 连接到 BCT 的 X05 插，该段连接了 EBCU、MCM、ACM、空调控制单元等控制设备；另一段 OPTO MVB 连接到 BCT 的 X06 插，把 1 个 AX、7 个 DX 模块连接起来，共同构成了第二层次的车辆级通信网络。

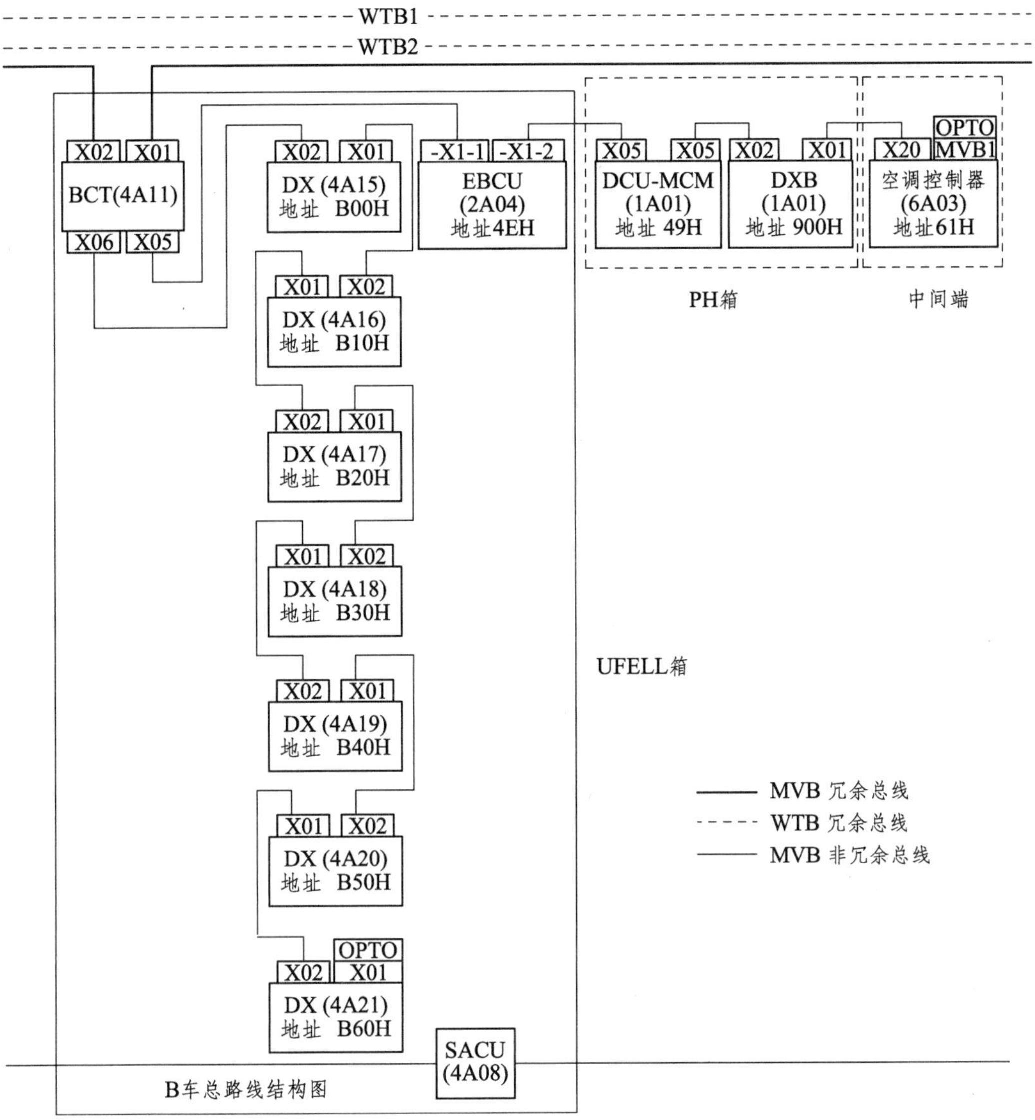

图 5-4-3 B 车通信网络结构示意图

三、TCN 列车通信网的相关概念

（一）TCN 列车通信网的构成

TCN 是列车通信网络（Train Communication Network）的简称。IEC（国际电工委员会）在 1999 年颁布了 IEC 61375，作为 TCN 列车数据通信的国际标准。这是一个适用于车辆级和列车级的数据通信国际标准。由多个国家制造的车辆组成的国际列车，以及由不同长度的车辆组成的列车在运行中需要用 TCN 标准进行列车控制，诊断和显示旅客信息，实现列车级通信。而车辆设备之间需要标准接口，通过车辆级控制网络互联，以实现减少研发成本，简化安装程序，方便维护保养以及备件的更换等。

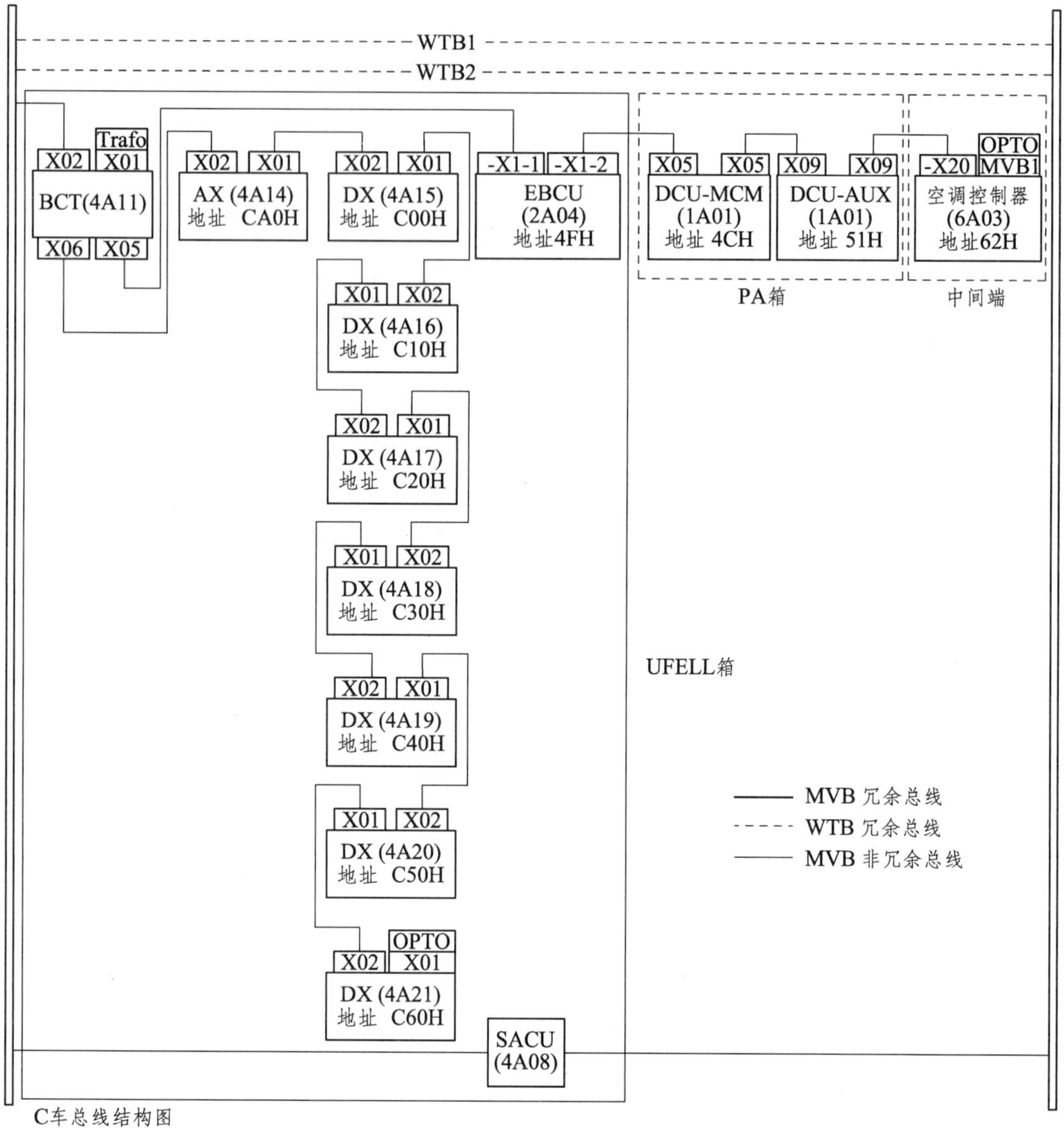

图 5-4-4　C 车通信网络结构示意图

TCN 的一般结构如图 5-4-5 所示，分为两层。在上层的列车级通信，采用绞接式列车总线（Wire Train Bus，WTB）作为列车总线（Train Bus），用于连接列车编组中的各车辆，在列车中所有的车辆之间传输数据。在下层的车辆级通信，采用多功能车辆总线（Multifunction Vehicle Bus，MVB）作为车辆总线（Vehicle Bus），用于连接车辆上的标准设备，在固定的、有限的车辆上传输数据。在 MVB 和 WTB 之间，采用网关 GW 进行连接。

TCN 标准适用于车辆与车辆间的通信及一个车辆内部的通信，在实用中 TCN 标准可全部或部分采用，例如，可仅使用 WTB 而不带 MVB 或其他总线（如 CAN），或者是仅使用 MVB 不带 WTB 或其他列车总线，也可使用除 MVB 和 WTB 之外的其他实时传输协议（RTP）总线。

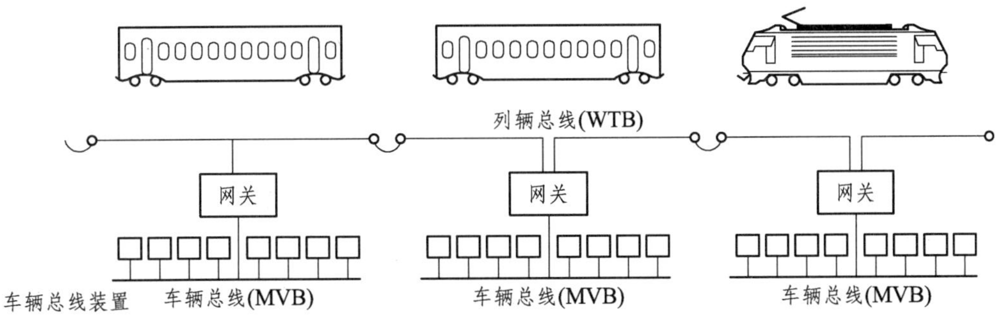

图 5-4-5 TCN 结构

对比图 5-4-5 及图 5-4-1 可知，SZP1 列车控制网络为一种典型的 TCN 列车通信网络结构，它具有两个 WTB 网络节点，在每个节点下，由 A、B、C 三车单元组成一个固定的 MVB 网络（TRAFO 网络），而底层的 OPTO MVB 作为设备总线，用于具体设备的实时通信。这种结构，可以方便地实施常规的六节编组运行、双列重联运行或者半列车运行。考虑到地铁列车通常在地铁建设阶段已经确定了列车编组方式，也有些地铁列车采用 MVB 作为列车总线，这样能简化网络，降低成本。

（二）列车总线的特性

1. WTB 的连接

在车辆间用跨越电缆或自动车钩连接；连接触头利用电压脉冲焊接来去掉氧化层；WTB 总线采用双线备份。

2. 列车总线特性参数

主要应用场合：带有变化补偿的开放式列车；

可覆盖的最大距离：860 m；

最大网关个数：32 个；

传输速率：1 Mb/s（屏蔽的双绞线）；

响应时间：25 ms。

3. WTB 网关的建立和初始化

（1）在 1 s 内自动选出主控制器和给对应网关赋值。

（2）所有网关都知道其在总线的位置并区分其左右。

（3）所有网关在运行前都被告知其他网关的特征，一旦主控制器故障，其他任一网关将接替其工作。

（三）车辆多功能总线的特性

多功能总线的作用：实现车辆内已经配置好的设备之间的过程数据和消息数据通信；

传输速率：1 Mb/s；

最小的传输周期：1 ms；

传输介质：双绞线或光纤；

接口的个数：每段最多可连接 31 个可编程接口设备；使用中继器时，最大可连接 255 个可编程接口设备；最多可有 4 096 个地址单元。

四、TCC 系统的关键设备的结构及用途

（一）列车控制单元（VTCU）

每个三节车单元配备一台车辆控制计算机（VTCU），装配于司机驾驶室司机台后面左侧的电子柜中。而对于一整列车来讲，位于激活司机驾驶室的 VTCU 为主控单元（OWN），另一台则为从单元（REMOTE）。VTCU 是列车通信控制系统的核心部件，相当于列车的大脑，直接负责列车的牵引制动相关控制运算，并对列车的实际运行状态进行监控，及时判定各子系统的状态，将异常部件的故障信息及时反馈到司机室的人机界面上，让司机和技术维护人员迅速掌握列车的实际工作状态。VTCU 的接口结构如图 5-4-6 所示。

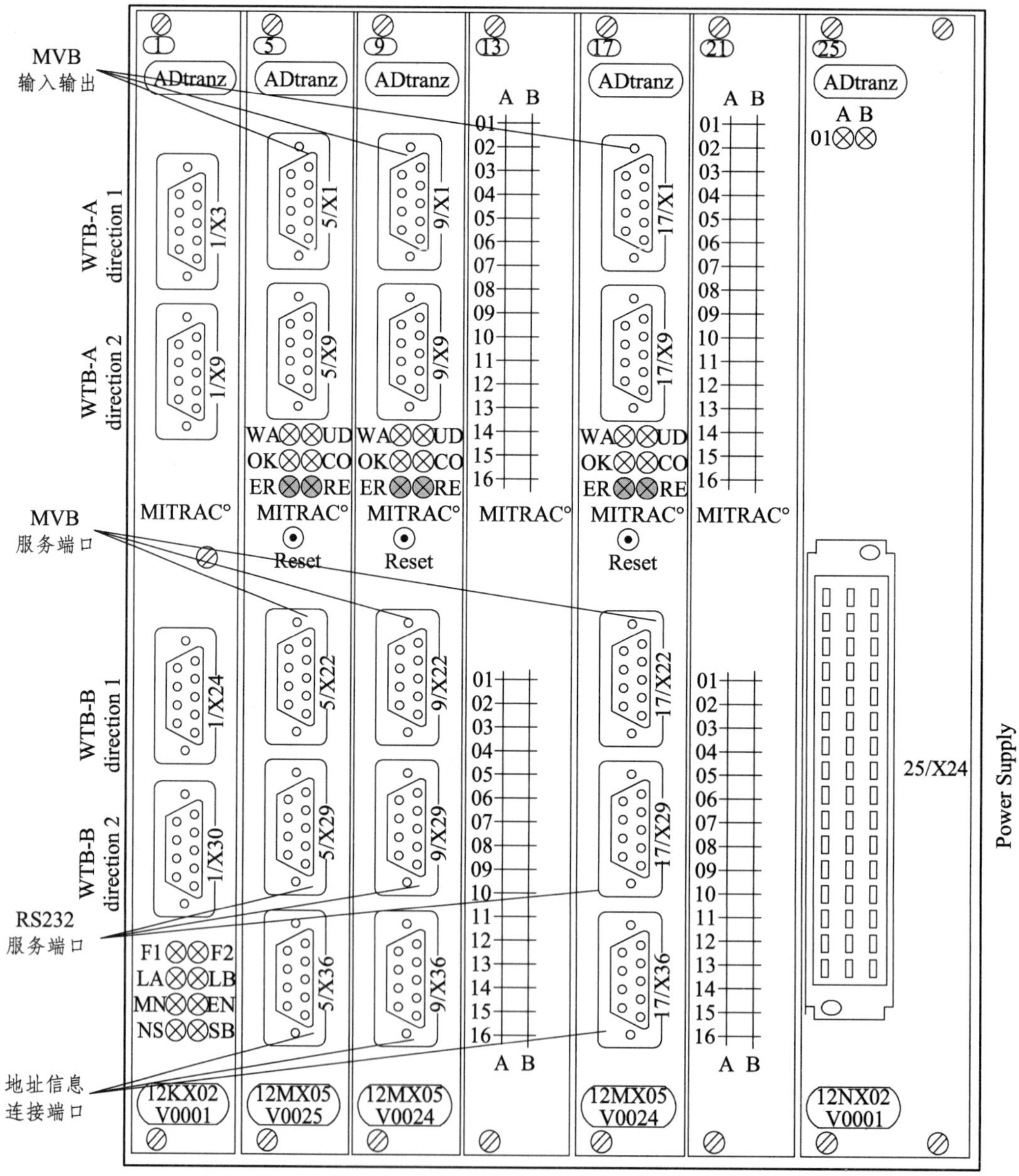

图 5-4-6　VTCU 接口结构

图 5-4-6 中，从左至右各插件的功能分别是：

第一层为列车总线连接板，序号为 1，连接和管理两条 WTB 总线，进行串行数据的编码和解码，具备线路冗余和线路融合的功能。该板还配备了状态显示灯，其所表示的含义如图 5-4-7 所示。

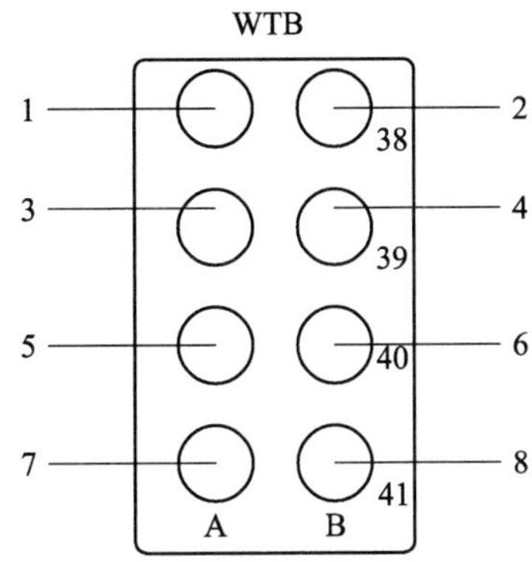

1、2—熔合方向；3—线 A ok；4—线 B ok；5—主节点；6—末端节点；7—节点状态；8—备用。

图 5-4-7　列车总线连接板状态指示灯

第二层为网关板，序号为 5，连接 MVB 总线，用于转换列车总线 WTB 和车辆总线 MVB 两个总线系统之间的数据。MVB 的电位隔离是通过 DC/DC 变压器转换器实现的。

第三层为 VCUT 板，序号为 9，连接 MVB 总线及 MMI 的串行接口 RS422/RS232，MVB 总线接口与网关板相同；串行接口通过光耦合器和 DC/DC 转换器实现电位隔离。其功能是进行列车故障诊断和故障信息数据记录，并与 MMI 进行通信，将故障信息在 MMI 上进行显示。

第四层空置。

第五层为 VCUA 板，序号为 17，连接 MVB 总线及串行接口 RS422/RS232，MVB 总线接口与网关板相同；串行接口通过光耦合器和 DC/DC 转换器实现电位隔离。该部分的功能是进行列车牵引制动等应用功能方面的运算和控制。

第六层空置。

第七层为电源板，输入为 DC 110 V，该板上有 A、B 指示灯，正常工作时，A、B 灯均常亮。

VTCU 的每个面板中部还有 6 个 LED 指示灯，显示 VTCU 的当前状态，如图 5-4-8 所示。其中 OK 灯闪亮，CO 灯常亮，其他灯不亮，则该部分工作正常。

GW 板、VCUA 板、VCUT 板的 X36 插均接一个地址信息插，其对应的地址编码分别为 20 H、10 H、11 H。

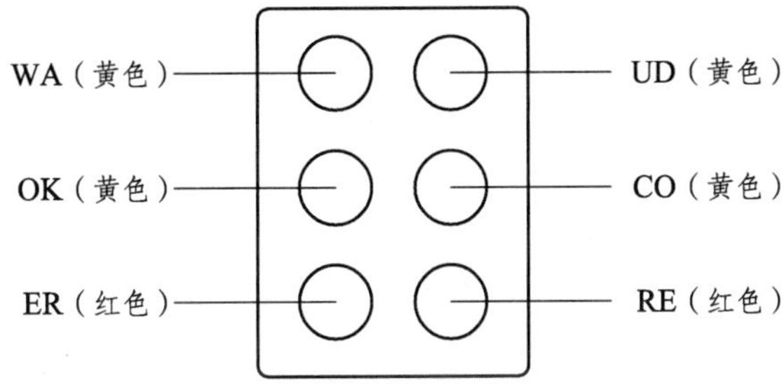

WA—警告；UD—用户定义；OK—系统 OK；CO—MVB 通信；ER—错误；RE—重新设备。

图 5-4-8　VTCU 面板状态指示灯

（二）总线连接器模块（BCT）

总线连接器 BCT 是列车控制网络中的一个网络设备，用于连接 EMD 介质和 ESD 介质，具有信号再生、超时传输和连续发送等功能。

列车通信控制系统的 MVB 总线根据应用的层次不同，采用了两种介质的数据传输方式。其中三车单元的单元级传输为 TRAFO MVB 总线，即信号转换传输采用变压器电压隔离方式的数据总线；单节车内的设备通信总线为 OPTO MVB 总线，即信号转换传输采用光电耦合电压隔离方式的数据总线。而 BCT 模块的功能为实现这两种属性的数据信号转换、传递以及信号中继再生等功能，并在保持其他功能正常的情况下，应及时切断故障段数据总线。其实际模块接口及内部电路示意图如图 5-4-9 所示。

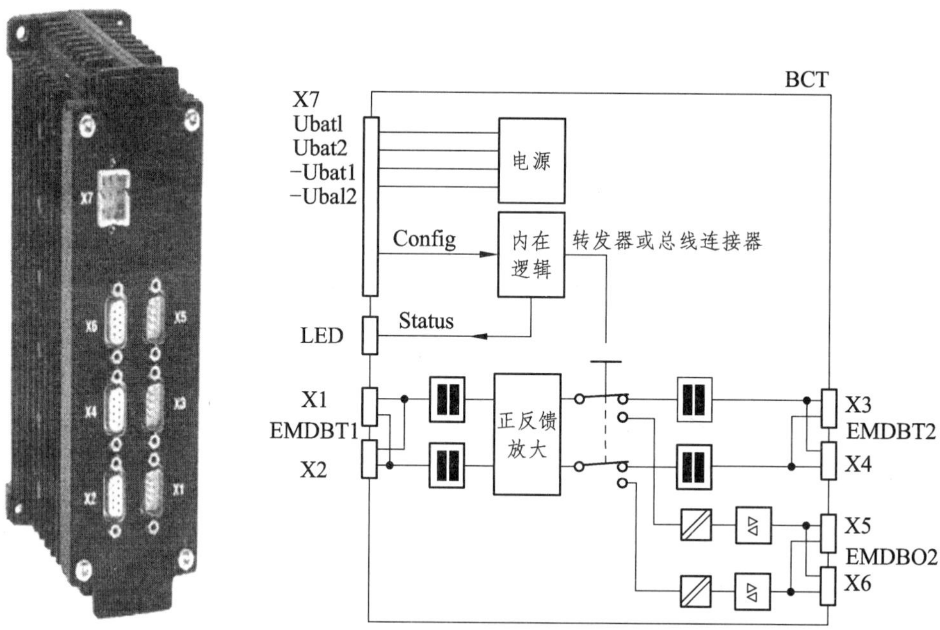

（a）BCT 模块接口　　　　（b）内部电路

图 5-4-9　BCT 模块的外部接口及内部电路

在车辆实际应用中，单元级的 TRAFO MVB 总线连接可分为三部分（与车载信号系统的连接除外）：从 VTCU 至 A 车 BCT 的 X2 插为第一段，A 车 BCT 的 X1 插到 B 车 BCT 的 X2 插为第二段，B 车 BCT 的 X1 插到 C 车 BCT 的 X2 插为第三段，而在 BCT 模块内部 X1 插至 X2 插是直接导线相连。这样，通过这三段 TRAFO MVB 总线，分别将 VTCU 及三节车的 BCT 模块串联进而构成单元级数据信息传输通道。车辆级的 OPTO MVB 总线则分别通过每节车 BCT 模块的 X5 插和 X6 插连接，构成两条并联的数据信息传输通道，直接与车辆各子系统控制单元进行通信，其中 X6 插与 COMC、各类输入输出模块相连，而 X5 插与 EBCU、DCU 等子系统控制单元相连，进而构成一个完整的列车通信控制网络。

当列车通过合开关被激活后，通过 TCC 接通继电器得电吸合，列车 DC 110 V 电直接输入到每节车 TCC 系统各模块，列车 TCC 系统即进入工作状态。按已设定的内部配置逻辑，BCT 控制其内部通道选择开关，使开关连通 X5 插和 X6 插，并使 TRAFOMVB 总线与 OPTO

MVB 总线建立正常的通信状态。同时将其工作状态信息反馈到面板的指示灯，正常时面板 4 个黄灯均为常亮；在故障状态下，对应指示灯则不亮，其具体表达的含义如图 5-4-10 所示。

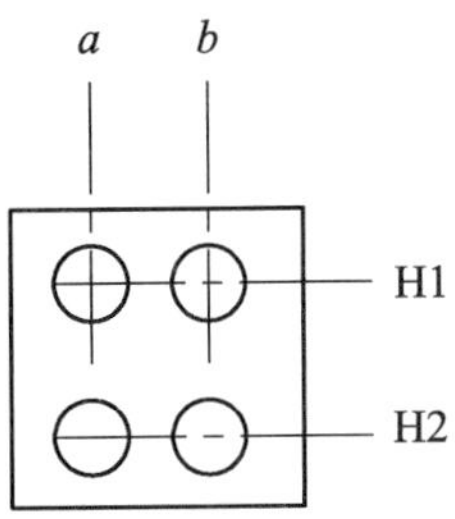

H1 a	亮黄	EMDB T2 or 02 端至 EMDB T1 端方向数据传输正常
H1 b	亮黄	EMDB TI 端至 EMDB T2 or 02 端方向数据传输正常
H2 a	亮黄	内部电源 DC 5 V 正常
H2 b	亮黄	TFAFO MVB 总线驱动正常（没用因过温而关断）

图 5-4-10　BCT 状态表示灯及其含义

（三）数字量输入输出模块（DX）

数字量输入输出模块可分为两种类型：DX 模块和 AX 模块。其中，X 表示输入/输出，D 表示数字量，A 表示模拟量。它是一个独立的模块，可以直接安装，不需要机架支持系统。坚硬的机械外壳保证了 DX 模块可以在高温（70 °C，没有通风情况下）、EMI 影响和强烈震动的恶劣环境下进行安装。其外形如图 5-4-11 所示。

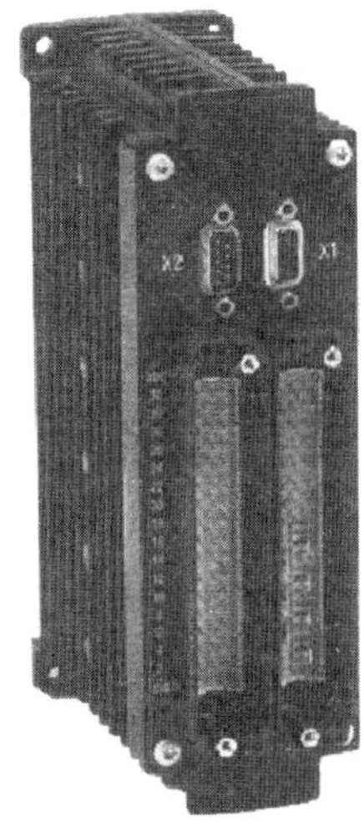

图 5-4-11　输入输出模块的外形

与 MVB 网络的连接包括了两个 9 针 D-sub 连接器 Xl 和 X2。Xl 和 X2 的针脚安排相同，但接口类型相反，Xl 为阴插座，X2 为阳插头。采用这种分布方式的好处是，当使用中需要旁路该单元时，可将连接电缆从单元上拔下并互相连接起来，从而方便地实现旁路而不影响整个 MVB 网络的通信。每个与 MVB 网络连接的单元都有一个唯一的 12 位地址，地址位“4-11”被内部上拉电阻强加 + 5 V 的电压，即 12 位设备地址的高 8 位均默认为“1”。通过使用外部桥，地址位“4-7”可以选择连接逻辑地。“0-3”位总是接在逻辑地，也就是不允许跨接使用。

MVB 模块的连接插本身不为 OPTO MVB 网络提供任何终端电阻功能，必须在 MVB 总线段的终端连接一个包含有终端电阻的外部连接器插，为网络提供 120 Ω的线路阻抗匹配，终端插头的外形如图 5-4-12 所示。

图 5-4-12　终端插头

DX 模块的特性：

（1）最佳工作电压范围为 48 ~ 120 V。

（2）10 个二进制数字输入（数字输入信号与连接器 X4 上的针相连接）。

（3）6 个二进制数字输出（连接器 X4 内部实现）。

（4）1 个报警终止继电器（输出与连接器 X3 的连接位置）。

其内部电路如图 5-4-13 所示。

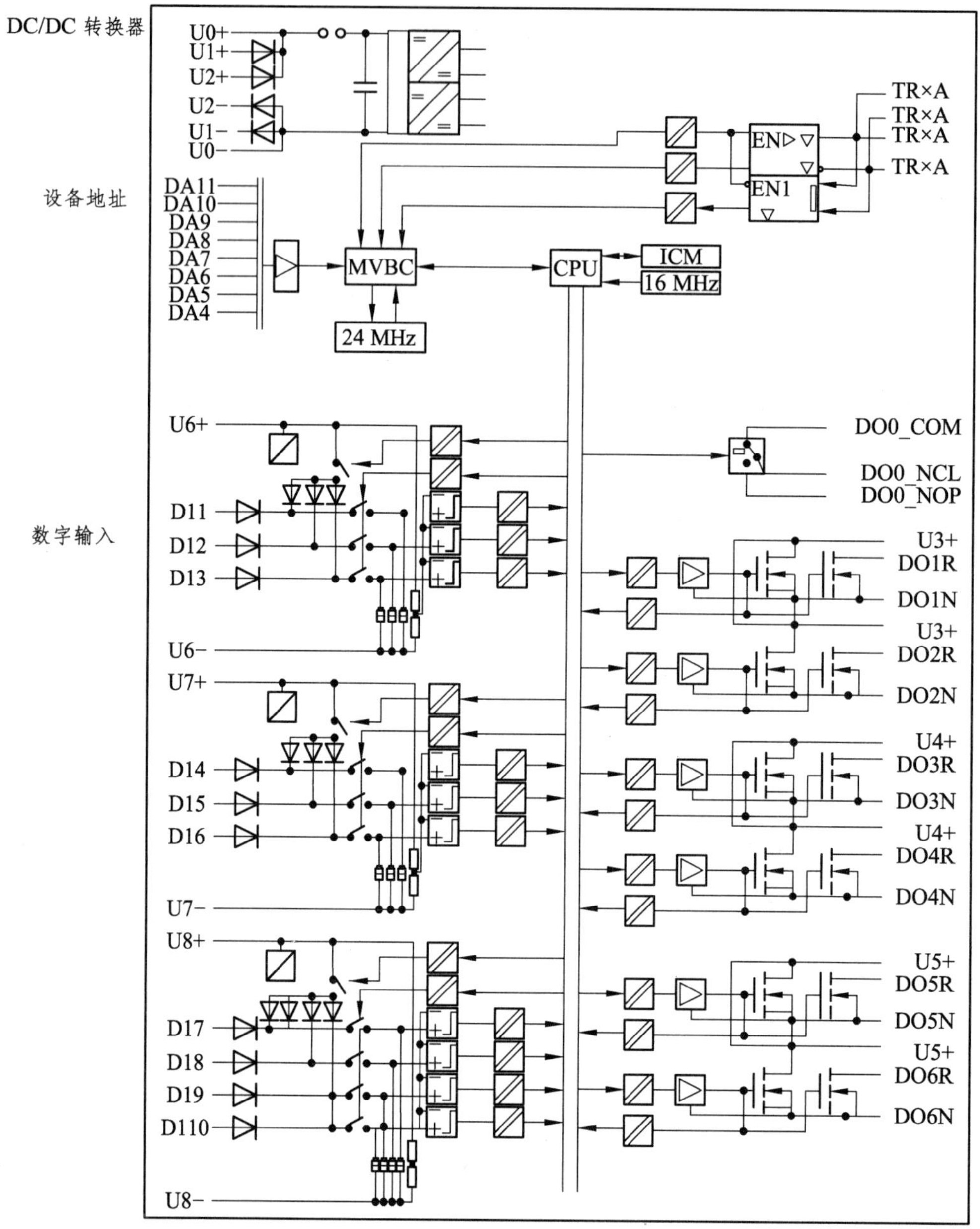

图 5-4-13　DX 模块的内部电路示意图

（四）模拟式输入输出模块（AX）

AX 模块的外形与 DX 模块相同，其总线连接方式及插头结构均与 DX 模块相同，但其所对应的输入/输出变量为模拟量，输入/输出量可以是电压，也可以是电流。其具体特性如下：

（1）12 位分辨率（1%～2%的精度），4 个模拟输入（输入通常用来测量输入 DC 信号，但是也可以用来测量频率在 16～50 Hz 的 AC 信号）。

（2）2 个普通模拟输出（它们被连接到 X4 连接器的针上）。

（3）1 个报警终止继电器（警告终止继电器，在故障状态下首先被使用。然而它有好几种用途。在故障状态下，SAR 用来切断电源。输出与连接器 X3 的连接位置）。

DX 模块内部电路示意图如图 5-4-14 所示。

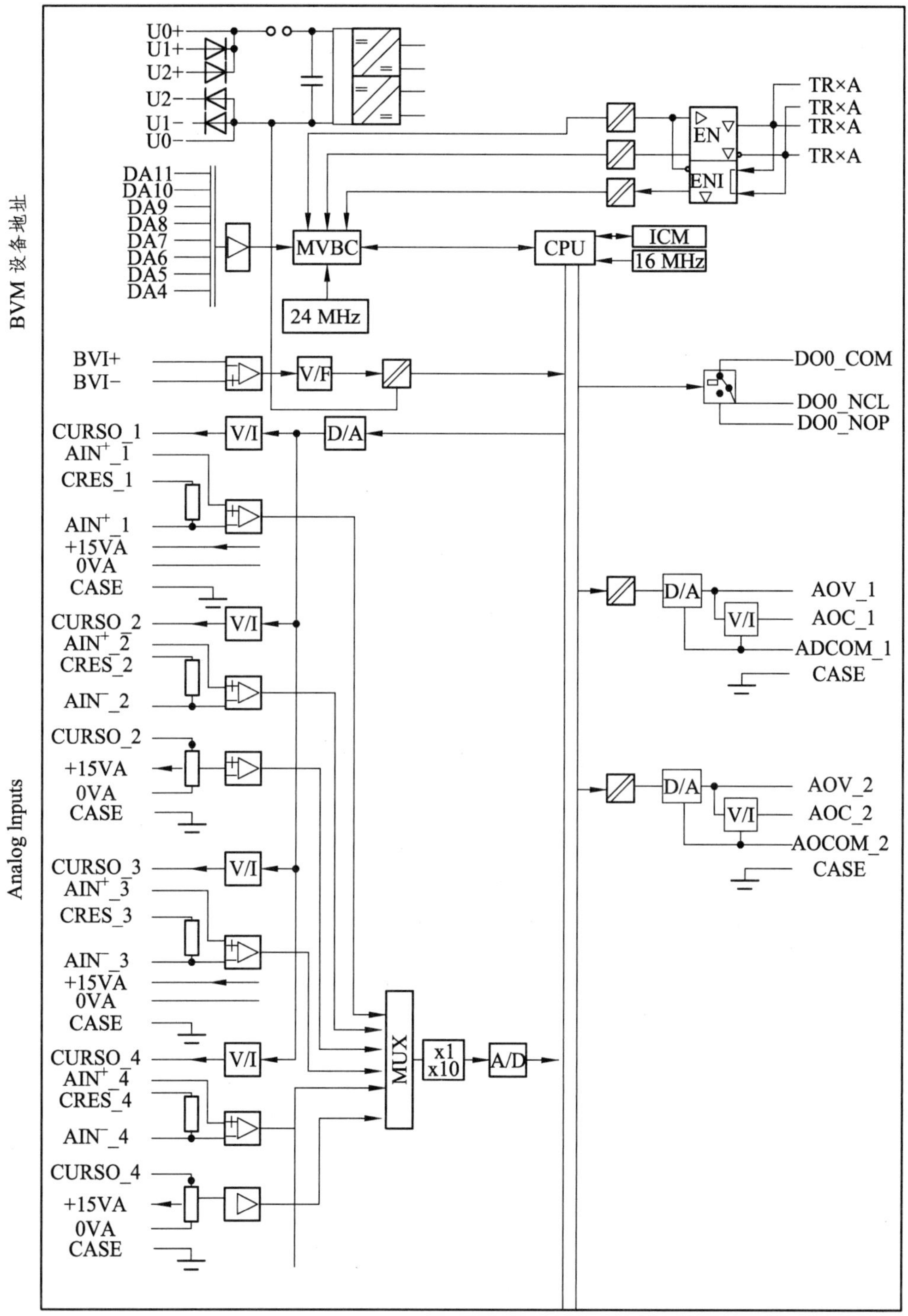

图 5-4-14　AX 内部电路示意图

（五）人机界面（MMI）

MMI 直接通过 RS422 接口连接到列车控制单元的 VTCU 板上。它提供了一个最直观的接口显示给列车司机和维修人员，除了能够显示列车最基本信息，例如时间日期、车号、编组、网压、气制动缓解状态等，还能够把 VTCU 中的故障资料按故障分级显示出来，这是司机和维护人员了解车辆状态最直接的方式。MMI 系统的工作框图如图 5-4-15 所示。

图 5-4-15　MMI 连接示意图

MMI 为全图解触摸式彩色液晶显示屏，配备 64 MCF 存储卡，操作系统为 OS/LINUX。采用 10.4 英寸（1 英寸≈2.54 厘米）带触摸屏的 VGA 彩色液晶显示器，内置奔腾 I 计算机，通过 RS422 接口连接 VTCU，由车辆蓄电池直接供电，自然散热，具有自动背光控制。MMI 的常用工作界面如图 5-4-16 所示。

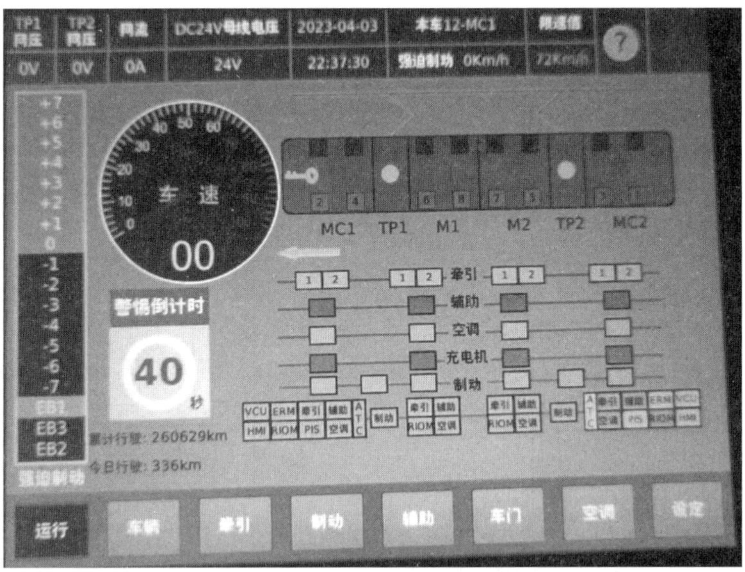

图 5-4-16　MMI 的驾驶模式界面

安装于司机室的 MMI 的显示方式分为驾驶模式和检修模式两种界面，可以选择中文或英文语言环境；在驾驶模式下进入“事件”清单菜单后，则可以看到数据库里存储的故障信息：第一列为事件分类；第二列为日期；第三列为时间；第四列为简短说明。如再点击“Activity”，则进入故障处理指南。

另外，图标不同的显示状态表示不同的运行状况，通常是图标变成红色，则表明对应的子系统发生故障。例如对应门的图标的颜色显示：

灰蓝——正常，关门状态。

闪烁的灰蓝——正常，开门状态。

黄色——门切除状态。

红色——功能失效。

黑色——紧急开门。

对重大故障进行旁路操作时，必须输入密码，以确保安全性；进入检修模式也须输入密码。

MMI 的外部接口端子如图 5-4-17 所示。在 X4 与 Xl0 中间的盖板下为 CF 卡（对应图标为 Compact Flash）插槽，CF 卡配置容量为 64 MB，其主要存储 MMI 所要显示的故障信息及相关控制软件。

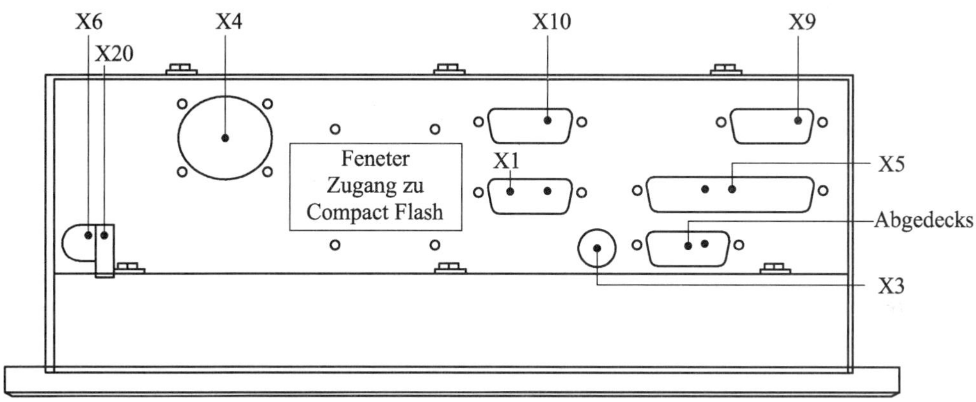

X1—不用；X3—厂家维修用；X4—电源端子（6-pin 插针）；X5—不用；X6—厂家维修用；X9—蜂鸣器接口；X10—RS422 信号接口（连 VCUT 板 9-pol.DSUB，male）；X20—接地螺栓（M6）。

图 5-4-17　MMI 外部接线端口示意图

（六）通信控制器（COMC）

通信控制器（COMC）是 MITRAC 牵引控制系统中的一个标准单元，可作为第三类设备与 MVB 的接口转换器。COMC 在列车中主要负责数据信息在不同制式接口之间转换，也就是实现 MVB 通信协议和其他通信协议之间的转换。其外形及内部电路如图 5-4-18、图 5-4-19 所示，具体功能部件及参数如下：

（1）DC 24 ~ 120 V 工作电压。

（2）2 条 RS485 通信通道（连接器 X3）。

（3）1 条可在 RS485 和 RS422 之间转换的通信通道（连接器 X3）。

（4）3 个 RS232 通信通道（1 个在连接器 X3，2 个在连接器 X4）。

（5）5 个状态灯：ER 红灯亮表示故障；WA 黄灯亮表示报警；MVB 绿灯不亮，则 MVB 激活；S-CO 绿灯灭，则串行通信激活；OK 绿灯灭，则系统在运行状态。

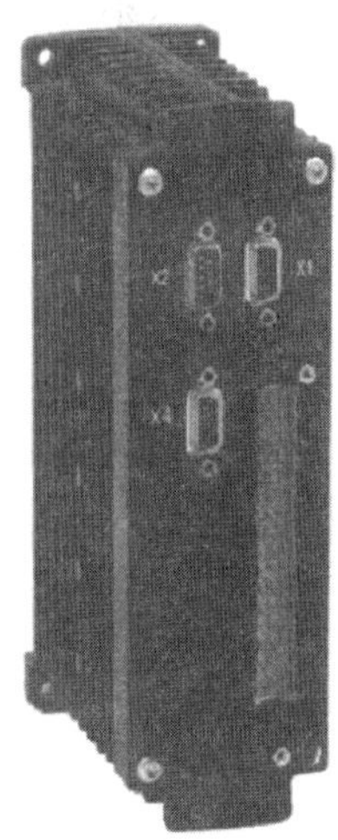

图 5-4-18　COMC 外观及接口

模块主要负责 MVB 总线与 PTS 系统控制单元的数据转换，即将总线数据信息转换到 X3 通道的 RS232 串行数据通信，直接输入到 PIS 系统控制单元。

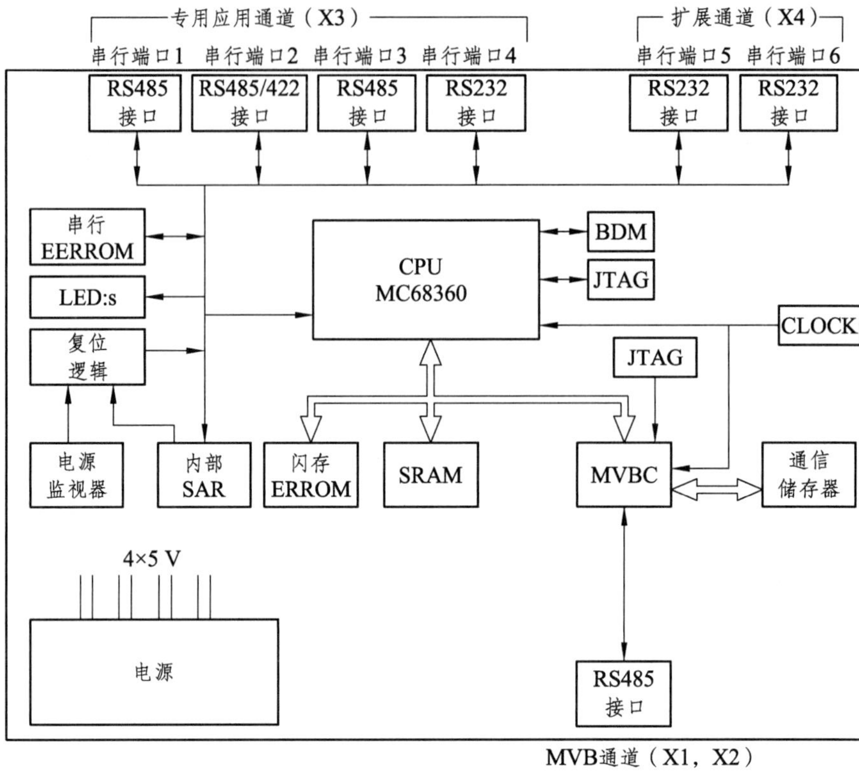

图 5-4-19　通信控制器 COMC 模块端口及内部电路示意图

五、车辆总线系统的连接

（一）输入/输出单元与 A 车各系统的接口关系

各子系统通过输入/输出单元连接到 MVB 网络，实现 VTCU 与各系统间的 TCC 通信，下面分述各个输入/输出单元的接口关系。

1. 04A14（AX）模块

输入信号（模拟）：ATO 牵引/制动指令参考值，司机控制器牵引/制动指令参考值。

输出信号（模拟）：速度表控制。

2. 04A15（DX）模块

输入：事件记录仪停止，运行方向，牵引、制动控制相关信号，警惕按钮报警信号，列车控制激活信号。

输出：列车牵引使能，司机室风扇控制，列车汽笛控制。

3. 04A16（DX）模块

输入：ATP 切除开关，紧急牵引，慢行模式，紧急停车按钮状态，折返模式，警惕按钮状态，灯测试，所有停放制动缓解，充电机工作状态。

输出：旁路所有停车制动，旁路所有气制动，02S03、02S04、02S16 指示灯。

4. 04A17（DX）模块

输入：紧急疏散门状态，左/右侧门关好，左/右侧开、关门按钮。

输出：02S01/2 指示灯。

5. 04A18（DX）模块

输入：A 车 10 个门的门切除开关状态。

输出：04A34-X11/07 端口输出。

6. 04A19（DX）模块

输入：左侧 5 对门的门状态信号。

7. 04A20（DX）模块

输入：右侧 5 对门的门状态信号。

输出：开门使能控制。

8. 04A21（DX）模块

输入：所有停放制动旁路（02S10），所有气制动旁路（02S14），所有门旁路（02S13），A 车停车制动施加/缓解，A 车常用制动施加/缓解，所有制动缓解，A 车空调开。

9. 04A22（DX）模块

输入：列车紧急环线状态，列车零速继电器状态，主风缸压力旁路信号，A 车制动储风缸压力开关状态，主风缸压力监测继电器状态，门控单元电源状态。

10. 04A23（DX）模块

输入：DC 110 V 欠压保护，ATP 模式控制开门。

（二）输入/输出单元与 B 车各系统的接口关系

1. 04A15（DX）模块

输入：左/右开门信号，牵引/制动指令信号，受电弓位置，高速断路器合，高速断路器分，车间电源插座盖板状态，逆变器/制动电阻冷却风机供电状态，50%紧急牵引/制动指令，火灾报警回路信号。

输出：停车制动缓解（02K55）旁路，旁路所有的制动（02K54），列车 1 500 V 环线开关控制，逆变器/制动电阻冷却风机供电回路控制。

2. 04A16（DX）模块

输入：B 车停车制动施加/缓解，B 车常用制动施加/缓解，所有制动缓解，ATP 牵引安全信号，所有门关闭信号，A/B 线火灾报警，火灾报警 A/B 线故障。

3. 04A17（DX）模块

输入：受电弓升弓信号，车间电源插座盖板状态，列车 1 500 V 环线开关控制状态，空调开信号，左/右侧门关好。

4. 04A18（DX）模块

输入：B 车 10 个门的门切除开关状态信号。

5. 04A19（DX）模块

输入：左侧 5 个门的门故障诊断信号。

6. 04A20（DX）模块

输入：右侧 5 个门的门故障诊断信号。
输出：开门使能控制。

7. 04A21（DX）模块

输入：主风缸压力状态，门控单元电源状态。

8. DXB（DX）模块

输入：HSCBl/2 的状态，网压检测，Q_1/Q_2 位置，车间电源供电状态。
输出：HSCB1/2 闭合控制，HSCBl/2 合保持控制。

（三）输入输出单元与 C 车各系统的接口关系

1. 04A14（AX）模块

输入：ATO 牵引/制动指令参考值，空压机主风缸压力值。

2. 04A15（DX）模块

输入：压缩机供电控制继电器 03K19、03K20 状态，空压机主风缸压力开关状态，列车 380 V 环线开关状态，半自动车钩连挂/解钩继电器状态，逆变器/制动电阻冷却风机/空压机供电状态，本 3 车单元绝缘塞位置。

输出：停车制动缓解旁路（02K55），旁路所有的制动（02K54），逆变器/制动电阻冷却风机/空压机供电回路控制。

3. 04A16（DX）模块

输入：C 车停车制动施加/缓解，C 车常用制动施加/缓解，所有制动缓解，零速监控反馈，EBCU 故障事件反馈。

输出：零速监控控制，空压机启动控制。

4. 04A17（DX）模块

输入：左/右侧门关好。

5. 04A18（DX）模块

输入：C 车 10 个门的门切除开关状态信号。

6. 04A19（DX）模块

输入：左侧 5 个门的门故障诊断信号。

7. 04A20（DX）模块

输入：右侧 5 个门的门故障诊断信号。

输出：开门使能控制。

8. 04A21（DX）模块

输入：主风缸压力状态，门控单元电源状态。

（四）列车通信控制系统与车载 ATO/ATP 系统的接口关系

列车通信控制系统与车载 ATO/ATP 系统通过 MVB 及相关硬连线进行控制信号的传递，其接口关系如下：

1. 车辆发送给车载 ATO/ATP 系统的控制信号（DC 110 V）

司机台钥匙开关，ATO 释放，紧急制动，门关闭，ATO 启动按钮，强行开门按钮，RM 模式按钮，紧急制动时继电器状态，自动折返，牵引，制动，ATO 模式（警惕按钮被短接），左/右开门按钮，折返运行，ATO 启动显示灯，自动折返灯。

2. 车载 ATO/ATP 系统发送给车辆的控制信号（DC 110 V）

紧急制动，左/右开门使能，自动开门控制，ATO 牵引/制动指令（模拟信号 0 ~ 20 mA），ATP 安全信号，牵引使能。

3. 车载 ATO/ATP 系统与车辆通过 MVB 传输电文的协议接口

（1）ATO/ATP + VTCU：时间，车次，起始站，终点站，下一站，停车区域，当前速度，下一次开门侧，到下一站的距离，列车速度限制。

（2）VTCU—ATO/ATP：列车质量，开/关门按钮信号，车辆防滑/防空转，列车编号，车轮直径。

【学习随笔】

任务 5　乘客信息系统的认知与操作

【实施工单】

1. 任务要求

（1）了解乘客信息系统的构成。
（2）了解乘客信息系统的系统功能及使用方法。
（3）掌握乘客信息控制系统的操作程序。

2. 任务准备

（1）场地准备：城市轨道交通车辆检修实训中心（配备多媒体）。
（2）建议课时：4 课时。

"乘客信息系统的认知与操作"任务工单

<table>
<tr><td>姓名</td><td></td><td>班级</td><td></td><td>学号</td><td></td></tr>
<tr><td>时间</td><td></td><td>地点</td><td></td><td>组别</td><td></td></tr>
<tr><td>指导教师</td><td></td><td>专业</td><td colspan="3"></td></tr>
<tr><td>小组成员</td><td colspan="5"></td></tr>
<tr><td>任务</td><td colspan="5"></td></tr>
<tr><td colspan="3">一、知识储备</td><td colspan="3">成绩：</td></tr>
<tr><td colspan="6">（一）单选题
1. 乘客信息系统简写为（　　）。
A. PIS　B. WDS　C. FSM　D. MMI
2.（　　）是乘客信息系统的核心。
A. 列车通信卡　B. CACU 中央处理器
C. 乘客信息系统控制卡　D. 音频控制矩阵卡
（二）多选题
1. 以下乘客信息系统设备只安装在驾驶室的有（　　）。
A. ACSU　B. DACU　C. MIC　D. PACU
2. 地铁车辆有线广播系统可以实现的功能有（　　）。
A. 司机室对客室的广播B. 紧急广播　C. 自动报站　D. 手动报站
（三）简答题
1. 简述乘客信息系统的组成。

2. 乘客信息系统的主要功能有哪些？

3. 乘客信息系统基本使用方法是什么？</td></tr>
</table>

<table>
<tr><td colspan="3">二、制订计划</td><td colspan="2">成绩：</td></tr>
<tr><td colspan="5">根据对乘客信息系统的认知制订乘客信息系统的操作计划。</td></tr>
<tr><td>序号</td><td>操作项目</td><td>操作工具</td><td colspan="2">操作要点</td></tr>
<tr><td>1</td><td>乘客信息系统操作</td><td></td><td colspan="2"></td></tr>
<tr><td>2</td><td>乘客信息系统故障排查</td><td></td><td colspan="2"></td></tr>
<tr><td colspan="3">三、操作准备工作</td><td colspan="2">成绩：</td></tr>
<tr><td colspan="3">准备事项</td><td>已完成</td><td>未完成</td></tr>
<tr><td colspan="3">1. 作业人员必须穿戴劳保鞋、安全帽、绝缘手套，使用有效期内的安全带，做好安全防护。</td><td></td><td></td></tr>
<tr><td colspan="3">2. 作业前确认所有的工具和使用材料都处于检定有效使用期内。</td><td></td><td></td></tr>
<tr><td colspan="3">3. 小组成员根据自身状况和组长安排做好合理分工。</td><td></td><td></td></tr>
<tr><td colspan="3">四、操作及质量检查</td><td colspan="2">成绩：</td></tr>
<tr><td>序号</td><td colspan="3">评价标准</td><td>评价结果</td></tr>
<tr><td>1</td><td colspan="3">操作前工具选用合理、安全防护到位。</td><td></td></tr>
<tr><td>2</td><td colspan="3">小组成员合理分工</td><td></td></tr>
<tr><td>3</td><td colspan="3">能通过合作完成对乘客信息系统的操作</td><td></td></tr>
<tr><td>4</td><td colspan="3">能处理好乘客信息系统故障</td><td></td></tr>
<tr><td>5</td><td colspan="3">作业后整理好工器具；作业记录表填写及时、准确。</td><td></td></tr>
<tr><td colspan="5">五、操作总结</td></tr>
<tr><td colspan="5"></td></tr>
</table>

【知识导航】

一、乘客信息系统（PIS）构成

乘客信息系统由列车有线广播系统和乘客信息显示系统两个部分组成，乘客信息显示系统又由列车综合图文显示系统（WDS）和车站地图闪光系统（FSM）组成。客室具体分布如图 5-5-1 所示。

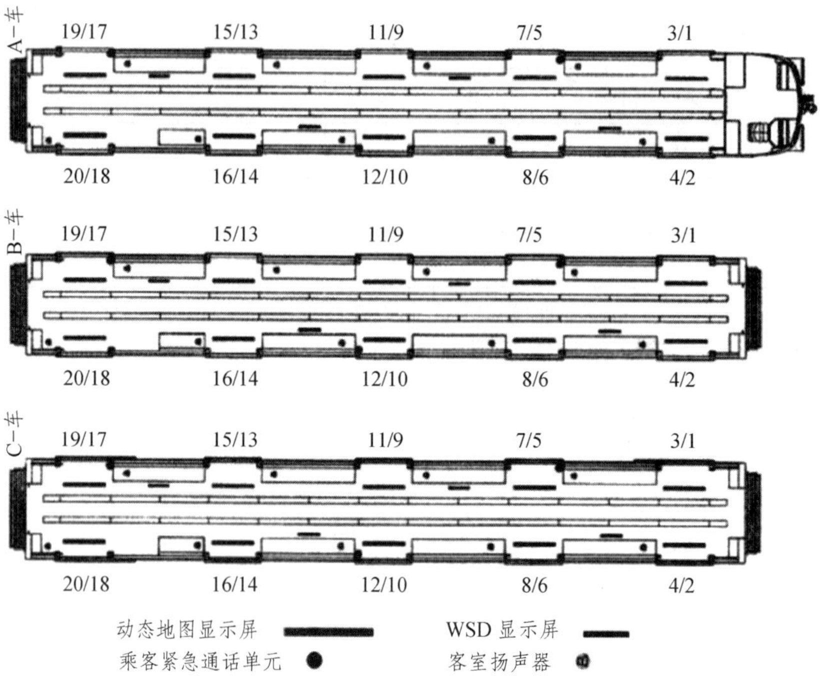

图 5-5-1　PIS 客室分布图

二、PIS 系统主要设备

（一）DACU 功能及其电气接口

1. DACU 功能

DACU 是司机室音频通信单元，它具有以下功能元件：

（1）模式选择按钮，每个按钮都带有 LED。

（2）所有 DACU 按钮的背景灯。

（3）监控扬声器的放大器：额定 500 mW（1.5 W 输出）。

（4）音量等级指示。

（5）麦克风前置放大器。

（6）“模式”功能的微处理器控制系统。

（7）冗余处理逻辑电路。

（8）电源。

注意：DACU 可以操作 DACU 外部的一个远端扬声器。

2. DACU 电气接口

DACU 与 CACU（广播系统控制单元）的“前部面板接口”模块连接在一起，如图 5-5-2 所示。

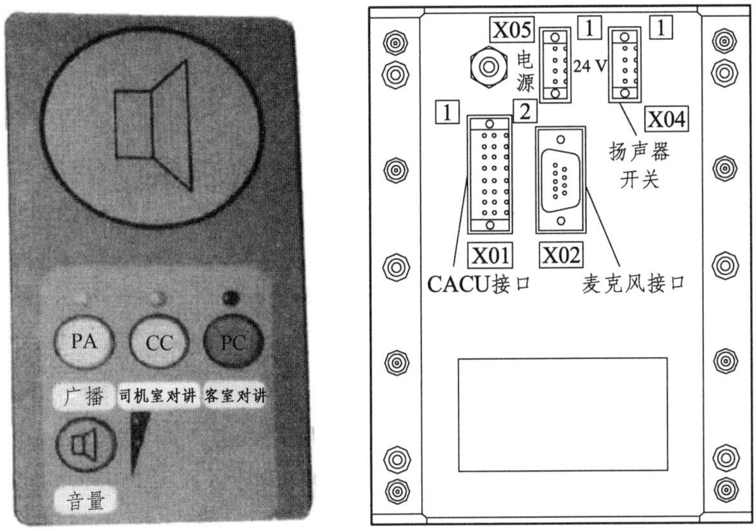

图 5-5-2　DACU 前面板及电气接口

（二）鹅颈麦克风功能

麦克风位于司机台上，通过 2 m 导线终端的一个 9 针 D 型连接器连接到 DACU。麦克风具有安装支架和罩（遮进出孔），这样连接器就可通过孔连接到 DACU 上。

麦克风是动圈式、心形类型，其外形如图 5-5-3 所示。它有一个超心形平滑线响应，可以减少司机室噪声。PTT 开关线是独立的电压无触点类型，因此 DACU 可达到最大的可靠性能。麦克风信号在 DACU 内部局部放大。

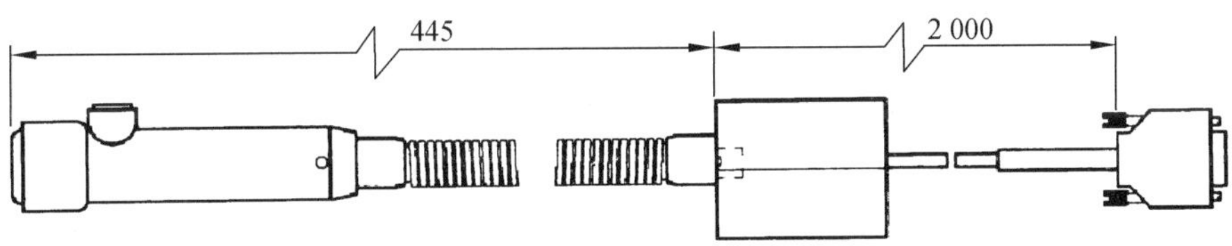

图 5-5-3　鹅颈麦克风

（三）SACU 功能及其电气接口

1. SACU 电气接口

SACU（客室音频通信单元）电气接口如图 5-5-4 所示。

2. SACU 功能

每辆车都安装有一个 SACU，受主控司机室里的 CACU 控制。SACU 包含：

（1）客室显示器的数据调制调解器。

（2）音频放大器，用于驱动 100 V 线路的扬声器。

（3）PA 广播功率放大器，带有 Whiteley SOALAS（声控自动音量调节系统）：当 PA 不使用时，扬声器作为麦克风使用，根据 PA 广播启动前 3 s 内采样的环境噪声电平自动设定增益。

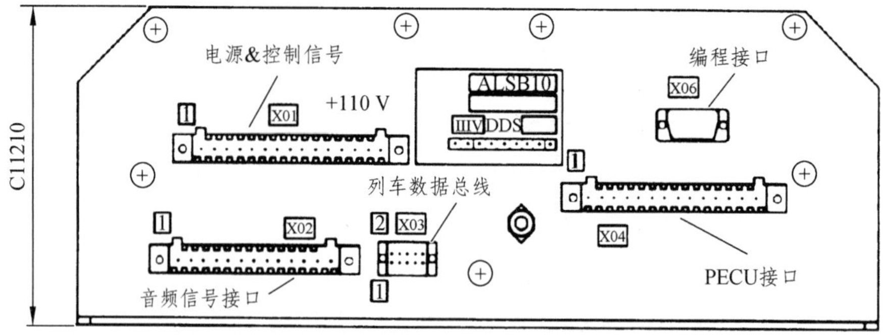

X01—电源 & 控制信号接口；X02—音频信号接口；X03—列车 & 车辆数据总线信号接口；
X04—PECU 接口；X06—编程接口（9 针 D 形接口）。

图 5-5-4 SACU 电气接口

当 SACU 安装或者更换时，或者当列车单元组装时，SACU 必须重新编程。SACU 设有专门的编程接口，可通过编程接口 X06 连接便携式计算机进行编程操作。当一个司机室被激活时，本地的 MITRAC 系统将给激活司机室中的 PISC（乘客信息系统控制器）提供一个运行顺序的车辆 ID 清单。

在下列情况中，必须使用便携式计算机配置 SACU：

（1）当列车第一次组装时（在进行电气测试之前），键入车辆 ID。

（2）在维修或者维护中，需要更换 SACU 时。

注意：由于 MITRAC 的故障报告的需要，必须对 SACU 进行正确的编程并将车辆 ID 写入 SACU。

3. SACU 编程

可使配置 CACU、PISC 的同一台 PC 来配置 SACU，但需要使用不同的程序。

SACU 配置程序在 Windows 98 或者更高版本的 PC 上运行。使用带有 9 针 D 形插头的连接电缆与 SACU 连接，该连接电缆与配置 CACU/PISC 的连接电缆相同。

通过配置端口将提供以下的功能：

（1）在便携式计算机上读取配置文件。

（2）向 SACU 传送配置数据，在 EEPROM 中编程。

（3）通过便携式计算机键盘键入数字，设置列车 ID。

（4）读取 SACU 内的 EEPROM 的存储数据。

（5）配置 SOLAS。

（6）设置图形平衡器。

（7）手动编辑 EEPROM 的数据。

（8）更新 SACU 软件。

（四）PECU 功能

车内乘客可使用乘客紧急对讲单元（PECU）激活警报器，与司机进行通话（然后由司机控制）。每辆车客室设有 3 个 PECU。

PECU 外形如图 5-5-5 所示，包括一个扬声器/麦克风，用于在乘客与列车司机之间进行半双向对讲。PECU 由 SACU 供电。

（五）扬声器（含 100 V 线路滤波器）功能

每辆车客室有 10 个扬声器。扬声器可独立地在轴线上 1 m 以外产生 90 dB（A）的音响。扬声器安装了 100 V 的线性变压器，并有一个印刷电路板，带有接线端，用于连接输入和输出的屏蔽双绞线，这些双绞线实现所有的扬声器与 SACU 的连接。另外扬声器配有一个防火棉防尘袋，防止扬声器声音线圈进入灰尘。长时间列车架修通常需要更换真空防尘袋。

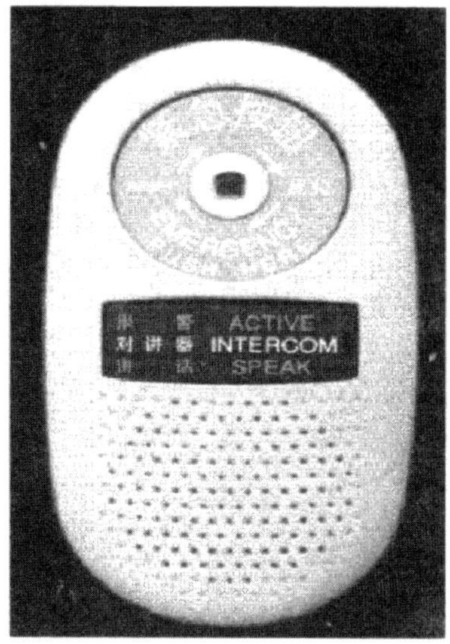

图 5-5-5　PECU 外形

（六）CACU 构架（带有 PISC 模块）功能及其电气接口

广播系统控制单元 CACU 可以称为整个系统的“大脑”，可以通过它设置各种广播状态的音量、更换广播内容、测试和实时查看系统内部的数据交换。CACU/PISC 设备结构如图 5-5-7 所示。CACU 模块装在一个 Euro-插线板的框架中，安装在一个密封箱内。模块的前部面板用于提供外接接口和显示各种线路状态。CACU 模块与 PISC 模块分享框架内空间，但是两个系统相对独立，仅通过一个串行端口连接。PISC 和 CACU 使用一个共同的主电源，但各自使用单独的供电电缆。因此当 PISC 的供电电缆出现短路时，不会影响 CACU 的功能。CACU 框架里也包括 A 车的空调单元控制面板，如图 5-5-6 所示。

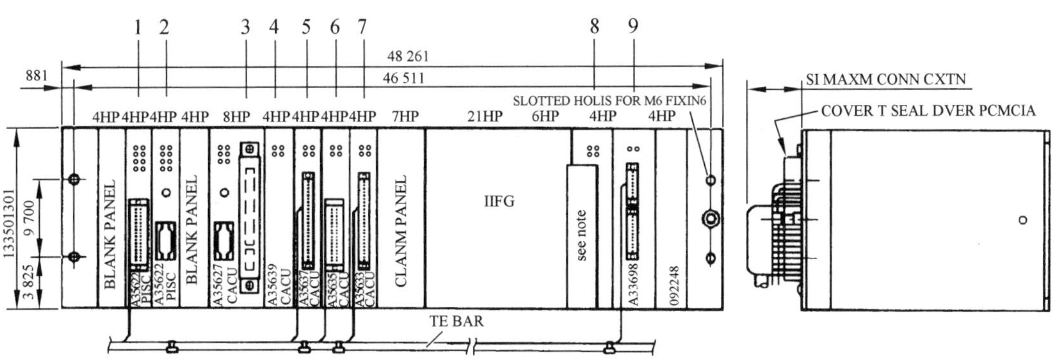

1—列车通信卡；2—乘客信息系统控制卡；3—CACU 中央处理器卡；4—音频控制矩阵卡；5—模拟列车配线接口卡；6—前部面板通信卡；7—数字列车配线接口卡；8—内部电源卡；9—电源接口模块。

图 5-5-6　CACU/PISC 设备结构

（七）列车通信卡

列车通信卡（见图 5-5-7）是串行通信接口，由 CACU 和 PISC 使用。串行接口被单独使用，带有独立的 UART 和线路驱动器/接收器。列车通信卡外部有 4 组 8 个 LED 指示灯，显示 CACU 的信号传输状态，其显示功能如表 5-5-1 所示。

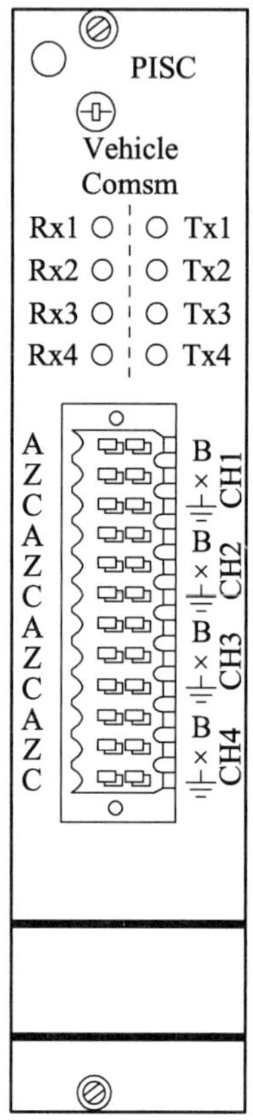

图 5-5-7 列车通信卡

表 5-5-1 CACU 信号传输状态

LED 标签	颜色	功能
R×1	黄色	MITRAC 串行接口，当从 MITRAC 上接收到数据时，这个 LED 每秒闪动 2 次
T×1	黄色	MITRAC 串行接口，当向 ITRAC 上发出数据时，这个 LED 每秒闪动 2 次
R×2	黄色	备用端口—不动作
T×2	黄色	备用端口—不动作
R×3	黄色	备用端口—不动作
T×3	黄色	备用端口—不动作
R×4	黄色	PA&PIS 列车数据总线，当 SACU 和远处 CACU 响应数据查询时，这个 LED 有规律地闪动
T×4	黄色	PA& PIS 列车数据总线，当主控司机室的 CACU 查询 PA8/PIS 设备时，这个 LED 有规律地闪动

（八）乘客信息系统控制卡

乘客信息系统控制卡（见图 5-5-8）是 PIS 系统的核心，包括了给所有 PIS 通信设备的通信控制软件。它的主要内容是存储路线数据库，其中带有音频系统状态广播和显示器可视信息的参考。这些信息在专用触发点上以控制方式发放，由卫星通信卡或者来自系统控制器的串行输入来决定。

1. 前部面板指示灯

（1）PSU LED 指示从母板输入卡内 + 5 V 电压。

（2）LED 标记的 ST0 ~ ST4 是一般状态的指示灯。

（3）RXO 和 TXO LED 监控 PISC 维护终端上的串行数据；为了参考，其标识为 CHO（通道 0）。

2. 内部电路说明

这个 4 层 Euro-插线板包含处理器、存储器、直接的 CPU 串行端口和控制端口。PISC 维护终端位于这个 PCB 的前面，是一个 9 路孔型 D 形接头。

一般逻辑信号通过母板（通过一个 DIN 41612 接头）连接数字列车配线接口卡。

Inter 80386ex step C 处理器安装在 PISC 的中央位置，连接一个 128 字节 I^2C EEPROM 存储单元，用于配置数据（例如单元标识），系统由 I^2C RTC-C（实时时钟芯片）提供系统时钟。处理器通过看门狗装置保护，在低压供电或者重置条件下，停止内存读/写。

处理器与外部电子设备（例如列车通信卡）通过位于地址和数据总线上的八进制缓冲器相连接。外部 IRQ 线路和芯片选择也被缓冲用于车辆通信卡。

两个 RS-232C 串行接口，一个是通过前部面板连接便携式计算机应用 Whiteley 的电子维护终端，同时另外一个用来诊断检查。

（九）CACU 中央处理器卡（CACU_CPU）-A35627

此卡是 CACU 的中枢部件，安装在卡上的处理器控制 CACU 全部功能，如图 5-5-9 所示。此卡设计使用线形 PCMCIA 卡（有时简称 PC 卡），插入模块的前面。PCMCIA 卡存储广播数据和 CACU 的应用软件。PCMCIA 卡重新编辑需要把它插入维护用的便携式计算机的“型号 2”插槽中。PCMCIA 存储量是 8 MB，自动广播装置数据率是 64 KB/s，还有 0.5 MB 的其他编辑存储空间。广播信息的总时间是 938 s，包括了打点报时/车门打开声音信号。CACU 中央处理器卡前端共有 7 点 LED 显示灯，显示意义如表 5-5-2 所示。

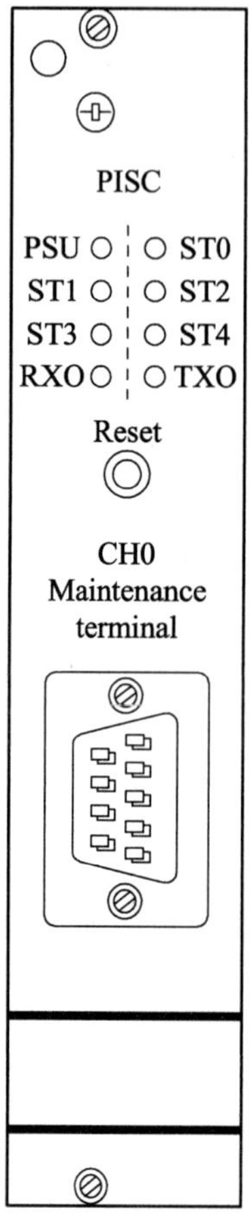

图 5-5-8 乘客信息系统控制卡

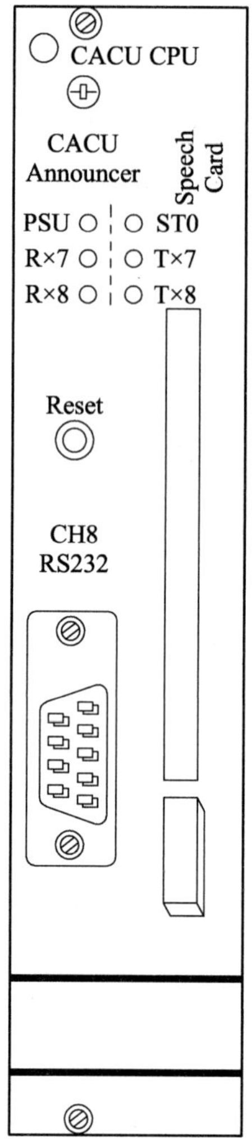

图 5-5-9 CACU 中央处理器卡

表 5-5-2 CACU 中央处理器卡各指示灯功能

LED 标签	颜色	功能
PSU	绿色	从母板上传来的 +5 V 电压（CACU）是“OK”状态
ST0	绿色	指示 CACU 卡状态，绿色 = OK
R×7	黄色	从 PISC 接收数据，LED 应有规律的动作
T×7	黄色	向 PISC 发出数据，LED 应有规律的动作
R×8	黄色	维护终端接口（前部面板接口）
T×8	黄色	维护终端接口（前部面板接口）

（十）音频控制矩阵卡（CACU_ACM）-A35629

音频控制矩阵卡是 CACU 的中枢部分，它负责转换和发送所有的音频信号。转换功能由一个模拟交叉点矩阵控制，通过 CACU CPU 使系统能够将输入的信号源和输出的目的地相连接。音频控制矩阵卡有 4 个 LED 显示灯。

（十一）模拟列车配线接口卡（AN_TWIFACE）-A35631

这张卡的主要外部接口用于 CACU 输出或输入 CACU 的信号，如图 5-5-10、表 5-5-3 所示。它包括音频线路驱动器和接收器。

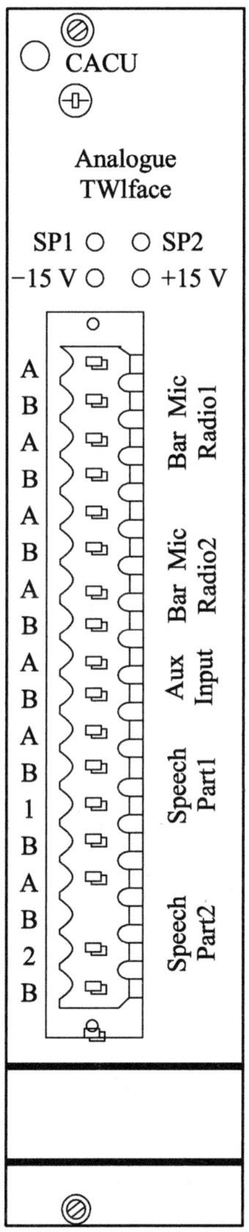

图 5-5-10　模拟列车配线接口卡

表 5-5-3　模拟列车配线接口卡各指示灯功能

LED 标签	颜色	功能
+ 15 V	绿色	从母板传来的 + 15 V 电压（CACU）为“OK”状态
− 15 V	绿色	从母板传来的 − 15 V 电压（CACU）为“OK”状态
SP1	黄色	LED 打开到 ON，从此 CACU 上激活广播双绞线 1 放大器
SP2	黄色	备用

（十二）前部面板通信卡（FP_COMMS）-A35635

前部面板通信卡（FP_COMMS）-A35635 如图 5-5-11 所示。

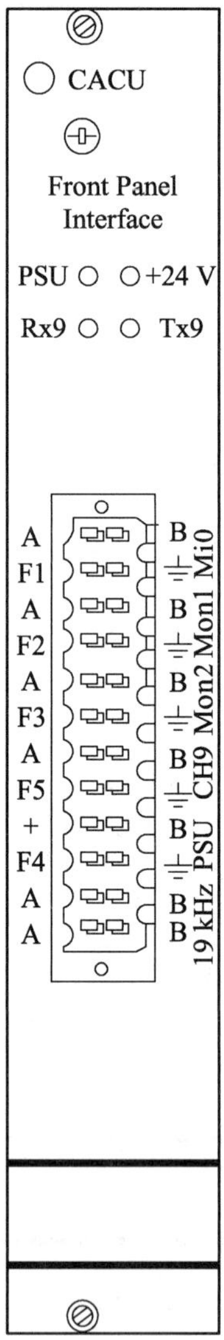

图 5-5-11　前部面板通信卡

（十三）数字列车配线接口卡（DIG_TWIFACE）-A35633

数字列车配线接口卡（DIG_TWIFACE）-A35633 如图 5-5-12、表 5-5-4 所示。

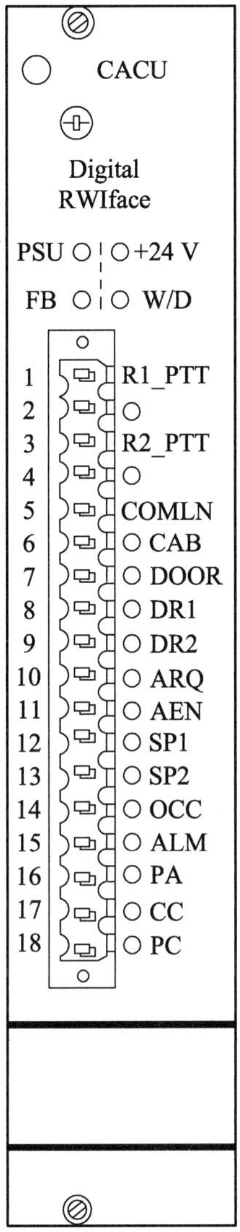

图 5-5-12　数字列车配线接口卡

表 5-5-4　数字列车配线接口卡指示灯功能

标识	颜色	说明
PSU	绿色	指示给卡输入一个安全的 +5 V 电压
+24 V	绿色	指示给卡一个安全的 +24 V 绝缘电源电压
FB	红色	指示处理器出现故障和 CACU 正在冗余模式下操作
WD	绿色	指示一个安全的看门狗
R1_PTT	绿色	连接器针 1 和 2 之间指示一个关闭触点条件。这是用于无线电#1 的 PTT 输出

续表

标识	颜色	说明
R2_PTT	绿色	连接器针 3 和 4 之间指示一个关闭触点条件。这是用于无线电#2 的 PTT 输出
CAB	绿色	指示副机架是一个激活的司机室（用来决定副机架是否为主控）
DOOR	绿色	在连接器针 7 上指示车门打开信号已经被激活
DR1	绿色	在连接器针 8 上指示激活车门开关释放#1 信号
DR2	绿色	在连接器针 9 上指示激活车门开关释放#2 信号
ARQ	绿色	在连接器针 10 上指示激活辅助音频通道请求信号
AEN	绿色	在连接器针 11 上指示辅助音频通道已经被激活
SP1	绿色	备用输入#1，不分配
SP2	绿色	备用输入#2，不分配
OCC	绿色	在连接器针 14 上指示 OCC 通道已经被激活
ALM	绿色	在连接器针 15 上指示报警激活信号已经被激活
PA	绿色	指示 PA 模式被激活
CC	绿色	指示 c-c 模式已经被激活
PC	绿色	指示乘客通信模式已经被激活

（十四）内部电源卡-A35637

内部电源卡-A35637 外形及各指示灯功能如图 5-5-13、表 5-5-5 所示。

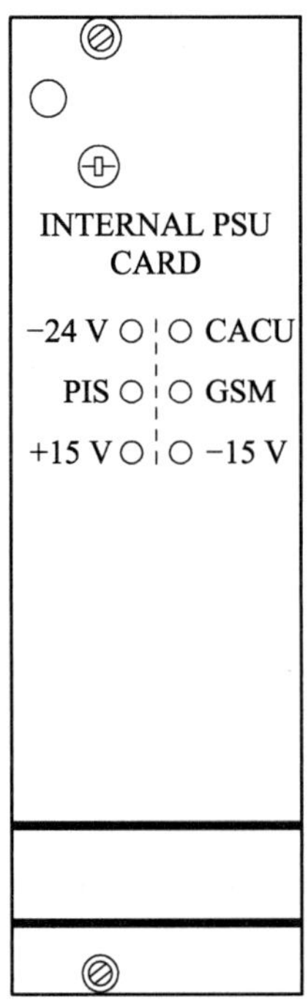

图 5-5-13　音频控制矩阵卡

表 5-5-5　内部电源卡各指示灯功能

标识	颜色	说明
+24 V	绿色	指示卡的输入有 +24 V 的可用电源
CACU	绿色	指示卡已经为 CACU 电路产生 +5 V 电压
PISC	绿色	指示卡已经为 PISC CPU 和列车通信产生 +5 V 电源电压
GSM	绿色	指示卡已经为 PISC GSM/GPS 通信产生 +5 V 电源电压
+15 V	绿色	指示卡上已经产生 +15 V 电源电压
−15 V	绿色	指示卡上已经产生 −15 V 电源电压

此卡用 Melcher Q 系列主电源稳定的 24 V 电压输出产生多路供电通道。通过专用的 DC-DC 转换器把每条多路通道绝缘，它装有 + 5 V CACU 电源通道、+ 5 V PISC 电源通道、± 15 V 电源通道（提供给 CACU 里的模拟电路）转换器。

（十五）电源接口模块（PSU_MOD）-A35639

这块板通过支架里的前部面板引入 + 110 V 信号电源，如图 5-5-14 所示。它提供反向连接保护，并对电源进行过滤以供放大器使用，各指示灯功能如表 5-5-6 所示。

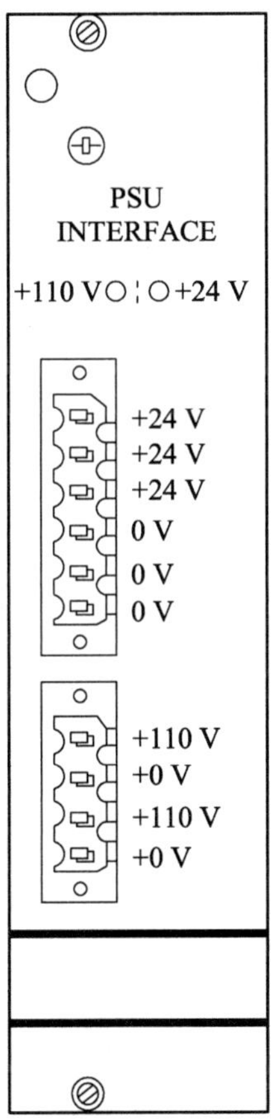

图 5-5-14　模拟列车配线接口卡

表 5-5-6 电源接口模块各指示灯功能

标识	颜色	说明
+110 V	绿色	指示在卡上的输入电压
+24 V	绿色	指示 Q 系列电源模板产生一个 +24 V 电源

已过滤的 +110 V 电压通过 Q 系列电源产生 +24 V 绝缘电源。在流入给内部副支架的内部电源板之前，+24 V 绝缘电源通过电源接口卡流回，提供附加的过滤。

+24 V 电压也连接到电源接口板的前部面板上，用于与外部系统或绝缘的 +24 V 电源电压相连接。

三、PIS 系统功能

（一）列车有线广播系统功能

1. 列车有线广播系统的基本功能及优先级

1）列车有线广播系统的基本功能

地铁车辆有线广播系统可以实现以下功能：

（1）司机室对客室的广播（PA 广播——带有提示音）。

（2）后端司机室对客室的广播（PA 广播——带有提示音）。

（3）OCC 客室的无线广播：通过车载无线电系统来实现（PA 广播——没有提示音）。

（4）自动触发数字化广播（自动报站）：已激活的司机室的 PISC 自动激活司机室的数字化广播，与乘客信息显示系统一起工作。

（5）司机人工触发数字化广播（手动报站及紧急广播）：通过激活的司机室的 PISC/MITRAC 来激活数字化广播，与乘客信息显示系统一起工作。

（6）乘客报警与通信（P-C）：司机与乘客紧急通信。

（7）司机室之间对讲（C-C）：任一司机室到所有其他司机室（包括联挂的列车）。

（8）关闭车门提示声音信号。

广播系统能提供多种语言报站，如深圳地铁车辆有线广播系统能实现普通话、广东话、英语三种语言报站，并且可以存储 100 个站名和 20 条信息，每条时间为 30 s。

2）广播各功能的优先级别

广播各功能的优先级别，由高至低如下：关闭车门提示声音信号、乘客紧急报警与通信（PC 模式）、对客室的无线广播、司机室对客室的人工广播（PA 模式）、自动触发的数字化广播、司机室之间对讲（C-C 模式）。

2. 列车有线广播系统的一般用户接口

1）DACU（司机台音频控制单元）的一般用户接口

DACU 提供了 3 个逆光按钮，通过选择可以进入以下主要的通信模式。当设备停顿时间超过待机时间时，每个模式将自动取消。司机室之间的对讲的待机时间为 60 s，其他模式的待机时间为 30 s。

（1）PA（公共广播）。

这是一个黄色的逆光按钮，当选择 PA 模式时按钮发亮。当第二次按下 PA 按钮时，或选择另一种模式，或待机 30 s，均能取消 PA 模式。

（2）C-C（司机室之间的对话）。

这是一个蓝色的逆光按钮，当选择 C-C 模式时按钮发亮。当按钮的时间超过 0.5 s 时，要再产生一个提示音，通常要再次按按钮 1 ~ 2 s，当时取消这个声音就要简短地按（少于 0.5 s）。主叫用户清除 C-C 模式，或待机时间超过 60 s，均能取消 C-C 模式。

（3）PC（乘客紧急通信）。

这是一个红色逆光按钮，当激活一个乘客报警时，这个按钮的红色 LED 闪烁，同时监听扬声器产生一个高声报警信号。当按下这个按钮时，应该确认乘客报警（或者是多个乘客报警中的第一个乘客报警），该按钮将变亮，同时激活 PC 通信模式。再次按下 PC 按钮可以清除第一次呼叫。如果有多个乘客报警，在清除第一次呼叫后，扬声器将产生一个高声报警信号，且按钮将继续闪烁。确认第二次呼叫的操作同上。每个乘客报警都按照它们被激活的顺序进行处理。一旦通信开始，就不可能返回相同的呼叫（除非重新设定 PECU）。如果一个新的司机室被激活，或者被激活的司机室掉电，所有保持激活状态的 PECU 将被再次报警，但报警的顺序是随机的。

（4）音量控制。

当 CACU 系统通电时，司机室监听扬声器的音量将被设置为最小位置（下方绿色 LED 亮起）。每次按下音响控制按钮将改变音量 LED。如低-中-高-中-低-中-高等。

2）PECU（乘客紧急通信单元）的一般用户接口

PECU 提供乘客向司机的报警，并且由司机判断，与司机进行通信。PECU 前部是一个大的红色按钮。当被按下时，该按钮机械向内插入 5 mm。使用列车正方形钥匙在按钮的中心旋转才可以进行复位。当按钮被按下并锁定时，红色按钮的周围会出现黄色的边，并且“报警”二字将被红灯照亮。当司机操作 PC 模式时（未按住麦克风 PTT），“讲话”二字将被红灯照亮；当司机按住 PTT 时，“讲话”二字再次变为无色。在任何时候，最多只有一个 PECU 上的“讲话”被照亮。

（二）乘客信息显示系统功能

1. 车站闪光地图（FSM）基本功能

（1）列车驶向站的 LED 闪烁，颜色为黄色。

（2）当停在站台上时，该站 LED 将变为不闪烁的红色。

（3）显示方向的“珍珠串”不经过标志列车已通过的红色部分，方向采用 3 个以每秒 10 个 LED 的速度移动的“黑色”LED 来指示。

（4）开门侧箭头闪烁频率为 1 Hz，在开门指示箭头区域有文字。

（5）当开往换乘站时，整条换乘线以频率为 1 Hz 的速度闪烁，颜色为黄色。当停止在该站时，线路变为固定的黄色。

（6）动态闪光地图面板上的车站位置为“镜相”。

（7）箭头闪烁速度设定为可变的 0.5 s、1 s、1.5 s。

2. 综合图文显示系统（WDS）的基本功能

可以显示各种彩色的文字新闻、广告、公益信息等。

3. 乘客信息显示系统显示屏的自检功能

供电时，动态地图显示器及 WDS 启动时将进行一个简单的图形测试，以确认其功能正常。当司机室被激活时，主控 PISC 给所有的显示器发送“清除显示”信息时，自检信息将被清除。如果没有收到“清除”信息，自检信息在 90 s 内自动消失。

（三）数字化报站的控制源简介

1. 手动报站的控制源

列车司机台激活后，PIS 系统经 90 s 自检后工作正常。此时司机可以通过 MMI 设置目的站、起始站/到达站，则相关的“广播号码（VCU_AnNo）”将通过 TCC 的 VTCU 和 ComC 发送到 PIS，触发相关的数字化广播和 WDS 的文字报站；动态地图相关的编码数据经 DMC 解码在动态地图显示器上显示。

2. 自动报站控制源

列车运行时经过轨旁电路时，ATS 的报站信号（即目的站、起始站/到达站的信号）将通过轨旁电路以报文方式传送到车载 ATP/ATO，再经过 TCC 转换成相关的“广播号码（VCU-AnNo）”，传送到 PIS 进行报站。

自动报站的信号流向：ATS 系统→轨旁电路→车载 ATO/ATP→车辆 TCC→PIS。

四、乘客信息系统操作

（一）系统初始化与优先级

1. 系统初始化操作

系统上电后即进入初始化操作，首先进行系统内部设备自检。

2. 系统优先级

操作优先级按照重要次序在表 5-5-7 中列出，1 为最重要，然后依次降低。优先次序可以在软件/硬件程序或通过 PA manager 软件修改。

（二）操作与监控

1. 司机室之间对讲

司机室对讲按表 5-5-8 程序执行。

表 5-5-7　乘客信息系统操作优先级

优先级	操作	操作和标准	备注
1	OCC 对乘客广播	通过无线电的 OCC 广播控制信号发起或结束	
2	司机室对讲	按一下“司机对讲”按钮发起或应答呼叫；按一下“复位”按钮复位，驾驶室与驾驶室间的通话即结束	在结束操作后，系统返回到空闲状态。高优先级操作将中止低优先级操作，例如：如果驾驶员对乘客的广播被 OCC 对乘客的广播打断，在 OCC 广播结束后，系统将不能返回到驾驶员对乘客的广播
3	乘客紧急对讲	乘客按一下 PECU 上的“紧急呼叫”按钮发起呼叫；司机按一下“紧急对讲”按钮应答呼叫，按一下“复位”按钮结束通话	
4	驾驶员对乘客人工广播	司机按一下“广播”按钮发起人工广播；司机按一下“复位”按钮结束人工广播	
5	数字广播	从 TCMS（来自 ATC 或 HMI 操作）接收广播触发信号	

表 5-5-8　司机室之间对讲顺序

次序	操作	备注
1	驾驶员按一下 DACU 上的“司机对讲”按钮发起呼叫	
2	发起方 ACSU 与被呼叫方 ACSU 通过 CAN 总线通信	被呼叫方未应答前，系统将不会进入下一个操作
3	被呼叫方按一下 DACU 上的“司机对讲”按钮应答呼叫	
4	发起方 ACSU 与被呼叫方 ACSU 通过 CAN 总线通信	
5	双方可以通过手持式麦克风上的 PTT 和驾驶室扬声器开始半双工语音通话	语音信号通过列车总线的 Audio 2 传递
6	驾驶员按一下“复位”按钮结束通话	

注：当两列车联挂时，驾驶室间也可实现司机对讲，发起方与最先应答的驾驶室之间进行对讲。

视频　广播系统优先级

2. 驾驶员对乘客人工广播

司机对乘客人工广播按表 5-5-9 程序执行。

表 5-5-9　驾驶员对乘客广播顺序

次序	操作	备注
1	驾驶员按一下 DACU 上的“广播”按钮发起人工广播	语音通过 Audio 1 列车总线从 ACSU 传递到各个 PACU
2	ACSU 通过 CAN 总线发送指令到各个 PACU，驾驶员对乘客广播即建立	
3	驾驶员按下麦克风的 PTT 进行人工广播	
4	驾驶员按一下 DACU 上的“复位”按钮进行复位	
5	ACSU 通过 CAN 总线发送指令到各个 PACU，驾驶员对乘客广播即结束	

注：当两列车联挂时，也可实现驾驶员对乘客的人工广播。

3. 乘客紧急对讲

乘客紧急对讲顺序如表 5-5-10 所示。

表 5-5-10 乘客对讲顺序

次序	操作	备注
1	乘客按一下 PECU 上的“紧急呼叫”按钮	CALL（呼叫）指示灯闪烁，提示乘客呼叫已注册，但驾驶员还未应答
2	PACU 检测到有 PECU 呼叫，即通过 CAN 总线将信息传递给 ACSU	
3	ACSU 发送信号给 DACU.DACU 上的“紧急对讲”按钮指示灯闪烁	在驾驶员应答呼叫前，将不进行下一操作次序
4	驾驶员按一下 DACU 上的“紧急对讲”按钮应答 PECU 呼叫	“紧急对讲”按钮指示灯由闪烁转为常亮
5	DACU 将驾驶员应答信号传递给 ACSU	ACSU 将开启驾驶员与乘客间对话的录音功能
6	ACSU 通知 PACU 呼叫已应答	
7	PACU 通知 PECU 呼叫已应答，可以进行通话，驾驶员通过安装在驾驶室的扬声器监听乘客讲话	语音信号通过将 Audio 2 列车总线传递 CALL（呼叫）指示灯由闪烁转为常亮，告诉乘客呼叫已应答；Speak（讲）指示灯亮起，提示乘客讲话
8	驾驶员按下麦克风上的 PTT 按键向乘客讲话	Listen（听）指示灯亮起，提示乘客听，此时不能讲，Speak（讲）指示灯处于熄灭状态
9	按一下“复位”按钮结束通话	ACSU 结束录音； PECU 上的 3 个指示灯均熄灭； DACU 上的“紧急对讲”按钮指示灯熄灭
10	乘客紧急对讲结束	

4. 数字自动广播

数字语音广播可采用中文、英文和广东话三种语言，通过安装在客室的扬声器广播，数字广播顺序如表 5-5-11 所示。

表 5-5-11 数字自动广播顺序

次序	操作	备注
1	来自 ATC/HMI 操作经 TCMS 触发 ACSU 开始数字广播	信号通过 MVB 网络传递
2	ACSU 通过 CAN 总线发送指令给各个 PACU	从 ACSU 到各个 PACU 之间的语音通过 Audio 1 列车总线传递
3	当数字广播结束时，ACSU 通过 CAN 总线发送结束数字广播指令	
4	数字广播结束	
5	来自 ATC 或 HMI 操作经 TCMS 触发 ACSU 开始数字广播	

数字自动广播通过 HMI/ATC 经 TCMS 触发所有站名代码，ACSU 通过 MVB 接口与 TCMS 连接，并可与车辆的 MMI 共同实现自动广播、半自动广播和人工广播功能。车载广播语音文件采用 MP3 格式，存储在 1 GB 的 CF 卡，存储能力远远大于 100 个站名，每站至少 90 s 的容量。ACSU 机箱上设置 CF 卡接口，无须打开机箱即可取出 CF 卡。用户可使用提供的车载广播管理软件进行修改、增加或删除广播内容，方便用户使用。

乘客信息系统的语音广播与列车 LCD 动态地图显示子系统保持同步。车载广播系统可根据的 TCMS/ATC 信息对站名信息播报两次，即离站和到站广播。系统可根据运行线路和上、下行的不同，播报不同的内容。用户可根据运营需要增加或删除广播内容。

5. OCC 对乘客广播

OCC 通过 ACSU 上的无线电接口向乘客广播，无须驾驶员干预。当呼叫建立完成，OCC 广播将同时接入驾驶室扬声器和客室扬声器。OCC 对乘客广播顺序如表 5-5-12 所示。

表 5-5-12　OCC 对乘客广播顺序

次序	操作	备注
1	OCC 通过车载无线电设备控制接口向 ACSU 发送 OCC 广播请求	ACSU 提供开关量信号接口
2	ACSU 通过与车载无线电设备之间的语音接口接收来自 OCC 的广播	从 ACSU 到各个 PACU 之间的语音通过 Audio 1 列车总线传递
3	ACSU 通过与车载无线电设备之间的控制接口检测到 OCC 广播结束	
4	系统结束 OCC 广播	

6. 音量控制

1）驾驶室音量调节功能

在 DACU 面板上设置有音量调节旋钮，允许驾驶员调节驾驶室扬声器音量。

2）数字广播监听静音功能

在 DACU 面板上设置有数字广播监听静音功能，允许驾驶员选择是否监听数字广播。

3）客室扬声器音量调节功能

通过 PTU 软件，可以集中调节客室广播扬声器音量，并可单独对某一或多个 PACU 静音操作。客室 PACU 面板上也设置有音量调节旋钮，供用户单独调节本节车厢广播音量。同时，客室安装有噪声传感器，实时采集客室噪声，自动调节本节车厢的广播音量。

通过客室 PACU 面板上的集控/自动转换开关，方便客户选择音量集中控制还是根据本车厢噪声情况自动增益。

7. 司机操作台设置

驾驶室的驾驶员通过语音控制按钮实现各种通信操作。通过这些按钮，驾驶员可以控制和监控所有语音通信模式。

车载广播系统将在驾驶员操作台提供下面的人机接口（MMI）。

（1）操作指示灯（集成在按钮上）。

（2）“人工广播”按钮：用于驾驶员对客室的人工广播。

（3）“驾驶员对讲”按钮：用于两个驾驶员之间的对讲发起或应答。

（4）“紧急对讲”按钮：用于乘客与驾驶员之间的紧急对讲应答功能。

（5）“复位”按钮：用于复位紧急呼叫、人工广播和司机对讲。

（6）“静音”按钮：用于数字广播监听静音。

（7）“音量”旋钮：用于调节驾驶室扬声器音量。

司机操作面板如图 5-5-15 所示。

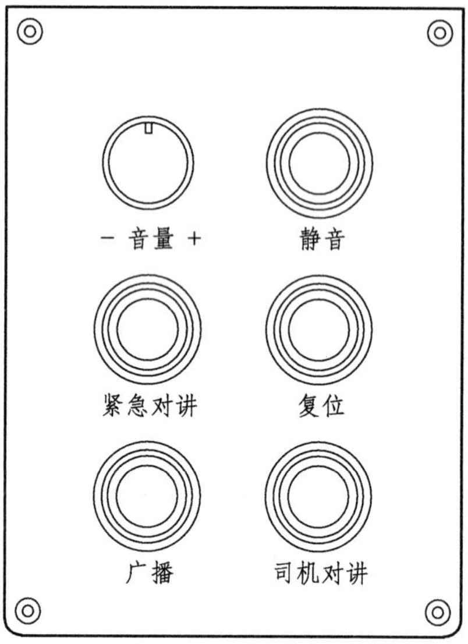

图 5-5-15　驾驶员操作按钮

8. 系统冗余

在每个驾驶室内各有一台列车车载显示与广播控制器 ACSU。列车运行时，激活端驾驶室 ACSU 为主控端，另一端驾驶室 ACSU 为副控端。当主控端控制器发生故障时，系统会自动激活副控端控制器，将其升级为临时主控，确保列车正常自动报站。此时，列车主控驾驶室的人工广播和自动广播仍然有效。

【学习随笔】

项目六 列车典型控制电路的识读与检验

知识目标

（1）掌握高速断路器控制电路的识读与检验。
（2）掌握受电弓控制电路的识读与检验。
（3）掌握列车牵引制动控制电路的识读与检验。
（4）掌握辅助系统控制电路的识读与检验。
（5）掌握列车照明控制电路的识读与检验。

能力目标

（1）能根据高速断路器控制电路原理图进行电路布线和检验，排除电路故障。
（2）能根据受电弓控制电路原理图进行电路布线和检验，排除电路故障。
（3）能根据列车牵引制动控制电路原理图进行电路布线和检验，排除电路故障。
（4）能根据列车辅助系统控制电路原理图进行电路布线和检验，排除电路故障。
（5）能根据列车照明控制电路原理图进行电路布线和检验，排除电路故障。

重点难点

（1）高速断路器控制电路原理图的绘制和识读方法。
（2）受电弓控制电路原理图的绘制和识读方法。
（3）列车牵引制动控制电路原理图的绘制和识读方法。
（4）列车辅助系统控制电路原理图的绘制和识读方法。
（5）列车照明控制电路原理图的绘制和识读方法。

案例引入

案例叙述：

2013 年 1 月 18 日上午 10 时 50 分，北京地铁 1 号线上 G446 车在万寿路站进行正常作业后列车不启动。司机检查各开关位置、保险无异常，短接 SK1 闸刀进行牵引试验无效，到尾车更换操纵台进行试验，列车能够缓解但仍然全列牵引无流。10 时 55 分行车调度员发布列车清人救援命令，11 时 02 分救援列车连挂完毕，11 时 05 分从万寿路站开出。

案例分析：

事故发生后地铁公司及时调查，此次事故原因有两点：一是 331 # 号线在布线时因电缆绑扎不到位且预留电缆线较长，线缆在司机台内处于自由状态，列车运行中不断摆动并与周边金属部件接触，造成线缆绝缘外皮破损，致使导线与金属部件间拉弧并将线缆烧断；二是车辆制造过程中，由于厂家接线未按照规定的工艺标准对线缆进行绑扎，错误采用临时布线的方式连接 331d # 号线。

技能训练

任务 1　高速断路器控制电路的识读与检验

【实施工单】

1. 任务要求

（1）了解高速断路器闭合和断开的操作方法。
（2）能够分析高速断路器闭合和断开控制电路原理图。
（3）能根据已知条件绘制高速断路器的控制电路图。
（4）能根据高速断路器控制电路原理图在实验台上进行控制电路的连接与检验。

2. 任务准备

（1）场地准备：城市轨道交通车辆检修实训中心（配备多媒体）。
（2）工具准备：高速断路器控制电路示教板、故障设置仪、数字万用表。
（3）物品准备：绝缘手套、导线若干。
（4）建议课时：4 课时。

"高速断路器控制电路的识读与检验"任务工单

<table>
<tr><td>姓名</td><td></td><td>班级</td><td></td><td>学号</td><td></td></tr>
<tr><td>时间</td><td></td><td>地点</td><td></td><td>组别</td><td></td></tr>
<tr><td>指导教师</td><td></td><td>专业</td><td colspan="3"></td></tr>
<tr><td>小组成员</td><td colspan="5"></td></tr>
<tr><td>任务</td><td colspan="5"></td></tr>
<tr><td colspan="3">一、知识储备</td><td colspan="3">成绩：</td></tr>
<tr><td colspan="6">（一）单选题
1. 高速断路器控制回路由（　　）供电。
A. 受电弓　B. 集电靴　C. 接触网　D. 蓄电池
2. 在控制电路中，K 表示（　　）。
A. 按钮　B. 空气开关　C. 继电器　D. 高速断路器
（二）多选题
1. 为了使高速断路器接通，必须满足的条件有（　　）。
A. 列车控制接通继电器得电
B. 升弓继电器得电
C. B 车断开高速断路器继电器失电
D. 接通高速断路器继电器得电
E. 控制 B 车高速断路器的空气开关闭合
2. 以下说法正确的是（　　）。
A. 列车紧急停车时各动车高速断路器都分断</td></tr>
</table>

B. 正常状态下按下高速断路器断开按钮，各动车高速断路器分断

C. 高速按断路器断开按钮内置灯泡发光表示断开高速断路器继电器供电电路已接通

D. 控制电路的空气开关在正常情况下均闭合

（三）判断题

1. 司机室控制继电器线圈的得电情况是根据哪个单元作为控制单元来决定的。（　）

2. 列车进行紧急制动会导致紧急停车继电器线圈得电。（　）

3. 为了对流经高速断路器的竹仙泉的保持电流进行限流以免长时间大电流流过线圈导致线圈损坏，在控制电路中设置了定时装置。（　）

（四）综合分析题

1. 接通高速断路器继电器（21-K01）线圈得电的条件是什么？

2. 断开高速断路器继电器（21-K02，21-K03）线圈得电的条件是什么？

二、电路识读	成绩：
根据高速断路器控制电路原理图填写下表内容。	

序号	代号	名称	电气说明
1	21-S01	高速断路器断开按钮	自复位按钮
2	21-S02		
3	21-F01		
4	21-K01		
5	21-K02		
6	21-K03		
7	21-K07		
8	21-K09		
9	21-K08		
10	21-K10		
11	22-K01		
12	22-K08		
13	72-K02		
14	11-Q01		

三、高速断路器控制电路的连接与检验	成绩：	
准备事项	已完成	未完成
1. 作业人员必须穿戴劳保鞋、安全帽、绝缘手套，做好安全防护。		
2. 作业前确认所有的工具和使用材料都处于检定有效使用期内。		
3. 小组成员根据自身状况和组长安排做好合理分工。		

四、操作及质量检查		成绩：
序号	评价标准	评价结果
1	操作前工具选用合理、安全防护到位。	
2	电路图绘制标准、正确。	
3	控制电路导线连接正确。	

4	线路布置简洁、整齐。	
5	闭合和断开高速断路器操作方式正确全面。	
6	万用表挡位选取及使用方法正确。	
7	熟练判断并排除示教板上的电路故障。	
8	作业后整理好工器具；作业记录表填写及时、准确。	
五、操作总结		

【知识导航】

视频　高速断路器控制电路

高速断路器控制回路由蓄电池供电。由图 6-1-1 可知，从蓄电池电源引出接头（A19）开始到车钩（71-Y4）为止，电路上依次连接有以下电器元件：电路输入空气开关（21-F01），司机室控制继电器（22-K01），紧急停车继电器（22-K08），高速断路器断开按钮（21-S01）和高速断路器接通按钮（21-S02）。

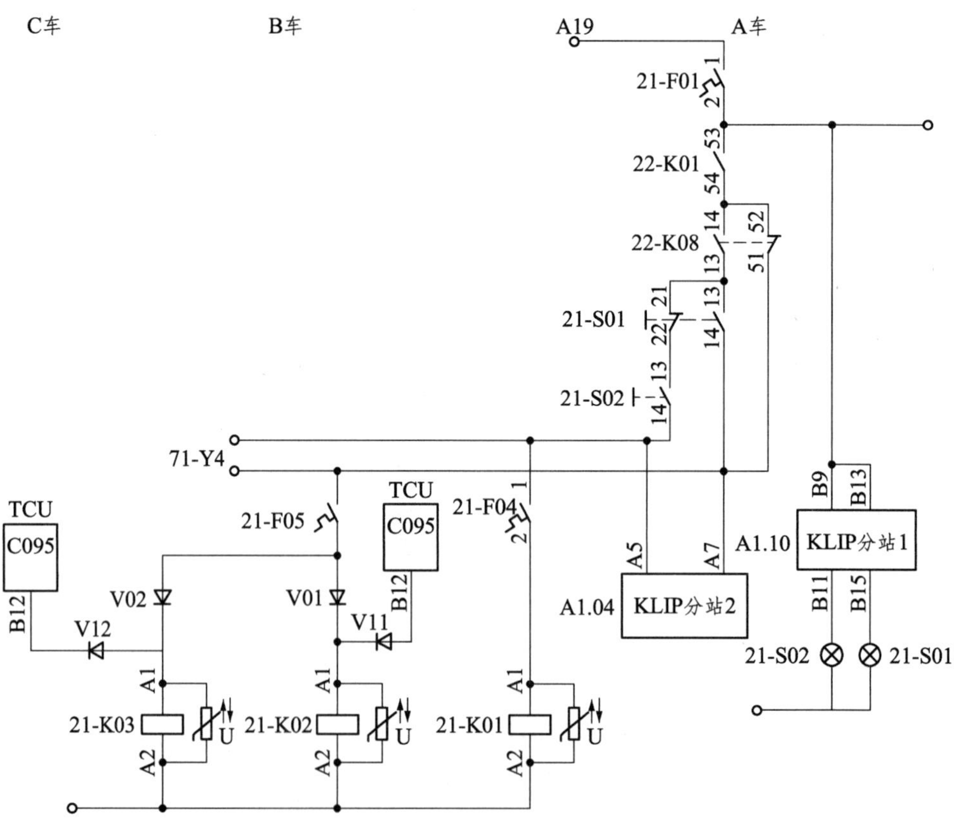

图 6-1-1　高速断路器控制电路

一、接通高速断路器继电器（21-K01）的线圈得电

由图 6-1-1 可以看出，如果要使接通高速断路器继电器（21-K01）的线圈得电，必须满足以下条件：

（1）电路输入空气开关（21-F01）必须闭合。

（2）司机室控制继电器（22-K01）的线圈必须得电，从而使得其常开触点 53-54 处于闭合状态。

（3）紧急停车继电器（22-K08）的线圈必须得电，从而使得其常开触点 13-14 处于闭合状态。

（4）高速断路器断开按钮（21-S01）不能被按下，从而使得它的常闭触点 21-22 处于闭合状态。

（5）高速断路器接通按钮（21-S02）必须被按下，从而使得它的常开触点 13-14 处于闭合状态。

（6）接通高速断路器的空气开关（21-F04）必须闭合。

在正常情况下，空气开关（21-F01）一直处于闭合位置，只有当电路出现异常情况（如短路等）、可能要损坏高速断路器时，电路输入空气开关（21-F01）才会自动断开，以起到保护高速断路器的目的。

司机室控制继电器（22-K01）线圈的得电情况是根据哪个单元作为控制单元（获得列车控制权）的情况来决定的。假设一单元作为控制单元（司机用行车钥匙打开司机控制台），那么处于一单元 A 车上的列车控制接通继电器（22-K01）线圈就得电。与此类似，如果二单元作为控制单元（司机用行车钥匙打开司机控制台），那么处于二单元 A 车上的列车控制接通继电器（22-K01）线圈就得电。

紧急停车继电器（22-K08）线圈的得电情况，则是由列车是否进行紧急制动来决定的，如果列车进行了紧急制动，那么紧急停车继电器（22-K08）线圈就会失电。

通过以上分析可知：当列车处于正常状态时，任意一个单元作为控制单元，获得列车控制权，只要按下高速断路器接通按钮（21-S02），同时保持高速断路器断开按钮（21-S01）位置状态不变，那么接通高速断路器继电器（21-K01）的线圈就会得电。

当控制单元司机室控制继电器（22-K01）的线圈得电，其常开触点 53-54 处于闭合状态，从蓄电池供给的电源都通过车钩传输给另一个单元的接通高速断路器继电器（21-K01）的线圈，使其得电。

在接通高速断路器继电器（21-K01）线圈得电的同时，KLIP 分站 1 检测到 A5 引脚上高速断路器接通按钮（21-S02）已经按下，于是 KLIP 分站 2 从 B11 引脚上输出一个高电平，使得高速断路器接通按钮（21-S02）的内置灯泡发光，提示司机按钮已被按下，接通高速断路器继电器供电线路已经接通。

二、断开高速断路器继电器（21-K02，21-K03）的线圈得电

由图 6-1-1 可以看出，如果要使 B 车断开高速断路器继电器（21-K02）和 C 车断开高速断路器继电器（21-K03）的线圈得电，那么应该符合以下条件：

（1）电路输入空气开关（21-F01）必须闭合。

（2）司机室控制继电器（22-K01）的线圈必须得电，从而使得其常开触点 53-54 处于闭合状态。

（3）紧急停车继电器（22-K08）的线圈不得电，从而使得其常闭触点 51-52 处于闭合状态。

（4）紧急停车继电器（22-K08）的线圈得电时，高速断路器断开按钮（21-S01）被按下，从而使得它的常开触点 13-14 处于闭合状态。

（5）断开高速断路器的空气开关（21-F05）必须闭合。

（6）B 车 TCU C095 板卡 B12 引脚输出高电平，将会使 B 车断开高速断路器继电器（21-K02）的线圈得电。

（7）C 车 TCU C095 板卡 B12 引脚输出高电平将会使 C 车断开高速断路器继电器（21-K03）的线圈得电。

由此可以得到以下结论：

（1）列车紧急停车时，所有 B 车断开高速断路器继电器（21-K02）和所有 C 车断开高速断路器继电器（21-K03）的线圈将会得电，使各动车高速断路器分断。

（2）正常状态下，按下高速断路器断开按钮（21-S01），B 车断开高速断路器继电器（21-K02）和 C 车断开高速断路器继电器（21-K03）的线圈得电，使各动车高速断路器分断。

（3）B 车 TCU C095 板卡 B12 引脚或 C 车 TCU C095 板卡 B12 引脚输出高电平，使相应的断开高速断路器继电器的线圈得电，使各动车高速断路器分断。

在断开高速断路器继电器（21-K02，21-K03）线圈得电的同时，KLIP 分站 1 检测到 A7 引脚上高速断路器断开按钮（21S0）已经按下，于是 KLIP 分站 2 从 B15 引脚上输出一个高电平，使得高速断路器断开按钮（21-S01）的内置灯泡发光，提示司机按钮已被按下，断开高速断路器继电器供电线路已经接通。

三、高速断路器闭合过程

本控制电路的电源由蓄电池提供。以 B 车为例，如图 6-1-2 所示，为了使高速断路器接通，必须满足以下条件：

（1）控制 B 车高速断路器的空气开关（21-F03）处于闭合状态。

（2）列车控制接通继电器（72-K02）的线圈得电。

（3）升弓继电器（21-K10）的线圈得电。

（4）B 车断开高速断路器继电器（21-K02）的线圈失电。

（5）接通高速断路器继电器（21-K01）的线圈得电。

当满足以上条件以后，接通 B 车高速断路器接触器 1（21-K08）的线圈得电，由于在该接触器线圈上的电流较大，当线圈得电后，立刻将该接触器的常闭触点 31-32 断开，同时将该接触器的常开触点 13-14 闭合，这样该接触器线圈的供电线路中串接了一个限流电阻，减小了电流，保证该线圈可以长时间安全工作。同时也保证了司机不必一直按着高速断路器接通按钮（21-S02）。

在接通 B 车高速断路器接触器 1（21-K08）线圈得电的同时，B 车高速断路器延时吸合继电器（21-K07）的线圈也将得电。由于它是延时吸合（延时 0.5 ~ 1 s），在延时时间内其常闭触点 15-16 依然处于闭合状态，这样在这段时间内 B 车高速断路器接触器 2（21-K09）线圈也因此而得电。

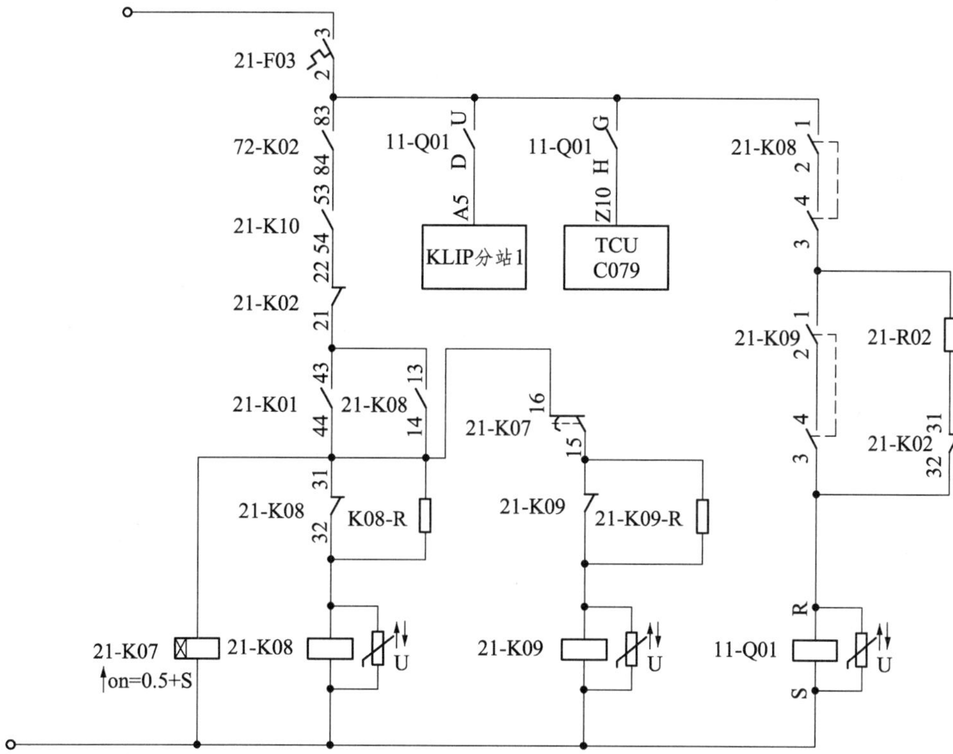

图 6-1-2　高速断路器的接通与断开控制电路

从上面的叙述中可以知道，在 B 车高速断路器延时吸合继电器（21-K07）的延时吸合时间内，高速断路器接触器 1（21-K08）和高速断路器接触器 2（21-K09）的线圈都得电，这样 21-K08 的常开触点 1-2 和 3-4，21-K09 的常开触点 1-2 和 3-4 都处于闭合状态，B 车高速断路器（11-Q01）主线圈的 S-R 都得电，高速断路器触点就处于接通状态。同时由于主线圈 S-R 得电，吸引内部机械装置移动到导通位置，高速断路器就处于导通状态，接通车辆主回路。

当 B 车高速断路器延时吸合继电器（21-K07）的延时吸合时间到了以后，21-K07 的常闭触点 15-16 将会断开，高速断路器接触器 2（21-K09）的线圈因而失电，21-K09 的常开触点 1-2 和 3-4 随之断开。此时由于高速断路器断开按钮（21-S01）未被按下，B 车断开高速断路器继电器（21-K02）线圈保持失电。这样即使 21-K09 的常开触点 1-2 和 3-4 处于断开状态，B 车高速断路器（11-Q01）的主线圈 S-R 依然能够经 B 车高速断路器限流电阻（21-R02）、B 车断开高速断路器继电器（21-K02）的常闭触点 31-32 保持得电状态。设置这些定时装置，主要是为了对流经 B 车高速断路器（11-Q01）的主线圈 S-R 的保持电流进行限流，以免长时间大电流流过线圈导致线圈损坏。

当 B 车高速断路器（11-Q01）的主线圈 S-R 处于得电状态后，B 车高速断路器（11-Q01）的常开触点 D-C 和 H-G 随之闭合，这样 KLIP 分站 1 的引脚 A5 和 TCU 的 CO79 板卡的引脚 Z10 将收到高速断路器已经合上的信息。

C 车高速断路器接通过程与 B 车一致。

四、高速断路器断开过程

当B车断开高速断路器继电器（21-K02）线圈得电以后，其常闭触点21-22和31-32就会断开，从而导致接通B车高速断路器接触器1（21-K08）线圈和B车高速断路器（11-Q01）的主线圈S-R失电，这样B车高速断路器就被分断了。由于此时B车高速断路器接触器1（21-K08）的常开触点13-14和高速断路器继电器（21-K01）的常开触点已经处于断开状态，所以即使此时司机放开高速断路器断开按钮（21-S01），使其常闭触点21-22闭合，由于高速断路器接通按钮（21-S02）未被按下，则接通B车高速断路器接触器1（21-K08）线圈和B车高速断路器（11-Q01）的主线圈S-R处于失电状态，这就保证了司机不必一直按着高速断路器断开按钮（21-S01）。

当B车高速断路器（11-Q01）的主线圈S-R处于失电状态后，B车高速断路器（11-Q01）的常开触点D-C和H-G随之断开，这样KLIP分站1的引脚A5和TCU的C079板卡的引脚Z10将收到高速断路器已经断开的信息。

C车高速断路器断开过程与B车一致。

【学习随笔】

任务2　受电弓控制电路的识读与检验

【实施工单】

1. 任务要求

（1）了解受电弓升降弓的方法。

（2）能够分析受电弓升降弓控制电路原理图。

（3）能根据已知条件绘制受电弓控制电路图。

（4）能根据受电弓控制电路原理图在实验台上进行控制电路的连接与检验。

2. 任务准备

（1）场地准备：城市轨道交通车辆检修实训中心（配备多媒体）。

（2）工具准备：受电弓控制电路示教板、故障设置仪、数字万用表。

（3）物品准备：绝缘手套、导线若干。

（4）建议课时：4 课时。

“受电弓控制电路的识读与检验”任务工单

<table>
<tr><td>姓名</td><td></td><td>班级</td><td></td><td>学号</td><td></td></tr>
<tr><td>时间</td><td></td><td>地点</td><td></td><td>组别</td><td></td></tr>
<tr><td>指导教师</td><td></td><td>专业</td><td colspan="3"></td></tr>
<tr><td>小组成员</td><td colspan="5"></td></tr>
<tr><td>任务</td><td colspan="5"></td></tr>
<tr><td colspan="3">一、知识储备</td><td colspan="3">成绩：</td></tr>
<tr><td colspan="6">（一）单选题
1. 受电弓升降弓控制电路的电源由（　　）提供。
A. 受电弓　B. 集电靴　C. 接触网　D. 蓄电池
2. 受电弓的升降弓时间通过调节（　　）实现。
A. 集电头弹簧盒　B. 活动构架导杆
C. 底架绝缘子　D. 驱动气缸缓冲阀
3. 受电弓工作控制阀线圈得电的条件与（　　）线圈得电条件完全相同。
A. 升弓继电器　B. 受电弓供电继电器
C. 降弓继电器　D. 紧急停车继电器
（二）多选题
1. 以下操作中，能导致受电弓降弓的有（　　）。
A. 按降弓按钮　B. 按升弓按钮
C. 按紧急停车按钮　D. 将本车降弓开关切换到切除位置
2. 升弓操作的限制条件包含（　　）。
A. 蓄电池不能提供足够的电流　B. 降弓按钮被按下
C. 本车落弓开关被拨到切除位置　D. 车辆处于紧急停车状态
E. 本单元不是受控单元
（三）综合分析题
1. 升弓继电器线圈得电的条件是什么？

2. 使用降弓按钮来实现降弓操作，必须具备什么样的条件？

3. 车辆控制系统如何判断列车是受电弓供电状态而不是车间电源供电状态？</td></tr>
<tr><td colspan="4">二、电路识读</td><td colspan="2">成绩：</td></tr>
<tr><td colspan="6">根据受电弓控制电路原理图填写下表内容。</td></tr>
</table>

序号	代号	名称	电气说明
1	21-S03	降弓按钮	自复位按钮
2	21-S04		
3	21-S05		
4	21-F08		
5	22-K08		
6	21-K10		
7	21-K11		
8	21-K12		
9	21-K15		
10	22-K53		
11	21-Y01		

三、受电弓控制电路的连接与检验	成绩：	
准备事项	已完成	未完成
1. 作业人员必须穿戴劳保鞋、安全帽、绝缘手套，做好安全防护。		
2. 作业前确认所有的工具和使用材料都处于检定有效使用期内。		
3. 小组成员根据自身状况和组长安排做好合理分工。		

四、操作及质量检查		成绩：
序号	评价标准	评价结果
1	操作前工具选用合理、安全防护到位。	
2	布线正确、线路布置简洁、整齐。	
3	万用表挡位选取及使用方法正确。	
4	升降弓操作方式正确全面。	
5	电路图绘制标准、正确。	
6	熟练使用秒表测量升降弓时间。	
7	熟练调整受电弓升降弓时间。	
8	作业后整理好工器具；作业记录表填写及时、准确。	

五、操作总结

【知识导航】

一、升弓操作

（一）升弓继电器（21-K10）线圈得电

从图 6-2-1 中可以看到，如果要进行升弓操作，首先要升弓继电器（21-K10）的线圈得电，这就要求必须满足以下条件：

（1）控制司机室继电器（22-K53）的线圈得电，从而使其常开触点 23-24 闭合。

（2）紧急停车继电器（22-K08）的线圈得电，从而使其常开触点 23-24 闭合，常闭触点 61-62 断开。

（3）降弓按钮（21-S03）未被按下，从而使其常闭触点 21-22 闭合。

（4）升弓按钮（21-S04）必须被按下，使其常开触点 13-14 处于闭合状态。

（5）本车降弓开关（21-S05）未处于切除位置，从而使其常闭触点 21-22 和 31-32 处于闭合状态。

（6）蓄电池可以提供足够的电流，供与升弓有关的继电器和控制阀维持其工作。

以上条件满足以后，升弓继电器（21-K10）的线圈就会得电，从而使 21-K10 的常开触点 13-14 和 23-24 闭合，由于常开触点 13-14 的闭合，加之降弓继电器（21-K12）的常闭触点 21-22 和本车降弓开关（21-S05）的常闭开关 21-22 处于闭合状态，升弓继电器（21-K10）就得以实现自保持状态，使其线圈可以在升弓按钮（21-S04）被释放的情况下依然保持得电状态。

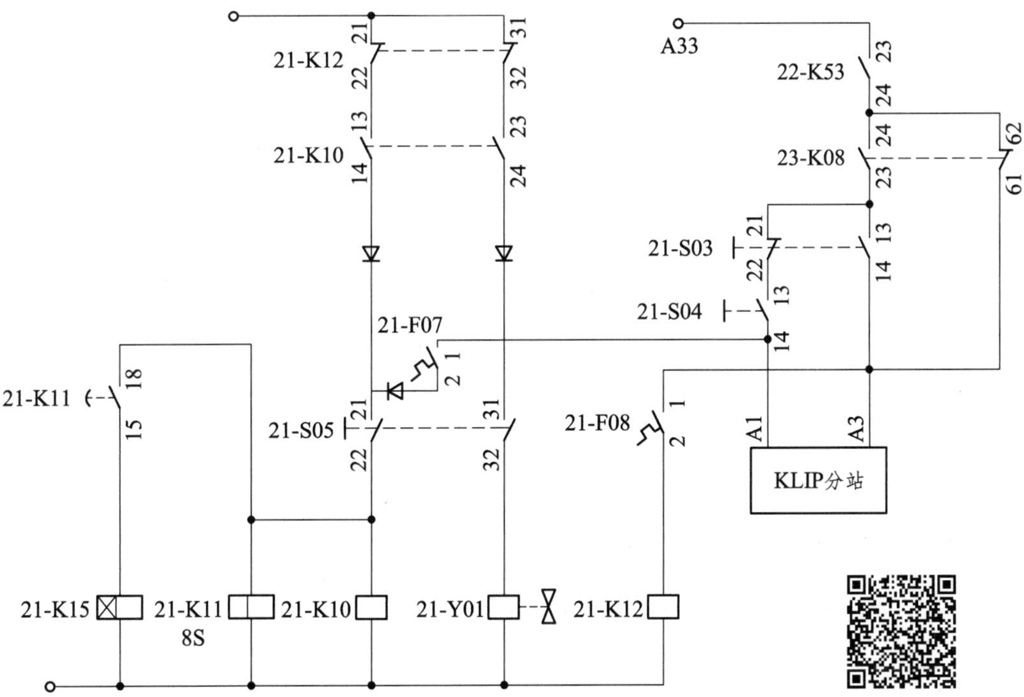

图 6-2-1　受电弓控制电路　　　　视频　受电弓控制电路

从图 6-2-1 中还可得知：

（1）一旦升弓按钮（21-S04）被按下，SIBAS KLIP 分站 1 从 A1 引脚上将检测到一个高电平，从而可以判断出升弓按钮已被按下。

（2）一旦升弓继电器（21-K10）的线圈得电，那么受电弓供电延时吸合继电器（21-K11）的线圈也同时得电，由于 21-K11 是一个延时吸合继电器，所以在其线圈得电（也就是升弓继电器线圈得电）以后大约 8 s，它的常开触点 15-18 才会闭合（此时升弓继电器 21-K10 已处于自保持状态），这样受电弓供电继电器（21-K15）的线圈就会得电，从而使车辆控制系统可以判断现在车辆进入受电供电状态，而非车间电源供电状态。

（二）受电弓工作控制阀（21-Y01）线圈得电

从图 6-2-1 中可以看到受电弓工作控制阀（21-Y01）线圈得电的条件与升弓继电器（21-K10）线圈得电的条件完全相同。

当升弓继电器（21-K10）的线圈得电后，其常开触点 23-24 闭合，由于此时降弓继电器（21-K12）的常闭触点 31-32 和本车降弓开关（21-S05）的常闭开关 31-32 也都处于闭合状态，于是受电弓工作控制阀（21-Y01）线圈得电，这样该控制阀将使受电弓气缸向升弓方向运动，直到受电弓完全升起为止。

（三）升弓操作的限制条件

从图 6-2-1 可以知道，在以下几种情况下，升弓操作将不能进行。

（1）蓄电池不能提供足够的电流，使升弓所需的继电器和控制阀的线圈保持在得电状态，直到受电弓完全升起（改由逆变器供电）。

（2）降弓按钮被按下。

（3）本车降弓开关被拨到切除位置。

（4）车辆处于紧急停车状态。

（5）本单元不是受控单元。

二、降弓操作

从图 6-2-1 中可以发现，如果要使车辆进行降弓操作一般有两种方法：按降弓按钮（21-S03）以及切换本车降弓开关（21-S05）到切除状态。这两种方法的原理基本相似：使升弓继电器（21-K10）或受电弓工作控制阀（21-Y01）的线圈失电。下面将分别介绍这两种方法。

（一）按降弓按钮进行降弓操作

要使用按降弓按钮来实现降弓操作，必须具备以下几点条件：

（1）控制司机室继电器（22-K53）的线圈得电，从而使其常开触点 23-24 闭合。

（2）紧急停车继电器（22-K08）的线圈得电，从而使其常开触点 23-24 闭合。

（3）降弓继电器保护空气开关（21-F08）闭合。

当满足以上条件以后，司机只要按下降弓按钮，马上就会构成一条从蓄电池电源输出点 A33，经过控制司机室继电器（22-K53）的常开触点 23-24，紧急停车继电器（22-K08）的常开触点 23-24，降弓按钮（21-S03）的常开触点 13-14，降弓继电器保护空气开关（21-F08），直到降弓继电器（21-K12）线圈的供电回路。于是降弓继电器（21-K12）线圈得电，其常闭触点 21-22 和 31-32 失电断开，升弓继电器（21-K10）线圈和受电弓工作控制阀（21-Y01）线圈的供电线路被切断，变为失电状态，由受电弓工作控制阀（21-Y01）控制的受电弓气缸向降弓方向运动，直到受电弓完全降下为止。

当司机按下降弓按钮（21-S03），SIBAS KLIP 分站 1 从 A3 引脚上将检测到一个高电平，从而可以判断出降弓按钮已被按下。

（二）将本车降弓开关切换到切除状态

这个操作的实现方式十分直接：通过切换本车降弓开关（21-S05）到切除状态，从而使其常闭触点 21-22 和 31-32 处于断开位置，这样便切断了升弓继电器（21-K10）线圈和受电弓工作控制阀（21-Y01）线圈的供电线路，于是这两个线圈失电，由受电弓工作控制阀（21-Y01）控制的受电弓气缸向降弓方向运动，直到受电弓完全降下为止。

【学习随笔】

____

____

____

____

____

____

任务 3　牵引制动控制电路的识读与检验

【实施工单】

1. 任务要求

（1）了解列车的紧急/非紧急工作状态。

（2）能够独立分析列车牵引制动控制电路原理图。

（3）掌握列车的牵引制动、方向控制方法。

（4）能根据列车牵引制动控制电路原理图在实验台上进行控制电路的连接与检验。

2. 任务准备

（1）场地准备：城市轨道交通车辆检修实训中心（配备多媒体）。

（2）工具准备：列车牵引制动控制电路示教板、故障设置仪、数字万用表。

（3）物品准备：绝缘手套、导线若干。

（4）建议课时：4 课时。

"牵引制动控制电路的识读与检验"任务工单

姓名		班级		学号	
时间		地点		组别	
指导教师		专业			
小组成员					
任务					

一、知识储备	成绩：

（一）单选题

1. 列车进行全常用制动指令的条件是（　　）。
   A. 主控制手柄处于制动或快速制动位　　B. 禁止牵引继电器的线圈得电
   C. 所有车辆右门/左门关好继电器线圈得电　　D. 以上任一条件满足即可
2. 下列选项中，（　　）不是列车进行手动牵引的条件。
   A. 主控制器在牵引位　　B. 警惕按钮被按下
   C. 车门出现故障时，所有车门关好旁路开关处于旁路位置
   D. 紧急制动按钮被按下

（二）多选题

1. 电动列车允许牵引的条件有（　　）。
   A. 非车间电源供电方式　　B. 所有停车制动都处于释放状态
   C. 主风缸压力可用　　D. 安全疏散门锁好
2. 以下说法正确的是（　　）。
   A. 后退、紧急牵引和正常牵引指令被 TCU 接受和执行
   B. 全常用制动指令被 TCU 和 BECU 接受和执行
   C. 快速制动指令被 TCU 和 BECU 接受和执行
   D. 紧急制动指令被制动控制阀接受和执行

（三）判断题

1. 列车非紧急工作状态和紧急工作状态下列车接通控制继电器的线圈得电条件不一样。（　　）
2. 方式/方向手柄处于后退位置，后退指令将在所有车上被执行。（　　）
3. 自动驾驶转换继电器决定了基准值转换器从哪里输入基准值。（　　）

（四）综合分析题

1. 列车非紧急工作状态要使列车接通控制继电器（22-K01、22-K51、22-K52、22-K53）的线圈得电，必须满足哪些条件？

2. 列车进行手动牵引的条件有哪些？

3. 列车进行紧急制动指令的条件有哪些？

二、电路识读	成绩：

根据牵引制动控制电路原理图填写下表内容。

序号	代号	名称	电气说明
1	22-A01-S01	主控制器钥匙开关	钥匙开关

2	22-A01-S2		
3	22-A01-S3		
4	22-A01-S4		
5	22-F01		
6	22-K01		
7	22-K02		
8	22-K03		
9	22-K09		
10	22-K11		
11	22-K12		
12	22-K13		
13	22-K18		
14	22-K19		
15	22-K25		
16	22-K26		
17	22-K41		
18	22-K51～K53		
19	27-K09		
20	86-K01		
21	91-K01		
22	91-K02		

三、列车牵引制动控制电路的连接与检验	成绩：	
准备事项	已完成	未完成
1. 作业人员必须穿戴劳保鞋、安全帽、绝缘手套，做好安全防护。		
2. 作业前确认所有的工具和使用材料都处于检定有效使用期内。		
3. 小组成员根据自身状况和组长安排做好合理分工。		

四、操作及质量检查		成绩：
序号	评价标准	评价结果
1	操作前工具选用合理、安全防护到位。	
2	电路图绘制标准、正确。	
3	控制电路导线连接正确。	
4	线路布置简洁、整齐。	
5	列车的各种牵引和制动及方向操纵操作方式正确全面。	
6	万用表挡位选取及使用方法正确。	

7	熟练判断并排除示教板上的电路故障。	
8	作业后整理好工器具；作业记录表填写及时、准确。	
五、操作总结		

【知识导航】

一、列车非紧急工作状态［列车紧急工作旋钮开关（22-S05）未拨到紧急工作位置］

列车牵引控制电路起始工作电源由蓄电池供电。从图 6-3-1 中可以看出，如果要使列车接通控制继电器（22-K01、22-K51、22-K52、22-K53）的线圈得电，必须满足以下条件：

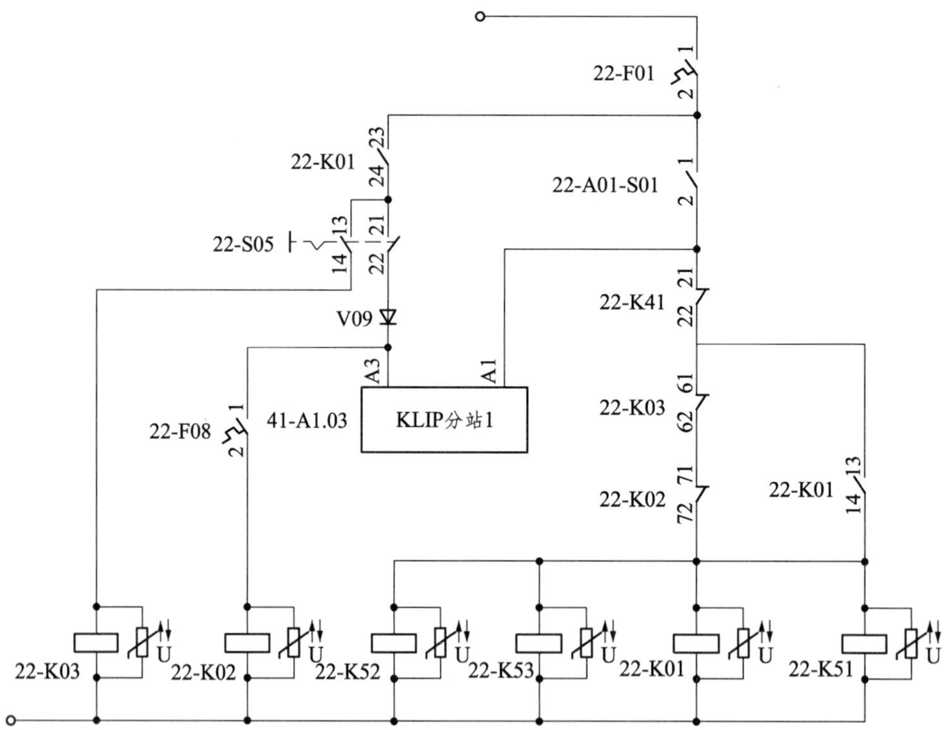

图 6-3-1　列车控制电路

（1）列车控制的空气开关（22-F01）闭合。

（2）用司机钥匙打开主控制器钥匙开关（22-A01-S01），使常开触点 1-2 闭合。

（3）连挂牵引继电器（22-K41）的线圈未得电，常闭触点 21-22 处于闭合状态。

（4）控制列车紧急继电器（22-K03）的线圈未得电，常闭触点 61-62 处于闭合状态。

（5）车辆控制接通继电器（22-K02）的线圈未得电，常闭触点 71-72 处于闭合状态。

当列车接通控制继电器（22-K01）线圈得电后，其常开触点 23-24 和 13-14 闭合，其中常开触点 13-14 闭合使列车接通控制继电器（22-K01）处于导通自保持状态。而常开触点 23-24 的闭合使车辆控制接通继电器（22-K02）的线圈获得了得电的条件（B 车、C 车的 22-K02 线圈供电线路中包括车钩）。

当用司机钥匙打开主控制器钥匙开关，SIBAS KLIP 分站 1（41-A1.03）从 A1 引脚上将检测到一个高电平，从而可以判断出主控制器钥匙开关已被打开。

当车辆控制接通继电器（22-K02）的线圈得电，SIBAS KLIP 分站 1（41-A1.03）从 A3 引脚上将检测到一个高电平，从而可以判断出 22-K02 线圈得电，列车处于非紧急工作状态。

二、列车紧急工作状态［列车紧急工作旋钮开关（22-S05）拨到紧急工作位置］

处于这个状态时，列车接通控制继电器（22-K01、22-K51、22-K52、22-K53）的线圈得电的条件与前面介绍的一样，只是由于列车紧急工作旋钮开关（22-S05）拨到紧急工作位置，从而使其常开触点 13-14 处于闭合状态，而常闭触点 23-24 处于断开状态，这样车辆控制接通继电器（22-K02）的线圈失去了得电的条件，而列车接通控制继电器（22-K01）常开触点 23-24 的闭合却使控制列车紧急工作继电器（22-K03）的线圈得电（B 车、C 车的 22-K03 线圈供电线路中包括车钩）。

车辆控制接通继电器（22-K02）的线圈不得电，KLIP 分站 1（41-A1.03）从 A3 引脚上将检测到一个低电平，从而可以判断出 22-K02 线圈未得电，列车处于紧急工作状态。

三、车辆方向控制

当方式/方向手柄（22-A01-S3）处于向前状态或 ATP 状态时，常开触点 11-12 处于断开状态，常开触点 9-10 处于闭合状态，这样向前继电器（22-K11）的线圈得电，向后继电器（22-K12）的线圈失电，如图 6-3-2 所示。

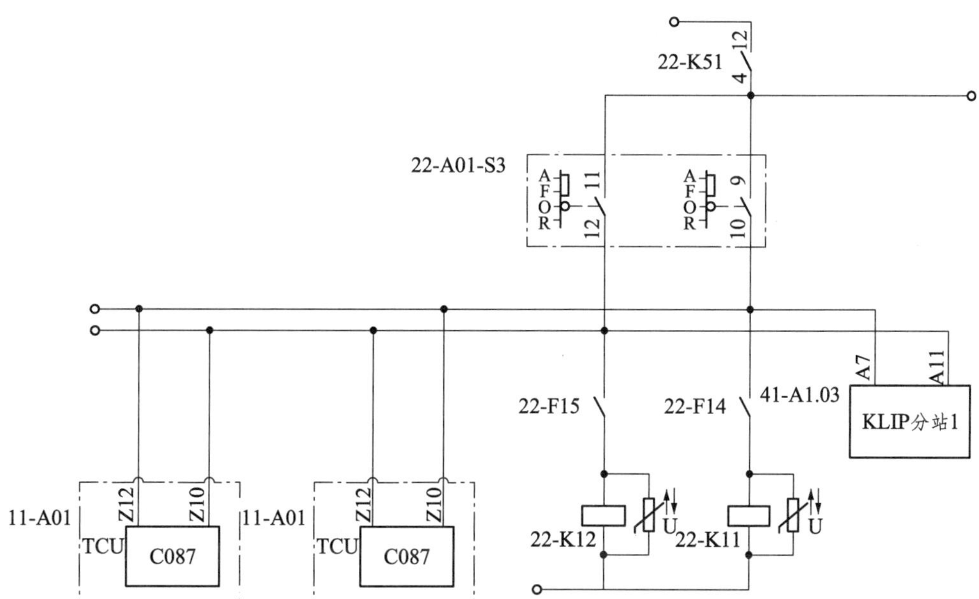

图 6-3-2　列车牵引方向控制电路

当方式/方向手柄（22-A01-S3）处于后退状态时，常开触点 11-12 处于闭合状态，常开触点 9-10 处于断开状态，这样向后继电器（22-K12）的线圈得电，向前继电器（22-K11）的线圈失电。

当方式/方向手柄（22-A01-S3）处于零位时，常开触点 11-12 和 9-10 都处于断开状态，这样向前继电器（22-K11）和向后继电器（22-K12）的线圈都处于失电状态。

方式/方向手柄的状态将被 A 车的 SIBAS KLIP 分站 1（41-A1.03）和 B、C 车的牵引控制单元 C087 板卡中检测到，以便进行相应的判断和处理。

（1）向前或 ATP 状态：SIBAS KLIP 分站 1（41-A1.03）的引脚 A7 和牵引控制单元 C087 板卡的引脚 Z10 为高电平；SIBAS KLIP 分站 1（41-A1.03）的引脚 A11 和牵引控制单元 C087 板卡的引脚 Z12 为低电平。

（2）向后状态：SIBAS KLIP 分站 1（41-A1.03）的引脚 A7 和牵引控制单元 C087 板卡的引脚 Z10 为低电平；SIBAS KLIP 分站 1（41-A1.03）的引脚 A11 和牵引控制单元 C087 板卡的引脚 Z12 为高电平。

（3）零位状态：SIBAS KLIP 分站 1（41-A1.03）的引脚 A7 和 A11，牵引控制单元 C087 板卡的引脚 Z10 和 Z12 都为低电平。

四、基准值转换电路

列车基准值转换器（22-A05）的功能为将 ATC 系统（ATP 模式）或主控制器手柄输出的基准值转换为脉宽调制信号，并将这些信号传送到制动控制单元（BECU）和牵引控制单元（TCU）中，以便控制单元可以根据转换后脉宽调制信号进行必要的牵引和制动控制，如图 6-3-3 所示。

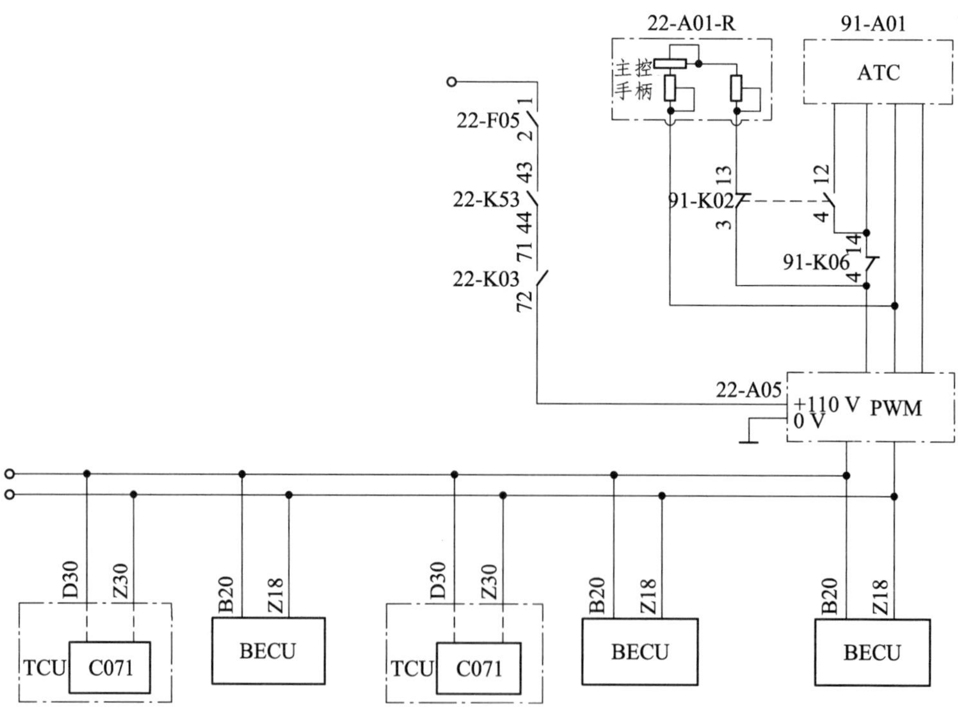

图 6-3-3　控制电路工作方式和基准值电路

自动驾驶转换继电器Ⅱ（91-K02）决定了基准值转换器（22-A05）从哪里输入基准值：

（1）91-K02 的线圈得电，常闭触点 3-13 断开，常开触点 4-12 闭合，基准值转换器（22-A05）从 ATC 系统输入基准值。

（2）91-K02 的线圈失电，常闭触点 3-13 闭合，常开触点 4-12 断开，基准值转换器（22-A05）从主控制器手柄输入基准值。

五、列车牵引/制动控制电路（如图 6-3-4 和图 6-3-5 所示）

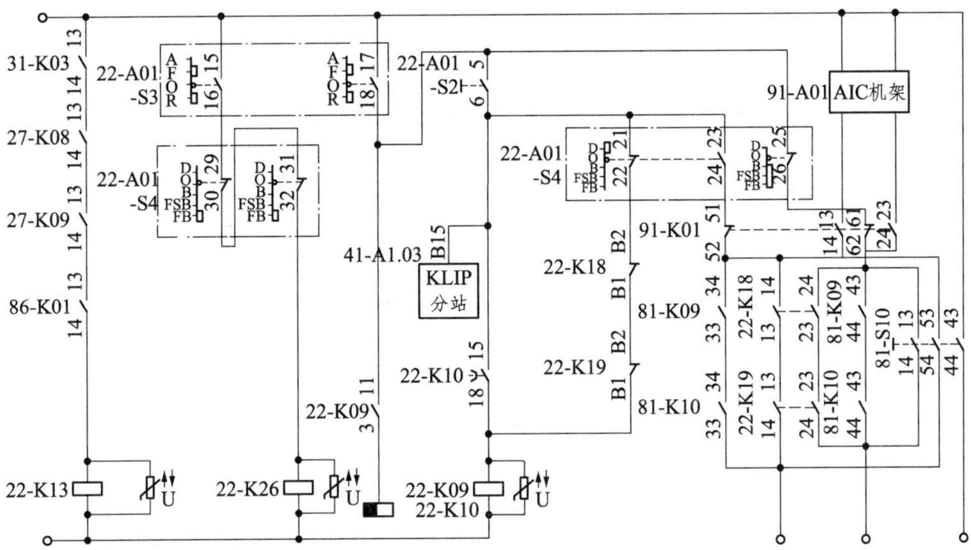

图 6-3-4　列车牵引/制动控制电路Ⅰ

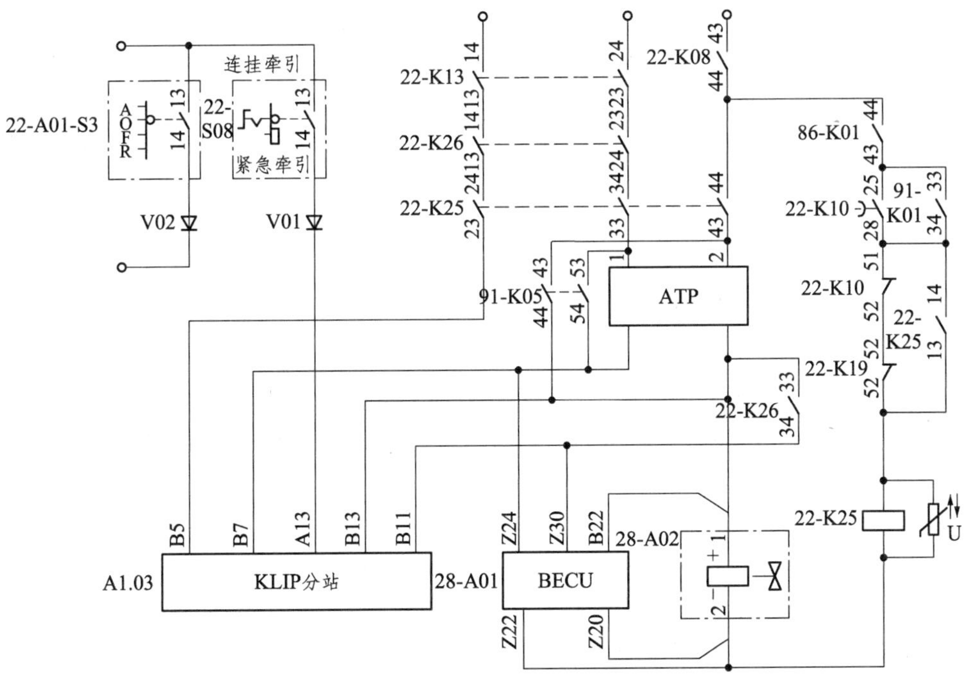

图 6-3-5　列车牵引/制动控制电路Ⅱ

1. 禁止牵引继电器（22-K13）线圈得电条件

（1）非车间电源继电器（31-K03）线圈得电，常开触点 13-14 闭合。

（2）所有停车制动释放继电器（27-K08）线圈得电，常开触点 13-14 闭合。

（3）主风缸压力可用继电器（27-K09）线圈得电，常开触点 13-14 闭合。

（4）安全疏散门锁好继电器（86-K01）线圈得电，常开触点 13-14 闭合。

当列车非车间电源供电方式，所有停车制动都处于释放状态，主风缸压力可用和安全疏散门锁好这些条件都满足的情况下，电动列车才允许牵引。

2. 快速制动继电器（22-K26）线圈得电条件

（1）方式/方向手柄 22-A01-S3 处于 AT0、前进或后退位置，常开触点 15-16 闭合。

（2）主手柄（22-A01-S4）处于快速制动位置，常闭触点 29-30 和 31-32 处于闭合位置。

3. 警惕按钮继电器得电条件

假设方式/方向手柄处于前进位置，同时警惕按钮（22-A01-S2）被司机按下。

（1）在车辆静止的情况下，警惕按钮继电器Ⅰ（22-K09）线圈得电条件为：

① 方式方向手柄（22-A01-S3）在前进位置，常开触点 17-18 闭合。

② 警惕按钮（22-A01-S2）被按下，常开触点 5-6 闭合。

③ 主控制器（22-A01-S4）在 0 位，常闭触点 21-22 闭合。

④ 速度 = 0 继电器 1（22-K18）线圈失电，常闭触点 B1-B2 闭合。

⑤ 速度 = 0 继电器 2（22-K19）线圈失电，常闭触点 B1-B2 闭合。

（2）在车辆处于手动牵引的情况下，警惕按钮继电器Ⅱ（22-K10）线圈得电条件为：

① 方式方向手柄（22-A01-S3）在前进位置，常开触点 17-18 闭合。

② 主控制器（22-A01-S4）在牵引位，常开触点 23-24 闭合。

③ 警惕按钮继电器Ⅰ（22-K09）线圈得电，常开触点 3-11 闭合。

当警惕按钮（22-A01-S2）未被按下，其常开触点 5-6 断开，警惕按钮继电器Ⅱ（22-K10）将进入延时断开状态，在 4 s 后，其常开触点 25-28 将断开，于是紧急制动继电器（22-K25）的线圈失电，这时车辆马上进行紧急制动。

4. 列车进行手动牵引的条件

（1）方式/方向手柄（22-A01-S3）在前进位置，常开触点 17-18 闭合。

（2）警惕按钮（22-A01-S2）被按下，常开触点 5-6 闭合。

（3）主控制器（22-A01-S4）在牵引位，常开触点 23-24 闭合。

（4）自动驾驶转换继电器（91-K01）的线圈失电，常闭触点 51-52 闭合。

（5）当列车运行时，速度>0，继电器（22-K18，22-K19）的线圈得电，常开触点 23-24 闭合。

（6）当列车静止时，所有车辆右门关好继电器（81-K09）和所有车辆左门关好继电器（81-K10）的线圈都得电，常开触点 33-34 闭合。

（7）当车门出现故障时，所有车门关好旁路开关（81-S10）处于旁路位置，常开触点 13-14 闭合。

（8）禁止牵引继电器（22-K13）的线圈得电，常开触点 13-14 闭合。
（9）快速制动继电器（22-K26）的线圈得电，常开触点 13-14 闭合。
（10）紧急制动继电器（22-K25）的线圈得电，常开触点 23-24 闭合。
车辆是否进行手动牵引的状态将输入 SIBAS KLIP 分站 1（41-A1.03）的引脚 B5。

5. 列车进行自动牵引指令的条件

（1）参看图 6-3-4 和图 6-3-5（AT0 状态）。
（2）自动驾驶转换继电器（91-K01）线圈得电，常开触点 13-14 闭合。
（3）禁止牵引继电器（22-K13）的线圈得电，常开触点 13-14 闭合。
（4）快速制动继电器（22-K26）的线圈得电，常开触点 13-14 闭合。
（5）紧急制动继电器（22-K25）的线圈得电，常开触点 23-24 闭合。
（6）当列车运行时，速度>0，继电器（22-K18，22-K19）的线圈得电，常开触点 23-24 闭合。
（7）当列车静止时，所有车辆右门关好继电器（81-K09）和所有车辆左门关好继电器（81-K10）的线圈都得电，常开触点 33-34 闭合。
（8）当车门出现故障时，所有车门关好旁路开关（81-S10）处于旁路位置，常开触点 13-14 闭合。
列车是否进行自动牵引的状态将输入 SIBAS KLIP 分站 1（41-A1.03）的引脚 B5。

6. 列车进行全常用制动指令（低电平）的条件

列车进行全常用制动指令（低电平）的条件为以下任意一个：
（1）主控制器手柄（22-A01-S4）处于制动和快速制动位置。
（2）所有车辆右门关好继电器（81-K09）的线圈得电，常开触点 43-44 闭合。
（3）所有车辆左门关好继电器（81-K10）的线圈得电，常开触点 43-44 闭合。
（4）禁止牵引继电器（22-K13）的线圈得电，常开触点 23-24 闭合。
（5）快速制动继电器（22-K26）的线圈得电，常开触点 23-24 闭合。
（6）紧急制动继电器（22-K25）的线圈得电，常开触点 33-34 闭合。
ATP（91-A01）监视全常用制动指令，并将指令发送到 BECU（28-A01）和 KLIP 分站 1（41-A1.03）的引脚 B7。
当 ATP 出现故障之后，ATP 可以被一个旋转开关所切除。这样继电器 ATP 切除继电器（91-K05）的线圈将会得电，其常开触点 53-54 闭合，这样全常用制动指令绕过 ATP 直接发送给 BECU（28-A01）和 SIBAS KLIP 分站 1（41-A1.03）的引脚 B7。

7. 列车进行紧急制动指令（低电平）的条件

列车进行紧急制动指令（低电平）的条件为以下任意一个：
（1）当牵引时，用方式/方向手柄（22-A01-S03）改变车辆的牵引方向。
（2）紧急停车继电器（22-K08）线圈失电，常开触点 43-44 断开。
（3）安全疏散门继电器（86-K01）线圈失电，常开触点 43-44 断开。
（4）警惕按钮继电器Ⅱ（22-K10）线圈失电，常开触点 25-28 断开。

（5）紧急制动继电器（22-K25）的线圈失电，常开触点 13-14 闭合。

ATP（91-A01）监视紧急制动指令，并将指令发送到 BECU（28-A01）和 SIBAS KLIP 分站 1（41-A1.03）的引脚 B13。

当 ATP 出现故障之后，ATP 可以被一个旋转开关所切除。这样继电器 ATP 切除继电器（91-K05）的线圈将会得电，其常开触点 43-44 闭合，这样紧急制动指令绕过 ATP 直接发送给制动控制阀（28-A02）和 SIBAS KLIP 分站 1（41-A1.03）的引脚 B13。

8. 列车后退运行的条件

方式/方向手柄处于后退位置，后退指令将在所有车上被执行。

后退、紧急牵引和正常牵引指令将被 TCU 接收和执行。全常用制动和快速制动指令将被 TCU 和 BECU 接收和执行。而紧急制动指令将被制动控制阀（28-A02）接收和执行。

9. 连挂牵引/零位/紧急牵引旋钮开关

连挂牵引/零位/紧急牵引旋钮开关（22-S08）（见图 6-3-4）处于联挂牵引位置，被牵引列车的控制将被解除，同时牵引列车将增大牵引力。

连挂牵引/零位/紧急牵引旋钮开关处于零位时，列车处于正常操作状态。

连挂牵引/零位/紧急牵引旋钮开关处于紧急牵引时，列车将进入紧急牵引状态，旁路 CCU 同时对列车的操作将被限制。

【学习随笔】

____

____

____

____

____

____

____

任务 4　辅助系统控制电路的识读与检验

【实施工单】

1. 任务要求

（1）了解辅助系统的供电方式。

（2）能够独立分析辅助系统控制电路原理图。

（3）能根据辅助系统控制电路原理图在实验台上进行控制电路的连接与检验。

2. 任务准备

（1）场地准备：城市轨道交通车辆检修实训中心（配备多媒体）。

（2）工具准备：辅助系统控制电路示教板、故障设置仪、数字万用表。

（3）物品准备：绝缘手套、导线若干。

（4）建议课时：4 课时。

"辅助系统控制电路的识读与检验"任务工单

<table>
<tr><td>姓名</td><td></td><td>班级</td><td></td><td>学号</td><td></td></tr>
<tr><td>时间</td><td></td><td>地点</td><td></td><td>组别</td><td></td></tr>
<tr><td>指导教师</td><td></td><td>专业</td><td colspan="3"></td></tr>
<tr><td>小组成员</td><td colspan="5"></td></tr>
<tr><td>任务</td><td colspan="5"></td></tr>
<tr><td colspan="4">一、知识储备</td><td colspan="2">成绩：</td></tr>
<tr><td colspan="6">（一）单选题
1. 列车上（　　）的辅助逆变器能输出 380 V 三相交流电。
A. A 车　　B. B 车　　C. C 车　　D. 所有
2. 方便插头输出的是（　　）。
A. 36 V 直流电　　B. 110 V 直流电　　C. 220 V 交流电　　D. 380 V 交流电
（二）多选题
1. 每节（　　）负责本单元半数空调的供电。
A. A 车　　B. B 车　　C. C 车　　D. 以上都是
2. 辅助系统供电接触器的工作条件有（　　）。
A. 蓄电池供电方式　　B. 受电弓供电方式
C. 车间电源供电方式　　D. 方便插头供电方式
（三）判断题
1. A 车辅助逆变器和 B 车、C 车辅助逆变器结构完全相同。（　　）
2. A 车逆变器有两种启动方式，分别是正常启动和应急启动。（　　）
3. 逆变器启动时会产生信号，用以通知 CCU 逆变器启动信息。（　　）
（四）综合分析题
1. 根据图 6-4-4 说明 A 车逆变器应急启动需要哪些条件。

2. 简述直流输出接触器线圈的得电过程。

</td></tr>
<tr><td colspan="4">二、电路识读</td><td colspan="2">成绩：</td></tr>
<tr><td colspan="6">根据辅助系统控制电路原理图填写下表内容。</td></tr>
</table>

序号	代号	名称	电气说明
1	31-A02-F01	受电弓供辅助电源的熔丝	熔断器
2	31-A02-F02		
3	31-K01		

4	31-K02		
5	31-S01		
6	31-S02		
7	72-K02		
8	32-A01-Q01		
9	21-K10		
10	21-K14		
11	21-K15		

三、辅助系统控制电路的连接与检验	成绩：	
准备事项	已完成	未完成
1. 作业人员必须穿戴劳保鞋、安全帽、绝缘手套，做好安全防护。		
2. 作业前确认所有的工具和使用材料都处于检定有效使用期内。		
3. 小组成员根据自身状况和组长安排做好合理分工。		

四、操作及质量检查		成绩：
序号	评价标准	评价结果
1	操作前工具选用合理、安全防护到位。	
2	电路图绘制标准、正确。	
3	控制电路导线连接正确。	
4	线路布置简洁、整齐。	
5	逆变器启动操作方式正确全面。	
6	作业后整理好工器具；作业记录表填写及时、准确。	
五、操作总结		

【知识导航】

一、辅助逆变器电路

每节车辆都有一个辅助逆变器，每个逆变器输出 380 V 三相交流电，用以供给那些需要交流电的负载。A 车逆变器比 B、C 车逆变器多了一个蓄电池充电器。

逆变器一共有两种供电方式：受电弓供电和车间电源供电，如图 6-4-1 所示。

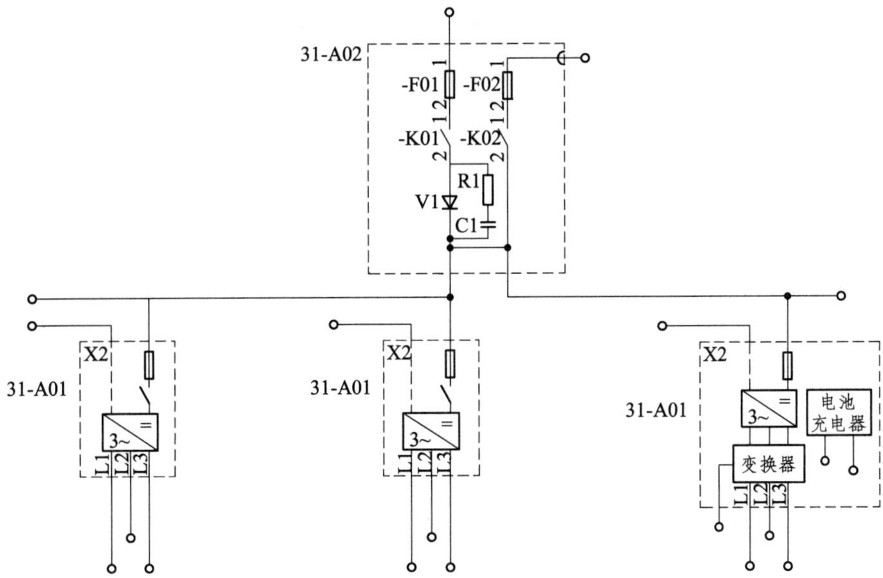

图 6-4-1　逆变器电路

当使用受电弓供电方式时，受电弓供辅助电源的熔丝（31-A02-F01）必须完好；受电弓供电接触器（31-A02-K01）的线圈必须得电，常开触点 1-2 闭合。

当使用车间电源供电方式时，车间电源供辅助电源的熔丝（31-A02-F02）必须完好；车间电源供电接触器（31-A02-K02）的线圈必须得电，常开触点 1-2 闭合。

二、辅助照明、空调配电图

只有当 A 车的逆变器三相输出接触器（31-K02）的线圈得电，常开触点 1-2、3-4 和 5-6 闭合，所有车辆的客室照明电路才获得电源。每节 A 车辅助逆变器负责一半客室照明的供电，方便插头输出 220 V 交流电，如图 6-4-2 所示。

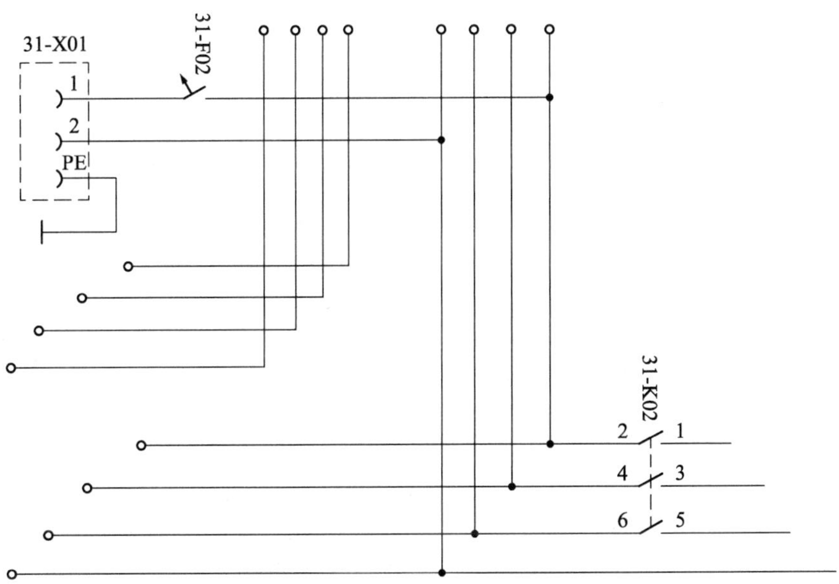

图 6-4-2　照明配电

只有当 B 车、C 车的逆变器三相输出接触器（31-K02）的线圈得电，常开触点 1-2、3-4 和 5-6 闭合，所有车辆的空调电路才获得电源。每节 B 车、C 车各负责本单元半数空调的供电，如图 6-4-3 所示。

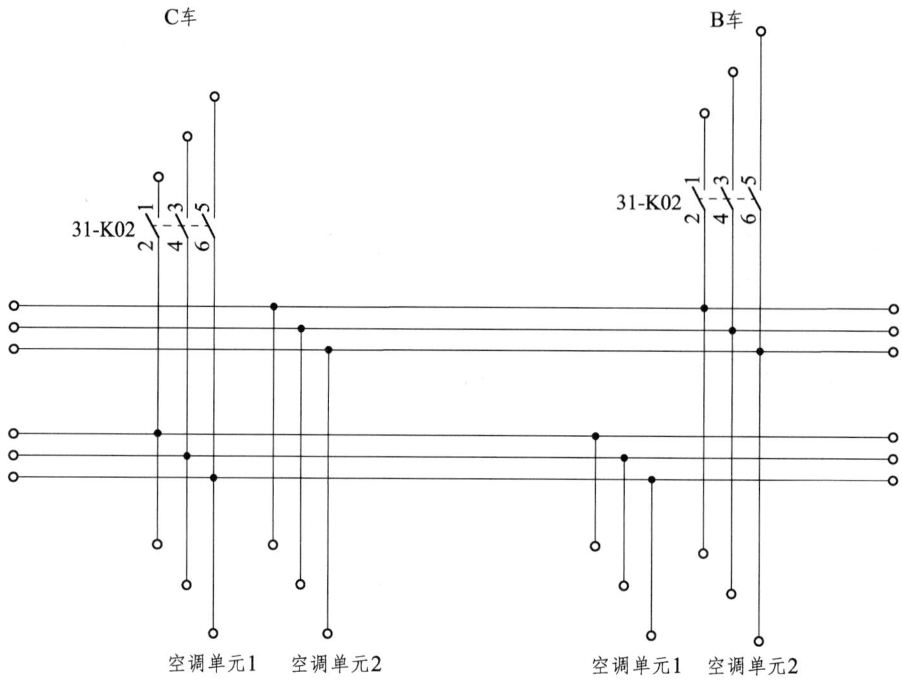

图 6-4-3　空调配电

1. A 车逆变器启动、故障和交流输出电路

A 车逆变器有两种启动方式：正常启动和应急启动，如图 6-4-4 所示。

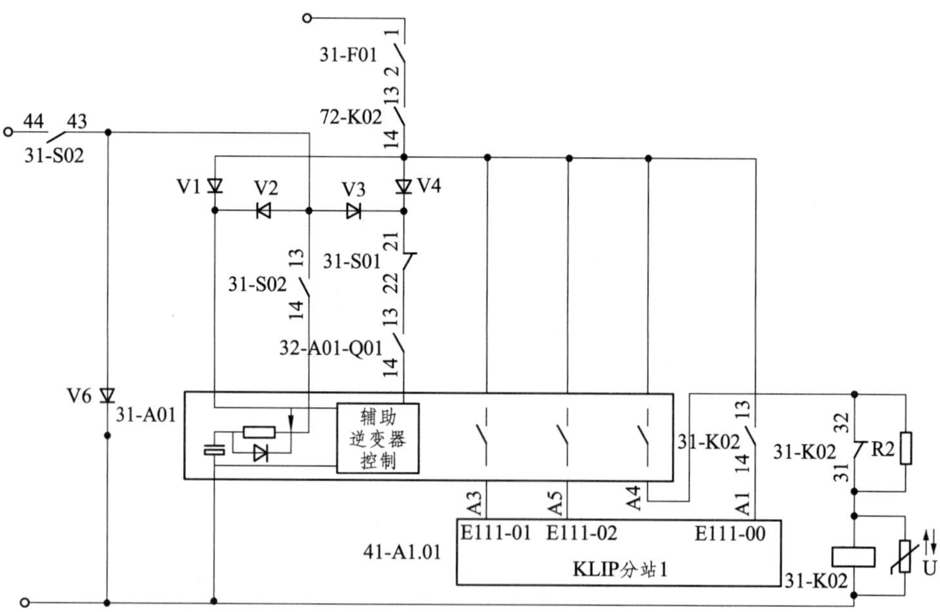

图 6-4-4　A 车逆变器启动、故障和交流输出电路

1）正常启动条件（DC 1 500 V）

（1）列车控制接通继电器（72-K02）线圈得电，常开触点 13-14 闭合。

（2）本车逆变器切除旋钮开关（31-S01）未处于切除位置，常闭触点 21-22 闭合。

（3）主电池转换开关盒主闸刀辅助触点（32-A01-Q01）13-14 闭合。

2）应急启动条件

（1）逆变器紧急启动按钮（31-S02）被按下，常开触点 13-14 和 43-44 闭合。

（2）本车逆变器切除旋钮开关（31-S01）未处于切除位置，常闭触点 21-22 闭合。

（3）主电池转换开关盒主闸刀（32-A01-Q01）辅助触点 13-14 闭合。

逆变器启动时会产生信号，用以通知 CCU 逆变器启动信息。当逆变器启动成功，它会从 31-A01 的 A4 输出一个高电平，使逆变器三相输出接触器（31-K02）的线圈得电，常开触点 13-14 闭合，这样 CCU KLIP 分站 1 输入 A1 就检测到一个高电平，从而可以判断出逆变器启动成功。如果 CCU KLIP 分站 1 输入 A3 为低电平，则说明 A 车逆变器故障；而如果 CCU KLIP 分站输入 A5 为低电平，则说明电池充电/电池负载故障。

2. B、C 车逆变器启动、故障和交流输出电路

由于 B 车和 C 车这部分图纸类似，所以这里只以 B 车为例进行介绍，如图 6-4-5 所示。

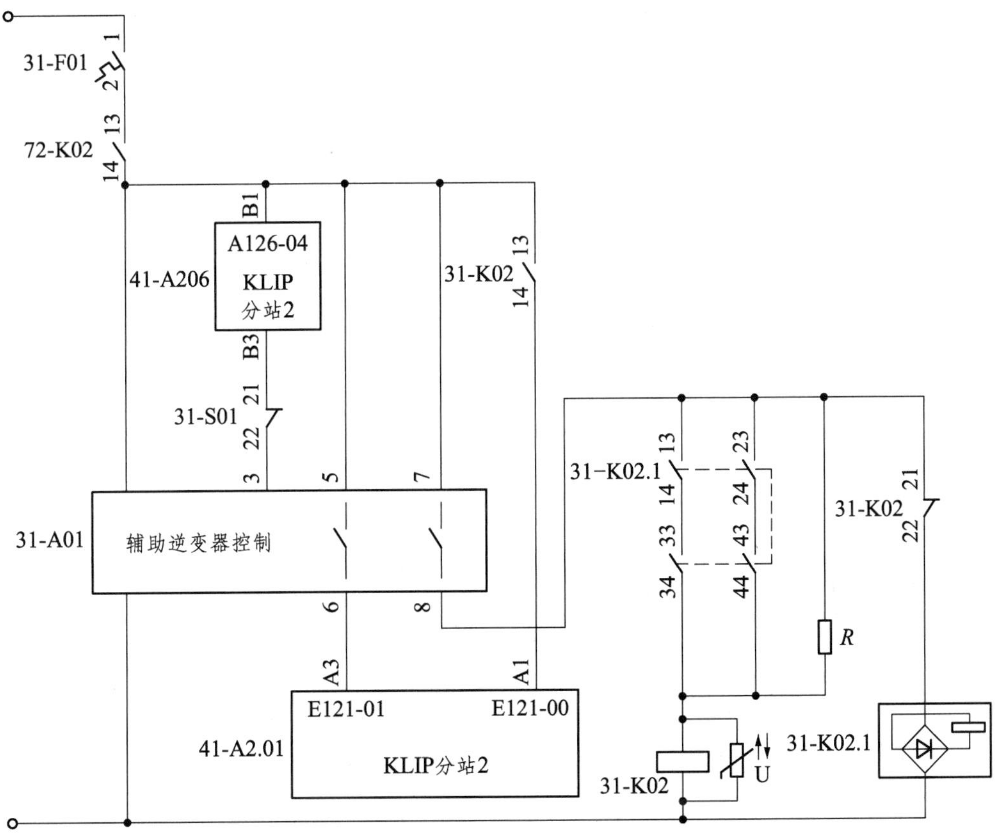

图 6-4-5　B 车逆变器启动、故障和交流输出电路

B 车逆变器启动的条件：

（1）列车控制接通继电器（72-K02）线圈得电，常开触点 13-14 闭合。

（2）本车逆变器切除旋钮开关（31-S01）未处于切除位置，常闭触点 21-22 闭合。

和 A 车不同，B 车逆变器启动信号的建立还要靠 SIBAS KLIP 分站输出的一个高电平起到输出驱动的作用。一旦逆变器启动成功，就会从 31-A01 的输出 8 输出一个高电平，用以驱动接触器工作控制辅助继电器（31-K02.1）的线圈得电，其常开触点 13-14、23-24、33-34 和 43-44 闭合，这样逆变器三相输出接触器（31-K02）的线圈得电，常开触点 13-14 闭合，SIBAS KLIP 分站 2 的输入 A1（B 车逆变器允许接通负载）就会检测到一个高电平，从而可以判断出逆变器启动成功。如果 SIBAS KLIP 分站 2 的输入 A1 为低电平，则说明 B 车逆变器故障。

3. 1 500 V 直流供电接触器

相对于两种供电方式，供电接触器的工作条件也有两种，如图 6-4-6 所示。

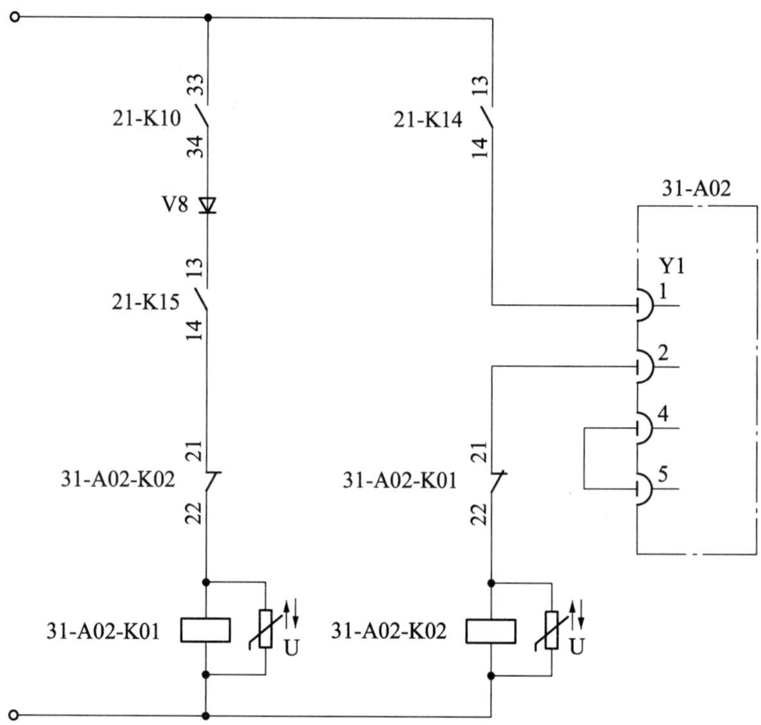

图 6-4-6　供电接触器电路

1）受电弓供电方式

（1）受电弓供电继电器（21-K15）的线圈得电，常开触点 13-14 闭合。

（2）升弓继电器（21-K10）线圈得电，常开触点 33-34 闭合。

（3）车间电源供电接触器（31-A02-K02）的线圈未得电，常闭触点 21-22 闭合。

从以上条件可以看出，要使列车处于受电弓供电方式，那么当前不能是车间电源供电方式。

2）车间电源供电方式

（1）所有弓落下继电器（21-K14）的线圈得电，常开触点 13-14 闭合。

（2）受电弓供电接触器（31-A02-K01）的线圈未得电，常闭触点 21-22 闭合。

从以上条件可以看出，要使列车处于车间电源供电方式，那么当前不能是受电弓供电方式。所有受电弓都要降落到位。

4. 蓄电池和直流 110 V 配电电路

一旦用户合上主蓄电池主闸刀（32-A01-Q01），主蓄电池就通过主电池正极主熔丝（32-A01-Q01-F03）和电子电源熔丝（32-A01-Q01-F01）向 110 V 电池电源负载供电，如图 6-4-7 所示。

而当列车控制接通继电器（72-K02）的线圈得电，其常开触点 33-34 闭合以后，电池 110 V 直流输出接触器（32-A01-K01）线圈就会得电，常开触点 1-2 和 3-4 就会接通，从而主蓄电池通过电池电源熔丝（32-A01-Q01-F02）向电池电源负载供电。

32-A01-K01 线圈的得电过程如下：72-K02 的 33-34 闭合→32-A01-K02 线圈得电→32-A01-K02 的常开触点 21-24 闭合→32-A01-K01.1 线圈得电→32-A01-K01.1 常开触点 13-14、23-24、33-34 和 43-44 闭合→32-A01-K01 线圈得电（然后主要由 32-A01-K01.R1 维持工作电流）。

由于 32-A01-K02 的常开触点 11-14 闭合，一旦主蓄电池向电池电源负载开始供电，那么 SIBAS KLIP 分站 1 的输入 B1 将会检测到一个高电平。

如果电池电压低于 84 V，那么 32-A01-K02 线圈不会得电，主蓄电池不会向电池电源负载供电，SIBAS KLIP 分站 1 的输入 B1 将不会检测到高电平。

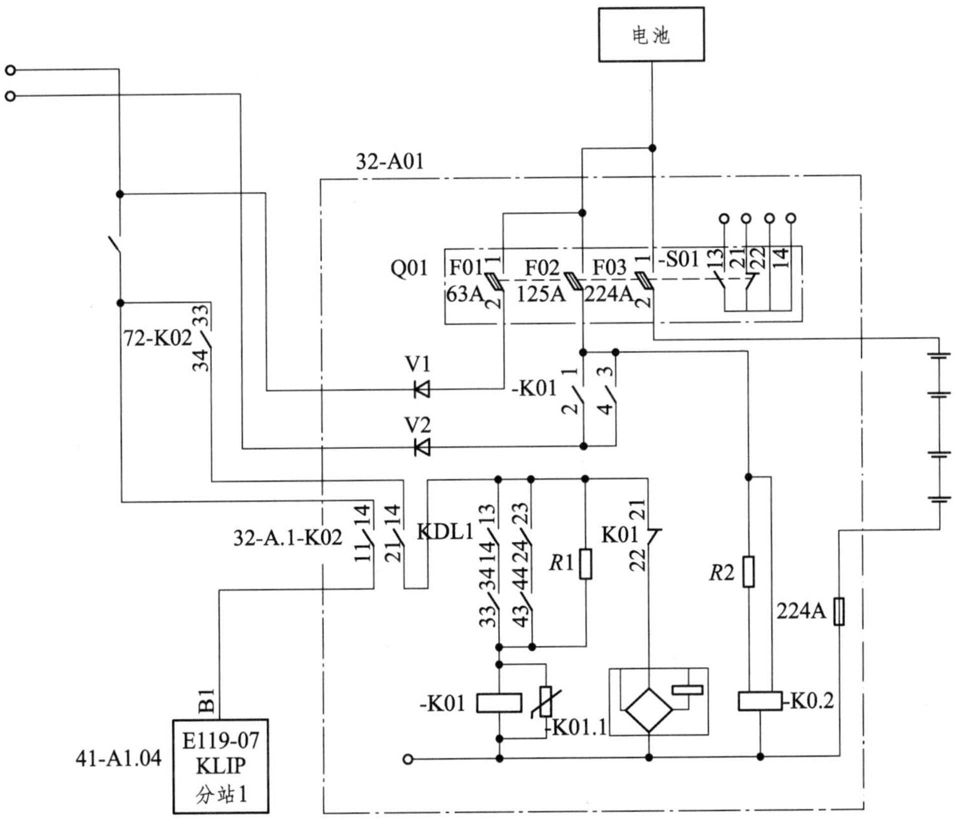

图 6-4-7　电池和直流 110 V 配电电路

【学习随笔】

任务 5　照明控制电路的识读与检验

【实施工单】

1. 任务要求

（1）能够分析列车外部照明和内部照明控制电路原理图。

（2）能根据已知条件绘制列车照明控制电路图。

（3）能根据照明控制电路原理图在实验台上进行控制电路的连接与检验。

2. 任务准备

（1）场地准备：城市轨道交通车辆检修实训中心（配备多媒体）。

（2）工具准备：列车照明控制电路示教板、故障设置仪、数字万用表。

（3）物品准备：绝缘手套、导线若干。

（4）建议课时：4 课时。

“照明控制电路的识读与检验”任务工单

姓名		班级		学号	
时间		地点		组别	
指导教师		专业			
小组成员					
任务					

一、知识储备	成绩：

（一）单选题

1.（　　）是用于列车运行过程中前进方向的前进照明，便于驾驶人员对前方路况及信息进行观察。

A. 头灯　　B. 尾灯　　C. 运营灯　　D. 侧墙信息灯

2.（　　）的作用是显示列车尾部所在位置。

A. 头灯　　B. 尾灯　　C. 运营灯　　D. 侧墙信息灯

3. 客室正常照明是辅助逆变器输出的三相 380 V 电源采用中线抽头的方式获得（　　）的交流电源供给客室照明灯具的。

A. 220 V　　B. 110 V　　C. 36 V　　D. 24 V

（二）多选题

1. 电动列车外部照明系统由（　　）组成。

A. 头灯　　B. 尾灯　　C. 运营灯　　D. 侧墙信息灯

2. 以下说法正确的是（　　）。

A. 非受控单元的列车控制接通继电器线圈失电，则该 A 车的尾灯亮

B. 非受控单元的列车控制接通继电器线圈得电，则该 A 车的尾灯亮

C. 如果某节 A 车的方向和列车的前进方向相反，那么这节 A 车的向前继电器线圈失电

D. 如果某节 A 车的方向和列车的前进方向相同，那么这节 A 车的向前继电器线圈失电

（三）电路分析题

根据图 6-5-1 分析电动列车头灯和尾灯发光的条件。

二、电路识读	成绩：

根据列车照明控制电路原理图填写下表内容。

序号	代号	名称	电气说明
1	51-F01	列车照明空气开关	微型断路器
2	51-F02		
3	22-K01		
4	22-K02		
5	22-K11		
6	51-S01		
7	51-A01-E31　51-A02-E32		
8	51-A01-E33　51-A02-E34		
9	51-A03-E37　51-A04-E38		
10	27-K02		
11	27-K05		
12	27-K06		
13	84-K17		
14	84-K18		
15	91-K05		

16	51-H01-1		
17	51-H01-2		
18	51-H01-3		
19	51-H01-4		
20	51-H01-5		
三、照明控制电路的连接与检验		成绩：	
准备事项		已完成	未完成
1. 作业人员必须穿戴劳保鞋、安全帽、绝缘手套，做好安全防护。			
2. 作业前确认所有的工具和使用材料都处于检定有效使用期内。			
3. 小组成员根据自身状况和组长安排做好合理分工。			
四、操作及质量检查		成绩：	
序号	评价标准		评价结果
1	操作前工具选用合理、安全防护到位。		
2	电路图绘制标准、正确。		
3	布线正确、线路布置简洁、整齐。		
4	万用表挡位选取及使用方法正确。		
5	列车照明灯具指示正确。		
6	作业后整理好工器具；作业记录表填写及时、准确。		
五、操作总结			

【知识导航】

一、头/尾灯、运行灯、目的地和车号灯控制

1. 尾灯和运行灯

如图 6-5-1 所示，尾灯（51-A01-E33/51-A02-E34）和运行灯（51-A03-E37/51-A04-E38）亮的条件为以下任意一个：

（1）列车控制接通继电器（22-K01）线圈失电，常闭触点 71-72 闭合。

（2）向前继电器（22-K11）线圈失电，常闭触点 5-9 闭合。

从这些条件中可以看出：

（1）非受控单元 A 车的 22-K01 的线圈失电，于是该 A 车的尾灯亮。

（2）如果某节 A 车的方向和列车的前进方向相反，那么这节 A 车的向前继电器（22-K11）线圈失电，于是尾灯亮。

2. 头　灯

如图 6-5-1 所示，头灯（51-A01-E31/51-A02-E32）发光的条件为以下任意一个：

（1）列车控制接通继电器（22-K01）线圈得电，常开触点 83-84 闭合。

（2）向前继电器（22-K11）线圈得电，常开触点 4-12 闭合。

从这些条件中可以看出：

（1）受控单元 A 车的 22-K01 的线圈得电，于是该 A 车的头灯亮。

（2）如果某节 A 车的方向和列车的前进方向相同，那么这节 A 车的向前继电器（22-K11）线圈得电，于是头灯亮。

（3）头灯的近光和远光选择由头灯亮/暗旋钮（51-S01）控制。

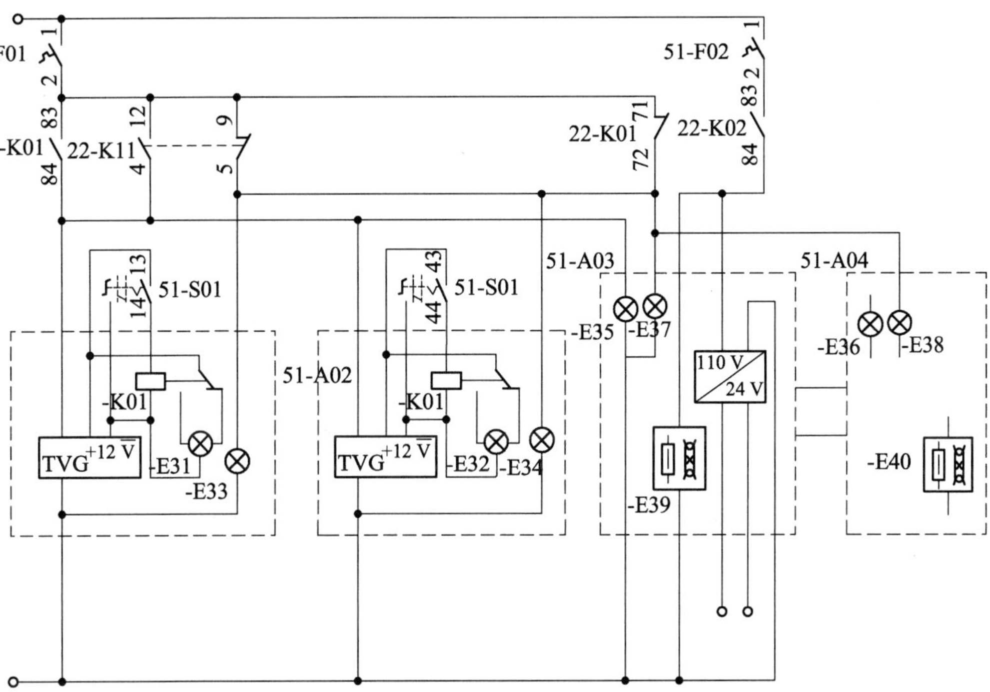

图 6-5-1　头/尾灯、运行灯、目的地灯控制

3. 目的地灯

目的地灯（51-A03-E39）发光的条件是列车控制继电器（22-K02）的线圈得电，常开触点 83-84 闭合。

4. 车辆两侧指示灯

A 车和 B 车、C 车的车辆两侧指示灯基本相似，只是 A 车比 B 车、C 车的车辆两侧各多了一个 ATC 切除指示灯（51-H01-5）。因此这里只介绍 A 车两侧指示灯，如图 6-5-2 所示。

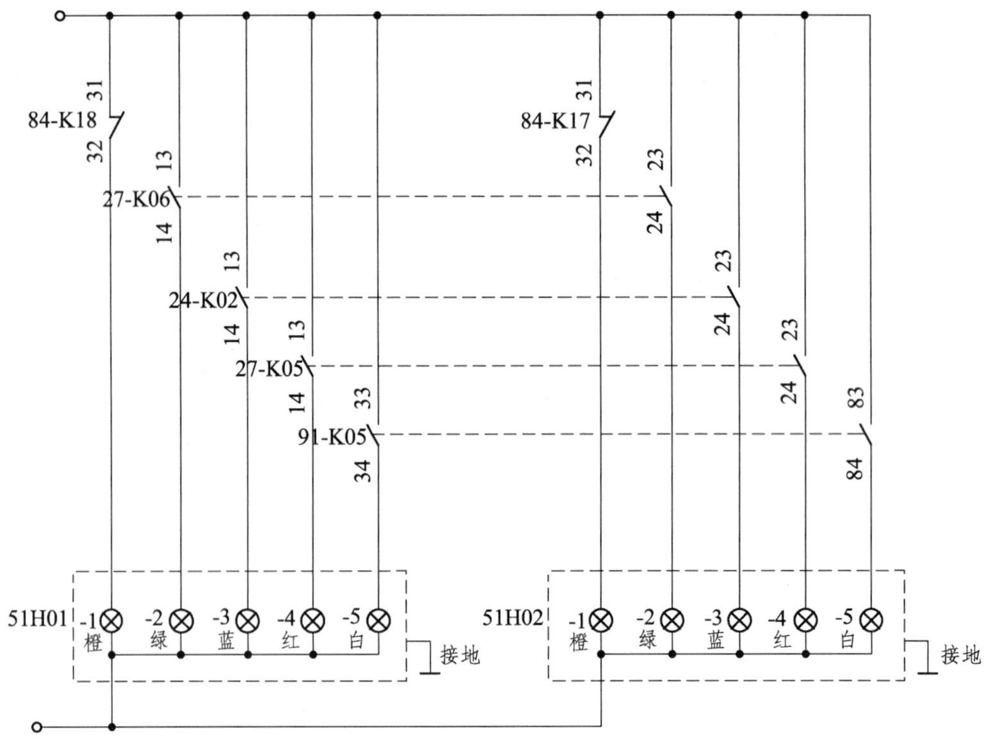

图 6-5-2 车辆两侧指示灯控制

当所有左门关好继电器（84-K18）的线圈失电，常闭触点 31-32 闭合，于是左侧墙门未关好指示灯（51-H01-1）发光。

当所有右门关好继电器（84-K17）的线圈失电，常闭触点 31-32 闭合，于是右侧墙门未关好指示灯（51-H02-1）发光。

当所有制动缓解继电器（27-K06）的线圈得电，常开触点 13-14 和 23-24 闭合，于是左侧墙所有制动缓解指示灯（51-H01-2）和右侧墙所有制动缓解指示灯（51-H02-2）发光。

当所有停车制动施加继电器（27-K02）的线圈得电，常开触点 13-14 和 23-24 闭合，于是左侧墙停车制动施加指示灯（51-H01-3）和右侧墙停车制动施加指示灯（51-H02-3）发光。

当所有摩擦制动施加继电器（27-K05）的线圈得电，常开触点 13-14 和 23-24 闭合，于是左侧墙摩擦制动施加指示灯（51-H01-4）和右侧墙摩擦制动施加指示灯（51-H02-4）发光。

当 ATC 切除继电器（91-K05）的线圈得电，常开触点 33-34 和 83-84 闭合，于是左侧墙 ATC 切除指示灯（51-H01-5）和右侧墙 ATC 切除指示灯（51-H02-5）发光。

二、客室照明控制

1. 客室照明的接通

司机把客室照明开关转到接通位置，A 车 KLIP 分站 1 的照明接通信号为高电平，CCU 系统判断出司机希望接通客室照明，于是通过 KLIP 分站 1 的客室照明接通/断开输出端、KLIP 分站 2 的客室照明接通/断开输出端及 KLIP 分站 3 的客室照明接通/断开输出端分别向 A 车、

B 车和 C 车的客室照明 1 组接触器和客室照明 2 组接触器的线圈输出高电平，使这些线圈得电，于是其常开触点闭合，所有客室照明的灯管被接通。

2. 客室照明的断开

司机把客室照明开关转到断开位置，A 车 KLIP 分站 1 的照明接通信号为高电平，CCU 系统判断出司机希望断开客室照明，于是通过 KLIP 分站 1 的客室照明接通/断开输出端、KLIP 分站 2 的客室照明接通/断开输出端和 KLIP 分站 3 的客室照明接通/断开输出端分别向 A 车、B 车和 C 车的客室照明 1 组接触器和客室照明 2 组接触器的线圈输出低电平，使这些线圈失电，于是其常开触点断开，所有客室照明的电源被断开。

【学习随笔】

参考文献

[1] 张庆玲，王新铭，韩玉辉. 城市轨道交通车辆电气系统[M]. 2 版. 北京：北京理工大学出版社，2021.

[2] 赵丽，张庆玲. 城市轨道交通车辆电气控制[M]. 北京：电子工业出版社，2016.

[3] 王艳荣. 城市轨道交通车辆电气检修[M]. 3 版. 上海：上海科学技术出版社，2020.

[4] 刘敏，刘燕. 城市轨道交通车辆电气系统检修[M]. 2 版. 北京：人民交通出版社，2021.

[5] 李怀俊，曾颖委. 城市轨道交通车辆电气结构与检修[M]. 北京：电子工业出版社，2014.

[6] 温志强，李瑞荣. 城市轨道交通车辆电气控制系统[M]. 北京：中国铁道出版社，2022.

[7] 李瑞荣，童巧新. 城市轨道交通车辆电气故障分析与处理[M]. 2 版. 北京：中国铁道出版社，2017.

[8] 华平，唐春林. 城市轨道交通车辆电气控制[M]. 2 版. 北京：机械工业出版社，2018.

[9] 杜彩霞. 城市轨道交通车辆构造与检修[M]. 重庆：重庆大学出版社，2015.

[10] 葛党朝，何鹏. 城市轨道交通车辆牵引及供电系统[M]. 重庆：重庆大学出版社，2013.

[11] 张琦. 城市轨道交通车辆电气设备运行与维修[M]. 重庆：重庆大学出版社，2015.

[12] 康鹏，苗吉祥. 城市轨道交通车辆电气结构与维修[M]. 北京：机械工业出版社，2015.

[13] 何江海，何霖. 城市轨道交通供电系统运行与维修[M]. 2 版. 北京：中国建筑工业出版社，2015.

[14] 王珂，邢湘利. 城市轨道交通车辆电气控制[M]. 上海：上海交通大学出版社，2023.

[15] 迟卓刚，焦承东，佘小宝. 城市轨道交通车辆电气设备及电气线路[M]. 北京：中国建设科技出版社，2022.